Finanztheoretische Analyse
der Alterssicherung

Europäische Hochschulschriften

Publications Universitaires Européennes

European University Studies

Reihe V

Volks- und Betriebswirtschaft

Série V Series V

Sciences économiques, gestion d'entreprise

Economics and Management

Bd./Vol. 2793

PETER LANG

Frankfurt am Main · Berlin · Bern · Bruxelles · New York · Oxford · Wien

Ulrich Schacht

Finanztheoretische Analyse der Alterssicherung

PETER LANG
Europäischer Verlag der Wissenschaften

Die Deutsche Bibliothek - CIP-Einheitsaufnahme

Schacht, Ulrich:

Finanztheoretische Analyse der Alterssicherung / Ulrich Schacht. - Frankfurt am Main ; Berlin ; Bern ; Bruxelles ; New York ; Oxford ; Wien : Lang, 2001
(Europäische Hochschulschriften : Reihe 5, Volks- und Betriebswirtschaft ; Bd. 2793)
Zugl.: Vallendar, Wiss. Hochschule für Unternehmensführung Diss., 2000
ISBN 3-631-37872-6

Erstgutachter: Prof. Dr. Markus Rudolf
Zweitgutachter: Prof. Dr. Dr. h.c. Herbert Hax

ISSN 0531-7339
ISBN 3-631-37872-6

www.peterlang.de

Geleitwort

Die Frage der Alterssicherung ist derzeit in Deutschland von außerordentlicher Brisanz. Das derzeitige System in Deutschland ist weit überwiegend umlagefinanziert. Andere Länder wie beispielsweise die USA, Neuseeland, Großbritannien oder die Schweiz haben bereits vor langer Zeit ganz oder teilweise auf die Kapitaldeckungs-Finanzierung umgestellt. Zumeist mit Erfolg. Aus der gegenwärtigen Diskussion in Deutschland gewinnt man momentan den Eindruck, nur eine vollständig kapitalgedeckte Finanzierung der Alterssicherung oder eine vollständig umlagefinanzierte Variante könne die Renten in der Zukunft sichern.
Trotz dieser zumeist stark polarisierenden Positionen wird in der Realität eine Mischform aus den beiden Varianten umgesetzt werden. Dies ergibt sich naturgemäß wegen der Notwendigkeit zu Kompromissen. Die vorliegende Arbeit hingegen liefert ein ökonomisches Modell zur effizienten Diversifikation zwischen dem Umlage- und dem Kapitaldeckungsverfahren. Es zeigt sich, dass die Renditen beider Verfahren im Deutschland der letzten 30 Jahre stark negativ korreliert waren. Dies ist eine nahezu optimale Voraussetzung zur Umsetzung effizienter Mischungen aus der Kapitaldeckung und der Kapitalumlage.
Damit liefert Schacht ein Plädoyer für die gemeinsame Beibehaltung beider Verfahren. Auf der Basis portfolioheoretischer Untersuchungen kann zudem der effiziente Anteil der beiden Verfahren identifiziert werden. Der Ansatz von Schacht dürfte die gegenwärtige, politische Diskussion durch ökonomisch exakte Implikationen verschiedener Vorschläge bereichern.
Zur Implementation des Modells sind allgemeine Betrachtungen des ökonomischen Umfeldes erforderlich. Die Arbeit ist in insgesamt sechs Kapitel untergliedert. Nach einer Einleitung setzt sich der Autor in Kapitel B mit den definitorischen Grundlagen von Alterssicherungssystemen auseinander. Die portfoliotheoretische Analyse der Finanzierungsverfahren steht im Kapitel C. Dabei geht es grundsätzlich um die optimale Diversifikation von umlage- und deckungsfinanzierten Komponenten der Alterssicherung. Kapitel D beschäftigt sich mit den verschiedenen Spielarten der betrieblichen Alterssicherung, die gerade in Deutschland besonders vielfältig sind.
Besonders hervorzuheben ist hier der Teil 5, in dem sich der Autor mit Reformvorschlägen der betrieblichen Altersversorgung auseinander setzt. In Kapitel E schließlich werden verschiedene Vorschläge zur Regulierung der Altersvorsorge im Licht der bisherigen Erkenntnisse geliefert.
Ich freue mich sehr, dass es Herrn Schacht gelungen ist, die heutige Diskussion um einen wichtigen Baustein zu erweitern. Für ihn waren es zwei entbehrungsreiche Jahre am Dresdner Bank Stiftungslehrstuhl. Ich bin aber der Meinung, dass Herr Schacht diese beiden Jahre sehr

effizient genutzt hat. Es würde mich freuen, wenn die Leser dieser Arbeit mit Neugier und Interesse diesen neuen Beitrag zur Lösung des Alterssicherungssystems in Deutschland lesen würden.

Prof. Dr. Markus Rudolf
WHU - Wissenschaftliche Hochschule für Unternehmensführung
Otto Beisheim Graduate School of Management
Dresdner Bank chair of Finance

Vorwort

Diese Arbeit ist während meiner zweijährigen Tätigkeit als wissenschaftlicher Mitarbeiter am Lehrstuhl für Finanzintermediäre und Kapitalmarkttheorie an der Wissenschaftlichen Hochschule für Unternehmensführung, Otto-Beisheim-Hochschule, entstanden. Sie ist im Dezember 2000 als Dissertation angenommen worden.

Ich möchte meinem akademischen Lehrer und Doktorvater Prof. Dr. Markus Rudolf für die Begutachtung und Unterstützung dieser Arbeit danken. Während meiner Tätigkeit am Lehrstuhl hat er mir stets sein volles Vertrauen geschenkt, bei der Anfertigung der Dissertation sehr wertvolle Anregungen gegeben, einen entsprechenden akademischen Freiraum gegeben und nicht zuletzt mein Interesse an diesem Themenbereich geweckt.
Bei Herrn Prof. Dr. Dr. h.c. Herbert Hax bedanke ich mich für die Übernahme des Korreferats. Seine konstruktive Kritik in allen Phasen der Anfertigung der Doktorarbeit waren mir stets eine sehr große Hilfe.
Herrn Prof. Dr. Gunter Dufey danke ich für sehr wertvolle und weiterbringende Hinweise zu diesem Themengebiet.
Außerdem möchte ich meinen Dank aussprechen an Dipl.-Kfm. Uwe Böhme, Dipl.-Kfm. Gabriel Frahm, Dipl.-Kfm. Heiko Frenzen, Dipl.-Kfm. Stefan Griemla, Dipl.-Vw. Claudia Holtorf, Dr. Karl Keiber, cand. rer. pol. Stephanie Lauer, Dipl.-Kfm. Florian Rehm, Dipl.-Kfm. Christian Schareck und Dipl.-Kfm. Markus Schumacher für zahlreiche Verbesserungsvorschläge und konstruktive Kritik bei der Fertigstellung der Dissertation.
Desweiteren gilt mein Dank den weiteren (ehemaligen) Mitgliedern des Zentrums für Finanzen Frau Marianne Diel, Herrn Ulrich Hommel PhD, Frau Philomena Richartz und Herrn Dipl.-Kfm. Jürgen Wolff.
Sie alle haben dazu beigetragen die letzten zwei Jahre in sehr guter Erinnerung zu behalten.

Mein Dank gilt weiterhin insbesondere Mercer Management Consulting für die finanzielle Unterstützung bei der Drucklegung dieser Dissertation.

Zu guter Letzt gilt mein ganz besonderer Dank meiner Familie, die mich in vielfältiger Weise unterstützt hat. Meinen Eltern sei diese Arbeit gewidmet.

Vallendar und Köln im Winter 2000/01

meinen Eltern

Inhaltsverzeichnis

Tabellenverzeichnis

Abbildungsverzeichnis

Abkürzungsverzeichnis

AbA	Arbeitsgemeinschaft für betriebliche Altersversorgung e.V.
AP	Arbeitsrechtliche Praxis
AV	Altersversorgung
AZR	Aktenzeichen
BAG	Bundesarbeitsgericht
BAV	Bundesaufsichtsamt für das Versicherungswesen
BetrAVG	Gesetz zur Verbesserung der betrieblichen Altersversorgung
BdB	Bundesverband deutscher Banken
BGB	Bürgerliches Gesetzbuch
BGBl.	Bundesgesetzblatt
BMF	Bundesministerium für Finanzen
EStG	Einkommensteuergesetz
FAS	Financial Accounting Standard
FMFG	Finanzmarktförderungsgesetz
GAKAGG	Gesetzesvorschlag zur Änderung des Gesetzes über Kapitalanlagegesellschaften
GdV	Gesamtverband der deutschen Versicherungswirtschaft
HGB	Handelsgesetzbuch
hrsg.	herausgegeben
Hrsg.	Herausgeber
IAS	International Accounting Standard
Ifo	Institut für Wirtschaftsforschung, München
i.S.v.	im Sinne von
i.V.m.	in Verbindung mit
KAG	Kapitalanlagegesellschaft
KAGG	Gesetz über Kapitalanlagegesellschaften
max	maximal
min	minimal
PSVaG	Pensions-Sicherungs-Verein auf Gegenseitigkeit
RRG	Rentenreformgesetz
SGB	Sozialgesetzbuch
VAG	Versicherungsaufsichtsgesetz
VVaG	Versicherungsverein auf Gegenseitigkeit
VVG	Versicherungsvertragsgesetz

Symbolverzeichnis

α	Risikoaversionsparameter
β	Ausfallwahrscheinlichkeit
η	Rentenniveau im Vergleich zu der vollen Rente für den relevanten (voll bezahlten) Beitragszeitraum
κ	Anteil der Arbeitnehmer, die das Versorgungssystem verlassen
μ_i	erwartete Rendite von Anlage i
μ_P	erwartete Rendite des Portfolios
$\vec{\mu}$	Vektor der erwarteten Renditen
ν	Verzinsung der Anlagegelder
$\underline{\nu}$	vertraglich vereinbarte Mindestverzinsung
ξ	Ansammlungsrate (Accrual Rate)
ρ_{ij}	Korrelationskoeffizient zwischen Anlage i und j
σ_i	Standardabweichung von Anlage i
σ_i^2	Varianz von Anlage i
σ_{ij}	Kovarianz zwischen Anlage i und j
Σ	Varianz-/Kovarianz Matrix
Σ^T	transponierte Matrix Σ
Σ^{-1}	inverse Matrix Σ
τ_t^1	Beitragssatz zur Rentenversicherung in Periode t für die junge Generation
$\tau_{T,Lz}$	ökonomisch richtiger Beitragssatz
T*	Zeitpunkt der Grenze der Mindestanwartschaftszeit
T	Anzahl der Jahre bis zum Renteneintritt
υ_B	Rendite für einen der im Versorgungssystem verbleibt
υ_W	Rendite für einen der das Versorgungssystem vorzeitig verläßt
ψ	Wachstumsrate des Beitragssatzes zur Sozialversicherung
a	Skalar, im Text definiert
$\bar{A}$	erwarteter Barwert einer Einheit der Leistungen bei Renteneintritt
Az	Auszahlung
AQ_t	Altersquotient
b	Skalar, im Text definiert
B	Beitrag

B_{min}	minimaler Beitrag
Bz	Beitragszusage
C	Wert einer europäischen Kaufoption
$c_{1,t}$	Konsum der jungen Generation (1) in Periode t
$c_{2,t+1}$	Konsum der alten Generation (2) in Periode t + 1
c	Skalar, im Text definiert
d_1	Parameter der Black-Scholes Formel zur Bewertung von Optionen, im Text definiert
d_2	Parameter der Black-Scholes Formel zur Bewertung von Optionen, im Text definiert
e	Anteil der sozialversicherungspflichtig arbeitenden Bevölkerung
$\vec{e}$	Einheitsvektor
E[ ]	Erwartungswertoperand
Ez	Einzahlung
Ew	Endwert
$\vec{g}$	Vektor, im Text definiert
G	Gewinn
J	Anzahl der Beitragsjahre
$\vec{h}$	Vektor, im Text definiert
i_{t+1}^{UV}	Zinssatz des Umlageverfahrens von t nach t+1
i_{t+1}^{KD}	Zinssatz des Kapitaldeckungsverfahrens von t nach t+1
g_{t+1}	Wachstumsrate des Lohnes von t nach t+1
ψ_{t+1}	Wachstumsrate des Beitragssatzes zur Rentenversicherung von t nach t+1
I_{t+1}^{UV}	Zinsfaktor des Umlageverfahrens von t nach t+1
I_{t+1}^{KD}	Zinsfaktor des Kapitaldeckungsverfahrens von t nach t+1
i_R	Rechungszinsfuß
k	Wahrscheinlichkeit in Abschnitt C2, Frührentenvariablen in Abschnitt C4.3.3
$l_{1,t}$	Variable, die das Arbeitsangebot eines Individuums kennzeichnet
L	Leistung
L_H	Lebenserwartung der hinterbliebenen Person
L_{min}	minimale Leistung
L_V	Lebenserwartung der vertragsschließenden Person
Lz	Leistungszusage

m	Anteil der alten Generation, die anspruchsberechtigt gegenüber der Rentenversicherung sind
$n_{1,t+1}$	Wachstumsrate der Erwerbsbevölkerung von t nach t+1
$n_{1,t}^{Bz}$	Wachstumsrate der beitragspflichtigen Erwerbsbevölkerung von t-1 nach t
N (.)	Dichte der Standardnormalverteilungsfunktion an der Stelle .
$N_{1,t}$	Anzahl der junge Generation in Periode t
$N_{1,t}^{Bz}$	Anzahl der Beitragszahler in Periode t
$N_{2,t}$	Anzahl der alte Generation in Periode t
$N_{2,t}^{R}$	Anzahl der Rentner in Periode t
$p_{2,t+1}$	durchschnittliche Rente der in t+1 alten Generation
$p_{2,t+1}^{KD}$	durchschnittliche Rente des Kapitaldeckungsverf. der in t+1 alten Generation
$p_{2,t+1}^{UV}$	durchschnittliche Rente des Umlageverfahrens der in t+1 alten Generation
$p_{2,t}^{mix}$	durchschnittliche Rente aus Umlage- und Kapitaldeckungsverfahren der in t alten Generation
$p_{\varnothing}$	durchschnittliche Rente
p_W	durchschnittliche Rente der Wechsler
p_B	durchschnittliche Rente der im Versorgungswerk Verbleibenden
P	Wert einer europäischen Verkaufsoption
q	Diskontierungsfaktor
$r_{1,t+1}$	Zinssatz von t nach t + 1
r_f	risikoloser Zinssatz
r_{mind}	Mindestrendite, Threshold Return
RN_t^B	Bruttorentenniveau
RN_t^N	Nettorentenniveau
RQ_t	Rentnerquotient
$s_{1,t}$	Ersparnis der jungen Generation (1) in Periode t
S	Wert des Basiswertes
t	Zeitindex
T_B	Beitragszahlungszeitraum / -punkt

T_L	Leistungszahlungszeitraum / -punkt
U	Nutzen
UVo	Umlageverfahren ohne Beitragssatzänderung
UVm	Umlageverfahren mit Beitragssatzänderung
$w_{1,t}$	Lohn der jungen Generation in Periode t
w	Lohn
$\overline{w}'$	erwarteter Lohn bei Renteneintritt
W	Wahrscheinlichkeit
x_i	Anteil in Anlage i
X	Basispreis
$\vec{x}$	Vektor der Portfolioanteile
y	Lebenseinkommen
$z_{2,t+1}$	Unterstützungszahlung durch den Staat an die alte Generation in Periode t + 1
Z_{AG}	Zahlungsstrom des Arbeitgebers bei Fälligkeit der Option
Z_T	Zahlungen in T
z	z-Wert der Standardnormalverteilung
~	bezeichnet eine unsichere Größe
$\mid_{...}$	gibt eine Bedingung für den davor stehenden Ausdruck an
$\forall$	für alle

A Ziel und Gegenstand der Untersuchung

Durch zunehmende Finanzierungsprobleme des gesetzlichen Rentenversicherungssystems (gRV)[1] ist die Unsicherheit, ob die Leistungen in dem derzeitigen Umfang aufrecht gehalten werden können[2], gestiegen. Aus diesem Grunde ist es in der Öffentlichkeit zu einem vermehrten Interesse an dem Themenkomplex der Altersvorsorge gekommen.[3]

Das derzeitige deutsche umlagefinanzierte Alterssicherungssystem ist im Jahre 1957 eingeführt worden.[4] Grund für die Umstellung von einem kapitalstockgedeckten auf das umlagefinanzierte Alterssicherungssystem war, daß der Kapitalstock im alten System durch Inflation teilweise entwertet worden war.[5] Der damaligen Rentnergeneration war jedoch eine Rente zu zahlen. Dieses ist ohne einen Kapitalstock lediglich im Umlageverfahren möglich.[6] Durch diese Möglichkeit des Umlageverfahrens das Prinzip der Beitragsäquivalenz bei der Einführung eines Rentenversicherungssystems zu durchbrechen resultiert, daß ein Ausstieg aus dem System oder eine Umstellung auf mehr Kapitaldeckung nur schwer möglich ist, da die letzte Generation zwar in das Umlageverfahren eingezahlt hat, aber selber keine Rentenzahlungen mehr erhält und es somit zu einer Doppelbelastung käme.

Dem Finanzierungsproblem der gesetzlichen Rentenversicherung liegen verschiedene Ursachen zu Grunde. Zum einen werden der gesetzlichen Rentenversicherung sogenannte versicherungsfremde Leistungen[7] auferlegt. Hinzu kommt ein tiefgreifender Wandel der Bevölke-

---

[1] Vgl. hierzu z.B. Bahr/Kater (1997); Buchwald (1998); Bundesverband deutscher Banken (1997), S. 17-23; Ruland (1998), S. 936-937; Sachverständigenrat zur Begutachtung der gesamtwirtschaftlichen Entwicklung (1996), Ziffer 376-424, S. 223-242. Für eine aktuelle Bestandsaufnahme vgl. Bräuninger/Wolgast (2000).

[2] Vgl. hierzu die Analyse von Köcher (2000).

[3] Vgl. Köcher (2000), S. 346. Neben den Finanzierungsproblemen besteht auch das Problem der Fehlanreize, die von dem derzeitigen Rentensystem in Deutschland z.B. auf den Arbeitsmarkt ausgehen. Vgl. z.B. Siebert (1997).

[4] Vgl. Glismann/Horn (1994), S. 20. Für einen geschichtlichen Überblick über die deutsche Rentenversicherung vgl. Glismann/Horn (1994), S. 12-37.

[5] Vgl. Börsch-Supan/Winter (1999), S. 6, Fußnote 4. Der Aufbau eines neuen Kapitalstocks hätte zu höheren Anfangsbelastungen geführt. Im Rahmen eines Umlageverfahrens sind die finanziellen Belastungen in der Anlaufphase relativ gering. Vgl. hierzu z.B. Hardes (1998), S. 503-505; Chand/Jaeger (1996), S. 1; Leibfritz (1998), S. 2.

[6] Vgl. hierzu auch Abschnitt C3. Vgl. Sachverständigenrat zur Begutachtung der gesamtwirtschaftlichen Entwicklung (1996), Ziffer 394, S. 232.

[7] Unter versicherungsfremden Leistungen sind Leistungen zu verstehen, für die keine Beiträge entrichtet worden sind. Als Beispiel sind hier Ausbildungszeiten, Mutterschaftszeiten und speziell für Deutschland die Übernahme der Rentenverpflichtungen für die Bürger der früheren sogenannten „DDR“ zu nennen. Allein die Kosten der Anrechnung von Kindererziehungszeiten in den alten Bundesländern stiegen von 0,4 Mrd. DM in 1986 auf 6 Mrd. DM in 1997. Vgl. hierzu Bundesministerium für Arbeit und Sozialordnung (1997), S. 534. Dabei ist zu beachten, daß gerade die Anrechnung von Kindererziehungszeiten als für die Stabilisierung des Umlageverfahrens notwendig angesehen werden kann. Die Funktionsfähigkeit des Umlageverfahrens ist an die nachwachsende Generation

rungsstruktur.[8,9] Die Geburtenraten sinken und die Restlebenserwartung im Rentenalter steigt.[10] Dieses führt zu einem Anstieg des Durchschnittsalters der Bevölkerung, welches anhand der Bevölkerungspyramiden der Jahre 1957 und 1997 dargestellt werden kann.

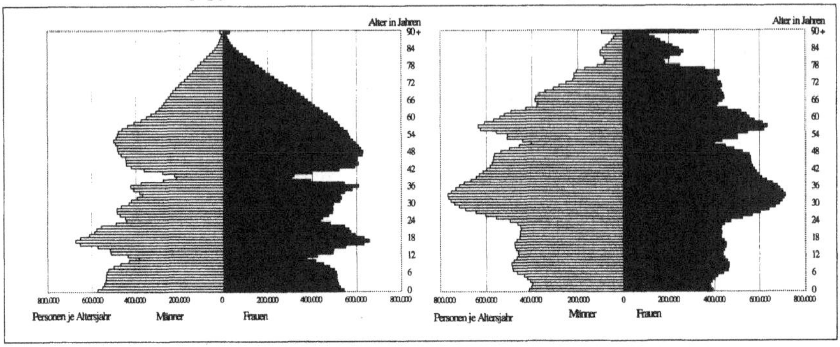

Abbildung 1: Bevölkerungspyramide 1957 vs. 1997

Während 1957, dem Jahr der Einführung des Umlageverfahrens, die Anzahl der Rentner im Verhältnis zu den Beitragszahlern gering war, hat sich die Situation 1997 gewandelt.[11] Somit war auch die Finanzierung der Renten anfangs im Rahmen des Umlageverfahrens relativ unproblematisch. Darüber hinaus wird während der nächsten 30 bis 40 Jahre das Rentner-/Arbeitnehmerverhältnis zunehmend ungünstiger. Diese Entwicklung wird anhand des sogenannten Altersquotienten verdeutlicht, der in Abbildung 2 dargestellt wird.[12]
Der hier dargestellte Altersquotient (20/60)[13], welcher das Verhältnis von Personen ab 60 Jahre zu Personen von 20 bis unter 60 Jahre repräsentiert, ist seit der Einrichtung des Umlageverfahrens von 0,3 auf derzeit knapp 0,4 angestiegen. Während also im Jahre 1957 mehr als 3 „Junge“ einen „Alten“ zu finanzieren hatten, stehen derzeit 2,5 „Junge“ einem „Alten“ ge-

---

gebunden. Ferner steigen die Renditen tendenziell mit einer wachsenden Bevölkerung. Vgl. Sachverständigenrat zur Begutachtung der gesamtwirtschaftlichen Entwicklung (1996), Ziffer 396, S. 233 und Ziffer 398, S. 234. Für weitere Beispiele vgl. Sachverständigenrat zur Begutachtung der gesamtwirtschaftlichen Entwicklung (1996), Ziffer 395, S. 232-233.

8 Vgl. Chand/Jaeger (1996), S. 3-5, insbesondere Tabelle 1; Leibfritz (1998), S. 4-5.

9 Abbildung 1 und Abbildung 2 verdeutlichen die grundlegende Veränderung der Bevölkerungsstruktur von 1957 bis 1997.

10 Vgl. für die Daten verschiedener Regionen der Welt Palacios/Pallares-Miralles (2000).

11 Die Zusammenhänge für die Finanzierungsverfahren werden in Abschnitt C erläutert.

12 Vgl. Schareck/Schumacher/Grischek (1999), S. 9. Der Altersquotient ist nicht mit dem Rentnerquotient zu verwechseln, der darüber hinaus vom Renteneintrittsalter und den Erwerbs- und Arbeitsmarktstrukturen abhängig ist. Vgl. Sachverständigenrat zur Begutachtung der gesamtwirtschaftlichen Entwicklung (1996), Ziffer 386, S. 228.

13 Vgl. Schmähl (1995), S. 618. Dort sind genauere Ausführungen zu dem Themenkomplex „Alterung der Bevölkerung“ zu finden.

genüber. Gemäß der verwendeten Bevölkerungsprognose wird der Altersquotient bis zum Jahre 2040 auf 0,85 ansteigen, so daß ca. 1,2 „Junge" je einen „Alten" zu finanzieren haben.[14]

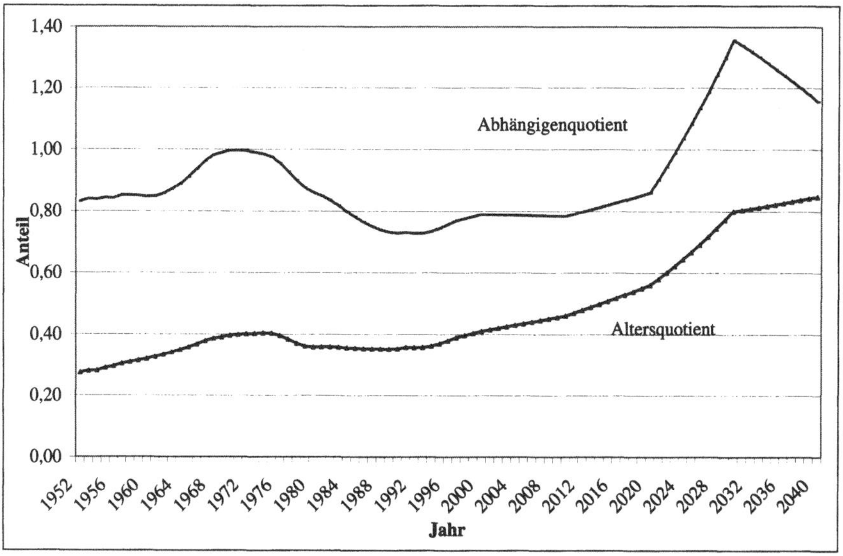

Abbildung 2: Alters- und Abhängigenquotient[15]

Anhand des Abhängigenquotienten, der das Verhältnis von abhängigen Personen, das sind zusätzlich zu den nicht mehr erwerbstätigen Alten die noch nicht erwerbstätigen Kinder, zu den Personen im Alter von 20 bis unter 60 Jahre beschreibt, wird ersichtlich, daß die Belastung in diesem Fall über 1 steigt. Der Anstieg der durchschnittlichen Rentenlaufzeit wird zudem dadurch forciert, daß die Menschen tendenziell früher in den Ruhestand treten. Dieses beeinflußt den Rentnerquotienten. Dieser ist ähnlich dem Altersquotienten, wobei hier jedoch keine starre Altersgrenze angenommen wird sondern vielmehr auch die Arbeitsmarktlage und eine eventuelle Frühverrentung berücksichtigt werden.[16] Abbildung 3 stellt die Entwicklung des Rentenzugangsalters dar.

---

[14] Vgl. hierzu Bundesverband deutscher Banken (1997), S. 17-21; Leibfritz (1998), S. 4-7.

[15] Quelle: Statistisches Bundesamt Zeitreihe, Segment 685 und Modellrechnung zur Entwicklung der Gesamtbevölkerung des Bundesministerium des Innern. Dabei wurde für die Entwicklung der deutschen Bevölkerung das Modell I, für die Entwicklung des Anteils der ausländischen Bevölkerung an der Gesamtbevölkerung das Modell K gewählt. Für die Annahmen der Prognoserechnung vgl. Bundesministerium des Innern (1996), S. 37.

[16] Vgl. Börsch-Supan (2000), S. 2-3, der die Anreizeffekte des Umlageverfahrens beschreibt.

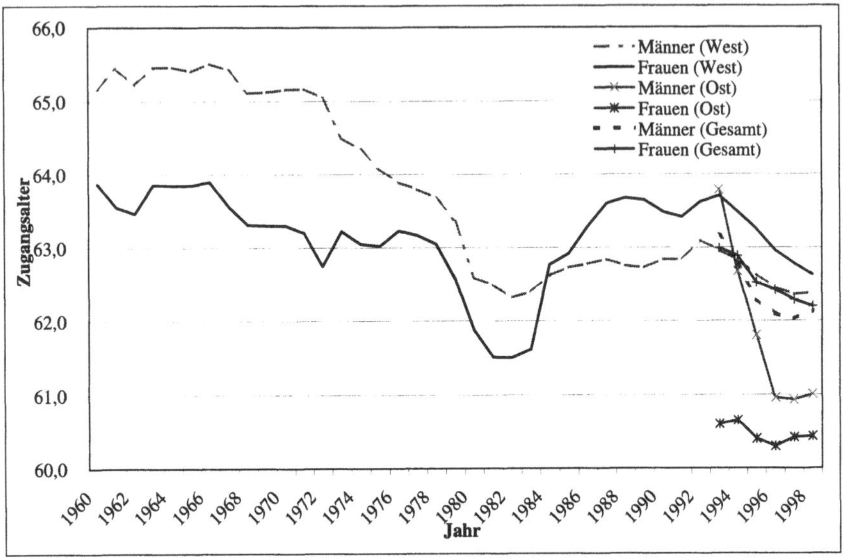

Abbildung 3: Durchschnittliches Rentenzugangsalter[17]

Es ist festzuhalten, daß einer immer größeren Anzahl von Rentenempfängern eine immer geringere Anzahl von Beitragszahlern im umlagefinanzierten System der Alterssicherung gegenübersteht.[18] Um dieses System aufrecht zu erhalten, sind entweder die Beiträge der aktuell erwerbstätigen Generation anzuheben oder aber die Leistungen an die Rentenempfänger zu reduzieren.

Abbildung 4 ist zu entnehmen, daß der Beitragssatz zur Rentenversicherung[19] und der gesamte Sozialversicherungsbeitragssatz auf derzeit 19,5 bzw. knapp 42% angestiegen ist. Eine weitere Erhöhung würde die negativen Anreize verstärken und den Wirtschaftsstandort Deutschland gefährden.[20]

---

[17] Quelle: VDR-Statistik Rentenzugang, verschiedene Jahrgänge.

[18] Auch ein Kapitaldeckungsverfahren ist zumindest indirekt von demographischen Faktoren nicht gänzlich unabhängig. Jedoch können negative Auswirkungen aufgrund der größeren intertemporalen und internationalen Variationsmöglichkeiten eher ausgeglichen werden. Vgl. Börsch-Supan (2000), S. 3.

[19] Dabei handelt es sich um den sogenannten direkten Beitragssatz. Indirekt werden Beiträge z.B. durch die Ökosteuer und die Mehrsteuer, deren Aufkommen teilweise der gesetzlichen Rentenversicherung zukommt, gezahlt. Vgl. Börsch-Supan (2000), S. 1.

[20] Vgl. Issing (1998), S. 909-922.

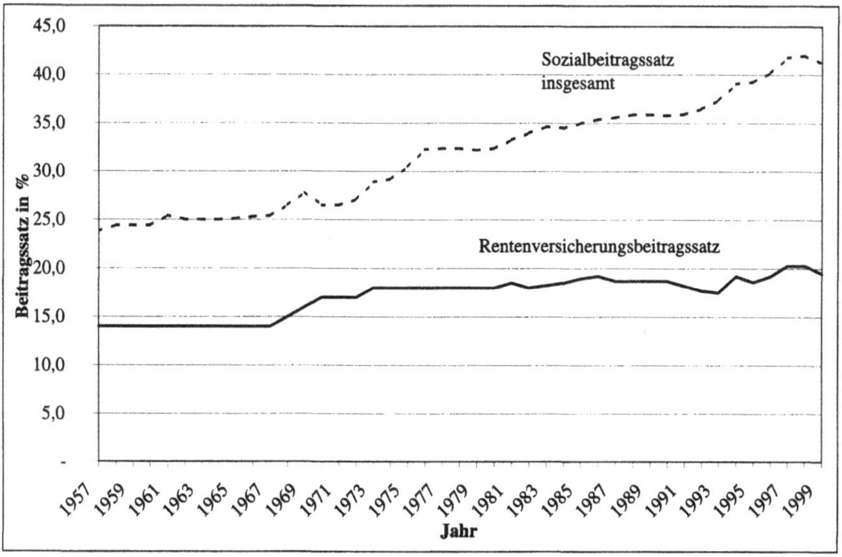

Abbildung 4: Entwicklung des Rentenversicherungs- und Sozialbeitrags[21]

Von Bedeutung ist das Finanzierungsproblem der gesetzlichen Rentenversicherung vor allem deshalb, da diese im Vergleich zu den anderen Säulen der Alterssicherung[22] in Deutschland mit 30% (44% inkl. öffentliche Pensionen) einen relativ hohen Anteil der Rentenansprüche der Bevölkerung ausmacht.[23] Ein Leistungsabbau zur Entlastung der gesetzlichen Rentenversicherung ist ohne eine Stärkung der anderen Säulen der Alterssicherung sozialpolitisch nur schwer durchsetzbar. Eine grundlegend andere Möglichkeit, das sich zukünftig noch verstärkende Finanzierungsproblem anzugehen, ist eine Systemreform durch eine stärkere Kapitaldeckung der Altersvorsorge[24], wodurch die Rentenansprüche gegen die demographische Entwicklung größtenteils immun werden.

Infolge der Unsicherheit, der die Rentenansprüche im Rahmen der gesetzlichen Rentenversicherung ausgesetzt sind, scheint eine Reform der gRV notwendig zu sein. Diese könnte dazu

[21] Es handelt sich um die Rentenversicherung für Arbeiter und Angestellte. Quelle: VDR, Rentenversicherung in Zeitreihen, verschiedene Jahrgänge.

[22] Hierbei handelt es sich um die betriebliche und die private Altersvorsorge.

[23] Vgl. hierzu Abschnitt B1. Börsch-Supan (2000), S. 3.

[24] Zwei Bundesländer, Schleswig-Holstein und Rheinland-Pfalz, haben in den letzten Jahren für die Altersversorgung der Beamten eine eigene Kapitaldeckung eingeführt. Die Gelder in Schleswig-Holstein sind jedoch wieder einem anderen Verwendungszweck zugeführt worden. Vgl. Nürk (1998), S. 182. Aus dem Vorgehen in Schleswig-Holstein wird die Gefahr der politischen Einflußnahme im Rahmen einer kapitalgedeckten ersten Säule offensichtlich.

führen, daß die gesetzliche Rentenversicherung z.B. lediglich eine Grundversorgung anbietet und somit die betriebliche und private kapitalgedeckte Vorsorge erheblich an Bedeutung gewinnen.

Ein Ausbau der Kapitaldeckung führt dazu, daß Gelder in einem großem Umfang angelegt und verwaltet werden müßten.[25] Dieses bliebe, wie an dem Beispiel anderer Länder[26] zu sehen ist, die eine entsprechende Reform des Alterssicherungssystems schon durchgeführt haben, nicht ohne Folgen für die Kapitalmärkte.[27]

Die genannten Aspekte werden in der aktuellen Literatur kontrovers diskutiert. Jedoch wird bei der Analyse der Finanzierungsverfahren die Unsicherheit der Rendite derselben nur unzureichend betrachtet. In der vorliegenden Arbeit wird hierauf ein Schwerpunkt gelegt.

Vor einer Darstellung der Finanzierungsverfahren sind in Kapitel B zunächst die Grundlagen, Elemente und Ausgestaltungsmöglichkeiten von Alterssicherungssystemen zu definieren und in den Gesamtkontext einzuordnen.

Auf dieser Basis werden in Kapitel C die zur Auswahl stehenden Finanzierungsverfahren eingehender analysiert. Nach einer Darstellung des entscheidungstheoretischen Fundamentes wird die Funktionsweise von Umlage- und Kapitaldeckungsverfahren im Rahmen eines Modells überlappender Generationen bei Sicherheit dargestellt und die Renditen derselben bestimmt.

In Abschnitt 4 wird analysiert, in welchem Verhältnis die verschiedenen Finanzierungssysteme stehen sollten.[28] Dabei wird abweichend von der aktuellen Literatur auf den Ansatz der Portfolio-Theorie zurückgreifend analysiert, inwiefern eine Mischung der beiden Finanzierungsverfahren aus Diversifikationsaspekten heraus sinnvoll ist. Darauf aufbauend wird die Wahl des Finanzierungsverfahrens auf Grundlage des Shortfall Ansatzes analysiert. Diese Analyse im Rahmen eines Risiko/Rendite-Vergleichs führt zu von der herrschenden Meinung abweichenden Ergebnissen. Es resultiert, daß ein gemischt finanziertes Alterssicherungssystem einem rein kapitalgedeckten Alterssicherungssystem überlegen ist und somit im Gegensatz zu den aktuellen Reformen in den lateinamerikanischen Ländern steht.

Im Anschluß hieran wird in Kapitel D die kapitalgedeckte betriebliche Altersvorsorge dargestellt. Dieser könnte bei einem Ausbau der kapitalgedeckten Alterssicherung, welche gemäß

---

[25] Schätzungen gehen von ca. 25 Mrd. Euro pro Jahr aus. Vgl. Schlote/Schwarz (2000).

[26] Zu nennen sind hier z.B. Großbritannien, die Schweiz und die USA. Vgl. Deutsches Institut für Altersvorsorge (1999) für einen Überblick über die Reformerfahrungen im Ausland.

[27] Vgl. zu den Implikationen einer verstärkten Kapitaldeckung für die Kapitalmärkte Kapitel F der vorliegenden Arbeit.

[28] Vgl. zu diesem Aspekt auch Sachverständigenrat zur Begutachtung der gesamtwirtschaftlichen Entwicklung (1996), Ziffer 400, S. 234-235.

der Ausführungen in Kapitel C zukünftig notwendig ist, große Bedeutung zukommen. Neben den besonderen Verhältnissen in Deutschland, die im Gesetz zur Verbesserung der betrieblichen Altersversorgung (BetrAVG) kodifiziert sind, werden die grundlegenden Charakteristika der Zusagetypen und deren Wirkungen eingehend analysiert, bevor die im BetrAVG kodifizierten Durchführungswege und die derzeitigen Reformvorschläge dargestellt werden. Das Kapitel schließt, analog zu der Analyse in Kapitel C Abschnitt 4, mit Ausführungen über die Mischung der verschiedenen Zusagetypen aus portfoliotheoretischer Sicht und daraus resultierenden Diversifikationseffekten.

Nachdem bis einschließlich Kapitel D konkret das System der Altersvorsorge und dessen Ausgestaltung analysiert worden ist, untersucht Kapitel E die regulatorischen Rahmenbedingungen, die Voraussetzung für eine verstärkte Kapitaldeckung sind.

Im abschließenden Kapitel F werden die aus einer verstärkten Kapitaldeckung resultierenden Kapitalmarkteffekte analysiert. Dabei werden mögliche Parallelen zu anderen Kapitelmärkten, insbesonderen dem US-amerikanischen und dem britischen Kapitalmarkt, aufgezeigt.

B Definitorische Grundlagen von Alterssicherungssystemen

1 Grundlagen von Alterssicherungssystemen

Der Zustand „Alter“ bezeichnet den Zeitraum nach Ausscheiden aus dem Erwerbsleben.[29] Der Begriff des Alterssicherungssystems ist nicht eindeutig abgegrenzt.[30] Im Rahmen des Gesamtsystems der Alterssicherung ist zu unterscheiden zwischen Elementen, die auf die allgemeine Sicherung des Individuums ausgerichtet sind und solchen, die speziell die Altersphase betreffen. Zu den erstgenannten gehören Sozialhilfe, Kranken- und Pflegeversicherung. Diese werden hier nicht weiter vertieft. Die letzteren werden als spezielle Alterssicherungssysteme bezeichnet. Sie lassen sich, wie in Abbildung 5 dargestellt, in Regelsicherungs-, Ergänzungs-, Zusatzsysteme und ergänzende Erwerbseinkommen untergliedern.

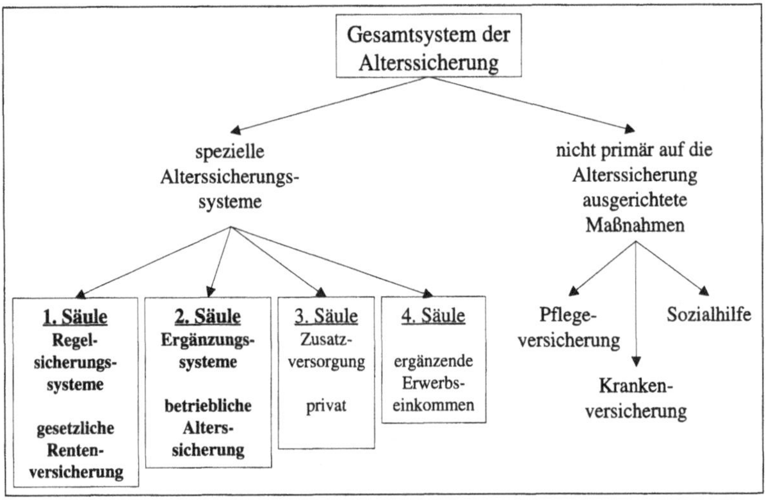

Abbildung 5: Das Gesamtsystem der Alterssicherung

Regelsicherungssysteme sind als Pflichtsysteme ausgestaltet und stellen die Basis der Alterssicherung dar. In Deutschland ist dieses die im Umlageverfahren finanzierte gesetzliche

[29] Während Alter in der Vergangenheit als die Angewiesenheit auf Versorgung anderer auf Grund fehlender Erwerbstätigkeit verstanden worden ist, wird Alter heute in dem hier verstandenen Sinne häufig mit dem Ausscheiden aus dem Erwerbsleben gleichgesetzt, wobei dieses eher auf die Zumutbarkeit der Arbeitsausübung ausgerichtet ist. Dabei wird hier die Zumutbarkeit nicht in Hinblick auf eine mögliche Invalidität verstanden. Vgl. hierzu z.B. Schmähl (1998), S. 59-61.

[30] Vgl. zu den folgenden Ausführungen z.B. Schmähl (1998), S. 59-61.

Rentenversicherung[31], welche der 1. Säule entspricht.[32] Als 2. Säule treten die ergänzenden Systeme der kapitalgedeckten betrieblichen Alterssicherung hinzu. Die 3. Säule besteht aus der privaten Zusatzssicherung.[33] Ferner existiert die sogenannte 4. Säule, welche ergänzende Erwerbseinkünfte neben den Alterssicherungsleistungen bezeichnet.[34]

Die 1. Säule wird in Deutschland jeweils zur Hälfte von Arbeitgeber und Arbeitnehmer, die 2. Säule als Entlohnungskomponente hauptsächlich vom Arbeitgeber finanziert.[35] 3. und 4. Säule fallen in den Ermessensspielraum der jeweiligen Privatperson. Die nachfolgende Abbildung verdeutlicht das Verhältnis der verschiedenen Alterseinkünfte zueinander.

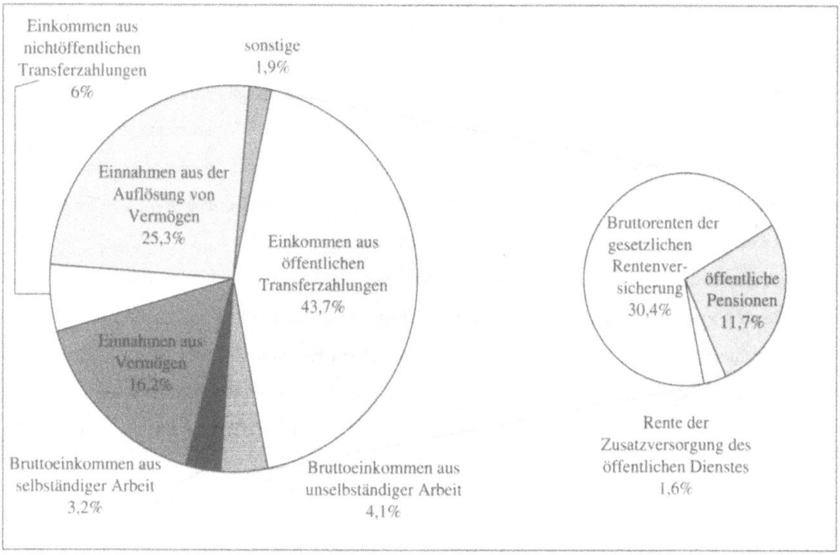

Abbildung 6: Anteil verschiedener Alterssicherungsarten an den Alterseinkünften[36]

---

[31] Ferner existiert die Altersversorgung der Beamten, die Alterssicherung der Landwirte und die berufsständigen Alterssicherungssysteme. Im weiteren wird hier nur die gesetzliche Rentenversicherung für Angestellte betrachtet. Für die anderen Systeme vgl. Battis (1998); Deisler (1998); Jung (1998).

[32] Vgl. hierzu den Überblicksartikel von Michaelis (1998).

[33] In Deutschland haben diese Säulen einen sehr unterschiedlichen Umfang. Vgl. hierzu Abbildung 6 und Schmähl (1998), S. 65, Übersicht 3.

[34] Die 4. Säule der Alterssicherung wird hier nicht weiter betrachtet, da ein Ziel des Alterssicherungssystems ist, den aus Altersgründen nicht mehr Erwerbstätigen einen entsprechenden Lebensstandard während der Altersphase zu gewähren. Vgl. hierzu Seite 15.

[35] Indirekt wird die 2. Säule durch c.p. geringere Löhne von den Leistungsempfängern zumindest mitfinanziert.

[36] Quelle: Statistisches Bundesamt, Einkommens- und Verbrauchsstichprobe 1998, Stand 12/1999.

Gemäß Abbildung 6 beträgt der Anteil der Rentenansprüche auf Grundlage öffentlicher Transferzahlungen an den Gesamteinkünften im Alter ca. 44%. Deren Zusammensetzung ist im rechten Kreis dargestellt. Dieser zeigt auf, daß von den knapp 44% ca. 30%-Punkte durch die gesetzliche Rentenversicherung gedeckt werden. Die restlichen ca. 13%-Punkte verteilen sich auf die öffentlichen Pensionen (11,7%-Punkte) und die Zusatzversorgung des öffentlichen Dienstes (1,6%-Punkte). Die Rentenansprüche der 2. Säule sind in den Einkommen aus nichtöffentlichen Transfers enthalten. Sie machen weniger als 6% der Einkünfte aus. Alterssicherung auf Grundlage der 3. Säule trägt knapp 40% zu den Einkünften im Alter bei. Im Vergleich zu 1993 ergibt sich hier ein Anstieg von 8,1% Punkten.[37] Die Einkünfte der 4. Säule in Höhe von 7,3% deuten darauf hin, daß schon jetzt die Leistungen der anderen Säulen für einige Bevölkerungsschichten nicht ausreichend sind.

Die Alterssicherung ist von der Altersversicherung abzugrenzen.[38] Versicherungen dienen der Abdeckung unsicheren Mittelbedarfs im Rahmen eines Kollektivs.[39] In dieser Solidargemeinschaft ist der Eintritt des Mittelbedarfs berechenbar. Diese Versicherung wird auf Grundlage des Risikoausgleichs im Kollektiv bzw. in der Zeit durchgeführt.[40]

Ferner können die Konzepte der Altersvorsorge und -versorgung[41] differenziert werden.[42] Im Rahmen der Vorsorgekonzeption spart der Einzelne oder das Kollektiv während der Jugend-/Erwerbsphase für die Altersphase und führt somit einen Konsumverzicht in der Jugendphase durch. Diese Ersparnis kann im Alter konsumiert werden. Es handelt sich um eine intertemporale Umschichtung des Einkommens. Dieses sei analytisch im Rahmen eines 2 Periodenmodells bei sicheren Erwartungen verdeutlicht. In der 1. Periode, die der Jugendphase entspricht, verdient das Individuum[43] einen Lohn $w_{1,t}$, der aufgeteilt wird auf den Jugendkonsum $c_{1,t}$ und die der Vorsorge dienenden Ersparnis $s_{1,t}$. Die Budgetrestriktion in der Jugend lautet somit

[37] Dieses kann als Anzeichen für eine zunehmen Verunsicherung der Bevölkerung bezüglich der Leistung der gRV gesehen werden. Vgl. für die Zahlen von 1993 die Einkommens- und Verbrauchsstichprobe 1993 des Statistischen Bundesamtes.

[38] Vgl. Glismann/Horn (1994), S. 3

[39] Ein Kollektiv wird hier als Gemeinschaft mehrerer Individuen verstanden.

[40] Vgl. Kotsch (1993); Farny (1989), S. 13. Dieses bedeutet, daß die Alterssicherung im Grunde nicht den Tatbestand für Versicherungen erfüllt. Denn die Altersphase an sich ist sicher. Lediglich der Zeitraum des Alters variiert. Vgl. auch Glismann/Horn (1994), S. 3.

[41] Die Altersvorsorge kann mit beiden noch darzustellenden Finanzierungsverfahren durchgeführt werden.

[42] Vgl. hierzu Farny (1998), S. 614; Schmähl (1998), S. 69; Viebrok/Dräther (1999), S. 3. Auch bei diesen Begriffen ist die Verwendung in der Literatur nicht eindeutig.

[43] Die Bezeichnungen Individuum und Haushalt werden in der vorliegenden Ausarbeitung als Synonym verwendet.

[B.1] $$w_{1,t} = c_{1,t} + s_{1,t}.$$

In der 2. Periode, der Nacherwerbsphase, ergibt sich der Konsum in Abhängigkeit der mit dem Kapitalmarktzinssatz r_{t+1} verzinsten Jugendersparnis[44]

[B.2] $$c_{2,t+1} = \left(1 + r_{t+1}\right) \cdot s_{1,t}.$$

Die intertemporale Budgetrestriktion, der ein Individuum im Rahmen eines an der Vorsorgekonzeption orientierten Alterssicherungssystems ausgesetzt ist, lautet

[B.3] $$w_{1,t} = c_{1,t} + \frac{c_{2,t+1}}{1 + r_{t+1}}.$$

Ist das System hingegen nach der Versorgungskonzeption[45] ausgerichtet, sind keine Vorleistungen durch das Individuum zu erbringen. Das gesamte Lohneinkommen kann in $t = 1$ konsumiert werden. In der Altersphase $t = 2$ wird eine Unterstützungszahlung $z_{2,t+1}$ durch den Staat an das Individuum geleistet.[46] Es gilt

[B.4] $$w_{1,t} = c_{1,t}$$

und

[B.5] $$c_{2,t+1} = z_{2,t+1}.$$

Unter der Annahme, daß das Individuum den gesamten Lohn in der Jugend konsumiert, gibt es keinen Zusammenhang zwischen Lohn und Zukunftskonsum. Werden Vorsorge- und Versorgungskonzeption miteinander kombiniert, resultieren folgende Budgetrestriktionen

[B.6] $$w_{1,t} = c_{1,t} + s_{1,t}$$

und

[B.7] $$c_{2,t+1} = \left(1 + r_{t+1}\right) \cdot s_{1,t} + z_{2,t+1}.$$

Daraus ergibt sich die intertemporale Budgetrestriktion des Haushalts

[B.8] $$w_{1,t} = c_{1,t} + \frac{c_{2,t+1}}{\left(1 + r_{t+1}\right)} - \frac{z_{2,t+1}}{\left(1 + r_{t+1}\right)}.$$

Durch die Versorgungszahlung können somit Jugend- und/oder Alterskonsum ausgedehnt werden, ohne daß eine Einschränkung an anderer Stelle erfolgt.[47] Im Folgenden werden lediglich vorsorgeorientierte Alterssicherungssysteme betrachtet.

---

[44] Das Vererbungsmotiv wird hier nicht beachtet.

[45] Die Unterstützung von Immigranten bzw. Asylanten gehört in diese Bereich, sofern diese nicht in das Sozialversicherungssystem eingezahlt haben.

[46] Von Steuern zur Finanzierung dieser Unterstützungszahlung wird hier abstrahiert.

[47] Anhand der Ausführungen wird deutlich, daß ein Versorgungssystem nur für einzelne Bevölkerungsgruppen gelten kann, da die Gelder an anderer Stelle eingenommen werden müssen.

Bei Altersvorsorgesystemen[48] handelt es sich um komplexe Gebilde, die dem Einfluß verschiedener Interessengruppen ausgesetzt sind. Diese werden wiederum durch die Ausgestaltung der Altersvorsorgesysteme selber beeinflußt. Der Gestaltung von Altersvorsorgesystemen sind durch die vom Staat festgelegten Rahmenbedingungen Grenzen gesetzt.[49] Die Gestaltungsmöglichkeiten haben sich somit an dem Ergebnis von Entscheidungen der Entscheidungsträger zu orientieren, die in dem gesteckten Entscheidungsfeld agieren.

Gemäß der präskriptiven Entscheidungstheorie[50] sind zunächst die Ziele zu spezifizieren. Erst nach Festlegung der Ziele von Altersvorsorgesystemen sind die verschiedenen Instrumente zu konkretisieren, um einen möglichst hohen Zielerreichungsgrad zu erreichen. Auf dieser Basis sind rationale Entscheidungen möglich. Es ist somit zunächst zu fragen, welche Ziele mit einem Altersvorsorgesystem verfolgt werden.[51]

Aus praktischer Sicht ist dieses Entscheidungsfeld in Deutschland eingeschränkt, da es sich um die Abänderung eines bestehenden Systems und nicht um die Neueinführung eines Altersvorsorgesystems handelt.

Auf theoretischer Basis kann durch Vernachlässigung dieses Aspekts das Entscheidungsfeld erweitert werden. Unter Umständen können Alternativen mit einem höheren Zielerreichungsgrad erreicht werden.

Im folgenden Abschnitt B2 sind die Ziele der Altersvorsorge zu definieren. Es werden die Einflüsse der verschiedenen Anspruchsgruppen dargelegt. In Abschnitt B3 sind die Ausgestaltungsmöglichkeiten von Altersvorsorgesystemen, welche die Instrumente zur Zielerreichung darstellen, zu analysieren.

2 *Ziele der Altersvorsorge*

Im Rahmen der Zielfindung[52] werden die qualitativen, quantitativen und zeitlichen Eigenschaften der Güterbereitstellung während der Altersphase determiniert. Als Entscheidungsträ-

[48] Vgl. für die nachfolgenden Ausführungen Farny (1998); H. Laux (1998); Viebrok/Dräther (1999).

[49] Vgl. H. Laux (1998), S. 19. Zu diesen Rahmenbedingungen gehört auch die Regulierung. Vgl. hierzu Kapitel E.

[50] Vgl. zur präskriptiven Entscheidungstheorie z.B. H. Laux (1998), S. 15-18.

[51] Z.B. sind im deutschen Altersvorsorgesystem verschieden Aspekte miteinander verbunden, die nicht der Altersvorsorge an sich dienen. Hier sind z.B. die Hinterbliebenen- und Invaliditätsabsicherung zu nennen.

[52] Vgl. Bode/Grabner (1997), S. 928; Farny (1998); H. Laux (1998), S. 19-24; Viebrok/Dräther (1999).

ger sind Leistungsempfänger/-zahler, Staat[53], Unternehmen und Finanzdienstleister zu nennen.[54] Die Entscheidungen können dabei individuell oder kollektiv getroffen werden.[55]

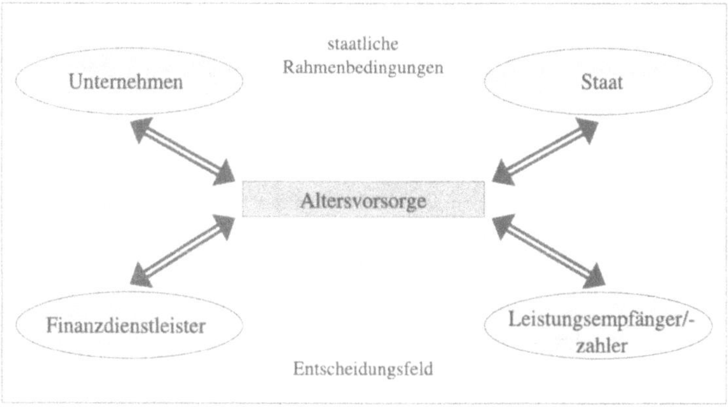

Abbildung 7: Altersvorsorge im Spannungfeld der Interessengruppen

Als Oberziel der Leistungsempfänger[56] ist der ökonomischer Status[57] sowohl in der Jugend- als auch in der Altersphase unter Berücksichtigung der entsprechenden Risiken zu sehen. Dabei besteht ein Zielkonflikt zwischen dem Oberziel der Maximierung des ökonomischen Status im Alter und den Unterzielen der Konsummaximierung in der jeweiligen Periode. Nur durch einen Konsumverzicht in der Arbeitsphase kann Vorsorge für die Altersphase getroffen werden.[58]

Als Risiken sind die biometrischen Risiken (Langlebigkeit, Invalidität und Tod) zu nennen. Ferner sind das Risiko der Arbeitslosigkeit und eine mögliche Entwertung der Ansprüche durch Inflation von Bedeutung. In der Altersphase kommen zusätzlich die Risken einer mög-

---

[53] Unter dem Begriff Staat werden hier der Fiskus, die Gebietskörperschaften, die Sozialversicherungsträger des öffentlichen Rechts und die Politik subsumiert.

[54] Eine Betrachtung der Ziele der schweizerischen Altersvorsorge aus systemtheoretischer und kybernetischer Sicht ist bei Ackermann/Schächtele (1998), S. 30-39 u. 43-122 zu finden.

[55] Auf individueller Basis werden z.B. Entscheidungen bezüglich der privaten Altersvorsorge getroffen. Kollektive Entscheidung nach dem Prinzip der Vorsorgepflicht sind zu differenzieren in solche mit einzelnen vorgegebenen Parametern und solchen, bei denen alle Gestaltungsparameter im vorhinein durch den Staat festgelegt sind. Hierzu gehört z.B. das Finanzierungsverfahren der gesetzlichen Rentenversicherung. Ferner können auch andere Kollektiventscheidungen zwischen Arbeitgebern und Arbeitnehmer, wie es bei der betrieblichen Altersvorsorge der Fall ist, getroffen werden. Vgl. hierzu Farny (1998), S. 615-617; H. Laux (1998), Teil D und F.

[56] Dabei ist zu differenzieren, wer der Leistungsempfänger ist. Ist es die natürliche Person oder aber das Institut des privaten Haushalt. Dieses hat direkte Konsequenzen z.B. für die Hinterbliebenenversorgung.

[57] Vgl. zum ökonomischen Status Viebrok/Dräther (1999), S. 5-6.

[58] Vgl. hierzu die Ausführungen auf Seite 10.

lichen Pflegebedürftigkeit und Altersmorbidität hinzu.[59] Abbildung 8 stellt die Verteilung der Risiken auf die verschiedenen Lebensphasen dar.

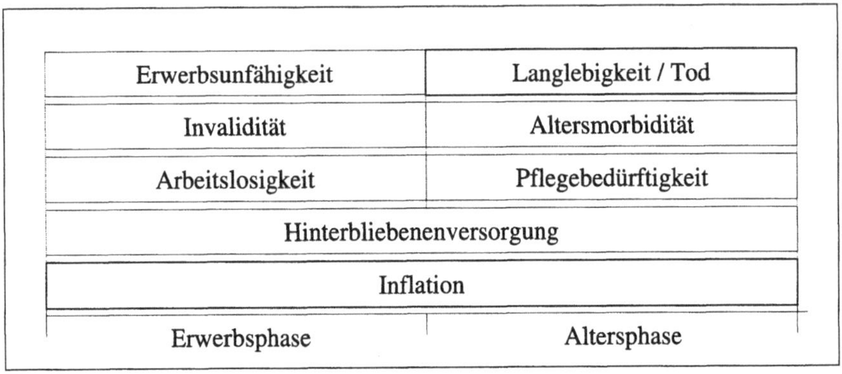

Abbildung 8: Verteilung der Risiken auf die Lebensphasen

Invalidität und Arbeitslosigkeit sind keine Risiken, die im Rahmen der Altersvorsorge abzusichern sind.[60] Auch Pflegebedürftigkeit und Altersmorbidität sind eher durch eine Pflegeversicherung bzw. Krankenversicherung abzudecken. Die Hinterbliebenenversorgung schließlich kann über Lebensversicherungen abgesichert werden. Somit sind als Risiken hauptsächlich die Langlebigkeit und die Entwertung der Ansprüche durch Inflation zu sehen. Auch sollte ein Altersversorgungssystem die Mobilität der Arbeitnehmer nicht beeinflussen.[61]

Auf staatlicher Ebene lassen sich fiskalische und politische Ziele unterscheiden. Als fiskalisches Ziel ist ein regelmäßiges Steueraufkommen zu nennen.[62] Politische Ziele lassen sich unter anderem in wirtschafts- und sozialpolitische Ziele[63] untergliedern. Dabei kommt den wirtschaftspolitischen Zielen der Lebensstandardsicherung und der Partizipation der Rentner an der Entwicklung der Lohneinkommen die größte Bedeutung zu.[64] Sozialpolitisch ist die Absicherung von Personen notwendig, die auf dem Markt keine Absicherung erhalten.[65]

[59] Vgl. Farny (1998), S. 617.

[60] Um die Analyse in einem faßbaren Rahmen zu halten, werden diese Aspekte ausgeblendet. Auch hat Invalidität primär nichts mit dem Alter zu tun.

[61] Vgl. Kapitel D, Abschnitt 3.

[62] Dieses Problem wird bei der aktuellen Diskussion um die nachgelagerte Besteuerung im Rahmen der betrieblichen Altersvorsorge diskutiert. Durch eine Umstellung von der vorgelagerten auf die nachgelagerte Besteuerung entstehen dem Fiskus temporäre Steuerausfälle.

[63] Hier sind unter anderem verteilungspolitische, familienpolitische und arbeitsmarktpolitische Ziele zu nennen. Vgl. Viebrok/Dräther (1999), S. 10.

[64] Dieses ist, wie noch zu zeigen ist, in einem umlagefinanzierten System möglich.

[65] Das sozialpolitische Ziel der Armutsvermeidung wird im Rahmen der Sozialhilfe verfolgt und gehört somit nur indirekt zu den Zielen der Altersvorsorge. Vgl. Viebrok/Dräther (1999), S. 9.

Ferner ist der Staat an einer Entlastung der ersten Säule durch die anderen Säulen der Alterssicherung interessiert.

Unternehmensspezifische Ziele sind die Senkung der Lohnnebenkosten zur Erhaltung der Wettbewerbsfähigkeit und der Motivationsaspekt, der durch ein auf der zweiten Säule basierendes Altersvorsorgesystem resultieren kann.[66] Im Rahmen der zweiten Säule ist eine bessere Kalkulierbarkeit der Kosten wesentlich.

Die Ziele der Finanzdienstleister liegen vor allem im Ausbau der kapitalgedeckten Altersvorsorgesysteme, wodurch es zu einer vermehrten Nachfrage nach Kapitalanlageprodukten verschiedenster Art kommen würde. Dadurch würde das Geschäftsfeld des Anlagemanagements gestärkt. Die Auswirkungen einer verstärkten Kapitaldeckung der Altersvorsorgesysteme auf die Kapitalmärkte und damit auf die Finanzdienstleister wird in Kapitel F analysiert. Auch die in Kapitel E skizzierten Regulierungsvorschläge haben direkten Einfluß auf die Finanzdienstleister. Die zuvor gemachten Ausführungen bezüglich der Entscheidungsträger und deren Ziele werden in Abbildung 9 zusammengefaßt.

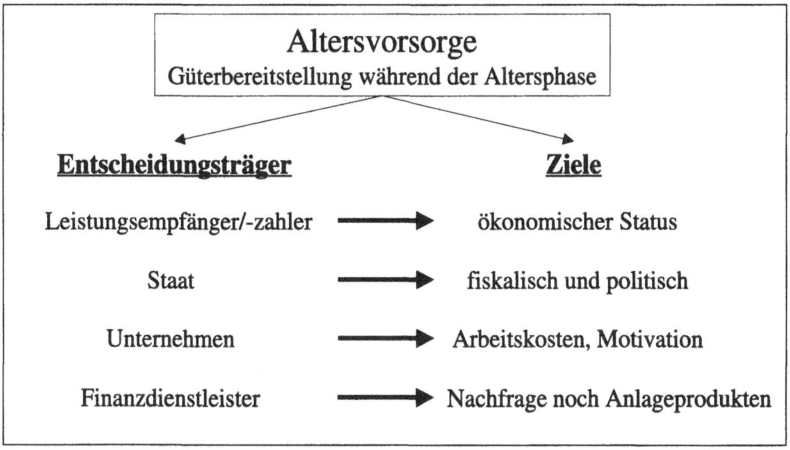

Abbildung 9: Entscheidungsträger und Ziele der Altersvorsorge

[66] Dabei hat ein staatliches Altersvorsorgesystem direkten Einfluß auf die Unternehmen, da z.B. ein betriebliches Altersvorsorgesystem im Rahmen der Gesamtversorgungszusage lediglich für die Versorgungslücke aufzukommen hat.

Alterssicherungssysteme können auf unterschiedliche Art und Weise ausgestaltet sein.[67] Zunächst ist der einzubeziehende Personenkreis[68] festzulegen.[69] Im Rahmen der 1. Säule der Alterssicherung wird in Deutschland die Zugehörigkeit grundsätzlich nach der Erwerbstätigkeit festgelegt, wobei dieses Prinzip an vielen Stellen durchbrochen wird.[70,71] Ferner wird eine Versicherungspflicht bezüglich der 1. Säule auch anhand des Einkommens geregelt. Es existiert sowohl eine Geringfügigkeitsgrenze als auch eine Beitragsbemessungsgrenze. Die Geringfügigkeitsgrenze beschreibt den Tatbestand, ab welchem Einkommen Sozialabgaben und damit auch Abgaben zur gesetzlichen Rentenversicherung zu zahlen sind. Die Beitragsbemessungsgrenze gibt die Obergrenze des Einkommens an, von welchem der prozentuale Sozialversicherungsbeitrag zu zahlen ist.

Die Ergänzungssysteme der 2. Säule stellen eine freiwillige Lohnzusatzleistung des Arbeitgebers dar. Auch diese sind an ein Beschäftigungsverhältnis gekoppelt.[72] Dabei ist zunächst zu klären, ob solche Systeme überhaupt eingeführt werden sollen und welche Beschäftigungsgruppen zu erfassen sind.[73]

Die Vorsorgemöglichkeiten der 3. Säule stehen gänzlich im Entscheidungsfeld der privaten Haushalte. Somit kann der Personenkreis nur indirekt, z.B. mittels steuerlicher Anreize, beeinflußt werden. Abbildung 10 faßt die Ausführungen zusammen.

---

[67] Die folgenden Ausführungen orientieren sich an den Merkmalen des derzeitigen Systems in der Bundesrepublik Deutschland.

[68] Die Festlegung des Personenkreises wird von der Politik häufig als Möglichkeit gesehen, die Finanzierungsprobleme der gesetzlichen Rentenversicherung zu überbrücken. Durch den Einbezug neuer Gruppen in die Versicherungspflicht steigen im Umlageverfahren zunächst die Einnahmen. Dieses ist jedoch nur ein temporärer Effekt, da diesen Einnahmen später zusätzliche Ausgaben gegenüber stehen.

[69] Vgl. für die folgenden Ausführungen Schmähl (1998), S. 76-77.

[70] Vgl. Schmähl (1998), S. 76 und S. 62-63, Übersicht 1. Dieses zeigt sich im Rahmen der 1. Säule vor allem daran, daß es für verschiedene Gruppen von Arbeitern und Angestellten auch unterschiedliche Versicherungssysteme gibt.

[71] In Deutschland sind z.B. Selbständige nicht verpflichtet, an der gesetzlichen Rentenversicherung teilzunehmen.

[72] Auf die derzeitigen Durchführungswege der betrieblichen Alterssicherung, deren Ausgestaltungsmöglichkeiten und Reformansätze wird in Kapitel D eingegangen.

[73] Vgl. Schmähl (1998), S. 76-77.

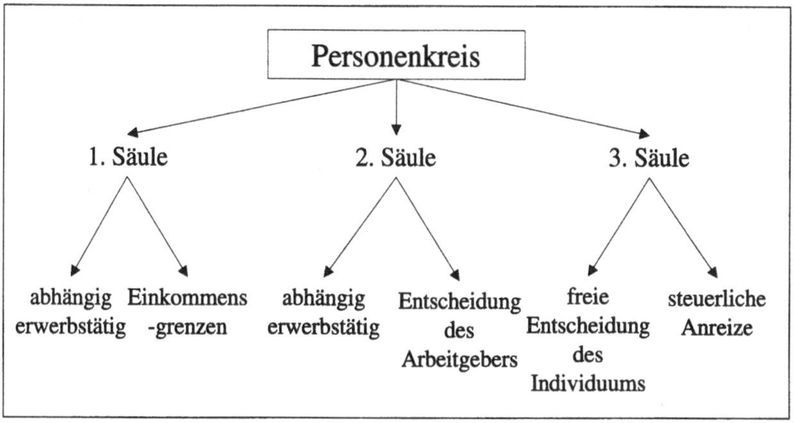

Abbildung 10: Personenkreis des Alterssicherungssystem

Ein anderer zu beachtender Aspekt sind die sozialen Tatbestände[74] die die Versorgung im Alter auslösen. Im gegenwärtigen deutschen System der Alterssicherung sind auch Aspekte der Invaliditäts- und Hinterbliebenenversorgung integriert. Es handelt sich somit nicht um ein reines Vorsorgeinstrumentarium.

Die Ausgestaltung von Leistungen, die im deutschen System in Geldform geleistet werden,[75] ist nach 4 Kriterien zu differenzieren. Abbildung 11 verdeutlicht die Möglichkeiten.

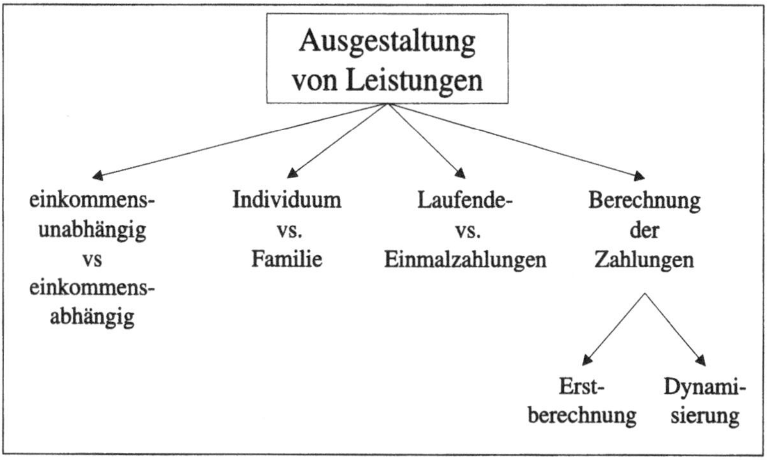

Abbildung 11: Ausgestaltung von Leistungen eines Alterssicherungssystems

[74] Vgl. Schmähl (1998), S. 77

Leistungen der gesetzlichen Rentenversicherung in Deutschland sind einkommensabhängige auf die Familie[76] bezogene laufende Rentenzahlungen. Die Erstberechnung ist von der relativen Lohnposition des Versicherten im Kollektiv über die letzten Jahre vor dem Renteneintritt abhängig. Die Veränderung im Zeitablauf ist abhängig von der Nettolohnentwicklung[77] der arbeitenden Bevölkerung.

Alterssicherungssysteme können in staatlicher oder privater Trägerschaft organisiert sein.[78,79] Im Rahmen der staatlichen Trägerschaft liegt die Verwaltung beim Staat oder einer anderen hoheitlichen Institution. Ferner werden Beiträge und Leistungen durch den Staat festgesetzt. Im Falle einer privatwirtschaftlichen Ausgestaltung[80] sind vom Staat zumindest die gesetzliche Rahmenbedingungen zu schaffen.[81,82] Die gesetzliche Rentenversicherung befindet sich in staatlicher, die betriebliche Alterssicherung in privater Trägerschaft, wobei eine Mischung möglich ist. Der Zwangscharakter eines Alterssicherungssystems bezieht sich auf die Verpflichtung, an einem solchen System aktiv mitzuwirken.[83] Handelt es sich um eine obligatorische Sicherung[84] wie z.B. im Rahmen der gesetzlichen Rentenversicherung, ist der Bürger verpflichtet eine Mindestvorsorge zu betreiben. Diese Verpflichtung ist im Gesetz verankert.[85] Im Rahmen der freiwilligen Vorsorge liegt die Alterssicherung im Ermessen der jeweiligen Person bzw. Personengruppe.

Als Finanzierungsverfahren sind das Umlage- und das Kapitaldeckungsverfahren zu unterscheiden. Im Rahmen des Umlageverfahrens zahlt die jeweils erwerbstätige Generation die Renten der jeweiligen Rentnergeneration. Im Kapitaldeckungsverfahren spart die junge Gene-

---

[75] Vgl. für eine weitergehende Erläuterung Schmähl (1998), S. 70-74, 77-78.

[76] Dieses wird durch Hinterbliebenenversorgung im Rahmen der gesetzlichen Rentenversicherung gewährleistet.

[77] Diese Anpassung der Rentenhöhe an die Nettolohnentwicklung ist derzeit von der Politik ausgesetzt worden.

[78] Vgl. Breyer (1990), S. 4; Schmähl (1998), S. 69; Orszag/Stiglitz (1999), S. 5. Für das Kriterium der Trägerschaft ist es unbedeutend, ob die Sicherungsverträge freiwillig oder unter Zwang abgeschlossen werden. Vgl. Homburg (1988), S. 7. Allerdings besteht zwischen diesen Punkten häufig eine gewissen Korrelation.

[79] Die Bedeutung der Differenzierung zwischen den verschiedenen Aspekten wird z.B. in Geanakoplos/Mitchell/Zeldes (1998) dargelegt.

[80] Ein Beispiel sind z.B. Lebensversicherungsverträge. Ferner aber auch die Versorgung durch die eigene Familie. Vgl. Homburg (1988), S. 6.

[81] Solche Aufsichtsregeln werden in jüngster Zeit vor allem für Banken intensiv diskutiert. Der Aspekt der Regulierung wird an späterer Stelle in Kapitel E untersucht.

[82] Beispiele dafür, daß eine solche staatliche Aufsicht notwendig ist, zeigen Problemfälle wie der Fall Orange County in den USA. Vgl. hierzu Jorion (1995).

[83] Vgl. Breyer (1990), S. 4 und Schmähl (1998), S. 70

[84] Bei der deutschen gesetzlichen Rentenversicherung handelt es sich mit einigen Ausnahmen um ein obligatorisches, d.h. Zwangssystem. Ausnahmen stellen z.B. Selbständige dar.

[85] Vgl. Homburg (1988), S. 6.

ration in der Erwerbsphase einen Teil der verfügbaren Mittel an, welche auf dem Kapitalmarkt angelegt werden. In der Altersphase erhält diese Generation die eingezahlten Beiträge inklusive Verzinsung oder abzüglich der Verluste zurück. Auf die Finanzierungsverfahren wird in Kapitel C ausführlich eingegangen.[86]

Ferner ist zwischen Verfahren mit und ohne Risikoausgleich zu differenzieren.[87] Ein Risikoausgleich findet im Kollektiv statt. Im Kollektiv wird das Risiko der Langlebigkeit[88] der einzelnen Individuen aggregiert und über Risikoprämien ausgeglichen. So erhält der Einzelne unter Umständen mehr oder weniger, als er eingezahlt hat. In der Gruppe gleicht sich dieses jedoch aus.[89] Dieser Aspekt wird u.a. durch verschiedene Zusagetypen, Leistungs- und Beitragszusage verwirklicht.[90]

Fehlt dieser Risikoausgleich, kann es im Alter im ungünstigen Fall zu Armut kommen. Dieses ist dann der Fall, wenn die Vorsorgeaufwendungen aufgebraucht worden sind. Bei kurzer Lebensdauer bleiben Mittel unverbraucht zurück, bei langer Lebensdauer fehlen entsprechende Gelder.

Ebenfalls sind Verfahren mit und ohne Umverteilung zu unterscheiden. Umverteilung kann zum einen innerhalb einer Generation bzw. Kohorte (intragenerational) oder zwischen verschiedenen Generationen (intergenerational) auftreten.[91,92] In einem System ohne Umverteilung sind die Leistungen an die Mitglieder, also die Auszahlungen (Az) proportional zu den geldmäßig geleisteten Einzahlungen (Ez).[93] Dieses wird als Beitragsäquivalenz[94] bezeich-

---

[86] In Kapitel C werden die Finanzierungsverfahren und Möglichkeiten der Diversifikation analysiert.

[87] Vgl. Homburg (1988), S. 7; Kotsch (1993); Glismann/Horn (1994), S. 4.

[88] Dabei ist der Betrachtungsblickwinkel für die Einstufung der Restlebensdauer von Bedeutung. Für den Einzelnen mag eine verlängerte Restlebensdauer durchaus eine Chance darstellen, sein Leben länger zu genießen. Für die Gesellschaft als ganzen ist diese verlängerte Restlebensdauer jedoch als Risiko bzw. Gefahr zu sehen. Im Fall des Kapitaldeckungsverfahrens kann es vorkommen, daß der Kapitalstock zu früh verbraucht ist und der im Ruhestand lebende auf Sozialhilfe angewiesen ist.

[89] Vgl. für eine ausführliche kontroverse Diskussion Kotsch (1993); Kotsch (1994); Albrecht/Timpel (1994).

[90] Vgl. Kapitel D, Abschnitt 3.

[91] Die Umverteilung zwischen den verschiedenen Generationen wird im Rahmen des Generational Accounting eingehend analysiert. Dieser Aspekt wird in der vorliegenden Ausarbeitung nicht weiter betrachtet. Vgl. hierzu ausführlich Auerbach/Kotlikoff (1999); Kitterer (1995); Kotlikoff/Leibfritz (1999).

[92] Der Risikoausgleich, der zuvor schon behandelt worden ist, wird nicht als Umverteilung im hier verwendeten Sinne verstanden.

[93] Wer also in der Erwerbsphase 20% mehr eingezahlt hat als ein anderer, der erhält auch in der Rentnerphase 20% mehr. Es werden dabei nur Aussagen über die relative Verteilung gemacht.

[94] Häufig wird auch der Begriff Teilhabeäquivalenz verwendet.

net.[95] Um der Beitragsäquivalenz zu genügen, müssen Rentenleistungen folgenden Anforderungen entsprechen:[96]

- Die Beitragshöhe ist abhängig von der Risikohöhe.
- Eine Verlängerung der Rentenbezugsdauer z.B. durch Frührente hat mit entsprechenden Rentenabschlägen einherzugehen.
- Dynamisierte Renten müssen auf einem niedrigeren Niveau beginnen als nicht dynamisierte Renten.
- Nur für wirklich geleistete Beiträge dürfen Rentenansprüche entstehen.

Diese Äquivalenzprinzipien sind in der gesetzlichen Rentenversicherung mehrfach durchbrochen worden. Dies geschieht z.B. durch die Anrechnung von Rentenzeiten, für die keine Beiträge geleistet worden sind. Beispiel hierfür ist die Aufnahme von Rentnern mit nur sehr geringen Beiträgen in das neueingeführte Umlageverfahren 1957. Es ist somit von der damals jungen Generation an die damals alte Generation umverteilt worden. Dieses wird als intergenerationale Umverteilung bezeichnet. Ferner sind zur Lösung von Arbeitsmarktproblemen in der Vergangenheit Arbeitnehmer des öfteren in den Vorruhestand entlassen worden, ohne einen entsprechenden versicherungsmathematisch berechneten Abschlag von der Rentenhöhe vorzunehmen. Diese innerhalb einer Generation vorkommende Umverteilung wird als intragenerationale Umverteilung bezeichnet.

4 Weiteres Vorgehen

Nachdem ein Überblick über die verschiedenen Ziele, Instrumente und Ausgestaltungsmöglichkeiten von Alterssicherungssystemen gegeben worden ist, wird im folgenden das Ziel des hohen ökonomischen Status der Leistungsempfänger genauer analysiert. Grundlegend für den ökonomischen Status sowohl während der Beitrags- als auch während der Rentenbezugszeit ist die Wahl des Finanzierungsverfahrens, welches im Mittelpunkt der folgenden Ausführungen steht. In der bisherigen Literatur sind die verschiedenen Finanzierungsverfahren hauptsächlich bei Sicherheit analysiert worden. Insofern basieren die Ausführungen, wenn überhaupt, lediglich auf Renditevergleichen. Eine Analyse des Risiko-/Renditekonflikts, wie er in der finanzwirtschaftlichen Theorie der Portfoliobildung stattfindet, ist bisher weitgehend unterlassen worden. Gemäß diesem Ansatz ist eine Erhöhung der erwarteten Rendite mit einem Anstieg des Risikos, gemessen durch die Standardabweichung bzw. Varianz, verbunden.

---

[95] Die Beitragsäquivalenz ist von dem Äquivalenzkonzept in der Finanzwissenschaft zu abzugrenzen. Vgl. hierzu Homburg (1988), S. 7-8; Musgrave/Musgrave/Kullmer (1993), S. 11-18.

[96] Vgl. hierzu z.B. Viebrok/Dräther (1999), S.12.

Das Ziel, den ökonomischen Status des Individuums durch eine geeignete Wahl der Finanzierungsverfahren zu erhöhen, steht dabei im Einklang mit Zielen der anderen Anspruchsgruppen. Für den Staat würde ein effizientes Portfolio aus Umlage- und Kapitaldeckungsverfahren die Kosten der Armutsvermeidung verringern, da eine höhere erwartete Verzinsung der Einzahlungen zu erwarten ist. Für Unternehmen würden die Kosten der Altersvorsorge aufgrund derselben Gründe verringert und Finanzdienstleister könnten an einer möglichen teilweisen Verlagerung auf ein Kapitaldeckungsverfahren durch ihre Fondsgesellschaften partizipieren.

C Finanztheoretische Analyse des Finanzierungsverfahrens

1 Überblick über die Finanzierungsverfahren

Im vorliegenden Kapitel wird detailliert auf die möglichen Finanzierungsverfahren von Alterssicherungssystemen eingegangen. Das ursprüngliche Argument für das Umlageverfahren und somit gegen das Kapitaldeckungsverfahren beruht auf Arbeiten von Diamond und Samuelson.[97] Sie argumentieren, daß es in einem Kapitaldeckungsverfahren zum einen zu Ineffizienzen und zum anderen zu einer Überakkumulierung von Kapital kommen kann und Individuen unter Umständen zu viel sparen.[98] Die Argumente für das Kapitaldeckungsverfahren beruhen auf den Ausführungen von Aaron und Feldstein[99] und unterstellen, daß die an den Kapitalmärkten erzielte Verzinsung höher sei als die Lohnwachstumsrate. Diese stellt, wie noch zu zeigen ist, die Verzinsung in einem Umlageverfahren dar. Ferner wird mit dem Entwicklungspotential der Kapitalmärkte argumentiert.[100]

In der vorliegenden Ausarbeitung wird ein anderer Ansatz, der von Merton angesprochen worden ist, verfolgt.[101] Auf Basis des in der Finanzierungstheorie bekannten Risiko-/Rendite Zielkonfliktes ist zu untersuchen, welches Finanzierungssystem das optimale ist. Sollten die Renditen der beiden System nicht perfekt korreliert sein, ist es unter dem Gesichtspunkt der Risikodiversifikation sinnvoll, beide Finanzierungsverfahren miteinander zu kombinieren und ein Mehrsäulensystem aufzubauen. Bei diesem Vorgehen ist zwischen der Entscheidung hinsichtlich der Kapitalfundierung und der Versicherungseigenschaft des Altersvorsorgesystems, hier verstanden als eine Abdeckung des Risiko der Langlebigkeit, zu unterscheiden. Hier wird der erste Aspekt untersucht. Die Abdeckung des Risikos der Langlebigkeit kann unabhängig davon über einen Markt für Annuitäten erfolgen.[102] In den letzten Jahren haben vor allem osteuropäische Länder, darunter z.B. Polen, den Weg des Mehrsäulensystems beschritten.[103]

Im folgenden Abschnitt 2 werden zunächst die entscheidungstheoretischen Grundlagen dargestellt, bevor in Abschnitt 3 die Funktionsweisen der beiden Finanzierungsverfahren beschrieben werden. Im Anschluß daran sind die Renditen derselben zu berechnen. Im Rahmen des Abschnitts 4 werden diese Untersuchungen auf den Fall unsicherer Erwartungen übertragen. Hier wird das Konzept der Portefeuille-Theorie auf den Fall der Auswahl von

---

97 Vgl. Diamond (1965), Diamond (1977) und Samuelson (1975).

98 Vgl. hierzu auch die Äußerungen von Rürup, der diese Gefahr nicht sieht. Lediglich die Fristigkeit des Sparens würde sich seiner Meinung nach bei einer vermehrten Kapitaldeckung verändern. Vgl. o.V. (2000), S. 7.

99 Vgl. Aaron (1966) und Feldstein (1996).

100 Vgl. z.B. Albin/Deutsch/Bräuninger (1999), S. 12-13. Dieser Aspekt wird in Kapitel F analysiert.

101 Vgl. Merton (1983).

102 Vgl. Shiller (1998).

103 Vgl. exemplarisch für Polen Chlon/Góra/Rutkowski (1999).

Finanzierungsverfahren der Alterssicherung angewandt. Zunächst wird aus didaktischen Gründen der 2-Anlagen-Fall dargestellt und im Anschluß untersucht, welche Auswirkungen ein Umlagesystem auf die Portfoliozusammensetzung einer kapitalgedeckten Säule hat. Ferner ist der Einfluß des Renteniveau auf die Mischung der beiden Verfahren zu untersuchen. Die Analyse wird auf den realistischeren n-Anlagen-Fall ausgeweitet.

Gerade im Rahmen von Alterssicherungssystemen kann es sinnvoll sein, die Wahrscheinlichkeit eine bestimmte Mindestrendite[104] zu erreichen zu maximieren. Dieses liegt darin begründet, daß im Fall einer Verfehlung einer bestimmten Mindestrendite das Alterseinkommen eventuell unter das Sozialhilfeniveau fallen könnte und somit der Staat wiederum in Anspruch genommen wird. Dieses Konzept basiert auf dem auf Roy[105] zurückgehenden Shortfall Ansatz. Dieser ist bis zu dem jetzigen Zeitpunkt jedoch lediglich auf Wertpapierportfolios angewendet worden. Dieser soll hier auf die Auswahl der optimalen Mischung zwischen den Finanzierungsverfahren der Altervorsorge angewandt werden.

2 *Grundlagen der Entscheidungstheorie*

Die Entscheidungstheorie bedient sich zur Lösung von Entscheidungsproblemen unter Unsicherheit des Bernoulliprinzips, dessen axiomatische Begründung auf von Neumann/Morgenstern zurückgeht.[106] Es handelt sich bei den Axiomen um Vollständigkeit, Transitivität, Stetigkeit, Beschränkung, Dominanz und Invarianz. Gemäß dem Axiom der Vollständigkeit[107] können die Konsequenzen der Alternativen paarweise beurteilt werden, d.h. es gilt[108]

[C.1] $$u \succ v \vee u \sim v \vee u \prec v.$$ [109]

Das Axiom der Transitivität verlangt, daß ein Entscheider der u gegenüber v und v gegenüber y vorzieht auch u gegenüber y präferiert, d.h.

[C.2] $$u \succ v \wedge v \succ y \rightarrow u \succ y.$$ [110]

---

[104] Aus dieser Mindestrendite resultiert dann eine Mindestrente.

[105] Vgl. hierzu Roy (1952). In neuerer Zeit findet sich der Shortfall Ansatz in abgewandelter Form in den Value-at-Risk Ansätzen wieder. Vgl. für eine Einführung dazu Jorion (1997); Rudolf (2000).

[106] Vgl. für die folgenden Ausführungen z.B. Copeland/Weston (1992), S. 77 ff.; Eisenführ/Weber (1994), S. 7-9; Franke/Hax (1999), S. 289-292; Huang/Litzenberger (1988), S. 1-17; Kruschwitz (1995), S. 114-118; H. Laux (1998), S. 31-34.

[107] Dieses Axiom wird auch als Vergleichbarkeit bezeichnet. Vgl. Huang/Litzenberger (1988), S. 7.

[108] Die in diesem Abschnitt verwendeten Symbole k, u, v und y werden an späterer Stelle teilweise in einem anderen Zusammenhang verwendet.

[109] In diesem ist das Axiom der Beschränkung enthalten. Dieses sagt aus, daß es möglich ist die schlechteste und die beste Konsequenz zu definieren, so daß alle anderen Konsequenzen zwischen diese beiden fallen.

Falls $u \succ v \succ y$ existiert gemäß des Stetigkeitsaxioms[111] eine Wahrscheinlichkeit k, so daß es ein Portfolio aus u und y gibt bei der der Entscheider indifferent zwischen diesem Portfolio und v ist

[C.3] $$[u, y : k, 1 - k] \sim v.$$

Das Dominanzaxiom sagt aus, daß für $u \succ y$ und $k_1 > k_2$ diejenige Kombination aus u und y vorzuziehen ist, welche u mit der größeren Wahrscheinlichkeit k_1 enthält, d.h.

[C.4] $$[u \succ y : k_1, 1 - k_1] \succ [u \succ y : k_2, 1 - k_2].$$ [112]

Das Invarianzaxiom[113] verlangt, daß die Darstellung der Ergebnisse, sofern diese äquivalent ist, keinen Einfluß auf die Entscheidung haben darf. Der Entscheider trifft die Wahl zwischen 2 Alternativen unabhängig davon, ob eine weitere - für die Entscheidung irrelevante - Alternative existiert. Es folgt aus

[C.5] $$u \succ v \rightarrow u \cdot k + y \cdot (1 - k) \succ v \cdot k + (1 - k) \cdot y.$$ [114]

Auf Grundlage dieser Axiome läßt sich jeder möglichen Ausprägung einer Alternative mittels einer Nutzenfunktion $U(\bullet)$ ein Nutzenwert zuordnen. Durch die Gewichtung mit den Eintrittswahrscheinlichkeiten ergibt sich der Erwartungswert des Nutzens. In der Nutzenfunktion kommen sowohl die zeitlichen Präferenzen als auch die Risikopräferenzen des Entscheiders zum Ausdruck. Hier ist lediglich der einperiodige Fall zu erörtern, so daß die zeitlichen Präferenzen nicht betrachtet werden. Es gilt

[C.6] $$\sum_{s=1}^{S} U(y_s) \cdot k_s = E[U(\tilde{y})].$$

Anhand der Nutzenfunktion, lassen sich die verschiedenen möglichen Risikoeinstellungen eines Entscheiders, Risikoneutralität, Risikaversion, und Risikofreude, analysieren.[115] Dazu ist der Nutzen des Erwartungswertes

[C.7] $$U(\mu) = U(E[\tilde{y}]) = \sum_{s=1}^{S} y_s \cdot k_s$$

---

[110] Das Axiom der Transitivität wird z.B. beim sogenannten St. Petersburger Spiel verletzt. Vgl. hierzu Eisenführ/Weber (1994), S. 201-202.

[111] Dieses Axiom wird auch als "measurability" bezeichnet.

[112] Dieses entspricht dem Monotonieaxiom bei Laux. Vgl. H. Laux (1998), S. 173.

[113] Dieses wird auch als Unabhängigkeits- oder Substitutionsaxiom bezeichnet.

[114] Franke/Hax (1999), S. 290 und H. Laux (1998), S. 172 führen zudem noch das Axiom der Reduktion an. Dieses besagt, daß eine zweistufige einer einstufigen Wahrscheinlichkeitsverteilung äquivalent ist, sofern die Ergebnisse jeweils gleichwahrscheinlich sind. Dieses ist jedoch bei der Erfüllung des Substitutionsaxioms ohnehin erfüllt. Vgl. hierzu Eisenführ/Weber (1994), S. 207.

[115] Vgl. hierzu ausführlich Franke/Hax (1999), S. 294-296, Kruschwitz (1995), S. 128-137.

der das sichere Ergebnis in Höhe des Erwartungswertes repräsentiert, zu definieren. Ist der Nutzen des Erwartungswertes für einen Entscheider größer als der Erwartungswert des Nutzens,

[C.8] $$U(E[\tilde{y}]) > E[U(\tilde{y})]$$

so ist der Entscheider als risikoscheu zu bezeichnen. Wird hingegen das unsichere Ergebnis dem sicheren vorgezogen, d.h. ist der Erwartungswert des Nutzen höher als der Nutzen des Erwartungswertes,

[C.9] $$U(E[\tilde{y}]) < E[U(\tilde{y})]$$

gilt der Entscheider als risikofreudig. Risikoneutralität liegt demzufolge bei Indifferenz zwischen beiden vor

[C.10] $$U(E[\tilde{y}]) = E[U(\tilde{y})].$$ [116]

Im folgenden wird von einem risikoaversen Entscheider ausgegangen.[117] Gerade im Bereich der Altersvorsorge ist Risikoaversion intuitiv zu verstehen, wobei das Ausmaß der Risikoaversion sich im Lebenszyklus verändert.[118] In der Literatur werden dazu die „Anhäufungsphase", die „Konsolidierungsphase" und die „Nettoausgabenphase" unterschieden. In der „Anhäufungsphase" welche die ersten Arbeitsjahre umfaßt, können Investoren Risiken eingehen. Anlagen in Aktien sind möglich, da das Geld kurzfristig nicht benötigt wird. Ferner können eventuelle Verluste durch ein steigendes Lohneinkommen kompensiert werden.

In der „Konsolidierungsphase" nimmt die Risikoneigung weiter ab und ein Teil des Geldes wird konservativer angelegt. In der „Nettoausgabenphase", die mit dem Rentenalter beginnt, versucht der Investor sein Vermögen zu bewahren. Risiken werden lediglich für einen Inflationsausgleich in Kauf genommen, da eventuelle Verluste nicht mehr ausgeglichen werden könnten und somit evtl. zur Altersarmut führen. Gemäß der zuvor gemachten Ausführungen zur Risikoaversion ergibt sich eine konkave Nutzenfunktion, die in Abbildung 12 dargestellt ist. Die Stärke der Risikoaversion wird durch die Krümmung der Nutzenfunktion repräsentiert.

Wie in Abbildung 12 ersichtlich ist, schätzt der Entscheider den Nutzen des Erwartungswertes höher ein als den Erwartungswert des Nutzens. Der risikoaverse Entscheider verlangt für die Teilnahme an einem fairen Spiel[119] eine Entschädigung, damit er indifferent zwischen dieser Risikosituation, ausgedrückt durch den Erwartungswert des Nutzens und dem sicheren Ergebnis ist.

---

[116] Für eine Darstellung auf Grundlage des Sicherheitsäquivalenz vgl. Franke/Hax (1999), S. 294.
[117] Diese ist eine Standardannahme in der Literatur. Vgl. z.B. Franke/Hax (1999), S. 306.
[118] Vgl. hierzu Reilly/Brown (1997), Kapitel 2, insbesondere S. 38-40.
[119] Ein Spiel wird als fair bezeichnet, sofern der Preis dem Erwartungswert entspricht.

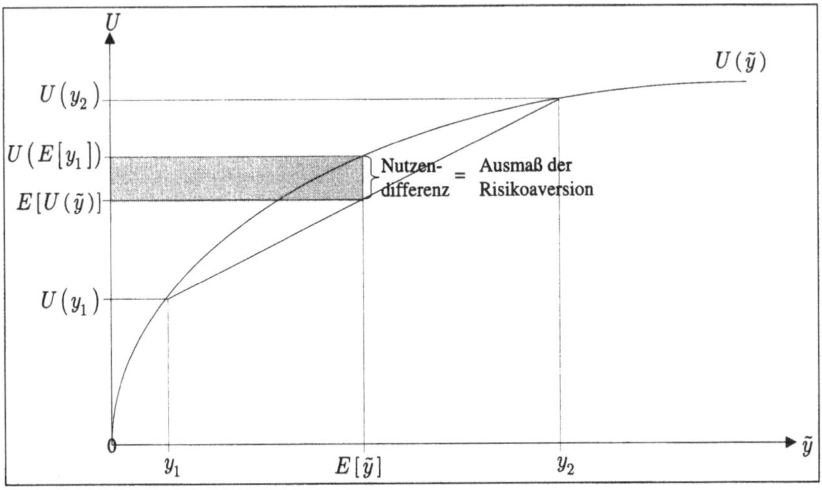

Abbildung 12: Nutzenfunktion bei Risikoaversion[120]

3 *Finanzierungsverfahren*

3.1 Grundlagen

Als Finanzierungsverfahren[121] sind das Umlage- und das Kapitaldeckungsverfahren[122] zu unterscheiden. Im folgenden wird die grundlegende Funktionsweise beider Verfahren hergeleitet, wobei zum besseren Verständnis die Vorgehensweise jeweils identisch aufgebaut ist. Wesentliche Kenngrößen der aktuellen Diskussion werden definiert. Im Rahmen des Umlageverfahrens[123] zahlt die jeweils erwerbstätige Generation die Renten der jeweiligen Rentnergeneration.[124] Da die Einzahlungen der aktuellen Periode $\left(Ez_{1,t}\right)$ an die aktuelle Rentnergeneration ausgeschüttet werden $\left(Az_{2,t}\right)$, wird kein Kapital angesammelt.[125] Es gilt[126]

---

[120] In Anlehnung an Franke/Hax (1999), S. 296; Kruschwitz (1995), S. 131.

[121] Die Finanzierungsverfahren von Alterssicherungssystemen werden in einer Vielzahl von Publikationen abgehandelt. Vgl. z.B. Börsch-Supan (2000), S. 4-8; Breyer (1990); Homburg (1988); Schmähl (1998), S. 78-80; van Essen (1994); Rürup/Liedtke (1998); Siebert (1997).

[122] Dieses wird auch als Kapitalstockverfahren bezeichnet. Vgl. Rürup/Liedtke (1998), S. 779 und darüber hinaus die zuvor angegebene Literatur.

[123] Die deutsche gesetzliche Rentenversicherung (gRV) ist nach diesem System ausgestaltet. Für die folgenden Ausführungen vgl. vor allem Rürup/Liedtke (1998), S. 780-784.

[124] Die Einzahlungen werden also direkt auf die Rentner "umgelegt".

[125] Eine Ausnahme bildet die sogenannte Schwankungsreserve, die im Rahmen der gRV ungefähr einer Monatsausgabe entsprechen soll. Es handelt sich somit nicht um ein reines Umlagesystem. Das Prinzip, daß die junge Generation für die Renten der alten Generation zahlt, wird als Genera-

[C.11] $$Ez_{1,t} = Az_{2,t} \quad \forall\, t$$

mit

[C.12] $$Ez_{1,t} = \tau_{1,t} \cdot w_{1,t} \cdot N_{1,t}^{Bz}$$

und

[C.13] $$Az_{2,t} = p_{2,t}^{UV} \cdot N_{2,t}^{R}.$$

Die Einzahlungen setzen sich aus dem Produkt von Beitragssatz zur Rentenversicherung $\left(\tau_{1,t}\right)$, Lohn $\left(w_{1,t}\right)$[127] und der Anzahl der Beitragszahler $\left(N_{1,t}^{Bz}\right)$ zusammen. Die Auszahlungen ergeben sich aus der durchschnittlichen Rente im Umlageverfahren $\left(p_{2,t}^{UV}\right)$ und der Anzahl der versorgungsberechtigten Rentner $\left(N_{2,t}^{R}\right)$. Dabei ergibt sich die Anzahl der Beitragszahler aus dem Produkt der in dieser Periode jungen und einem Faktor e, der den Anteil der sozialversicherungspflichtig arbeitenden Bevölkerung angibt

[C.14] $$N_{1,t}^{Bz} = N_{1,t} \cdot e_{1,t}.$$

Die Anzahl der versorgungsberechtigten Rentner resultiert aus dem Produkt der in dieser Periode Alten und einem Faktor m, der den Anteil dieser Generation angibt, die entweder in der Jugendphase Rentenversicherungsbeiträge geleistet hat oder z.B. durch politische Entscheidung Anspruch auf Rentenzahlung hat

[C.15] $$N_{2,t}^{R} = N_{2,t} \cdot m_{2,t}.$$

Setzt man [C.13] und [C.12] in [C.11] ein, resultiert

[C.16] $$\tau_{1,t} \cdot w_{1,t} \cdot N_{1,t} = p_{2,t}^{UV} \cdot N_{2,t},$$

welches nach dem Beitragssatz $\left(\tau_{1,t}\right)$ aufgelöst werden kann. Es ergibt sich

tionenvertrag bezeichnet. Vgl. Glismann/Horn (1994), S. 4; Maurer/Schradin (1997), S. 96. Eine interessante Darstellung, den „Dreigenerationenvertrag" in Anlehnung an die Alterssicherung im Rahmen der Familie, liefert Eekhoff. Annahmegemäß zahlt die junge Generation jeweils die Rente der eigenen Eltern. Somit entstehen durch die eigenen Beitragszahlungen keinerlei Ansprüche auf eine eigene Rente. Diese zahlen wiederum die eigenen Kinder. Sollten nun keine Kinder aufgezogen werden, müßten diese Personen für ihre Rente nochmals zusätzlich vorsorgen. Dieses wird damit begründet, daß diese Personen nicht die Kosten der Aufziehung von Kindern zu tragen haben und Kinder die Alten im Familienverband traditionell versorgten. Vgl. Eekhoff (1998), S. 142-152; Sinn (1997).

[126] Anhand der Gleichungen ist zu sehen, daß das Arbeitsangebot je Erwerbstätigen exogen gegeben und konstant ist.

[127] Hierbei wird angenommen, daß der gesamte Lohn rentenversicherungspflichtig ist. In Deutschland sind Löhne hingegen nur bis zu einer bestimmten Obergrenze rentenversicherungspflichtig.

[C.17] $$\tau_{1,t} = \frac{p_{2,t}^{UV} \cdot N_{2,t}^{R}}{w_{1,t} \cdot N_{1,t}^{Bz}}.$$

Anhand von [C.17] sind die Bestimmungsfaktoren des Beitragssatzes zur umlagefinanzierten Rentenversicherung ersichtlich. Eine Erhöhung der Durchschnittsrente des Umlageverfahrens $\left(p_{2,t}^{UV}\right)$ oder ein Anstieg der Anzahl der Rentenempfänger $\left(N_{2,t}^{R}\right)$ bedarf ceteris paribus einer Erhöhung des Beitragssatzes zur Rentenversicherung, da

[C.18] $$\frac{\partial \tau_{1,t}}{\partial p_{2,t}^{UV}} = \frac{N_{2,t}^{R}}{w_{1,t} \cdot N_{1,t}^{Bz}} > 0$$

und

[C.19] $$\frac{\partial \tau_{1,t}}{\partial N_{2,t}} = \frac{p_{2,t}^{UV}}{w_{1,t} \cdot N_{1,t}} > 0$$

gilt. Eine Herabsetzung des Rentenzugangsalters, wie sie zwischenzeitlich im Gespräch ist, verschärft c.p. die Finanzierungsprobleme der gesetzlichen Rentenversicherung, da wiederum die Anzahl der Rentenempfänger erhöht, gleichzeitig die Anzahl der Beitragszahler verringert wird und somit der Rentnerquotient steigt. Eine Erhöhung des beitragspflichtigen Lohnes $\left(w_{1,t}\right)$ oder eine Erhöhung der Anzahl der Beitragszahler $\left(N_{1,t}^{Bz}\right)$[128] resultieren c.p. in einer Absenkung des Beitragssatzes zur gesetzlichen Rentenversicherung

[C.20] $$\frac{\partial \tau_{1,t}}{\partial w_{1,t}} = -\frac{p_{2,t}^{UV} \cdot N_{2,t}^{R}}{\left(w_{1,t}\right)^{2} \cdot N_{1,t}^{Bz}} < 0$$

bzw.

[C.21] $$\frac{\partial \tau_{1,t}}{\partial N_{1,t}} = -\frac{p_{2,t}^{UV} \cdot N_{2,t}^{R}}{w_{1,t} \cdot \left(N_{1,t}^{Bz}\right)^{2}} < 0.$$

Wird [C.17] umgeformt, ergibt sich

[C.22] $$\tau_{1,t} = RN_{t}^{B} \cdot RQ_{t} \text{ mit } RN_{t}^{B} = \frac{p_{2,t}^{UV}}{w_{1,t}} \text{ und } RQ_{t} = \frac{N_{2,t}^{R}}{N_{1,t}^{Bz}}.$$

Der Beitragssatz zur Rentenversicherung ist direkt proportional zu dem Produkt aus Bruttorentenniveau $\left(RN_{t}^{B}\right)$ und Rentnerquotient $\left(RQ_{t}\right)$. Das Bruttorentenniveau bezeichnet das

---

[128] Eine Erhöhung der Anzahl der Beitragszahler ist z.B. durch Aufnahme weiterer Bevölkerungsschichten in das Alterssicherungssystem möglich. Dabei handelt es sich jedoch um einen temporären Effekt, da dieses in der Folgeperioden eine Erhöhung der Anzahl der Rentenempfänger impliziert. Damit wird in Folgeperioden gemäß [C.19] eine Beitragserhöhung erforderlich.

Verhältnis von Durchschnittsrente zu Bruttodurchschnittslohn.[129] Die in Deutschland gewährte Nettolohnrente ergibt sich nach Abzug der Steuern. Für das Nettorentenniveau[130] gilt bei Vernachlässigung anderer Steuerarten

[C.23] $$RN_t^N = \frac{p_{2,t}^{UV}}{w_{1,t} \cdot \left(1 - \tau_{1,t}\right)}.$$

Der Rentnerquotient stellt das Verhältnis von Rentern zu Beitragszahlern dar. Von diesem Rentnerquotient ist der Altersquotient $\left(AQ_t\right)$ zu unterscheiden, der das Verhältnis aller Alten zu allen Jungen, d.h.

[C.24] $$AQ_t = \frac{N_{2,t}}{N_{1,t}}$$

angibt. Für $e_{1,t} = m_{2,t}$ stimmen Altersquotient und Rentnerquotient überein. Hier zeigt sich, daß eine Bestimmung des Rentnerquotienten, wie in Kapitel A angedeutet, ungleich schwieriger ist als die Bestimmung des Altersquotienten, da zwei weitere stochastische Faktoren $e_{1,t}$ und $m_{2,t}$ zu berücksichtigen sind, die kaum prognostizierbar sind.[131] Der Beitragssatz $\left(\tau_{1,t}\right)$ ist direkt proportional zu Rentenniveau und Rentnerquotient. Anhand von [C.22] kann eines der derzeitigen demographischen Probleme in Deutschland demonstriert werden. Ableitung nach dem Rentnerquotient ergibt analog zu [C.19] einen „positiven" Einfluß auf den Beitragssatz[132]

[C.25] $$\frac{\partial \tau_{1,t}}{\partial RQ_t} = RN_t^B > 0.$$

Steigt das Verhältnis von Rentnern zu Beitragszahlern an, sind in einem Umlageverfahren entweder der Beitragssatz zu erhöhen oder aber das Rentenniveau zu verringern. Umformung von [C.17] ergibt die Durchschnittsrente eines in t im Ruhestand befindlichen Individuums

[C.26] $$p_{2,t}^{UV} = \tau_{1,t} \cdot w_{1,t} \cdot \frac{N_{1,t}^{Bz}}{N_{2,t}^{R}}.$$

Die Durchschnittsrente ist neben dem Beitragssatz und dem rentenversicherungspflichtigen Lohn abhängig von dem Quotienten aus den aktuell Erwerbstätigen und den aktuellen Rent-

---

[129] Das Rentenniveau ist in der Literatur und bei der Ausgestaltung von Alterssicherungssystemen unterschiedlich definiert.

[130] Vgl. hierzu z.B. Homburg (1988), S. 19.

[131] Sachverständigenrat zur Begutachtung der gesamtwirtschaftlichen Entwicklung (1996), S. 228.

[132] Dieses entspricht dem Fall der Herabsetzung des Rentenzugangsalters.

nern, dem Kehrwert des Rentnerquotienten.[133] Dieser Quotient läßt sich mittels der Wachstumsrate der beitragspflichtigen Erwerbsbevölkerung $\left(n_{1,t}^{Bz}\right)$ ausdrücken. Diese ist definiert als

[C.27]
$$n_{1,t}^{Bz} = \frac{N_{1,t}^{Bz} - N_{1,t-1}^{Bz}}{N_{1,t-1}^{Bz}}.$$

In einem geschlossenen System[134] gilt

[C.28]
$$N_{1,t-1}^{Bz} = N_{2,t}^{R}.$$

Somit folgt aus [C.27]

[C.29]
$$n_{1,t}^{Bz} = \frac{N_{1,t}^{Bz} - N_{2,t}^{R}}{N_{2,t}^{R}} = \frac{N_{1,t}^{Bz}}{N_{2,t}^{R}} - 1 \Leftrightarrow \frac{N_{1,t}^{Bz}}{N_{2,t}^{R}} = \frac{N_{1,t} \cdot e_{1,t}}{N_{2,t} \cdot m_{2,t}} = 1 + n_{1,t}^{Bz}.$$

Sofern wiederum $e_{1,t} = m_{2,t}$ gilt, entspricht die Wachstumsrate der beitragspflichtigen Erwerbsbevölkerung der Wachstumsrate der Bevölkerung, d.h.[135]

[C.30]
$$1 + n_{1,t}^{Bz} = \frac{N_{1,t}^{Bz}}{N_{2,t}^{R}} = \frac{N_{1,t}}{N_{2,t}} = 1 + n_{1,t}.$$

Wird [C.29] in [C.26] eingesetzt, resultiert

[C.31]
$$p_{2,t}^{UV} = \tau_{1,t} \cdot w_{1,t} \cdot \left(1 + n_{1,t}^{Bz}\right).$$

Somit ist die Durchschnittsrente der ehemals Erwerbstätigen c.p. direkt proportional zu der Wachstumsrate der beitragspflichtigen Bevölkerung[136] $\left(n_{1,t}^{Bz}\right)$, dem aktuellen Beitragssatz zur Rentenversicherung $\left(\tau_{1,t}\right)$ und dem Lohn der aktuell Erwerbstätigen $\left(w_{1,t}\right)$. Nachdem die verschiedenen Elemente eines umlagefinanzierten Altersvorsorgesystems dargestellt worden sind, läßt sich aufbauend auf [B.1] bis [B.3] das Umlageverfahren im Rahmen eines Generationenmodells darstellen. Der Lohn des Individuums teilt sich auf den Jugendkonsum, die

---

[133] Vgl. Rürup/Liedtke (1998), S. 781.

[134] Unter einem geschlossenen System ist ein System ohne Einflüsse von außen zu verstehen. Im vorliegenden Fall bedeutet das, daß es keinen Ein- bzw. Auswanderungseffekte gibt und die gesamte Bevölkerung die Altersphase erlebt. Vgl. Rürup/Liedtke (1998), S. 781.

[135] In Abschnitt 3.4 wird begründet, warum für die danach folgenden Berechnungen $e_{1,t} = m_{1,t}$ gesetzt wird.

[136] Die Wachstumsrate der Erwerbsbevölkerung entspricht auf Grund der Annahme des geschlossenen Systems der Wachstumsrate der Gesamtbevölkerung.

Ersparnis und die Beiträge zum umlagefinanzierten Altersvorsorgesystem auf.[137] Für die Jugendphase gilt

[C.32] $$w_{1,t} = c_{1,t} + s_{1,t} + \tau_{1,t} \cdot w_{1,t}.$$

Für die Nacherwerbsphase ergibt sich unter Verwendung von [C.31]

[C.33] $$c_{2,t+1} = \left(1 + r_{t+1}\right) \cdot s_{1,t} + p_{2,t+1}^{UV} = \left(1 + r_{t+1}\right) \cdot s_{1,t} + \tau_{1,t+1} \cdot w_{1,t+1} \cdot \left(1 + n_{1,t+1}^{Bz}\right)$$

[C.34] $$\Leftrightarrow s_{1,t} = \frac{c_{2,t+1} - p_{2,t+1}^{UV}}{1 + r_{t+1}}$$

Einsetzen von [C.34] in [C.32] ergibt die intertemporale Budgetrestriktion

[C.35] $$w_{1,t} = c_{1,t} + \frac{c_{2,t+1} - p_{2,t+1}^{UV}}{1 + r_{t+1}} + \tau_{1,t} \cdot w_{1,t}$$

[C.36] $$\Leftrightarrow w_{1,t} + \underbrace{\frac{\tau_{1,t+1} \cdot w_{1,t+1} \cdot \left(1 + n_{1,t+1}^{Bz}\right)}{1 + r_{t+1}} - \tau_{1,t} \cdot w_{1,t}}_{\text{Nettogewinn der in t jungen Generation}} = \underbrace{c_{1,t} + \frac{c_{2,t+1}}{1 + r_{t+1}}}_{\text{Barwert des Lebenskonsums}}.$$

Eine wachsende beitragspflichtige Bevölkerung $\left(n_{1,t+1}^{Bz} > 0\right)$ wirkt sich somit tendenziell positiv auf die Konsummöglichkeiten des Individuums aus. Aus [C.36] folgt, daß ein Anstieg des Beitragssatzes in Periode t+1 für die dann alte Generation die Konsummöglichkeiten erhöht. Die Kosten trägt die in t+1 junge Generation. Ferner partizipiert die alte Generation an Lohnsteigerungen der jungen Generation.

Im Rahmen des Kapitaldeckungsverfahrens[138] spart jede Generation für die eigene Rente. Die Einzahlungen werden z.B. mittels Pensionsfonds[139] am Kapitalmarkt angelegt. Somit wächst der Kapitalstock der Erwerbstätigen zum einen durch die Beiträge, zum anderen durch die Zinsen an. Im hypothetischen Fall einer bekannten Lebensdauer stimmen die Einzahlungen, welche aus der verzinsten Ersparnis der Jugendperiode bestehen, mit den Auszahlungen in der Rentenphase überein

[C.37] $$Ez_{1,t} \cdot \left(1 + r_{t+1}\right) = Az_{2,t+1}.$$

Die Einzahlungen und Auszahlungen können wiederum analog zu [C.12] und [C.13] dargestellt werden.[140] In Verbindung mit [C.37] resultiert nach Umformung das schon zuvor ange-

---

[137] Hier wird nur der Fall eines einkommensabhängigen Beitrags betrachtet. Eine andere Möglichkeit besteht in einer sogenannten Kopfsteuer.

[138] Vgl. Homburg (1988), S. 5.

[139] Für eine Darstellung von Pensionsfonds im Rahmen der betrieblichen Altersvorsorge vgl. Kapitel D.

[140] Dabei sind die unterschiedlichen Zeitindizes zu beachten.

sprochene Ergebnis, daß das Bevölkerungswachstum, anders als im Umlageverfahren, keinen direkten Einfluß auf das Kapitaldeckungsverfahren hat

[C.38] $$\tau_{1,t} = \frac{p_{2,t+1}^{KD}}{w_{1,t} \cdot (1 + r_{t+1})}.$$

Dieses ist einer der wesentlichen Unterschiede zwischen den beiden Verfahren. Der Einfluß von Durchschnittsrente und Lohn entspricht dem im Rahmen des Umlageverfahrens. Als Einflußfaktor ist im Kapitaldeckungsverfahren der Kapitalmarktzins (r_{t+1}) hinzugekommen mit

[C.39] $$\frac{\partial \tau_t}{\partial r_{t+1}} < 0.$$

Steigt der Kapitalmarktzins führt dieses ceteris paribus zu einer Verringerung der Beitragslast. Im Rahmen des Generationenmodells ergibt sich für die Jugendphase

[C.40] $$w_{1,t} = c_{1,t} + s_{1,t} + \tau_{1,t} \cdot w_{1,t}.$$

Für die Altersphase gilt

[C.41] $$\begin{aligned} c_{2,t+1} &= (1 + r_{t+1}) \cdot s_{1,t} + p_{2,t+1}^{KD} \\ &= (1 + r_{t+1}) \cdot s_{1,t} + (1 + r_{t+1}) \cdot \tau_{1,t} \cdot w_{1,t} \cdot \\ &= (1 + r_{t+1}) \cdot (s_{1,t} + \tau_{1,t} \cdot w_{1,t}) \end{aligned}$$

Daraus resultiert folgende intertemporale Budgetrestriktion analog zu [B.3]

[C.42] $$w_{1,t} = c_{1,t} + \frac{c_{2,t+1}}{1 + r_{t+1}} + \tau_{1,t} \cdot w_{1,t} - \tau_{1,t} \cdot w_{1,t} = c_{1,t} + \frac{c_{2,t+1}}{1 + r_{t+1}}.$$

Die Nettoposition eines Individuums bleibt durch ein kapitalgedecktes Altersvorsorgesystem, wie in [C.42] dargestellt, anders als bei einem umlagefinanzierten Altersvorsorgesystem gemäß [C.36], unbeeinflußt.[141] Abbildung 13 verdeutlicht zusammenfassend die Funktionsweise der beiden Finanzierungsverfahren.

---

[141] Dieses wird als Neutralität des Kapitaldeckungsverfahrens bezeichnet.

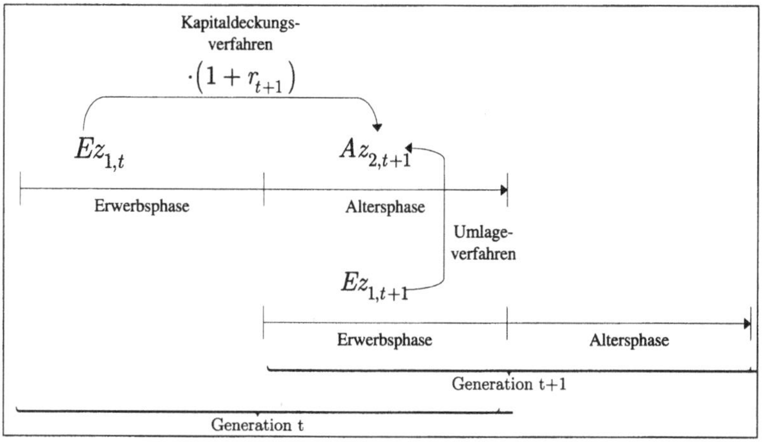

Abbildung 13: Funktionsweise von Umlage- und Kapitaldeckungsverfahren

3.2 Die Rendite der Finanzierungsverfahren

Für einen finanztheoretischen Vergleich der Finanzierungsverfahren, sind deren Renditen zu bestimmen. Um das Umlageverfahren als Anlagemöglichkeit im späteren Problem der Portfolioauswahl anwenden und die Renditen bestimmen zu können ist es notwendig, von intragenerationaler Umverteilung zu abstrahieren. Dieses wird in der Literatur als „notional defined contribution PAYG System" bezeichnet.[142] Dabei werden die Beiträge auf sogenannte individuelle Konten gezahlt und mit der Rendite des Umlageverfahrens verzinst.[143] Im Rahmen des Umlageverfahrens ergibt sich die interne Verzinsung aus dem Verhältnis der Rentenauszahlungen $\left(Az_{2,t+1}\right)$ und Einzahlungen $\left(Ez_{1,t}\right)$. Die Rentenauszahlungen entsprechen den Einzahlungen der dann jungen Generation $\left(Ez_{1,t+1}\right)$, d.h.[144]

[C.43] $$I_{t+1}^{UV} = \left(1 + i_{t+1}^{UV}\right) = \frac{Az_{2,t+1}}{Ez_{1,t}} = \frac{Ez_{1,t+1}}{Ez_{1,t}}.$$

Wird [C.12] für t und t+1 auf [C.43] angewendet, resultiert

[C.44] $$I_{t+1}^{UV} = \left(1 + i_{t+1}^{UV}\right) = \frac{\tau_{1,t+1} \cdot w_{1,t+1} \cdot N_{1,t+1}^{Bz}}{\tau_{1,t} \cdot w_{1,t} \cdot N_{1,t}^{Bz}}.$$

Aus [C.27] ergibt sich angewendet auf t und t+1

---

[142] Vgl. Menzio (2000), S. 2, 5. PAYG ist dabei die Abkürzung für „pay as you go", welches dem englischen Begriff für Umlageverfahren entspricht.

[143] In Italien und Schweden ist ein solches umlagefinanziertes Rentensystem in den letzten Jahren eingeführt worden.

[C.45] $$n_{1,t+1}^{Bz} = \frac{N_{1,t+1}^{Bz}}{N_{1,t}^{Bz}} - 1 \Leftrightarrow \frac{N_{1,t+1}^{Bz}}{N_{1,t}^{Bz}} = 1 + n_{1,t+1}^{Bz}.$$

Entsprechend gilt

[C.46] $$\frac{w_{1,t+1}}{w_{1,t}} = 1 + g_{t+1}$$

und

[C.47] $$\frac{\tau_{1,t+1}}{\tau_{1,t}} = 1 + \psi_{t+1}$$

mit $1 + g_{t+1}$ als Lohnwachstumsfaktor und $1 + \psi_{t+1}$ als Wachstumsfaktor des Beitragssatzes.[145] Substitution von [C.45], [C.46] und [C.47] in [C.44] ergibt die interne Verzinsung im Umlageverfahren

[C.48] $$I_{t+1}^{UV} = \left(1 + i_{t+1}^{UV}\right) = \left(1 + \psi_{t+1}\right) \cdot \underbrace{\left(1 + g_{t+1}\right) \cdot \left(1 + n_{t+1}^{Bz}\right)}_{\substack{\text{Wachstumsrate} \\ \text{der Lohnsumme}}}.$$

Es ist auf die ökonomische Bedeutung der Rendite des Umlageverfahrens einzugehen. Wird von der Beitragssatzänderung abgesehen, besteht die Rendite des Umlageverfahrens aus Lohnwachstum und Wachstum der beitragspflichtigen Erwerbsbevölkerung. Dieses entspricht dem Wachstum der Lohnsumme. Es handelt sich um die Entlohnung des Humankapitals. Durch die Teilnahme am Umlageverfahren ist es also auch den nicht mehr Erwerbstätigen möglich, an der Fortentwicklung und Weiterbildung des Humankapitals direkt zu partizipieren. Insofern kann das Umlageverfahren als eine Investition in das Humankapital angesehen werden.[146]

Damit wird deutlich, daß es sich bei dem Umlageverfahren um ein Anlageinstrument handelt, welches die Finanzmärkte vervollständigen kann.[147] Während verschiedene Instrumente zur Finanzierung von Sachkapital existieren, ist die Finanzierung von Humankapital problematisch.[148,149]

---

144 Vgl. hierzu [C.11] bis [C.13].

145 In der Literatur wird die Wachstumsrate des Beitragssatzes häufig nicht berücksichtigt, obwohl dieser nicht konstant ist. Vgl. hierzu Abbildung 4.

146 Vgl. z.B. Merton (1983). Dabei ist die Erhöhung des Humankapitals nicht mit dem technischen Fortschritt per se gleichzusetzen, da Humankapital nur einen Produktionsfaktor darstellt. Technischer Fortschritt umfaßt zusätzlich z.B. auch Sachkapital. Vgl. von Böventer/Illing (1995), S. 140.

147 Vgl. Boldrin/Dolado/Jimeno/Peracchi (1999), S. 309; Merton (1983).

148 Ein Beispiel der Finanzierungsprobleme bei der Bildung von Humankapital in Deutschland sind die nur geringe Anzahl privater höherer Bildungseinrichtungen.

Sofern Human- und Sachkapitalrenditen nicht perfekt positiv korreliert sind folgt, daß Portfolios von Investoren nicht perfekt diversifiziert sein können.[150] Ein neugeborener Mensch hat lediglich Humankapital bzw. noch zu entwickelndes Humankapital. Realkapital steht diesem – abgesehen von möglichen Erbschaften und dem Vermögen der Eltern – zunächst nicht zur Verfügung. Dieses Humankapital wird aufgebaut. Mit dem Altern findet zunehmend eine Verlagerung von Humankapital zu Realkapital statt. Junge Menschen halten somit zuviel Humankapital während alte Menschen zu wenig halten. Insofern kann ein umlagefinanziertes Altersvorsorgesystem sinnvoll sein um eine ökonomisch sinnvolle Mischung zwischen Human- und Realkapital zu erreichen. Dadurch können alle Generationen an beiden „Arten der Vermögensbildung" partizipieren. Aus [C.48] folgt, daß die Rendite des Umlageverfahrens positiv abhängig ist vom Beitragssatz-, Lohn- und Erwerbsbevölkerungsswachstum, da

[C.49]
$$\frac{\partial i_{t+1}^{UV}}{\partial \psi_{t+1}} = \left(1 + g_{t+1}\right)\cdot\left(1 + n_{t+1}^{Bz}\right) > 0$$

und analog

[C.50]
$$\frac{\partial i_{t+1}^{UV}}{\partial g_{t+1}} > 0,\ \frac{\partial i_{t+1}^{UV}}{\partial n_{t+1}^{Bz}} > 0$$

gilt. [C.48] verdeutlicht das Problem der gesetzlichen Rentenversicherung nach dem Umlageverfahren. Solange die Löhne, Erwerbsbevölkerung und/oder der Beitragssatz wachsen, ist die interne Verzinsung größer 0. Jedoch kann bei einer ungünstigen Datenkonstellation die Rendite negativ werden.[151,152] Für die deutsche Situation im Jahre 1998 resultiert mit $\psi_{1998} = 0$, $g_{1998} \approx 0{,}015$ und $n_{1998} \approx$ -$0{,}0004$ gemäß [C.48] $i_t^{UV} > 0{,}015$. Die Entwicklung der jährlichen Rendite der gesetzlichen Rentenversicherung ist in Abbildung 14 dargestellt.[153]

---

[149] Vgl. Boldrin/Dolado/Jimeno/Peracchi (1999), S. 309 für eine Möglichkeit, dieses Problem durch Steuern und Transfers zu lösen. Insofern ist durch den Einbezug des Umlageverahrens eine Förderung der Humankapitalbildung möglich.

[150] Vgl. Merton (1983), S. 326-352.

[151] Vgl. für Abhandlungen über die Rendite im Umlageverfahren der gesetzlichen Rentenversicherung z.B. Eitenmüller (1996); Ohsmann/Stolz (1997); Miegel/Allerdissen (1998); Viebrock/Dräther (1999), S. 35.

[152] In Deutschland ist z.B. das Bevölkerungswachstum in den letzten Jahren negativ.

[153] Es handelt sich um diskrete Renditen.

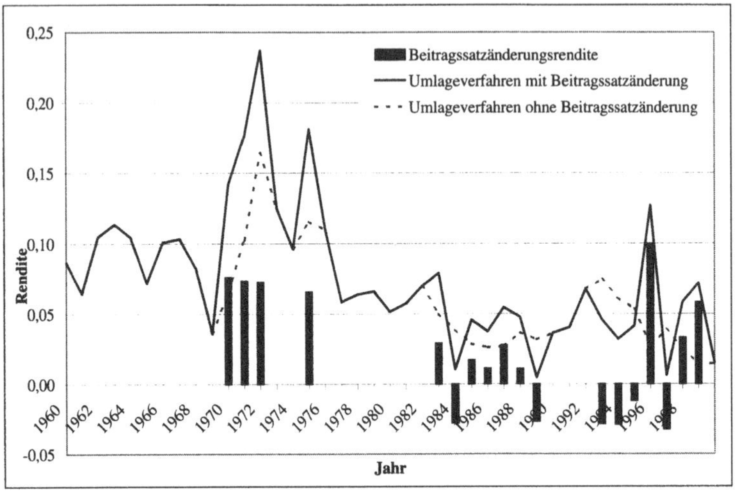

Abbildung 14: Rendite der gesetzlichen Rentenversicherung im Zeitablauf

Wie anhand von Abbildung 14 ersichtlich ist, hat sich die Rendite der gesetzlichen Rentenversicherung, sowohl mit Beitragssatzänderung als auch ohne, in den letzten Jahren unter starken Schwankungen kontinuierlich verringert. Die positiven Renditen der letzten Jahre sind zu einem überwiegenden Teil auf die Veränderung des Beitragssatzes zurückzuführen.

Die Periodenlänge bei dem hier verwendeten 2-periodigen Modell beträgt ca. 30 Jahre. Entsprechend sind die Renditen zur Verwendung in diesem Modell über diese Zeiträume zu berechnen. Dieses ändert nichts an der Möglichkeit, die Renditen für einzelne Jahre berechnen zu können. Ferner tritt eine Generation in der Realität nicht von einem zum anderen Moment in den Ruhestand ein. Vielmehr handelt es sich um einen im Grenzfall kontinuierlichen Prozeß.[154] Auch sind jährliche Renditen insofern von Bedeutung, als im kontinuierlichen Prozeß jährlich Erwerbstätige in das Rentenalter eintreten[155,156] und viele verschiedene Generationen gleichzeitig existieren.[157]

---

[154] Eine Modellierung der Bevölkerungsstruktur bzw. der Wachstumsprozeß ist nicht Gegenstand dieser Arbeit. Hier sind lediglich die Zusammenhänge für die Finanzierungsverfahren darzustellen und eine grundlegende Idee der Finanzierungstheorie auf diese zu übertragen. Es sollte möglich sein, verschiedene Annahmen über das Bevölkerungswachstum bzw. den Wechsel der Generationen einzubauen. In Anbetracht des Ziels der Arbeit werden diese Aspekte jedoch vernachlässigt. Der interessierte Leser sollte jedoch darauf aufmerksam gemacht werden.

[155] Auch bleibt der Aspekt unberücksichtigt, daß für den Rentenbezug unter Umständen eine gewisse Mindestbeitragsdauer vorgesehen ist. Bleibt die Beitragszeit unter dieser Mindestbeitragsdauer, ergibt sich ein Totalverlust der Beiträge, da kein Rentenanspruch entsteht. Eine Beachtung dieses Aspektes würde Berechnungen von Renditen unbrauchbar machen, da eine Mindestbeitragsdauer

Eine andere Möglichkeit die Renditen des Umlageverfahrens darzustellen ist die Generationenrendite für verschiedene Bevölkerungsgruppen[158], welche dann z.B. der Rendite im 2-periodigen Modell entspricht.[159]

Für die ersten Rentnerjahrgänge war die Generationenrendite extrem hoch. Diese erhielten trotz nur sehr geringer oder gar keiner Einzahlungen in die umlagefinanzierte Rentenversicherung sofort eine Rente ausgezahlt. Dieses „Geschenk“ an die erste Rentnergeneration erschwert eine Systemumstellung, da diese Last von allen nachfolgenden Generationen zu tragen ist. Für eine weitere Diskussion der Generationenrenditen sei auf die Literatur in Fußnote 159 verwiesen.

Auch im Kapitaldeckungsverfahren läßt sich die interne Verzinsung als Quotient von Auszahlungen zu Einzahlungen ermitteln. Aufgrund des intertemporalen Zusammenhangs entsprechen die verzinsten Einzahlungen den Auszahlungen[160]

[C.51] $$I_{t+1}^{KD} = \left(1 + i_{t+1}^{KD}\right) = \frac{Az_{2,t+1}}{Ez_{1,t}} = \frac{p_{2,t+1}^{KD} \cdot N_{2,t+1}^{R}}{\tau_{1,t} \cdot w_{1,t} \cdot N_{1,t}^{Bz}}.$$

Mittels [C.38] und der zuvor getroffenen Annahme eines geschlossenen Systems resultiert:

[C.52] $$\left(1 + i_{t+1}^{KD}\right) = \frac{\left(1 + r_{t+1}\right) \cdot \tau_{1,t} \cdot w_{1,t} \cdot N_{1,t}^{Bz}}{\tau_{1,t} \cdot w_{1,t} \cdot N_{1,t}^{Bz}} = \left(1 + r_{t+1}\right).$$

Die Verzinsung des Kapitaldeckungsverfahrens entspricht dem Kapitalmarktzins und damit der Rendite des Sachkapitals bzw. der Verzinsung der Ersparnis in [C.41]. Kapitaldeckungsverfahren und private Ersparnis stellen perfekte Substitute dar.[161] i_{t+1}^{KD} ist direkt weder vom Beitragssatz, noch vom Lohnsatz, noch vom Bevölkerungswachstum abhängig. Im Jahr 1998 hat der DAX eine Rendite von 18% erzielt. Bei sicheren Erwartungen ergibt sich somit, daß das Kapitaldeckungsverfahren dem Umlageverfahren vorzuziehen ist, sofern der Kapital-

---

willkürlich festgesetzt werden kann. Ferner ist es auf Grund der Menge der verfügbaren Daten nicht möglich, genügend unabhängig Zeiträume zu finden, die diese Mindestbeitragsdauer abdeken.

[156] Andere Autoren wie z.B. Palacios (1998) gehen in ähnlicher Weise vor und berechnen jährliche Renditen. Dabei bleibt jedoch die Art der Berechnung unbekannt. Ferner betrachtet dieser lediglich das Lohnwachstum.

[157] im folgenden wird dieser Aspekt nicht weiter erörtert.

[158] Zu unterscheiden sind verheiratete bzw. alleinstehende Männer und verheiratete bzw. alleinstehende Frauen.

[159] Vgl. Glismann/Horn (1998); Eitemüller (1996); Schnabel (1998); Schnabel (1998a). Generationenrenditen lassen sich auch auf Basis der Jahresrenditen durch Multiplikation berechnen.

[160] Vgl. hierzu [C.37] auf Seite 30.

[161] Dieses entspricht der sogenannten Neutralität des Kapitaldeckungsverfahrens.

marktzins r_{t+1} größer ist als die Rendite im Umlageverfahren i_{t+1}^{UV}.[162] Dieses ist in Deutschland zur Zeit der Fall. Die Rendite des Umlageverfahrens wird auf Grundlage der Bevölkerungsprognosen in den nächsten Jahren weiter abnehmen.[163] Insofern ist unter Renditegesichtspunkten das Kapitaldeckungsverfahren dem Umlageverfahren über längere Zeiträume überlegen. Abbildung 15 stellt die jährlichen Renditen beider Verfahren ab 1960 dar.

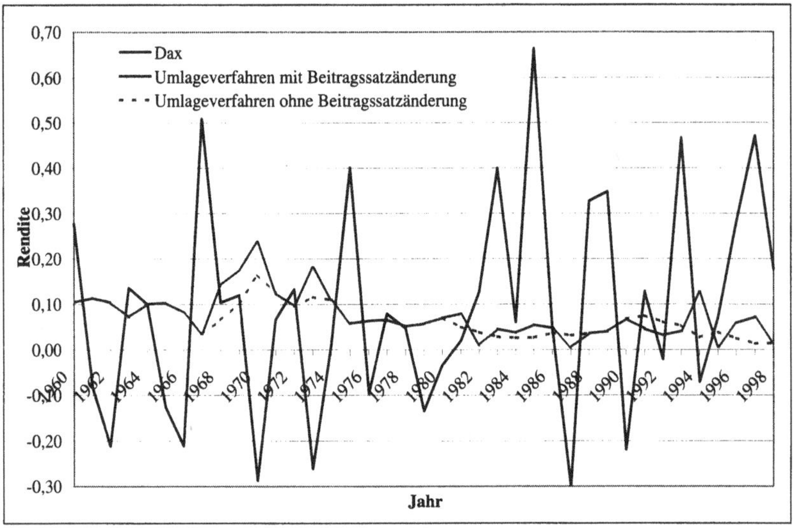

Abbildung 15: Kapitaldeckungsverfahren vs. Umlageverfahren[164]

Dabei ist zu beachten, daß es sich bei diesem Renditevergleich um Bruttorenditen handelt. Unter Umständen könnten durch die Anlage am Kapitalmarkt höhere Verwaltungskosten entstehen, die diesen Vorteil verringern. Dieses würde die Entscheidung anhand der Renditedifferenz erschweren, da die Verwaltungskosten auch von anderen Parametern abhängig sind.[165] Anhand der Abbildung ist ersichtlich, daß sich die Renditen der beiden Finanzierungsverfah-

[162] Vgl. hierzu auch Aaron (1966).
[163] Vgl. Abbildung 2, S. 3 und Abbildung 1, S. 2.
[164] Quellen: DAX: Datastream und Deutsche Börse AG, vor 1987 Rückrechnungen der Deutschen Börse AG; Lohn- und -gehaltssumme je beschäftigten Arbeitnehmer: Gutachten des Sachverständigenrates zur Begutachtung der gesamtwirtschaftlichen Entwicklung, verschiedene Jahrgänge; Bevölkerungsdaten: Datastream, Gutachten des Sachverständigenrates zur Begutachtung der gesamtwirtschaftlichen Entwicklung, verschiedene Jahrgänge; Rentenversicherungsbeiträge: BMA, gRV.
[165] Vgl. S. 17.

ren[166] zeitweise gegensätzlich zueinander verhalten, also eine negative Korrelation aufweisen.[167] Unter Risiko-/Renditegesichtspunkten wird der Renditeaspekt insofern abgeschwächt, als daß bei einer nicht gänzlich positiven Korrelation Diversifikationspotentiale entstehen. Bevor dieser Aspekt in Abschnitt 4 analysiert wird, werden im folgenden Abschnitt 3.3 die Risikofaktoren der einzelnen Verfahren, die teilweise als Einflußfaktoren schon Erwähnung gefunden haben, herausgearbeitet.

3.3 Risikofaktoren der Finanzierungsverfahren

Im Umlageverfahren sind demographische Risikofaktoren, die sich in das Bevölkerungswachstum und die Änderung der Altersstruktur unterteilen lassen, die Anreizeffekte des Verfahrens und damit verbunden die Arbeitsmarktlage, das politische Risiko und das generelle Risiko der Fortführung des Generationenvertrages durch die nächste Generation zu unterscheiden.

Eine sinkende Bevölkerung hat, wie in Abschnitt 3.2 dargestellt worden ist, c.p. eine Verringerung der Rendite des Umlageverfahrens zur Folge. Über einen Zeitraum von bis zu 20 Jahren läßt sich die Veränderung der Bevölkerungsentwicklung zuverlässig abschätzen, sofern von nicht vorhersehbaren Wanderungsbewegungen abstrahiert wird. Für längere Zeiträume, die im Rahmen der Altersvorsorge Relevanz haben, sind Geburtenentwicklung, Sterblichkeit und Wanderung jedoch nur schwer abschätzbar.[168] Darüber hinaus ist die Altersstruktur und daraus resultierend das Verhältnis zwischen Rentnern und rentenversicherungspflichtigen Arbeitnehmern von wesentlicher Bedeutung.[169] Wie sich der resultierende Rentnerquotient verändert ist nur vage vorausberechenbar[170], da z.B. die zukünftige Arbeitsmarktlage nur unzureichend vorausberechenbar ist.[171] Diese wird unter anderem durch die Anreizeffekte des Finanzierungsverfahrens der Altersvorsorge beeinflußt. Sofern die Beiträge als Steuer angesehen werden, werden die Beitragszahler versuchen, diese durch Verlagerung in von der Rentenversicherungspflicht freie Berufe oder durch eine verstärkte „Schattenwirtschaft" zu um-

---

[166] Es ist zu beachten, daß an dieser Stelle als Rendite des Kapitaldeckungsverfahrens die Rendite des DAX 30 Index angenommen wird. Diese Annahme wird an späterer Stelle aufgelöst.

[167] Dieser Aspekt wird genauer in Abschnitt 4.2 erörtert.

[168] Vgl. Sachverständigenrat zur Begutachtung der gesamtwirtschaftlichen Entwicklung (1996), Ziffer 386, S. 228.

[169] Vgl. Sachverständigenrat zur Begutachtung der gesamtwirtschaftlichen Entwicklung (1996), Ziffer 386, S. 228 und Ziffer 389, S. 229.

[170] Vgl. auch Kapitel A, Fußnote 17.

[171] Vgl. Miegel/Allerdissen (1998), S. 53; Sachverständigenrat zur Begutachtung der gesamtwirtschaftlichen Entwicklung (1996), Ziffer 389, S. 229.

gehen. Dieses kann letztendlich zum Bruch des Generationenvertrages führen[172], wobei die letzte Generation trotz Zahlung der Renten der vorherigen Generation keine Gelder mehr ausgezahlt bekäme. Das politische Risiko äußert sich in der nicht vorhersehbaren Anpassung der Renten über die Rentenformel[173] und der Beitragssätze.[174]

Für das Kapitaldeckungsverfahren lassen sich als wesentliche Risikoquellen das Anlagerisiko, das Inflationsrisiko, das politische Risiko und das Finanzierungsrisiko aufgrund der demographischen Entwicklung unterscheiden.[175] Das Anlagerisiko ist abhängig von dem jeweiligen Anlageinstrument und kann durch Diversifikation zumindest verringert werden. Hierunter ist auch das Länder- bzw. Wechselkursrisiko zu subsumieren, sofern internationale Anlagen getätigt werden. Das Inflationsrisiko erstreckt sich hingegen auf alle Anlageinstrumente. Allerdings könnte es durch ein vermehrtes Interesse der Bevölkerung an Preisniveaustabilität zu positiven Rückkopplungseffekten kommen. Ein politisches Risiko besteht derart, daß im Fall einer staatlich organisierten und kontrollierten Kapitaldeckung ein Zugriff der Politik auf die Gelder möglich ist. Dieses kann durch eine privat organisierte kapitalgedeckte Säule und individuelle Eigentumsrechte beseitigt werden. Damit einhergehend wird zu Weilen die Konzentration wirtschaftlicher Macht durch die Verwaltung des Kapitalstocks angemerkt. Durch eine staatsferne dem Wettbewerb ausgesetzte Organisation kann dieses Risiko zumindest teilweise abgemildert werden. Indirekt ist auch das Kapitaldeckungsverfahren den demographischen Veränderungen ausgesetzt. Bei einer schrumpfenden Bevölkerung, wie es in Deutschland derzeit der Fall ist, könnte der Kapitalstock im Verhältnis zu anderen Einsatzfaktoren zu groß sein und sich dementsprechend aufgrund der relativen Faktorknappheiten der Wert dieses Kapitalstocks verringern. Dem kann jedoch entgegengehalten werden, daß dieses Problem in ausgeprägter Form nur in einer geschlossenen Volkswirtschaft exisitiert. In einer offenen Volkswirtschaft wird der Marktzins hingegen durch den Weltmarkt beeinflußt.[176]

Mit einem Kapitaldeckungsverfahren sind per se somit keine größeren, sondern lediglich teilweise andere Risiken verbunden. Zwei wesentliche Risiken, das politische und demographische Risiko, werden bei einer entsprechenden Ausgestaltung der Kapitaldeckung verrin-

---

172 Vgl. Sachverständigenrat zur Begutachtung der gesamtwirtschaftlichen Entwicklung (1996), Ziffer 390, S. 230.

173 Vgl. zur Rentenformel Sachverständigenrat zur Begutachtung der gesamtwirtschaftlichen Entwicklung (1996), Kasten 5, S. 230-231; Miegel/Allerdissen (1998), S. 53.

174 Vgl. Sachverständigenrat zur Begutachtung der gesamtwirtschaftlichen Entwicklung (1996), Ziffer 417, S. 240.

175 Vgl. Sachverständigenrat zur Begutachtung der gesamtwirtschaftlichen Entwicklung (1996), Ziffer 410, S. 239. Für die folgenden Ausführungen vgl. Sachverständigenrat zur Begutachtung der gesamtwirtschaftlichen Entwicklung (1996), Ziffer 411-416, S. 239-240.

176 Vgl. Miegel (1998), S. 13.

gert. Im folgenden Abschnitt 4 werden lediglich die direkt quantifizierbaren Risiken, die direkten Einfluß auf die Renditen haben, untersucht.

3.4 Anmerkungen zum weiteren Vorgehen

Aus den zuvor gemachten Ausführungen resultiert, daß eine Renditeberechnung für das Umlageverfahren möglich ist. Jedoch ist zu beachten, daß bei Einbezug der Variabilität des Rentnerquotienten in die Analyse die Bestimmung der Korrelation schwierig ist. Vor allem aufgrund der vielen Einflußfaktoren auf den Rentnerquotienten ist eine zuverlässige Prognose kaum möglich.

Daher wird hier ein anderer Weg beschritten. Es wird von einem Rentnerquotienten ausgegangen, der dem Altersquotienten entspricht, d.h. es gilt $e_{1,t} = m_{1,t}$ und daraus resultierend $n_{1,t}^{Bz} = n_{1,t}$. Die Veränderung des Beitragssatzes bleibt bei der Analyse ebenso außen vor. Zum einen fehlen für eine solche Analyse die empirischen Daten, so daß ein Einbezug dieser Aspekte auf Plausibilitätsüberlegungen beruhen müßte. Würden bestimmte Szenarien für Rentnerquotienten und Altersquotienten betrachtet, müßte mit Kohortenrenditen[177] der jeweiligen Altersklasse gerechnet werden, so daß allgemeine Aussagen nicht mehr möglich sind.

Insofern ist bei der Interpretation der Ergebnisse zu beachten, daß die Risiken einer abweichenden Entwicklung des Rentnerquotienten vom Altersquotienten und das politische Risiko einer willkürlichen Festlegung des Beitragssatzes nicht Gegenstand der Analyse sind.

4 Optimale Mischung der Finanzierungsverfahren

4.1 Vorgehen

Im folgenden sind die in Abschnitt C3 gemachten Ausführungen zu erweitern. Zunächst wird in Unterabschnitt C4.2 auf die Korrelationen zwischen den Finanzierungsverfahren eingegangen und eine ökonomische Erklärung der Zusammenhänge gegeben. Im folgenden Unterabschnitt C4.3 werden anhand des 2-Anlagen-Falls die Konsequenzen für die Zusammensetzung des optimalen Finanzierungsverfahrens analysiert. In diesem Zusammenhang ist zu zeigen, inwieweit ein Umlageverfahren Auswirkungen auf die Kapitalmärkte durch die Zusammensetzung des kapitalgedeckten Finanzierungsanteils haben kann. Auch der Einfluß des Rentenniveau auf die Mischung der Finanzierungsverfahren ist zu analysieren. Nach der Darstellung dieser grundlegenden Zusammenhänge an dem didaktisch sehr anschaulichen 2-Anlagen-

---

177 Vgl. für Kohortenrendite Raffelhüschen (1998).

Fall[178] wird die Analyse auf den realistischeren n-Anlagen-Fall erweitert bevor unter Rückgriff auf die derzeitigen Anlagerestriktionen für Instrumente der Altersvorsorge, entsprechende Nebenbedingungen einzuführen sind. Es ist zu untersuchen, inwiefern diese Restriktionen die optimale Portfoliozusammensetzung beeinflussen. Dieser Aspekt wird an späterer Stelle bei der Darstellung und Beurteilung der Regulierungsansätze zur Altersvorsorge in Kapitel F wieder aufgegriffen. In anschließenden Unterabschnitt wird der für den Bereich der Altersvorsorge interessante Aspekt des Shortfallrisikos[179] dargestellt und die Auswirkungen für das optimale Portfolio der Altersvorsorge analysiert.

4.2 Korrelationen der Renditen der Finanzierungsverfahren

Wie anhand von Abbildung 15 dargestellt worden ist, verhalten sich die Renditen von Umlage- und Kapitaldeckungsverfahren, hier repräsentiert durch den DAX 30, nicht gänzlich positiv zueinander.[180]

Es kann gezeigt werden, daß die Renditen der beiden Finanzierungsverfahren auf Grundlage jährlicher Daten fast durchweg negative Korrelationen aufweisen.[181] Tabelle 1 stellt die Korrelationen, und durchschnittlichen Renditen dar.

Zwischen DAX 30 Index und Umlageverfahren ohne Beitragssatzänderung existiert über alle Zeiträume eine deutlich negative Korrelation.[182,183] Abgesehen von den ersten beiden Dekaden hatte das Kapitaldeckungsverfahren, gemessen am DAX 30 eine höhere durchschnittliche Rendite als das Umlageverfahren. Auch die Standardabweichung der Renditen des Kapital-

---

178 Dabei handelt es sich realiter nicht um einen 2-Anlagen-Fall, da der DAX selber ein Portfolio darstellt.

179 Der Aspekt des Shortfallrisikos ist von Interesse, da zum einen die Rentenanwärter bezüglich der späteren Rente das Bedürfnis verspüren, eine gewisse Sicherheit zu haben. Zum anderen ist für den Staat die Minimierung der Auswahlwahrscheinlichkeit von Interesse, da dieser ansonsten unter Umständen bei einer Verfehlung gewisser Mindestrenditen Unterstützungszahlung in Form der Sozialhilfe an diese Personengruppe zu leisten hat.

180 An dieser Stelle wird lediglich der DAX 30 Index verwendet. An späterer Stelle wird ein den Vorgaben von Pensionsfonds typisches Portfolio an dessen Stelle verwendet.

181 Die Datengrundlage hierzu ist jedoch begrenzt. In der amtlichen und nicht amtlichen Statistik sind für die Renditebestandteile des Umlageverfahrens lediglich Jahresdaten zu finden, während für den DAX 30 Index auch monatlichen, wöchentliche bzw. tägliche Daten vorhanden sind. Eine Möglichkeit besteht darin, zwischen den Datenpunkten zu interpolieren um auf diese Weise monatliche Daten zu erhalten. Dieses würde jedoch die Korrelationen verfälschen. Aus diesem Grunde werden hier durchweg jährliche Daten verwendet.

182 Durch die Beitragssatzänderung wird diese teilweise abgeschwächt und in einer der betrachteten Zeitperioden in den positiven Bereich verlagert.

183 Vgl. Boldrin/Dolado/Jimeno/Peracchi (1999), S. 311. Diese betrachten den Zeitraum 1960-1996 und erhalten dort entsprechend negative Korrelationen. Ferner sind dort auch Daten für die USA, Großbritannien, Frankreich, Italien und Japan zu finden, die auch durchweg negative Korrelationen liefern.

deckungsverfahrens war höher als die des Umlageverfahrens, so daß keine Alternative die andere dominiert. Hinzu kommt die negative Korrelation der Renditen. Dadurch ist das Umlageverfahren als Diversifikationsinstrument geeignet.[184]

Zeitraum	$\rho_{DAX, UVm}$	$\rho_{DAX, UVo}$	Ø Rendite DAX	Ø Rendite UVo	Ø Rendite UVm
1960-1969	-0,29	-0,60	6,18 %	8,85 %	4,93 %
1970-1979	-0,64	-0,50	-0,37 %	9,07 %	7,21 %
1980-1989	+0,24	-0,35	16,61 %	3,84 %	7,72 %
1990-1998	-0,18	-0,42	14,28 %	4,17 %	8,89 %
1960-1998	-0,37	-0,49	9,04 %	6,54 %	7,41 %
1970-1998	-0,38	-0,48	10,03 %	5,75 %	7,91 %
1980-1998	0,00	-0,37	15,5 %	4 %	8,28 %

Tabelle 1: Korrelationen der Finanzierungsverfahren im Zeitablauf

Es ist auf die ökonomische Begründung der negativen Korrelation zwischen den Renditen beider Finanzierungsverfahren einzugehen. Gemäß [C.48] setzt sich die Rendite des Umlageverfahren aus der Wachstumsrate der Lohnsumme und der Veränderung des Beitragssatzes zusammen. Im folgenden sei der Fall eines konstanten Beitragssatzes betrachtet,[185] so daß [C.48] der Rendite des Humankapitals entspricht.

In den Kursen der Aktien spiegeln sich die Gewinne der Aktiengesellschaften wieder, welche Anspruch auf die Residualzahlungen haben.[186] Werden lediglich die Anspruchsgruppen der Anteilseigner, die Aktien an der Unternehmung halten, und die der Arbeitnehmer betrachtet[187], wird der Zusammenhang deutlich. Die Gewinne eines Unternehmens fließen den Anteilseignern in Form von Dividenden bzw. bei Einbehaltung der Gewinne und rentabler Reinvestition in Form von Kurssteigerungen zu.[188] Steigen die Lohnkosten für die Arbeitnehmer, schmälert dieses den Gewinn.[189]

---

[184] Gemäß Boldrin/Dolado/Jimeno/Peracchi (1999), S. 311 ist das Umlageverfahren besser geeignet als festverzinsliche Wertpapiere, die eine positive Korrelation mit dem Aktienmarkt aufweisen.

[185] Die Änderung des Beitragssatzes wird hier von der Analyse ausgeschlossen. Der Beitragssatz wird je nach den finanziellen Resourcen der gesetzlichen Rentenversicherung auf Grund politischer Entscheidungen festgelegt und ist somit als mehr oder weniger willkürlich anzusehen.

[186] Vgl. Franke/Hax (1999), S. 4.

[187] Weitere Anspruchsgruppen sind Kunden, Lieferanten und die allgemeine Öffentlichkeit. Vgl. Franke/Hax (1999), S. 1-6.

[188] Bei dem hier verwendeten DAX Performance Index wird eine direkte Reinvestition der Dividenden angenommen, so daß auch die Dividenden zu Kurssteigerungen führen. Zu den verschiedenen Indexvarianten vgl. Reilly/Brown (1997), Kapitel 5.

[189] Im Rahmen von Mitarbeiterbeteiligungsprogrammen werden Mitarbeiter auch direkt an den Gewinnen beteiligt. Indirekt findet dieses durch höhere Lohnforderungen der Gewerkschaften bei höheren Gewinnen der Unternehmen statt.

[C.53] $$Gewinnverteilung = \begin{cases} Anteilseigner \rightarrow \begin{cases} Dividenden \\ Kurssteigerungen \end{cases} \\ Arbeitnehmer \rightarrow Lohnwachstum \end{cases}$$

Der Gewinn besteht dabei aus der Differenz zwischen Einzahlungen und Auszahlungen[190] der Periode, in denen die Auszahlungen für Löhne enthalten sind. Es resultiert

[C.54] $$G_t = G_t^{ausg.} + G_t^{einb.} = Ez_t - Az_t^{Lohn} - Az_t^{sonst.},$$

wobei ein negativer Zusammenhang zwischen Gewinn und Lohnzahlungen besteht. Da neben den Residualzahlungen an die Anteilseigner Steuern und weitere Ansprüche gegen das Unternehmen existieren, ergibt sich lediglich eine abgeschwächte negative Korrelation von Löhnen und Gewinnen.[191] Bei diesen Ausführungen ist zu beachten, daß es sich in der Realität nicht um ein Nullsummenspiel handelt. Vielmehr ergibt sich bei intensiverer unternehmerischer Aktivität sowohl ein höherer Gewinn als auch eine höhere Lohnsumme. Die grundsätzliche Aufteilung auf die verschiedenen Anspruchsgruppen bleibt jedoch bestehen.

4.3 Grundidee am Beispiel des 2-Anlagen-Fall

4.3.1 Mischung von Umlage- und Kapitaldeckungsverfahren

Aufbauend auf den zuvor gemachten Ausführungen läßt sich das Instrumentarium der Portfoliotheorie anwenden. Dabei findet im vorliegenden Abschnitt zur Verdeutlichung der grundlegenden Vorgehensweise eine Beschränkung auf den 2-Anlagen-Fall statt. Wie zuvor dargestellt, existieren 2 Finanzierungsverfahren, deren Renditen in Unterabschnitt C3.2 berechnet worden sind.[192]

Die Rendite des Finanzierungsverfahren setzt sich additiv aus den mit den jeweiligen Anteilen gewichteten Renditen von Umlage- und Kapitaldeckungsverfahren zusammen. Dabei ist zu beachten, daß die Renditen unsicher sind. Die erwartete Rendite eines Portfolios aus Umlage und Kapitaldeckungsverfahren ergibt sich als

[C.55] $$\mu_P = x_{UV} \cdot \mu_{UV} + x_{KD} \cdot \mu_{KD},$$

---

[190] Auf die Unterschiede zwischen Einzahlungen/Auszahlungen, Einnahmen/Ausgaben, Ertrag/Aufwand und Leistungen/Kosten wird hier nicht eingegangen. Vgl. hierzu z.B. Franke/Hax (1999), S. 72-74.

[191] Ferner hängt die Durchsetzung von Lohnsteigerungen auch von der Verhandlungsmacht der Arbeitnehmer ab.

[192] Vgl. für die folgenden portfoliotheoretischen Ausführunge z.B. Franke/Hax (1999), S. 306 ff. Eine sehr anschauliche und über diesen Grundfall hinausgehende Darstellung ist bei Rudolf (1994) zu finden. Die grundlegenden Zusammenhänge gehören zum Standardwerkzeug der modernen Finanzierungstheorie. Die Anwendung auf die Auswahl der Finanzierungsverfahren ist neu.

die Standardardabweichung als

$$\text{[C.56]} \qquad \sigma_P = \sqrt{x_{UV}^2 \cdot \sigma_{UV}^2 + x_{KD}^2 \cdot \sigma_{KD}^2 + 2 \cdot x_{UV} \cdot x_{KD} \cdot \rho_{UV,KD} \cdot \sigma_{UV} \cdot \sigma_{KD}}\,.$$

Abbildung 16 stellt mögliche μ,σ-Kombinationen bei Mischung von DAX und Umlageverfahren ohne Beitragssatzänderung für verschiedene Zeiträume dar.[193]

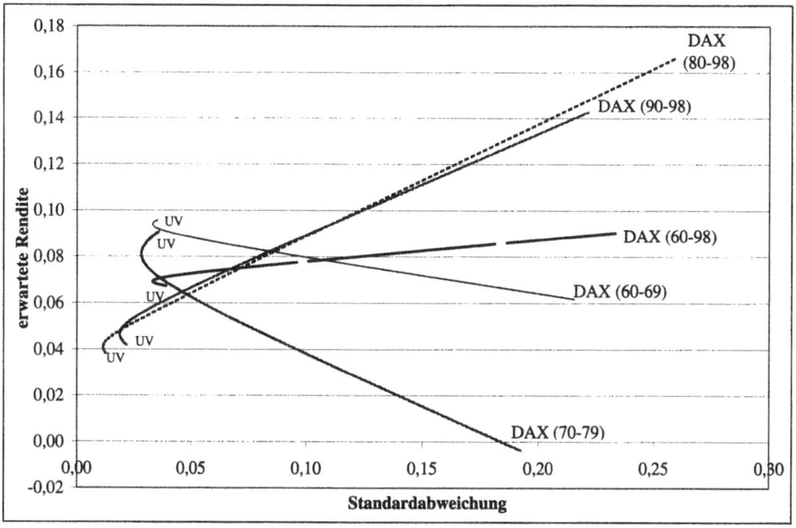

Abbildung 16: μ,σ-Kombinationen von Umlage- und Kapitaldeckungsverfahren[194]

Anhand von Abbildung 16 wird deutlich, daß eine Randlösung aus Effizienzgesichtspunkten nicht optimal ist. Angesichts der negativen Korrelation besteht Diversifikationspotential durch den Einbezug des Umlageverfahrens.[195] Eine mögliche Diversifikation in das Umlageverfah-

---

[193] Vgl. für die Datengrundlage Tabelle 1. Eine entsprechende Abbildung unter Einbezug der Beitragssatzänderungen ist in Anhang 1 zu finden. Durch die Beitragssatzänderungen ist in der Vergangenheit die negative Korrelation tendenziell verringert worden, so daß das Minimum-Varianz-Portfolio weiter rechts im Diagramm liegt. Ein Vergleich zwischen Jahresdaten und 5-Jahres Durchschnitten ist in Anhang 2 zu finden. Die Grundaussage bleibt dieselbe. Aus diesem Grund werden im folgenden lediglich Jahresdaten betrachtet.

[194] Diese Abbildung und die Vorgehensweise im weiteren Text beruht auf der Verwendung von diskreten Renditen. Dieses ist auf Grund der analytischen Konsistenz mit dem Modell und der Literatur notwendig. Die Abweichung zwischen stetigen und diskreten Renditen ist minimal und würde die Darstellungsweise unübersichtlicher machen.

[195] In den letzten Jahren haben sich die Korrelationen zwischen den internationalen Kapitalmärkten erhöht, so daß das Diversifikationspotential sich verringert hat. So hat z.B. der deutsche Kapitalmarkt, gemessen durch den DAX-Index für den Zeitraum von 1970-1996 eine Korrelation von 0,55 mit dem Welt-Index. Vgl. hierzu z.B. Shapiro (1998), S. 459-475. Ein weiterer positiver Aspekt ist,

ren könnte die aktuelle Diskussion um die internationale Diversifikation von Pensionsfonds beeinflussen.

Dabei wird dem Aspekt der internationalen Diversifikation in den sogenannten Emerging Markets in der Literatur besondere Beachtung geschenkt.[196] Ein Grund dafür ist, daß in diesen Ländern die demographischen Probleme nicht so schwerwiegend sind wie in den sogenannten entwickelten Ländern.[197] Dagegen wird jedoch die hohe Volatilität der erwarteten Renditen angeführt.[198] Ferner sind einige Voraussetzung für die internationale Diversifikation in den Emerging Markets zu schaffen. Ein wesentlicher Aspekt ist die Sicherheit der Rückzahlung. Des Weiteren erfordert die internationale Diversifikation entwickelte Kapitalmärkte, die eine entsprechende Breite und Tiefe der Liquidität bieten und angemessene Aufsichtssysteme bieten.[199] Bei fehlender Liquidität werden Porfolioveränderungen nur begrenzt und unter hohen Kosten möglich sein. Tabelle 2 ist zu entnehmen, daß der Anteil der international angelegten Gelder von OECD Ländern 1995 mit ca. 11% relativ gering war.

Anlagevermögen der kapitalgedeckten Säule		**1990**	**1995**[200]
in Mrd. US $	OECD	4,813	7,865
	nicht OECD	109	311
davon international angelegt	OECD	7,2 %	11,1 %
	nicht OECD	0 %	0,7 %

Tabelle 2: Kapitalgedeckte Altersvorsorge und internationale Diversifikation[201]

Insofern könnte eine Diversifikation ins Umlageverfahren, welches in den letzten Jahren durchweg negativ korreliert war zum durch den DAX 30 Index gemessenen Aktienmarkt, eine mögliche Alternative sein. Jedoch schließen sich Diversifikation in das Umlageverfahren und internationale Diversifikation nicht aus. Vielmehr ist das Umlageverfahren als weitere

daß die Rendite des Umlageverfahrens nicht dem Wechselkursrisiko ausgesetzt ist, wodurch eine Risikoquelle der internationalen Diversifikation umgangen wird. Eine Diversifikation durch eine Mischung der Alterssicherungssysteme wird den effizienten Rand nach Markowitz weiter nach links verschieden, und so bei gleichem Risiko eine höhere erwartete Rendite bzw. bei gleicher erwarteter Rendite ein geringeres Risiko zulassen.

196 Vgl. z.B. Holzmann (2000).

197 Vgl. z.B. Palacios/Pallares-Miralles (2000) und Holzmann (2000), S. 4-5.

198 Vgl. für die folgenden Ausführungen Holzmann (2000), S. 7 ff.

199 Vgl. z.B. Holzmann (2000), S. 14.

200 Die Werte für 1995 sind Schätzungen.

201 Quelle: Holzmann (2000), S. 14; InterSec Research Company.

Anlagemöglichkeit in einem „Weltportfolio“ zu sehen, durch welches in das Humankapital investiert werden kann.[202]

Im folgenden ist das optimale Portfolio zu berechnen und zu analysieren, welche Auswirkungen verschiedene Ausprägungen der Risikoaversion auf die Zusammensetzung des Portfolios haben. Dazu sei folgende Zielfunktion[203]

[C.57] $$ZF = \mu_P - 0{,}5 \cdot \alpha \cdot \sigma_P^2$$

zu maximieren, wobei μ_P durch [C.55] σ_P^2 gemäß [C.56] definiert ist. α stellt den Risikoaversionsparameter dar, welcher folgende Ausprägungen annehmen kann

[C.58] $$\alpha \begin{cases} > 0 & \text{Risikoaversion} \\ = 0 & \text{Risikoneutralität.} \\ < 0 & \text{Risikofreude} \end{cases}$$

Wie zuvor dargelegt wird hier der Fall der Risikoaversion, d.h. α > 0 betrachtet. Durch einsetzen von [C.55] und [C.56] in [C.57] und unter Verwendung von

[C.59] $$x_{UV} = 1 - x_{KD}$$

läßt sich [C.57] nach x_{UV} ableiten. Es resultiert[204]

[C.60] $$\begin{aligned} x_{UV}^* &= \frac{\mu_{UV} - \mu_{KD} + \alpha \cdot \left(\sigma_{KD}^2 - \rho_{UV,KD} \cdot \sigma_{UV} \cdot \sigma_{KD}\right)}{\alpha \cdot \left(\sigma_{UV}^2 + \sigma_{KD}^2 - 2 \cdot \rho_{UV,KD} \cdot \sigma_{UV} \cdot \sigma_{KD}\right)} \\ &= \frac{\mu_{UV} - \mu_{KD} + \alpha \cdot \sigma_{KD}^2 - \alpha \cdot \rho_{UV,KD} \cdot \sigma_{UV} \cdot \sigma_{KD}}{\alpha \cdot \sigma_{UV}^2 + \alpha \cdot \sigma_{KD}^2 - 2 \cdot \alpha \cdot \rho_{UV,KD} \cdot \sigma_{UV} \cdot \sigma_{KD}} \end{aligned}.$$

Im Fall der absoluten Risikoaversion, d.h. $\lim\limits_{\alpha \to \infty}$ wird die Renditedifferenz unbedeutend und es resultiert aus [C.60] das Minimumvarianzportfolio

[C.61]

$$\begin{aligned} x_{UV}^* &= \frac{\mu_{UV} - \mu_{KD}}{\alpha \cdot \left(\sigma_{UV}^2 + \sigma_{KD}^2 - 2 \cdot \rho_{UV,KD} \cdot \sigma_{UV} \cdot \sigma_{KD}\right)} + \frac{\sigma_{KD}^2 - \rho_{UV,KD} \cdot \sigma_{UV} \cdot \sigma_{KD}}{\sigma_{UV}^2 + \sigma_{KD}^2 - 2 \cdot \rho_{UV,KD} \cdot \sigma_{UV} \cdot \sigma_{KD}} \\ x_{UV_{MinVar}}^* &= \frac{\sigma_{KD}^2 - \rho_{UV,KD} \cdot \sigma_{UV} \cdot \sigma_{KD}}{\sigma_{UV}^2 + \sigma_{KD}^2 - 2 \cdot \rho_{UV,KD} \cdot \sigma_{UV} \cdot \sigma_{KD}} \quad \text{für } \lim_{\alpha \to \infty} \end{aligned}.$$

---

202 Eine perfekte Diversifikation ist mithin nur theoretisch möglich, da dafür jede Anlage gehalten werden muß, wobei die Diversifikationseffekte sich schnell stark verringern. Insofern ist Diversifikation nicht auf Finanzanlagen bzw. das Humankapital beschränkt.

203 Vgl. z.B. Franke/Hax (1999), S. 309 ff.

204 Die Herleitung dieser Formel ist in Anhang 3 zu finden.

Für Deutschland ergeben sich die in Tabelle 3 dargestellten Werte für die verschiedenen Zeiträume, die auch Abbildung 16 zu entnehmen sind. Es zeigt sich, daß bei unendlicher Risikoaversion der Anteil des Kapitaldeckungsverfahren zwischen 0,03 und 0,10 geschwankt hat. Auch wenn in der Realität keine unendliche Risikoaversion unterstellt werden kann, wird deutlich, daß eine vollkommene Umstellung des Alterssicherungssystems auf die Kapitaldeckung ökonomisch nicht sinnvoll ist.

Zeitraum	**Jahresdaten**	
	x_{UV}	x_{KD}
1960-1969	0,93	0,07
1970-1979	0,90	0,10
1980-1989	0,98	0,02
1990-1998	0,95	0,05
1960-1998	0,92	0,08
1970-1998	0,92	0,08
1980-1998	0,97	0,03

Tabelle 3: Werte des Minimumvarianzportfolios

Anhand von [C.60] sind die Einflußfaktoren auf den optimalen Finanzierungsanteil des Umlageverfahrens zu analysieren.[205] Eine höhere erwartete Rendite des Umlageverfahrens (μ_{UV}) resultiert c.p. in einem höheren Anteil des Umlageverfahrens an der Finanzierung der Altersvorsorge. Entsprechend sinkt der in das Umlageverfahren zu investierende Anteil bei einer höheren erwarteten Rendite des Kapitaldeckungsverfahrens (μ_{KD}). Dieser Aspekt ist von besonderer Bedeutung, da in den nächsten Jahren aufgrund der Bevölkerungsentwicklung mit einer sich verringernden Rendite des Umlageverfahrens zu rechnen ist. Insofern wird sich der optimale Anteil des Umlageverfahrens zukünftig verringern.

Für den Einfluß des Risikoaversionsparameters ist die erste Zeile der umgeformten Gleichung [C.61] zu verwenden. Unter Verwendung der Quotientenregel resultiert

[C.62]
$$\begin{aligned}\frac{\partial x_{UV}^*}{\partial \alpha} &= \frac{-(\mu_{UV}-\mu_{KD})\cdot\left(\sigma_{UV}^2+\sigma_{KD}^2-2\cdot\rho_{UV,KD}\cdot\sigma_{UV}\cdot\sigma_{KD}\right)}{\alpha^2\cdot\left(\sigma_{UV}^2+\sigma_{KD}^2-2\cdot\rho_{UV,KD}\cdot\sigma_{UV}\cdot\sigma_{KD}\right)^2} \\ &= \frac{\mu_{KD}-\mu_{UV}}{\alpha^2\cdot\left(\sigma_{UV}^2+\sigma_{KD}^2-2\cdot\rho_{UV,KD}\cdot\sigma_{UV}\cdot\sigma_{KD}\right)}\end{aligned}.$$

Es ist eine Fallunterscheidung vorzunehmen

[205] Entsprechend gilt gemäß [C.59] der umgekehrte Einfluß für den Anteil des Kapitaldeckungsverfahrens.

$$\frac{\partial x_{UV}^*}{\partial \alpha} = \begin{cases} \mu_{KD} > \mu_{UV} & \rightarrow \ > 0 \\ \mu_{KD} = \mu_{UV} & \rightarrow \ = 0 \\ \mu_{KD} < \mu_{UV} & \rightarrow \ < 0 \end{cases} \quad bzw. \quad \frac{\partial x_{KD}^*}{\partial \alpha} = \begin{cases} < 0 \\ = 0 \\ < 0 \end{cases} . \qquad \text{[C.63]}$$

Für die gegenwärtige Datenkonstellation in Deutschland ergibt sich somit ein negativer Zusammenhang zwischen Risikoaversionsparameter und Anteil im Kapitaldeckungsverfahren. Abbildung 17 stellt die Zusammenhänge für die verschiedenen Zeiträume dar.

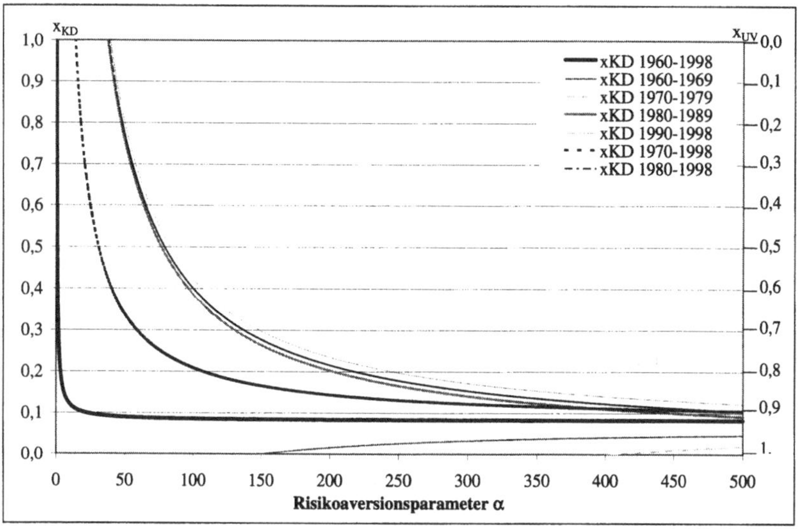

Abbildung 17: Risikoaversionsparameter und Kapitaldeckung / UV[206]

Mit zunehmenden Risikoaversionsparameter tendieren die Anteile in Richtung des Grenzwertes für das varianzminimale Portfolio. Es ist zu sehen, daß für die Zeiträume 1960 – 1969 und 1970-1979 teilweise negative Anteile am Kapitaldeckungsverfahren gehalten worden wären. Dieses liegt daran, daß in diesen Zeiträumen das Kapitaldeckungsverfahren vom Umlageverfahren dominiert worden ist. Tabelle 4 stellt die Einflußfaktoren auf Grundlage der Datenkonstellationen in Deutschland dar. Dabei bedeutet $- \Rightarrow +$, daß der Einfluß bei geringer Risikoaversion zunächst negativ ist. Mit steigender Risikoaversion wird der Einfluß positiv und tendiert im Grenzfall gegen den Wert für unendliche Risikoaversion.

[206] In der Abbildung werden Shortpositionen in den Finanzierungsverfahren ausgeschlossen. Vgl. Dutta/Kapur/Orszag (1999), S. 4-5.

Zeitraum	$\frac{\partial x_{UV}}{\partial \alpha}$	$\frac{\partial x_{UV_{MinVar}}}{\partial \rho_{UV,KD}}$	$\frac{\partial x_{UV}}{\partial \rho_{UV,KD}}$	$\frac{\partial x_{UV_{MinVar}}}{\partial \sigma_{UV}}$	$\frac{\partial x_{UV}}{\partial \sigma_{UV}}$	$\frac{\partial x_{UV_{MinVar}}}{\partial \sigma_{KD}}$	$\frac{\partial x_{UV}}{\partial \sigma_{KD}}$
1960-1969	-	+	+	-	-	+	- ⇒ +
1970-1979	-	+	+	-	-	+	- ⇒ +
1980-1989	+	+	- ⇒ +	-	+ ⇒ -	+	+
1990-1998	+	+	- ⇒ +	-	+ ⇒ -	+	+
1960-1998	+	+	- ⇒ +	-	+ ⇒ -	+	+
1970-1998	+	+	- ⇒ +	-	+ ⇒ -	+	+
1980-1998	+	+	- ⇒ +	-	+ ⇒ -	+	+

Tabelle 4: Einflußfaktoren für verschiedene Zeiträume[207]

Der Aspekt der Risikodiversifikation läßt das ursprüngliche Argument, ein Finanzierungssystem lediglich auf Grund der erwarteten Rendite zu beurteilen, in den Hintergrund treten. Im Fall unsicherer Erwartungen ist dieser zuvor vernachlässigte Aspekt der Risikodiversifikation von Bedeutung. Anhand der Ausführungen ist deutlich geworden, daß unabhängig vom Grad der Risikoaversion eine Mischung aus umlage- und kapitalgedecktfinanzierter Altersvorsorge ökonomisch sinnvoll ist. Nachdem in diesem Abschnitt die grundlegende Idee anhand des 2-Anlagen-Fall betrachtet worden ist, ist im Folgenden zu erläutern, inwiefern eine umlagefinanzierte Säule der Alterssicherung Auswirkungen auf die Anlagemöglichkeiten der kapitalgedeckten Säule hat. Wie in Abschnitt C3.2 erörtert worden ist, repräsentiert das Umlageverfahren eine Investition in das Humankapital und läßt somit alle teilnehmenden Generationen an einer Weiterentwicklung des Humankapitals partizipieren. Diese ansonsten nicht mögliche Anlageform könnte die Zusammensetzung effizienter Portfolios c.p. beeinflussen.

4.3.2 Auswirkung des Umlageverfahrens auf die effizienten Portfolios

Für den kapitalgedeckten Anteil der Altersvorsorge x_{KD} stehen 2 Anlagemöglichkeiten zur Verfügung, Aktien repräsentiert durch den DAX 30 Index (x_{DAX}) und festverzinsliche Wertpapiere, repräsentiert durch den REX Performance Index (x_{REX}). Dabei sind im vorliegenden Fall die Auswirkungen einer umlagefinanzierten auf die kapitalgedeckte Säule zu betrachten, so daß [C.55] modifiziert wird zu[208]

[C.64] $$\mu_P = x_{UV} \cdot \mu_{UV} + x_{DAX} \cdot \mu_{DAX} + x_{REX} \cdot \mu_{REX}$$

---

[207] Die Ableitungen sind in den Anhängen 3 bis 5 zu finden.

[208] Für die Darstellung der Umlagefinanzierung als eine Anlagemöglichkeit im n-Anlagen-Fall vgl. Abschnitt 4.4. Vgl. Dutta/Kapur/Orszag (1999), S. 4-6 für eine kurze Darstellung der Aufteilung.

Als Standardabweichung resultiert in Anlehnung an [C.56]

$$\textbf{[C.65]} \qquad \sigma_P = \sqrt{\begin{array}{l} x_{UV}^2 \cdot \sigma_{UV}^2 + x_{KD}^2 \cdot x_{DAX}^2 \cdot \sigma_{DAX}^2 + x_{KD}^2 \cdot x_{REX}^2 \cdot \sigma_{REX}^2 \\ +2 \cdot x_{UV} \cdot x_{DAX} \cdot \rho_{UV,DAX} \cdot \sigma_{UV} \cdot \sigma_{DAX} \\ +2 \cdot x_{UV} \cdot x_{REX} \cdot \rho_{UV,REX} \cdot \sigma_{UV} \cdot \sigma_{REX} \\ +2 \cdot x_{DAX} \cdot x_{REX} \cdot \rho_{DAX,REX} \cdot \sigma_{DAX} \cdot \sigma_{REX} \end{array}} .$$

[C.64] und [C.65] sind in die Zielfunktion einzusetzen und abzuleiten. Abbildung 18 stellt den Einfluß von x_{UV} auf die Lage der effizienten Portfolios dar.

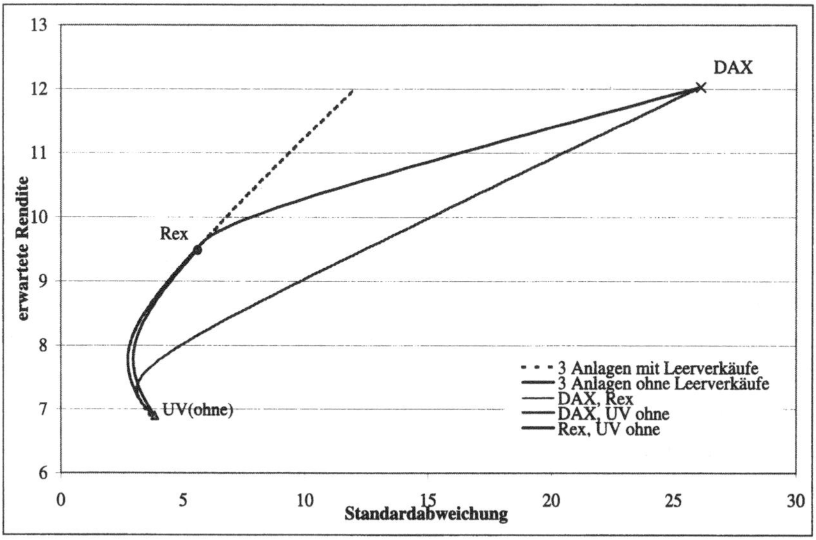

Abbildung 18: Effizienzkurve im 3-Anlagen-Fall für den Zeitraum 1970-1998

In Abbildung 18 sind neben der umhüllenden Effizienzkurve[209] im 3 Anlagefall zum Vergleich die entsprechenden Kurven für die schon bekannte Mischung aus Umlage- und Kapitaldeckungsverfahren, repräsentiert durch den DAX Index und die Mischungen aus DAX und REX Index und Umlageverfahren und REX Index dargestellt. Es zeigt sich, daß durch die Hinzunahme des Umlageverfahrens die effiziente Kurve nach links verschoben wird und somit bei identischem Risiko eine höhere erwartete Rendite bzw. eine identische Rendite bei geringerem Risiko erzielt werden kann.

[209] Es ist jeweils nur der Teil des Astes effizient, der sich oberhalb des Minimum-Varianzportfolios befindet.

Analytisch läßt sich der Einfluß des Umfangs des kapitalgedeckten Anteils auf den in Aktien investierten Anteil nicht eindeutig ableiten. In der folgenden Tabelle sind die Portfolioanteile für den effizienten Rand im Fall ohne Leerverkäufe für verschiedene erwartete Rendite / Standardabweichungskombinationen dargestellt.

Standardabweichung	erwartete Rendite	DAX	UV (ohne)	REX
0,03	0,08	0,05	0,68	0,27
0,04	0,09	0,04	0,40	0,56
0,05	0,09	0,04	0,19	0,77
0,06	0,10	0,04	0,03	0,93
0,07	0,10	0,14	0,00	0,87
0,12	0,11	0,42	0,00	0,58
0,21	0,12	0,79	0,00	0,21
0,26	0,12	1,00	0,00	0,00

Tabelle 5: Daten für Abbildung 18

Es zeigt sich, daß das Umlageverfahren aufgrund der negativen Korrelation mit dem Dax bzw. der sehr geringen Korrelation mit dem REX vor allem für das Minimum-Varianz-Portfolio relevant ist. Dort wird ein Anteil von 0,68 in das Umlageverfahren investiert. Dieser Anteil verringert sich bei zunehmender Rendite-/Standardabweichungskombination überproportional. Schon bei einer Rendite-/Standardabweichungskombination von 0,1 / 0,07 ist das Umlageverfahren nicht mehr Bestandteil des Portfolios.

Durch ein teilweise umlagefinanziertes Rentensystem können risikoärmere Portfolios erreicht werden, als es bei den derzeitigen Anlagemöglichkeiten an den Kapitalmärkten der Fall ist. Für risikoreiche Anlagestrategien ist es hingegen weniger geeignet. Ein kompletter Systemwechsel auf eine kapitalgedeckte Säule ist unter dem Gesichtspunkt der Diversifikation nicht zu befürworten. Im nachfolgenden Unterabschnitt sind die Auswirkungen des Renten-niveaus zu untersuchen.

4.3.3 Rentenniveau, Diversifikation und Frührente

Das Rentenniveau ist ein möglicher Parameter einer Rentenreform. Es ist zu untersuchen, inwiefern dieses den in das Kapitaldeckungsverfahren zu investierenden Anteil beeinflußt. Um die gegenseitige Beziehung zwischen Finanzierungsverfahren und Rentenniveau zu analysieren, ist an den Ausführungen in Abschnitt C3 anzuknüpfen. Das Nettorentenniveau ergibt sich wie zuvor dargestellt[210] als

[210] In Abschnitt 3.1 ist dieses lediglich auf die Rente gemäß des Umlageverfahrens bezogen worden. Vgl. Dutta/Kapur/Orszag (1999a), S. 2-4, die eine ähnliche jedoch kompliziertere Argumentation präsentieren.

[C.66] $$RN_t^N = \frac{\tilde{p}_{2,t}^{mix}}{w_{1,t} \cdot \left(1 - \tau_{1,t}\right)} \quad \forall \quad t.$$

$w_{1,t}$ stellt wie bisher den durchschnittlichen pro Kopf Lohn der in t arbeitenden Generation dar. Für eine durchschnittliche Rente aus einer gemischten Finanzierung $\tilde{p}_{2,t}^{mix}$ von 1000,- und einen durchschnittlichen Lohn $w_{1,t}$ von 2000,- ergibt sich mit $\tau_{1,t}$=0,2 ein Rentenniveau von 0,625.

Für die individuelle Entscheidung, die Frührente in Anspruch zu nehmen, ist nicht der durchschnittliche sondern der eigene Lohn relevant. Daher ist eine neue Variable $l_{1,t}$ einzuführen, die das mögliche Arbeitsangebot eines Individuum darstellt und über den Bereich 0 bis 1 definiert ist. Dieses bedeutet, daß bei einem Arbeitsangebot von $l_{1,t} = 0$ die Person nicht arbeitet[211] und damit auch keinen Lohn erhält, bei einem Arbeitsangebot von $l_{1,t} = 1$ die Person genau den Durchschnittslohn erhält und bei einem Arbeitsangebot von $l_{1,t} > 1$ die Person mehr als der Durchschnitt arbeitet und damit auch mehr verdient.[212] [C.66] läßt sich auf dieser Grundlage schreiben als[213]

[C.67] $$RN_t^N = \frac{\tilde{p}_{2,t}^{mix}}{l_{1,t} \cdot w_{1,t} \cdot \left(1 - \tau_{1,t}\right)}.$$

Aus [C.67] folgt unmittelbar, daß eine Erhöhung von $l_{1,t}$ das Rentenniveau für diese Person senkt. Zur Vereinfachung sei hier angenommen, daß das Individuum lediglich monetäre Ziele verfolgt und Freizeit an sich keinen Wert hat.[214] Für ein Individuum ist es dann ökonomisch sinnvoll in Rente zu gehen, wenn der Nettolohn nicht höher ist als die Rente, d.h.

[C.68] $$l_{1,t} \cdot w_{1,t} \cdot \left(1 - \tau_{1,t}\right) \leq \tilde{p}_{2,t}^{mix}$$

woraus

---

211 Dieses entspricht dem Rentenfall, da von Arbeitslosigkeit hier abgesehen wird.

212 Eine andere Möglichkeit den Faktor $l_{1,t}$ zu interpretieren ist über die Qualität und damit entsprechend die Entlohnungshöhe derArbeit. Wesentlich ist hier lediglich, daß das Lohneinkommen somit von 2 Größen, nämlich $l_{1,t}$ und $w_{1,t}$ abhängig ist. Variationen im Lohneinkommen des Individuums werden lediglich über den Faktor $l_{1,t}$ berücksichtigt. Somit gelten die zuvor gemachten Ausführungen über die Renditen der Finanzierungsverfahren weiterhin.

213 [C.66] stellt dabei den Spezialfall für $l_{1,t} = 1$ dar.

214 Dieses stimmt überein mit dem zuvor diskutierten Ziel des ökonomischen Status.

[C.69] $$l_{1,t} \le \frac{\tilde{p}_{2,t}^{mix}}{w_{1,t} \cdot \left(1 - \tau_{1,t}\right)}$$

resultiert, welches wiederum dem durchschnittlichen Nettorentenniveau gemäß [C.66] entspricht. Betrachtet sei ein Individuum, welches in Periode t arbeitet, in Periode t+1 arbeitet oder Frührente bezieht und in Periode t+2 in Rente ist. Der Barwert des Lebenseinkommens dieses Individuums (y) läßt sich darstellen als

[C.70] $$y = w_{1,t} \cdot \left(1 - \tau_{1,t}\right) + k \cdot \frac{\tilde{w}_{1,t+1} \cdot \left(1 - \tilde{\tau}_{1,t+1}\right)}{1 + \tilde{r}_{t+1}} + (1 - k) \cdot \frac{\tilde{p}_{2,t+1}^{mix}}{1 + \tilde{r}_{t+1}} + \frac{\tilde{p}_{3,t+2}^{mix}}{\left(1 + \tilde{r}_{t+1}\right) \cdot \left(1 + \tilde{r}_{t+2}\right)}$$

mit $k = 1$ sofern $l_{2,t+1} > RN_{t+1}^{N}$ und damit in Periode t+1 arbeitet. $k = 0$ sofern $l_{2,t+1} \le RN_{t+1}^{N}$ und das Individuum in Frührente geht. Sofern $k = 0$ ist, steigt der Anteil des Renteneinkommens am Lebenseinkommen. Das Renteneinkommen setzt sich wie in C4.3.1 und C4.3.2 gesehen aus einem umlage- und einem kapitalgedeckten Anteil zusammen, d.h.

[C.71] $$\tilde{p}_{2,t+1}^{mix} = x_{UV} \cdot \tilde{p}_{2,t+1}^{UV} + x_{KD} \cdot \tilde{p}_{2,t+1}^{KD}.$$

Dieses bedeutet, daß der kapitalgedeckte Anteil des Lebenseinkommens c.p. im Frührentenfall ansteigt. Das Exposure des Individuums zum Humankapital sinkt. Wird davon ausgegangen, daß zuvor für einen gegebenen Grad der Risikoaversion die optimale Kombination von Umlage- und Kapitaldeckungsverfahren vorlag, ist im Fall der Frührente der kapitalgedeckt finanzierte Anteil der Rente zu verringern. Es gilt somit

[C.72] $$\frac{\partial x_{KD}}{\partial RN_{t}^{N}} =< 0.$$

Es ist somit dargestellt worden, daß bei einer verstärkten Frühverrentung das Umlageverfahren c.p. zu stärken ist.

4.4 Der n-Anlagen-Fall

Der zuvor in Abschnitt 4.3.1 dargestellte 2-Anlagen-Fall wird im folgenden auf den realitätsnäheren n-Anlagen-Fall übertragen. Auf eine ausführliche theoretische Herleitung des Lösungsalgorithmus wird hier und im nächsten Abschnitt verzichtet, da diese in der Literatur ausgiebig dargestellt worden sind und vom Grundprinzip mit den zuvor gemachten Ausführungen übereinstimmen. Hierzu sei auf die Ausführungen von Huang/Litzenberger (1988) Kapitel 3, Merton (1972) und insbesondere Rudolf (1994) und die dort angegebene Literatur verwiesen. Die Übertragung auf den hier untersuchten Fall ist jedoch neu. Für die Bestimmung der Lösungsmengen wird auf das Programm Pkt.exe (Portfolio Theory) von Rudolf in der Version vom Sommer 2000[215] und auf eine selbst programmierte Routine (sogenanntes Notebook) für Mathematica zurückgegriffen.[216] Es sind 3 Fälle zu unterscheiden:

- ohne Restriktionen,
- mit Leerverkaufsrestriktionen und
- die Nachbildung typischer Portfolios.

Zunächst ist der allgemeine Optimierungsansatz aufzustellen. Für die folgende Vorgehensweise wird die Matrixschreibweise verwendet.[217] Die erwartete Portfoliorendite μ setzt sich zusammen aus der mit den Anteilen x_i gewichteten erwarteten Renditen μ_i der jeweiligen Anlagen i

[C.73] $$\mu_P = \sum_{i=1}^{N} x_i \cdot \mu_i \,.$$

Diese wird mit Hilfe der Vektoren

[C.74] $$\vec{\boldsymbol{x}} = \begin{bmatrix} x_1 \\ x_2 \\ \vdots \\ x_N \end{bmatrix} \quad \text{und} \quad \vec{\boldsymbol{\mu}} = \begin{bmatrix} \mu_1 \\ \mu_2 \\ \vdots \\ \mu_N \end{bmatrix}$$

geschrieben als

[C.75] $$\mu_P = \vec{\boldsymbol{\mu}}^T \cdot \vec{\boldsymbol{x}} \,.$$

Analog dazu wird die Portfoliovarianz

[C.76] $$\sigma_P^2 = \sum_{i=1}^{n} \sum_{j=1}^{n} x_i \cdot x_j \cdot \sigma_{ij}$$

mittels des in [C.74] dargestellten Vektors $\vec{\boldsymbol{x}}$ und der Varianz-/Kovarianzmatrix $\boldsymbol{\Sigma}$

[C.77] $$\boldsymbol{\Sigma} = \begin{bmatrix} \sigma_{11} & \sigma_{12} & \cdots & \sigma_{1n} \\ \sigma_{21} & \ddots & & \vdots \\ \vdots & & \ddots & \vdots \\ \sigma_{n1} & \cdots & \cdots & \sigma_{nn} \end{bmatrix}$$

zu

---

215 Für allgemeine Informationen sei auf die Homepage von Rudolf http://www.whu.edu/banking verwiesen. Das Programm steht unter http://www.whu.edu/banking/team/mrudolf/mrmisc.htm zur Verfügung.

216 Diese ist in Anhang 8 zu finden.

217 Vgl. für einen Überblick über die Matrixschreibweise Chiang (1984), S.54-87. Für die folgende Vorgehensweise vgl. Markowitz (1991), S. 172 ff., Panjer [Hrsg.] (1998), S. 373 ff. und insbesondere Rudolf (1994) und Rudolf/Zimmermann (1992).

[C.78] $$\sigma_P^2 = \vec{x}^T \Sigma \vec{x}\,.$$

Dabei sei Σ positiv definit,[218] d.h. für einen Vektor $\vec{x}$ mit $\vec{x} \neq \vec{0}$ folgt

[C.79] $$\vec{x}^T \Sigma \vec{x} \geq 0\,.$$

[C.78] ist unter Beachtung der Nebenbedingungen

[C.80] $$\mu_P = \vec{\mu}^T \vec{x}$$

[C.81] $$1 = \vec{x}^T \vec{e}$$

zu minimieren, wobei

[C.82] $$\vec{e} = \begin{bmatrix} 1 \\ 1 \\ \vdots \\ 1 \end{bmatrix}$$

den Einheitsvektor darstellt. [C.80] besagt, daß die erwartete Rendite des Portfolios einem vorgegebenen Wert μ_P entsprechen muß. Gemäß [C.81] ist die Summe der Portfolioanteile gleich 1, d.h. der Investor ist voll investiert. Annahmegemäß seien $\vec{x}$ und $\vec{e}$ voneinander linear unabhängig. Leerverkäufe sind im vorliegenden Fall nicht ausgeschlossen. Aus [C.78], [C.80] und [C.81] resultiert die Lagrangefunktion

[C.83] $$L(\vec{x},\lambda) = \vec{x}^T \Sigma \vec{x} - \lambda_1 \left(\vec{\mu}^T \vec{x} - \mu_P \right) - \lambda_2 \left(\vec{x}^T \vec{e} - 1 \right),$$

welche zu minimieren ist. Gesucht sind die Portfolioanteile für die optimale Lösung. Daher ist nach $\vec{x}$ und λ abzuleiten um die notwendige Optimalbedingung zu erhalten.[219] Nach Ableitung und Umformungen resultiert als Lösung für die Standardabweichung des Portfolios

[C.84] $$\sigma_P = \sqrt{\frac{c \cdot \mu_P^2 - 2 \cdot b \cdot \mu_P + a}{a \cdot c - b^2}}$$

mit

[C.85] $$a = \vec{\mu}^T \Sigma^{-1} \vec{\mu}$$

[C.86] $$b = \vec{\mu}^T \Sigma^{-1} \vec{e} = \vec{e}^T \Sigma^{-1} \vec{\mu}$$

[C.87] $$c = \vec{e}^T \Sigma^{-1} \vec{e}\,.$$

Für den Portfolioanteilsvektor effizienter Portfolios folgt

---

218 Daraus folgt, daß die Varianz-,Kovarianzmatrix nichtsingular ist. Somit werden risikolose Anlagestrategien und Arbitragemöglichkeiten ausgeschlossen. Ferner kann eine Anlage nicht als Linearkombination anderer Anlagen dargestellt werden. Vgl. hierzu z.B. Huang/Litzenberger (1988), S. 62, Panjer [Hrsg.] (1998), S. 381.

219 Vgl. Merton (1972), Rudolf (1994), S. 7-8.

Anlageklasse	repräsentiert durch
Aktien	DAX 30 Index
Umlageverfahren	Umlageverfahren ohne Beitragssatzänderung
Anleihen	REX Index
Grundstücke, Beteiligungen an Gründstücks-gesellschaften, Grundstücks-Sondervermögen	Immobilienindex auf Grundlage der Daten von Bulwien und Partner für Gewerbegrund-stücke
Liquidität	Geldmarkt: Germany Euro-Mark; Datastream Kürzel: ECWGMST
Vermögensgegenstände in Fremdwährung	S&P 500[222] Weltanleihenindex[223]

Tabelle 6: Anlageklassen des Altersvorsorge-Sondervermögens

Ferner werden für Altersvorsorge-Sondervermögen die Anlagekategorie der „Stillen Beteiligung" aufgeführt. Diese wird aufgrund fehlender Daten unter Aktien subsumiert. Auch bleiben Wertpapier-Sondervermögen, deren Höchstanteil bei 0,05 liegt, und Derivate, die lediglich zur Absicherung zugelassen sind, außen vor.

Besonders für Immobilien ist die Datenlage schwierig. Die hier verwendeten Daten werden von dem Münchener Institut Bulwien und Partner seit den 70er Jahren berechnet.[224] An dieser Stelle sei auf das Forschungsprojekt „Immobilien-Investment" der Universitäten Mannheim und Frankfurt verwiesen. In diesem Projekt werden verschiedene Immobilienindizes berechnet, welche in naher Zukunft nach Abschluß der Forschungsprojekte verfügbar sein werden.[225]

Der S&P 500 wird aufgrund der Verfügbarkeit der Daten und der Dominanz des US-amerikanischen Aktienmarktes als Proxy für ausländische Aktienanlagen verwendet. Die nachfolgende Tabelle enthält die entsprechenden Daten.

---

[222] Statt eines Weltaktienindex wird aufgrund der schlechten Datenlage auf den S&P 500 zurückgegriffen. Dieses läßt sich auch mittels der großen Bedeutung des US-amerikanischen Aktienmarktes begründen.

[223] Für den Weltanleihenindex ist darauf hinzuweisen, daß nicht genügend jährliche Datenpunkte vorliegen. Hier sind für den begrenzten Zeitraum sowohl jährliche als auch monatliche Daten betrachtet worden. Teilweise sind Mittelwerte berechnet worden.

[224] Vgl. Bulwien und Partner (2000).

[225] Vgl. für weitere Informationen URL: http://www.real-estate-finance.de.

Anlageklasse	repräsentiert durch
Aktien	DAX 30 Index
Umlageverfahren	Umlageverfahren ohne Beitragssatzänderung
Anleihen	REX Index
Grundstücke, Beteiligungen an Gründstücks-gesellschaften, Grundstücks-Sondervermögen	Immobilienindex auf Grundlage der Daten von Bulwien und Partner für Gewerbegrund-stücke
Liquidität	Geldmarkt: Germany Euro-Mark; Datastream Kürzel: ECWGMST
Vermögensgegenstände in Fremdwährung	S&P 500[222] Weltanleihenindex[223]

Tabelle 6: Anlageklassen des Altersvorsorge-Sondervermögens

Ferner werden für Altersvorsorge-Sondervermögen die Anlagekategorie der „Stillen Beteiligung" aufgeführt. Diese wird aufgrund fehlender Daten unter Aktien subsumiert. Auch bleiben Wertpapier-Sondervermögen, deren Höchstanteil bei 0,05 liegt, und Derivate, die lediglich zur Absicherung zugelassen sind, außen vor.

Besonders für Immobilien ist die Datenlage schwierig. Die hier verwendeten Daten werden von dem Münchener Institut Bulwien und Partner seit den 70er Jahren berechnet.[224] An dieser Stelle sei auf das Forschungsprojekt „Immobilien-Investment" der Universitäten Mannheim und Frankfurt verwiesen. In diesem Projekt werden verschiedene Immobilienindizes berechnet, welche in naher Zukunft nach Abschluß der Forschungsprojekte verfügbar sein werden.[225]

Der S&P 500 wird aufgrund der Verfügbarkeit der Daten und der Dominanz des US-amerikanischen Aktienmarktes als Proxy für ausländische Aktienanlagen verwendet. Die nachfolgende Tabelle enthält die entsprechenden Daten.

---

[222] Statt eines Weltaktienindex wird aufgrund der schlechten Datenlage auf den S&P 500 zurückgegriffen. Dieses läßt sich auch mittels der großen Bedeutung des US-amerikanischen Aktienmarktes begründen.

[223] Für den Weltanleihenindex ist darauf hinzuweisen, daß nicht genügend jährliche Datenpunkte vorliegen. Hier sind für den begrenzten Zeitraum sowohl jährliche als auch monatliche Daten betrachtet worden. Teilweise sind Mittelwerte berechnet worden.

[224] Vgl. Bulwien und Partner (2000).

[225] Vgl. für weitere Informationen URL: http://www.real-estate-finance.de.

	Dax 30	UV (ohne)	REX	Immobilien	Geld- markt	S&P	ausländische Anleihen
μ	0,12	0,04	0,08	0,03	0,06	0,2	0,09
σ	0,23	0,02	0,05	0,05	0,02	0,2	0,1
Korrelationen							
Dax 30	1	-0,44	0,20	-0,10	-0,14	0,44	0,68
UVohne	-0,44	1	-0,002	0,53	0,52	-0,09	0,25
REX	0,20	-0,002	1	-0,15	-0,24	0,26	0,70
Immobilien	-0,10	0,53	-0,15	1	0,71	0,07	0,20
Geldmarkt	-0,14	0,52	-0,24	0,71	1	0,17	0,18
S&P	0,44	-0,09	0,26	0,07	0,17	1	0,77
ausl. Anleihen	0,68	0,25	0,70	0,20	0,18	0,77	1

Tabelle 7: Datengrundlage im 7-Anlagenfall, jährliche Daten 1976-1998[226]

Auf Basis dieser Anlageklassen läßt sich der zuvor definierte Vektor $\vec{x}$ konkretisieren zu

[C.94]
$$\vec{x} = \begin{bmatrix} x_1 \\ x_2 \\ \vdots \\ x_N \end{bmatrix} = \begin{bmatrix} x_{DAX} \\ x_{UV} \\ x_{REX} \\ x_{Immobilien} \\ x_{Geldmarkt} \\ x_{S\&P} \\ x_{ausl.Anleihen} \end{bmatrix}.$$

Für den Fall ohne Restriktionen ist das Optimierungsproblem vollständig aufgestellt. Werden Leerverkaufsrestriktionen eingeführt gilt

[C.95]
$$x_i \geq 0 \quad \forall \quad i$$

mit $i \in \{DAX, UV, REX, Immobilien, Geldmarkt, S\&P, ausl.Anleihen\}$. Neben diesen Leerverkaufsrestriktionen wird auch die Nachbildung von Portfolios betrachtet, die für die Altersvorsorge verwendet werden. Dazu wird auf die Restriktionen der Altersvorsorge-Sondervermögen zurückgegriffen. Aus den Angaben in Kapitel D, Tabelle 14 resultieren folgende zusätzlichen Restriktionen[227]:

[C.96]
$$0,21 \leq x_{DAX} + x_{S\&P} \leq 0,75$$

[C.97]
$$x_{Immobilien} \leq 0,3$$

[C.98]
$$x_{Geldmarkt} \leq 0,49$$

---

226 Die Inputdaten für das Programm pkt.exe sind in Anhang 9, eine genauere Beschreibung der Daten und deren Quellen ist in Anhang 10 zu finden.

227 Die Restriktionsdatei für das Programm pkt.exe ist in Anhang 11 zu finden.

[C.99] $$x_{S\&P} + x_{ausl.Anleihen} \leq 0,3$$

[C.100] $$x_{DAX} + x_{Immobilien} + x_{S\&P} \geq 0,51 .$$

[C.96] sagt aus, daß zumindest 21% des Vermögens in Aktien investiert sein muß, wobei eine Obergrenze von 75% gilt. [C.97] und [C.98] geben die jeweiligen Obergrenzen für Investitionen in Immobilien bzw. Kassenhaltung, repräsentiert durch den Geldmarkt, an. Ausländische Anlagen dürfen gemäß [C.99] nicht über 30% des Portfolios betragen. Ferner wird eine Mindestanlage von 51% für eine mögliche Kombination aus inländischen Aktien, Immobilien und ausländischen Aktien vorgegeben ([C.100]). Dieses wird auch als Substanzwertorientierung der Altervorsorge-Sondervermögen bezeichnet. In der nachfolgenden Abbildung 19 sind die resultierenden Rendite-/Standardabweichungs-kombinationen dargestellt.

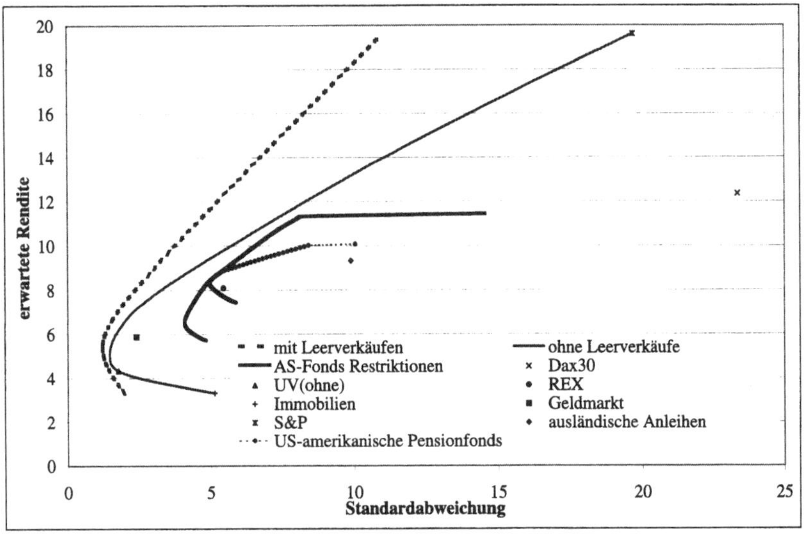

Abbildung 19: μ,σ-Kombinationen für den 7-Anlagen-Fall

Anhand von Abbildung 19 zeigt sich, daß die derzeitigen Anlagerestriktionen für Altersvorsorge-Sondervermögen eine effiziente Allokation der Gelder verhindern. Werden dieses Restriktionen aufgehoben, kann bei identischer erwarteter Rendite eine geringer Standardabweichung bzw. bei gleicher Standardabweichung eine höhere erwartete Rendite erreicht werden. Dieser Aspekt wird in Kapitel E, Abschnitt 7 genauer erörtert. Entsprechende Aussagen gelten auch für den Fall einer Übertragung der historischen Portfoliozusammensetzungen[228] US-amerikanischer Pensionsfonds auf den deutschen Fall wobei folgende Restriktionen gelten

[C.101] $$0,23 \leq x_{DAX} + x_{S\&P} \leq 0,45$$

[C.102] $$0,34 \leq x_{REX} + x_{ausl.Anleihen} \leq 0,45$$

[C.103] $$x_{Immobilien} \leq 0,16$$

[C.104] $$0,09 \leq x_{Geldmarkt} \leq 0,16$$

[C.105] $$x_{S\&P} + x_{ausl.Anleihen} \leq 0,1 .$$

Für Aktien (inländisch und ausländisch) lag der Portfolioanteil in den letzten Jahren zwischen 23% und 45%, für Anleihen zwischen 34% und 45%. Immobilien gehen als Restgröße in das Portfolio mit ein, da keine genauen Angaben über die Aufteilung der sonstigen Anlagen bestehen. In liquiden Mitteln sind zwischen 9% und 16% angelegt worden. Der Anteil internationaler Anlagen lag während der gesamten Zeit unter 10%. In der nachfolgenden Tabelle sind die Portfoliozusammensetzungen für das jeweilige Minimum-Varianz-Portfolio zusammengefaßt.

	σ	**μ**	**DAX**	**UV (ohne)**	**REX**	**Immobilien**	**Geldmarkt**	**S&P**	**ausländische Anleihen**
mit Leerverkäufen	0,012	0,053	0,039	0,781	0,105	-0,125	0,283	0,012	-0,095
ohne Leerverkäufe	0,015	0,05	0,028	0,781	0,056	0	0,135	0	0
AS-Fonds Restriktionen	0,041	0,065	0,097	0,49	0	0,3	0	0,113	0
US-Pensionsfonds Restriktionen	0,049	0,083	0,13	0,314	0,34	0,026	0,09	0,10	0

Tabelle 8: Minimum-Varianz-Portfolios im 7-Anlagen-Fall[229]

In allen Fällen hat das Umlageverfahren am Minimum-Varianz-Portfolio einen erheblichen Anteil, der zwischen 0,314 und 0,781 variiert. Somit treffen die Aussagen über den 2- und 3-Anlagen-Fall auch auf den allgemeinen Fall zu.

Eine gänzliche Abschaffung des Umlageverfahrens zu Gunsten des Kapitaldeckungsverfahrens ist somit aus Diversifikationseffekten nicht ratsam. Zum Abschluß der Ausführungen

---

[228] Die Restriktionsdatei ist in Anhang 12 zu finden. Die Ober- und Untergrenzen sind anhand der historischen Grenzen von 1990 bis 1997 berechnet worden. Quelle: Organisation for Economic Co-Operation and Development (1999) und Deutsches Aktieninstitut (1999).

[229] Eventuelle nicht zu eins summierende Anteile basieren auf Rundungsfehlern.

über die Mischung von Umlage- und Kapitaldeckungsverfahren ist in nächsten Abschnitt auf den Shortfall-Ansatz einzugehen.

4.5 Auswahl des effizienten Portfolios auf Basis des Shortfall-Ansatzes

In der Literatur werden 3 verschiedene Shortfall Ansätze, auch als Safety First Ansätze bezeichnet, unterscheiden. Dieses sind das Roy-, das Kataoka- und das Telser-Kriterium.[230] Gemeinsam ist allen 3 Ansätzen, daß es sich um asymmetrische Risikomaße handelt, welche als Risiko die Verfehlung gewisser Mindestrenditen (Threshold Return) definieren. Diese ermöglicht eine intuitivere Erfassung des Risikos, welches im Fall der Portfoliotheorie sowohl das negative als auch das positive Risiko, d.h. die Chance umfaßt. Dabei wird entweder dieses Mindestrendite vorgegeben und versucht, die Wahrscheinlichkeit zu maximieren, diese zu übertreffen (Roy-Kriterium), eine Ausfallwahrscheinlichkeit vorgegeben und versucht die Mindestrendite zu maximieren (Kataoka-Kriterium) oder versucht, die erwartete Rendite unter der Nebenbedingung zu maximieren, daß die Wahrscheinlichkeit eine Rendite, geringer oder gleich einer gewissen Mindestrendite, nicht überschreitet (Telser-Kriterium).[231] Im folgenden werden die ersten beiden Ansätze, die in der Literatur am weitesten verbreitet sind, untersucht. Dabei wird zumeist die Normalverteilung der Renditen angenommen.[232] Diesem Vorgehen wird hier gefolgt. Jedoch ist eine Ausweitung auf den Fall nicht normalverteilter Renditen unproblematisch. Dieses ist bei Verwendung der Tchebyshev-Ungleichung möglich.[233] Im folgenden werden die Optimierungsprobleme lediglich skizziert. Für eine ausgiebige analytische Herleitung wird auf die zitierte Literatur verwiesen. Zur Bestimmung der Lösungsmenge wird wiederum auf das Programm pkt.exe von Rudolf und auf Berechnungsroutine für Mathematica und Excel zurückgegriffen.[234] Gemäß dem Roy-Kriterium[235] ergibt sich folgendes Optimierungsproblem

[C.106] $$W\left(\mu_p < r_{mind}\right) \rightarrow \min .$$

welches sich für normalverteilte Renditen konkretisieren läßt zu

---

[230] Vgl. Roy (1952); Elton/Gruber (1995); S. 240; Jaeger/Rudolf/Zimmermann (1995); Rudolf (1994), S. 103-114.

[231] Vgl. Leibowitz/Henriksson (1989); Telser (1956)

[232] Vgl. z.B. Jaeger/Rudolf/Zimmermann (1995).

[233] Vgl. als Originalquelle Roy (1952) und die Ausführungen von Elton/Gruber (1995), S. 237, insbesondere Fußnote 10 und S. 238.

[234] Dabei ist die Berechnung für den unrestringierten Fall unproblematisch mit dem Programm von Rudolf möglich. Für den restringierten Fall sind entsprechende Versuche zu unternehmen und in die aufgestellten Gleichungen einzusetzen um eine Näherungslösung zu erhalten.

[235] Vgl. Elton/Gruber (1995), S. 235-237; Jaeger/Rudolf/Zimmermann (1995), insbesondere S. 356-358; Rudolf (1994), S. 110-112.

[C.107] $$\frac{r_{mind} - \mu_P}{\sigma_P} \rightarrow \min.$$

Es resultiert folgende Geradegleichung

[C.108] $$\mu_P = r_{mind} - z \cdot \sigma_P$$

wobei z das aus der Standardnormalverteilung für eine Wahrscheinlichkeit resultierende Quantil bezeichnet. Es ist der Tangentialpunkt zwischen dieser Geradengleichung und der entsprechenden Effizienzlinie im μ,σ-Diagramm zu bestimmen. Dabei ist die Steigung umso höher, je geringer die Ausfallwahrscheinlichkeit wird. Bei gegebener Mindestrendite dreht sich somit die Gerade mit sinkender Ausfallwahrscheinlickeit gegen den Uhrzeigersinn. Die beiden folgenden Abbildungen geben die nach dem Roy-Kriterium gebildeten Geraden für das Portfolio ohne und das mit Restriktionen für Altersvorsorge-Sondervermögen an.

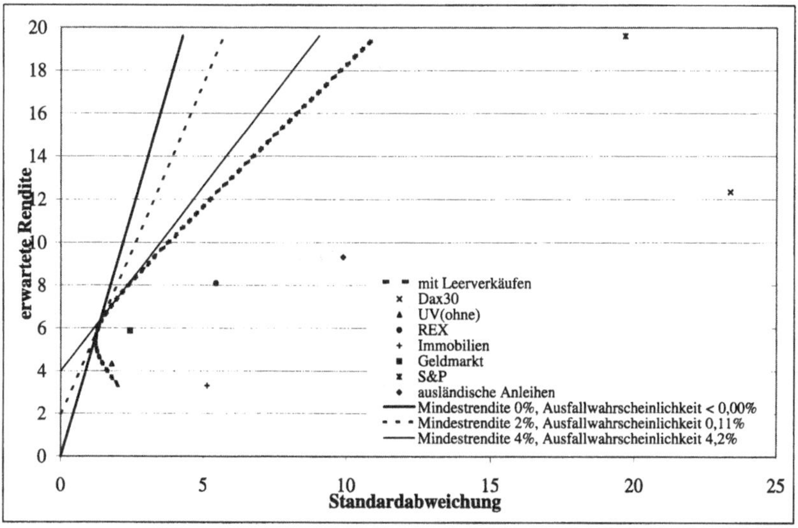

Abbildung 20: Roy-Kriterium für den Fall ohne Restriktionen

Es ergibt sich für das Portfolio ohne Restriktionen im Fall einer Mindestrendite von 0%, dieses entspricht einer Nominalwertgarantie, eine Ausfallwahrscheinlichkeit von unter 0,00% ($x_{UV} = 0,622$). Bei einer Mindestrendite von 2% resultiert eine Ausfallwahrscheinlichkeit von 0,11% ($x_{UV} = 0,541$) und für eine Mindestrendite in Höhe von 4% eine Ausfallwahrscheinlichkeit von 4,2%($x_{UV} = 0,226$).

Auf Basis der Restriktionen des Altersvorsorge-Sondervermögens ergeben sich bei identischen Mindestrenditen (0%, 2%, 4%) höhere Ausfallwahrscheinlichkeiten, wobei der Anteil des Umlageverfahrens jeweils gegen 0 tendiert bzw. 0 ist.

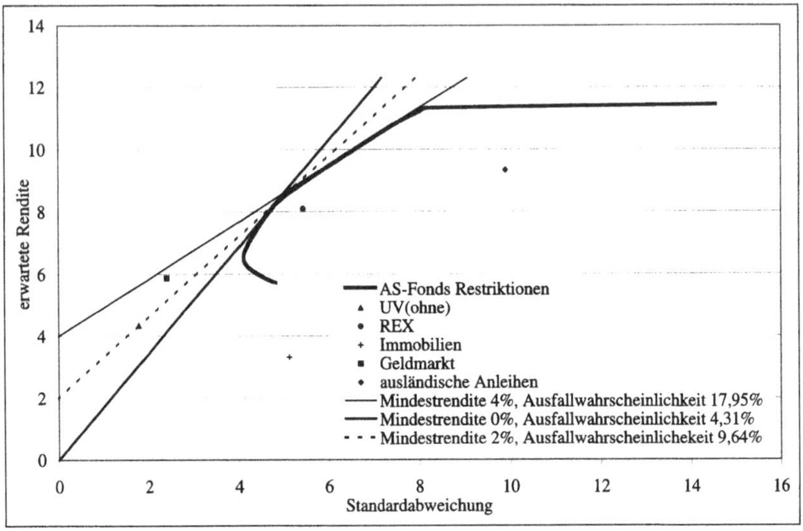

Abbildung 21: Roy-Kriterium für das AS-Fonds Portfolio

Hier zeigt sich wiederum, daß die Vorgaben für AS-Fonds eine optimale Portfoliozusammenstellung verhindern. Dieses ist vor allem im Vergleich mit dem Fall ohne Leerverkäufe zu sehen, bei dem die entsprechenden Ausfallwahrscheinlichkeiten 0,01%/0,86%/9,38% betragen.[236]

Im Fall des Kataoka-Kriteriums wird hingegen die Ausfallwahrscheinlichkeit β vorgegeben und die Mindestrendite variiert, so daß bei der Suche nach dem Tangentialpunkt zu einer Parallelverschiebung der Gerade kommt.[237] Das Optimierungsproblem lautet

[C.109] $$r_{mind} \rightarrow \max$$

unter der Nebenbedingung

[C.110] $$w\left(\mu_P < r_{mind}\right) \leq \beta .$$

Bei entsprechender Wahl der Inputdaten ergeben sich identische Ergebnisse. Lediglich die Zielsetzung der beiden Ansätze ist unterschiedlich.[238] Für die Anwendung auf die vorgege-

---

236 Die entsprechende Abbildung ist in Anhang 13 zu finden.

237 Vgl. Elton/Gruber (1995), S. 237-238; Jaeger/Rudolf/Zimmermann (1995), S. 358; Rudolf (1994), S. 112-114.

bene Auswahl zwischen Umlage- und Kapitaldeckungsverfahren wird hier direkt auf den in Abschnitt 4.4 dargestellten Fall zurückgegriffen. Es werden 4 verschiedene Ausfallwahrscheinlichkeiten vorgegeben: 5%, 1%, 0,1% und 0,01%.

Die ersten beiden Angaben basieren auf den Vorgaben für Kreditrisiken bzw. für Marktpreisrisiken. Bei den letzten Angaben werden die Ausfallwahrscheinlichkeiten weiter verringert, um den höheren Sicherheitsanforderungen der Altersvorsorgemittel gerecht zu werden. Für den Fall ohne Restriktionen ergibt sich folgende Abbildung.

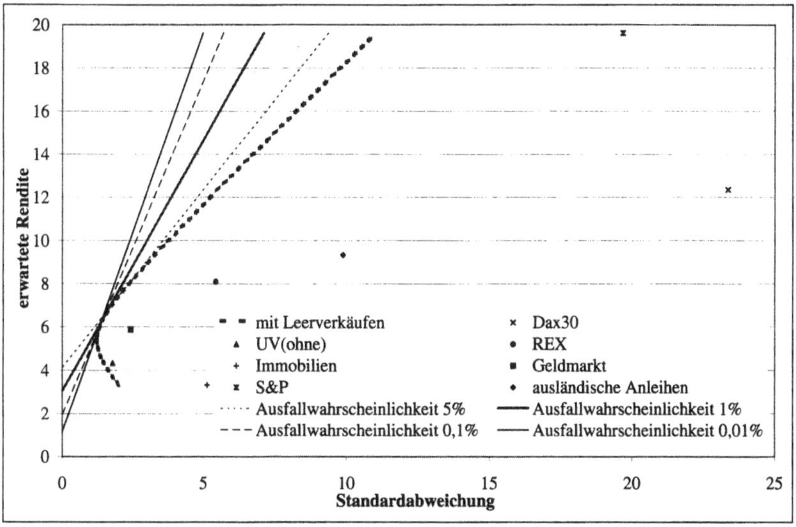

Abbildung 22: Kataoka-Kriterium für den Fall ohne Restriktionen

Bei einer Ausfallwahrscheinlichkeit von maximal 5% ergibt sich eine erreichbare Mindestrendite von 4,16%. Der Anteil des Umlageverfahren beträgt 0,759. Wird die maximale Ausfallwahrscheinlichkeit auf 1% reduziert ergeben sich eine erreichbare Mindestrendite von 3,04% und ein x_{UV} von 0,445. Für Ausfallwahrscheinlichkeiten von 0,1% und 0,01% verringern sich die möglichen Mindestrenditen auf von 1,98% und 1,16% und Anteile am Umlageverfahren von 0,543 und 0,584. In allen betrachteten Fälle hat das Umlageverfahren somit einen großen Anteil am optimalen Portfolio. Für ein auf den Vorgaben für Altersvorsorge-Sondervermögen basierendes Portfolio ergeben sich folgende Ergebnisse.

[238] Dabei macht der Einsatz des Kataoka-Kriteriums für Regulierungszwecke Sinn, da eine gewissen Ausfallwahrscheinlichkeit aufgrund eines möglichen Rückgriffs auf die Sozialhilfe nicht überschritten werden sollte.

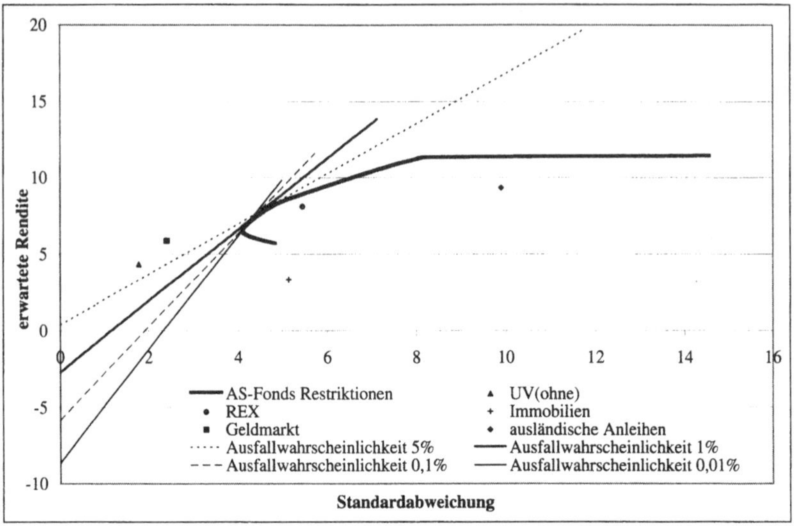

Abbildung 23: Kataoka-Kriterium für das AS-Fonds-Portfolio

Als wesentliches Ergebnis der Abbildung 23 läßt sich festhalten, daß im Fall der Anlageklassen und –restriktionen für Altersvorsorge-Sondervermögen bei gegebener Ausfallwahrscheinlichkeit eine wesentlich geringere Mindestrendite erzielt werden kann, die lediglich für eine Ausfallwahrscheinlichkeit von 5% noch im positiven Bereich liegt. Auf die Bedeutung der Restriktionen auf die Performance institutioneller Portfolios im allgemeinen wird nochmals in Kapitel E über die Regulierung eingegangen werden.

4.6 Anmerkungen zum intertemporalen Fall

In der Literatur werden aufbauend auf den Ausführungen von Samuelson für den zeitdiskreten und Merton für den zeitstetigen Fall[239] Modelle der intertemporalen Portfoliooptimierung verwendet.

Grundsätzlich sind die Ergebnisse dabei mit den hier dargestellten Fällen vergleichbar. Da die Modelle jedoch komplexer sind, werden aus diesem Grund teilweise Annahmen getroffen, durch die wesentliche Aspekte der zuvor gemachten Ausführungen ausgeschlossen werden und die Ergebnisse mithin ökonomisch nicht mehr direkt interpretierbar sind. Von der Grundaussage der Mischung zwischen den Verfahren zu unterscheiden sich die Ergebnisse jedoch

---

[239] Vgl. Merton (1969); Samuelson (1969).

nicht von den hier dargestellten. Insofern wird auf eine Darstellung verzichtet. Drei wesentliche aktuelle Quellen zu diesem Themenaspekt sind derzeit verfügbar.

Hauenschild[240] präsentiert nach einer Darstellung einer Grundform des Generationenmodells die Integration eines Alterssicherungssystems in dasselbe. Dabei wird der zeitstetige Fall betrachtet. Er analysiert die Beeinflussung des Sparverhaltens und der Kapitalakkumulation durch die unterschiedlichen Finanzierungsverfahren. Im Laufe der Untersuchung wird das Modell um verschiedene Unsicherheitsaspekte erweitert. Die Implikationen werden sowohl aus einzel- wie auch aus gesamtwirtschaftlicher Sicht analysiert. Kenc[241] entwickelt ein Modell über die Renteneintrittsentscheidung unter Unsicherheit im zeitstetigen Fall. Shiller[242] stellt das Sozialversicherungssystem als Instrument der intergenerationalen, intragenerationalen und internationalen Risikoteilung dar.[243]

5 *Zusammenfassung und Ausblick*

In der vorliegenden Ausarbeitung sind nach einer Darstellung der Probleme des derzeitigen Alterssicherungssystems in Deutschland die Gründe derselben analysiert worden.

Dieses zeigt, daß das derzeitige umlagefinanzierte System in Deutschland akute Finanzierungsprobleme aufweist. In der aktuellen Literatur wird daher fast einheitlich die Umstellung auf ein kapitalgedecktes Finanzierungsverfahren gefordert. Begründet wird diese Auffassung damit, daß die Rendite des Kapitaldeckungsverfahrens in der Vergangenheit höher war als die des Umlageverfahrens und sich diese Differenz auf Grund der demographischen Entwicklung vergrößern wird.

Diese Begründung ist jedoch eindimensional, da das Risiko, ausgedrückt durch die Standardabweichung der Renditen der Verfahren, nicht berücksichtigt wird.

In Abschnitt C wird nach einer grundlegenden Darstellung der Funktionsweise der Finanzierungsverfahren deren Renditen berechnet. Es wird dargestellt, daß die Rendite des Umlageverfahrens als Rendite des Humankapitals interpretiert werden kann. Dieses führt dazu, daß ein umlagefinanziertes Alterssicherungssystem zur Vervollständigung der „Kapital"märkte beiträgt.

---

[240] Vgl. Hauenschild (1999).

[241] Vgl. Kenc (2000). Für weitere Ausführungen vgl. auch Kenc (1999).

[242] Vgl. Shiller (1998).

[243] Für weitergehende Ausführungen sei auf die Quellen selbst und die dort zitierte Primärliteratur verwiesen.

Es zeigt sich, daß die Korrelation zwischen Umlage- und Kapitaldeckungsverfahren seit den 60er Jahren durchgehend negativ ist.[244] Dieses Ergebnis wird ökonomisch begründet.
Auf Grundlage der Portfoliotheorie wird dargestellt, daß das varianzminimale Portfolio aus Umlage- und Kapitaldeckungsverfahren nur zu einem geringen Anteil in das Kapitaldekkungsverfahren investiert ist.
Im Rahmen des 2-Anlagen-Fall werden die Einflußfaktoren auf die Zusammensetzung des Portfolios analysiert und für die verschiedenen betrachteten Zeiträume berechnet. Im Anschluß wird untersucht, welchen Einfluß ein Umlageverfahren auf die kapitalgedeckte Säule hat. Es zeigt sich, daß die Effizienzkurve im μ, σ-Diagramm nach links verschoben wird. Dieser Einfluß ist mit der internationalen Diversifikation vergleichbar. Die Ausführungen werden in der Hinsicht erweitert, daß auf Grundlage einer Plausibilitätsüberlegung gezeigt wird, daß eine höheres Rentenniveau eine geringer Kapitaldeckung impliziert.
Die hier vorgestellten Untersuchungen stehen im Gegensatz zu den bisherigen Erkenntnissen in der Literatur, daß das Umlageverfahren durch ein Kapitaldeckungsverfahren zu ersetzen ist. Auch wenn eine unendliche Risikoaversion nicht unbedingt als realitätsnah bezeichnet werden kann, werden die Kernaussagen deutlich. Eine Mischung aus Umlage- und Kapitaldekkungsverfahren ist einer Randlösung vorzuziehen. Eine ähnliche Argumentation wird in Kapitel D für eine mögliche Mischung zwischen den verschiedenen Zusagetypen der kapitalgedeckten betrieblichen Altersvorsorge verwendet.
Die gemachten Ausführungen sind auf den n-Anlagen-Fall ausgedehnt worden. In diesem Rahmen wurden Anlagerestriktionen, wie sie für Altersvorsorge-Sondervermögen üblich sind, berücksichtigt. Auch der auf Roy zurückgehende Shortfall Ansatz wird auf die Auswahl des optimalen Portfolios aus Umlage- und Kapitaldeckungsverfahren angewandt. Die Ergebnisse bestätigen die im 2-Anlagen-Fall getroffenen Aussagen.
Dabei ist zu beachten daß, wie im 2-Anlagen-Fall dargestellt worden ist, zukünftig aufgrund der sich verringernden Rendite des Umlageverfahrens c.p. mit einem abnehmenden Anteil des Umlageverfahrens an den effizienten Portfolios zu rechnen ist.
In folgenden Kapitel D wird die kapitalgedeckte betriebliche Altersversorgung untersucht, welche als Basis für die kapitalgedeckte Säule, wie sie gemäß Kapitel C notwendig ist, dienen kann.

[244] Diese Aussage abstrahiert, wie dargestellt worden ist, von den Beitragssatzänderungen und einer abweichenden Entwicklung von Alters- und Rentnerquotient.

D Betriebliche Altersversorgung

1 Überblick über die betriebliche Altersversorgung

1.1 Bedeutung der betrieblichen Altersversorgung im allgemeinen

Im vorigen Kapitel ist gezeigt worden, daß unter Rendite-/Risikogesichtspunkten eine Mischung zwischen Umlage- und Kapitaldeckungsverfahren zweckmäßig ist. Im Rahmen der Reform der Alterssicherung wird der Ausbau der betrieblichen Altersversorgung[245] als kapitalgedeckte Säule propagiert.[246,247] Grund dafür ist, daß die betriebliche Altersversorgung, welche zunächst als freiwillige Lohnzusatzleistung des Arbeitgebers gedacht war[248], an das Beschäftigungsverhältnis anknüpft und so weite Teile der Bevölkerung einbezogen werden könnten.[249] Des weiteren könnte durch eine Reform der zweiten Säule die Mobilität der Arbeitnehmer erhöht werden.[250] Auch das Risiko einer Fremdbestimmung der Gelder[251], welches bei einer staatlich organisierten und kontrollierten kapitalgedeckten ersten Säule bestände, ist nicht existent.[252]

In Deutschland, wie auch in anderen Ländern, ist die betriebliche Altersversorgung seit Jahren stagnierend bzw. rückläufig.[253,254] Grund[255] hierfür ist der zunehmende Kostendruck. Darüber hinaus ist es hinderlich, daß die Rechtsprechung abgeschlossene Versorgungszusagen nach-

---

245 In der Literatur und im Gesetz wird von Altersversorgung statt von Altersvorsorge gesprochen. Dabei bleibt unberücksichtigt, daß auch Arbeitnehmer einen zumindest indirekten Beitrag durch c.p. geringere Löhne leisten. Insofern handelt es sich um eine Mischung aus Versorgung und Vorsorge. Vgl. hierzu Kapitel B Abschnitt 1. Im vorliegenden Abschnitt wird abweichend vom bisherigen Vorgehen in Übereinstimmung mit der Literatur der Begriff der Altersversorgung verwendet.

246 Vgl. Heubeck (1998a), S. 685. Es ist nicht eindeutig abgrenzbar, ob es sich um Instrumente der 2. oder 3. Säule handelt. Grundsätzlich können dieselben Instrument für beide Säulen benutzt werden.

247 Die Beamtenversorgung wird von der Analyse ausgeschlossen.

248 Auch wenn diese zunächst als freiwillige Lohnzusatzleistung gedacht war und auch gesetzlich nicht vorgeschrieben ist, so besteht für Großunternehmen, nicht zuletzt aufgrund von Tarifverträgen, eine quasi Pflicht eine betriebliche Altersversorgung anzubieten.

249 Vgl. Bräuninger/Wolgast (2000), S. 13. Der Ausdruck „weite Teile der Bevölkerung" ist hier relativ zu den einzubeziehenden Bevölkerungsteilen bei einer anderen Ausgestaltung zu sehen. Neben den direkt leistungsberechtigten Arbeitnehmern sind bei dessen Tod dessen Kinder bis zu einer gewissen Altersgrenze als auch dessen Ehepartner abgesichert.

250 Vgl. Krahnen (1990). Das Ziel der Mobilitätssteigerung wird auch mit den Vorschlägen der Europäischen Kommission verfolgt. Der Mobilität wird in Abschnitt 3.5 betrachtet.

251 Vgl. dazu auch die Anmerkungen von Lindbeck anläßlich des Kongresses des Kieler Instituts für Weltwirtschaft und des National Bureau of Economic Research, in Hagelüken (2000), S. 15.

252 Weitere Aspekte sind die mögliche Realisierbarkeit von Größenvorteilen, durch die z.B. Vertriebs- und Verwaltungskosten gespart werden können. Auch die höhere Loyalität der Versorgungsempfänger gegenüber dem Träger der Leistung und den verschiedenen Produktanbietern der Altersvorsorge wird hervorgehoben. Vgl. Bräuninger/Wolgast (2000), S. 13.

253 Vgl. Förster (2000), S. 356/30.

254 Quelle: Ifo, vgl. Hemmer (2000), S. 69.

255 Vgl. hierzu Schmeisser/Blömer (1999), S. 334-335.

träglich anpaßt. Eucken bezeichnet dieses als die mangelnde Konstanz der Daten.[256] Dadurch wird die Kalkulationsunsicherheit der Unternehmen erhöht. Auch aus diesen Gründen ist, wie anhand Abbildung 6 dargestellt worden ist, der Anteil der betrieblichen Altersversorgung an den Alterseinkünften in Deutschland mit unter 6% vergleichsweise gering.

Im vorliegenden Kapitel wird in Abschnitt 2 auf die Charakteristika der betrieblichen Altersversorgung eingegangen. Auf dieser Grundlage werden in Abschnitt 3 verschiedene Zusagetypen analysiert. Neben deren Risiken werden Anreiz- und Umverteilungseffekte herausgearbeitet und die unterschiedlichen dazugehörigen Durchführungswege dargestellt. In Abschnitt 4 werden die derzeitigen im BetrAVG kodifizierten Durchführungswege beschrieben, bevor die aktuellen Reformvorschläge in Deutschland und die sogenannten angelsächsischen Pensionsfonds dargelegt werden. Im 6. Abschnitt wird in Erweiterung zu Kapitel C eine mögliche Kombination verschiedener Zusagetypen untersucht. Die nachfolgende Abbildung gibt einen Überblick über das Kapitel.

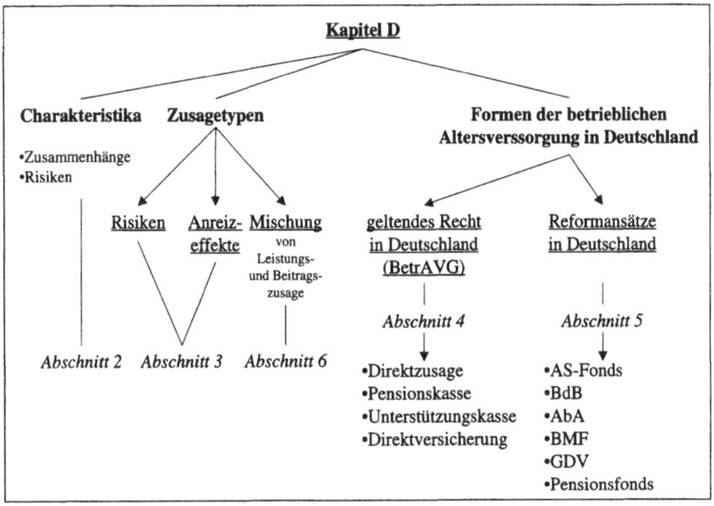

Abbildung 24: Aufbau von Kapitel D

[256] Eucken führt das Beispiel der geringen Investitionsneigung trotz guter Investitionsmöglichkeiten an. Er kommt zu dem Schluß, daß neben der Relation der Preise für Input und Output die Konstanz der Daten, hier als Konstanz der Wirtschaftspolitik verstanden, einen entscheidenden Einfluß hat. Vgl. Eucken (1990), S. 287-288.

1.2 Kodifizierung in Deutschland durch das BetrAVG

In Deutschland sind mit dem „Gesetz zur Verbesserung der betrieblichen Altersversorgung" vom 19. Dezember 1974 (Betriebsrentengesetz, BetrAVG) die bis zu diesem Zeitpunkt in der betrieblichen Praxis angewandten und teilweise steuerrechtlich verankerten Altersversorgungsmaßnahmen erstmals arbeitsrechtlich kodifiziert worden.[257]

Den Ausgangspunkt nahmen die Erörterungen für ein „Betriebsrentengesetz" mit einer Empfehlung der Sozialenquêtekommission aus dem Jahre 1967, deren Hauptforderung es war, Mobilitätshindernisse durch das Instrument der betrieblichen Altersversorgung abzubauen. Diese Forderung, welche durch die Einführung einer Unverfallbarkeitsgrenze erfüllt werden sollte, bildete das Hauptziel der daran anschließenden Diskussion.

Bis zur Einführung des BetrAVG waren Altersversorgungszusagen an den Verbleib bei dem jeweiligen Arbeitgeber bis zum Renteneintritt gebunden, da es keine rechtliche Grundlage für einen Beibehalt der Ansprüche im Falle eines Arbeitsplatzwechsel gab.

Im Laufe der Diskussion traten weitere Ziele wie ein zeitgleicher Rentenbeginn von gesetzlicher und betrieblicher Altersversorgung, eine Minderung der Auszehrung der Ansprüche durch Inflation, eine Insolvenzssicherung[258] und Anpassungen laufender Versorgungsleistungen hinzu.[259]

Auch wenn in Deutschland die betriebliche Altersversorgung arbeitsrechtlich im BetrAVG kodifiziert ist, schließt dieses nicht aus, daß auch weitere – nicht kodifizierte Instrumente – eingesetzt werden. Für diese gilt dann lediglich der Rechtsrahmen des BetrAVG nicht.

Leistungen der betrieblichen Altersversorgung dienen gemäß § 1 I BetrAVG dem Verwendungszweck der Alters-, Invaliditäts- und/oder Hinterbliebenenversorgung.[260] Sie werden aus Anlaß eines Arbeitsverhältnisses zugesagt.[261] Es handelt sich um eine zweckgebundene Leistung. Ein Anspruch auf diese Leistung entsteht erst durch ein biologisches Ereignis, den Versorgungsfall.

---

[257] Vgl. auch Ahrend/Förster (1975).

[258] Hierzu gehört auch die Regelung der Übertragung der Ansprüche auf einen anderen Rechtsträger, durch den sich der Leistungsverpflichtete unter Umständen von seinen Verpflichtungen befreien konnte.

[259] Eine zunächst favorisierte steuerrechtliche Lösung der Unverfallbarkeit ist zugunsten einer gemeinsamen arbeitsrechtlichen Regelung aller Ziele mittels des BetrAVG verworfen worden. Grund war ferner ein Grundsatzurteil des BAG vom 10. März 1972 „zur Aufrechterhalteung betrieblicher Versorgungsnanwartschaften", welches die Unverfallbarkeit per Rechtsfortbildung vorschrieb.

[260] Alters-, Invaliditäts- und Hinterbliebenenversorgung können getrennt voneinander vereinbart werden, so daß eine separate Analyse unproblematisch ist. Vgl. Franke/Hax (1999), S. 515.

[261] Dabei ist es nicht notwendig, daß die Zusage während des Arbeitsverhältnisses erfolgt. Vgl. Blomeyer/Otto (1997), S. 41 i.V.m. BAG 8.5.1990-3AZR 121/88 in AP Nr. 58 zu § 7 BetrAVG.

Bei der eigentlichen Altersversorgung handelt es sich um das altersbedingte Ausscheiden aus dem Erwerbsleben. Dazu muß der Leistungsanspruch vom Erreichen eines bestimmten Alters abhängen. Im BetrAVG sind weder Mindest- noch Höchstalter vorgesehen. Das übliche Alter liegt um 60 Jahre.[262]

Bei der Invaliditätsversorgung betrifft es das Ereignis der Invalidität[263] und bei der Hinterbliebenenversorgung[264] den Tod des Leistungsaspiranten bei gleichzeitigem Vorhandensein versorgungsberechtigter Personen.[265] Im folgenden steht der Aspekt der reinen Altersversorgung im Vordergrund.

2 *Charakteristika der betrieblichen Altersversorgung*

2.1 Grundlegende Zusammenhänge

Die Bestimmungsgrößen von Beiträgen *(B)* und Leistungen *(L)* im Rahmen der betrieblichen Altersversorgung lassen sich in ökonomische und biometrische[266] Kriterien einteilen.

Als personenunabhängige ökonomische Kriterien sind die Verzinsung der Beiträge, die Beitragsdynamik[267] bzw. für Leistungen die Anwartschaftsdynamik[268] und Rentendynamik[269] und die steuerliche Berücksichtigung zu unterscheiden. Für die Beiträge ist zu differenzieren, ob diese aus versteuertem oder nicht versteuertem Arbeitsentgelt zu zahlen sind. Daneben findet Berücksichtigung, ob die Besteuerung der Leistungen beim Leistungsempfänger vor- oder nachgelagert erfolgt und ob eine eventuelle Abhängigkeit der Leistungen vom laufenden Arbeitsentgelt des Arbeitnehmers besteht. Die Möglichkeit einer Übertragbarkeit und die Länge der Anwartschaftszeit sind, wie noch zu zeigen sein wird, für die ökonomische Situation des Leistungsempfängers von Bedeutung.

Die biometrischen Kriterien beziehen sich auf die vertragsschließende Person. Dabei sind Alters-, Invaliditäts- und Hinterbliebenenversorgung, welche auch im BetrAVG kodifiziert

---

[262] Vgl. Blomeyer/Otto (1997), S. 38 i.V.m. BetrAVG.

[263] Der Begriff der Invalidität ist im Gesetz nicht kodifiziert. Normalerweise werden die im Rahmen der Sozialversicherung gebräuchlichen Begriffe der „Erwerbsunfähigkeit“ und „Berufsunfähigkeit“ verwendet. Vgl. hierzu Blomeyer/Otto (1997), S. 39-40. Der Aspekt der Invaliditätsversorgung wird in der vorliegenden Ausarbeitung nicht vertieft.

[264] Als Begünstigte der Hinterbliebenenversorgung sind hinterbliebene Ehepartner und Kinder zu nennen. Vgl. hierzu § 46 VI SGB. Der Aspekt der Hinterbliebenenversorgung wird im folgenden nicht weiter erörtert.

[265] Vgl. hierzu § 1 BetrAVG i.V.m. Blomeyer/Otto (1997), S. 37.

[266] Heubeck (1998) identifiziert zusätzlich sogenannte unternehmerische Parameter.

[267] Anstieg der Beiträge im Anwartschaftszeitraum.

[268] Anstieg der Rentenansprüche im Anwartschaftszeitraum.

[269] Anstieg der Rentenansprüche ab Rentenbeginn.

sind, zu unterscheiden.[270] Daraus resultierend sind die Lebenserwartung der vertragschließenden Person (L_V) und die der versorgungsberechtigten Hinterbliebenen (L_H) als Einflußfaktoren zu berücksichtigen.
Bezüglich der ökonomischen Kriterien besteht in der Literatur weitgehend Einigkeit. Erhebliche Meinungsverschiedenheiten bestehen hingegen hinsichtlich der Berücksichtigung der biometrischen Kriterien.
Gemäß der derzeitigen Fassung des BetrAVG werden alle genannten biometrischen Kriterien berücksichtigt. In der Literatur wird hingegen vorgeschlagen, lediglich die Altersversorgung im engeren Sinne abzudecken. Auch besteht Uneinigkeit darüber, ob im Rahmen der Altersversorgung das Risiko der Langlebigkeit durch die Unternehmen zu tragen ist oder dieses vom Leistungsempfänger selber zu übernehmen ist. Eine Nichtabdeckung durch das Unternehmen würde die Kalkulationsunsicherheit für die Unternehmen verringern und dadurch die Bereitschaft einer Zusage fördern. Im folgenden ist zu untersuchen, welche Risiken im Rahmen der betrieblichen Altersversorgung für Arbeitnehmer und Arbeitgeber bestehen.

2.2 Systematisierung der Risiken der betrieblichen Altersversorgung

Entscheidungen sind in der Realität durch Unsicherheit, d.h. das Abweichen von „Plandaten" und „faktischen Daten" gekennzeichnet.[271] Es besteht insofern lückenhafte Information der Entscheidungsträger über zukünftige Zustände.[272] Daraus resultieren auch für die betriebliche Altersvorsorge Risiken.[273] Die hier dargestellten Risiken betreffen teilweise auch die umlagefinanzierte gesetzliche Rentenversicherung. Gerade im Rahmen der betrieblichen Altersversorgung kann die Verteilung der Risiken jedoch teilweise variiert werden. Aus diesem Grunde wird die Systematisierung hier dargestellt.[274]
Gemäß des BetrAVG liegt eine betriebliche Altersversorgungszusage vor, sofern Arbeitnehmern eine Leistung in vorher festgelegter Höhe zugesagt worden ist. Dadurch werden die Versorgungsrisiken vom Leistungsgeber getragen.[275] Dieser Sachverhalt wird in der folgenden Darstellung der betrieblichen Altersversorgung zugrunde gelegt, um die Risiken dem Lei-

---

[270] Es ist zu beachten, daß im BetrAVG vom 19. Dezember 1974 die bis dahin gängige betriebliche Übung zur Altersversorgung, die teilweise schon steuerrechtlich vorgegeben war, lediglich kodifiziert wurde. Insofern bietet das BetrAVG lediglich eine arbeitsrechtlichen Rahmen für vorher schön gängige Praxis.
[271] Vgl. Eucken (1990), S. 288.
[272] Vgl. Schacht (1971), S. 41-42.
[273] Den jeweiligen Risiken stehen wiederum entsprechende Chancen gegenüber. Risiko wird daher hier als Oberbegriff für beide Aspekte verstanden.
[274] Eine speziell auf die Finanzierungsverfahren der gesetzlichen Rentenversicherung bezogene Darstellung der Risiken ist in Kapitel C Abschnitt 3.3 erfolgt.

stungsgeber bzw. dem Leistungsempfänger zuzuordnen. Dabei ist diese Klassifizierung nicht überschneidungsfrei. Dieses ändert jedoch an den zugrunde liegenden Risiken nichts.
Dabei werden die wesentlichen Risiken der betrieblichen Altersversorgung, unterschieden nach Risiken des Leistungsgebers und des Leistungsempfängers, dargestellt.[276]

2.2.1 Risiken des Leistungsgebers

Unter dem Begriff der biometrischen Risiken werden die Risiken der Langlebigkeit, des Todes und der Berufsunfähigkeit subsumiert.
Das Langlebigkeitsrisiko resultiert aus der Variabilität der Restlebenszeit. Sofern der Arbeitgeber dem Leistungsempfänger, wie es nach dem BetrAVG vorgesehen ist, eine vorgegebene Leistung zusagt, stellt eine steigende Restlebenserwartung der Leistungsempfänger ein Risiko für den Leistungsempfänger dar.[277]
Damit zusammen hängt das Todesrisiko bei Vorhandensein versorgungsberechtigter Hinterbliebener. Diese beiden Arten des biometrischen Risikos sind objektiv feststellbar. Eine mehr subjektive Wertung ist dem Risiko der Invalidität inhärent. Dieses ist vom Leistungsempfänger selber beeinflußbar und unter Umständen auch abhängig von der wirtschaftlichen Lage des Unternehmens.[278]
Ursachen für die biometrischen Risiken sind vor allem die Kalkulationsannahmen, der zufallsbedingte Schadensverlauf – welcher vor allem bei kleineren Unternehmen nicht im Kollektiv ausgeglichen werden kann – und die sich verändernde Schadenshäufigkeit, die aufgrund der Langfristigkeit der Verpflichtungen ex-ante nur unzureichend kalkulierbar ist.

Das Kapitalanlagerisiko rührt aus der Anlage der Gelder und den damit verbundenen Unsicherheiten her. Dabei lassen sich Verlust-, Bewertungs-, Liquiditäts- und Reinvestitionsrisiko unterscheiden.[279] Das Verlustrisiko bezeichnet die Möglichkeit, daß die angelegten Gelder nicht den erwarteten Ertrag erzielen oder das Versorgungskapital unter Umständen aufgezehrt wird. Das Bewertungsrisiko resultiert aus einer unvorteilhaften Behandlung der Anlagegelder im Rahmen der handelsrechtlichen Jahresabschlußerstellung. Liquiditätsrisiken liegen in der

---

[275] Vgl. Hessling (1998), S. 429.
[276] Vgl. Hessling (1998), S. 433 ff.
[277] Sofern lediglich eine fixe Einmalzahlung vorgesehen ist, tragen die Leistungsempfänger das Langlebigkeitsrisiko.
[278] Vgl. Hessling (1998), S. 435-436. In wirtschaftlich schlechte Zeiten ist es unter Umständen möglich, daß Leistungsempfänger – die zuvor nach medizinischen Maßen eigentlich schon invalid sind, dieses bis jetzt jedoch noch nicht in Anspruch genommen haben – durch Invaliditätsleistungen versuchen, einem möglichen Verlust des Arbeitsplatzes vorwegzugreifen.
[279] Vgl. Hessling (1998), S. 438-441.

zeitlichen Unterschiedlichkeit von Mittelzu- und –abflüssen begründet, die z.B. durch plötzliche Invalidität eines Leistungsempfängers resultieren können. Aufgrund der Langfristigkeit der Leistungsverpflichtungen existiert darüber hinaus ein Reinvestitionsrisiko, da eine durchgehende Anlage zum Kalkulationszinsfuß über einen Zeitraum von 30 oder mehr Jahren unter Umständen nicht möglich ist.

Das Verwaltungsrisiko setzt sich aus möglichen Haftungsrisiken, z.B. aufgrund fehlerhafter Kalkulation, und dem Verwaltungskostenrisiko zusammen.[280]

Als steuer- und arbeitsrechtliche Risiken sind das Änderungsrisiko, welches aus willkürlichen Eingriffen der Politik resultiert, und das Anpassungsrisiko auf Grundlage von § 16 BetrAVG zu nennen.[281]

Betriebliche bzw. unternehmerische Risiken[282] können über die Einflüsse einer Altersversorgungszusage auf unternehmerische Tätigkeiten, z.B. im Fall eines (Teil-) Verkaufs des Unternehmens, resultieren.

2.2.2 Risiken des Leistungsempfängers

Aus der Sicht des Leistungsempfängers sind vor allem die Insolvenz des Trägerunternehmens, die Gehalts- bzw. Karriereentwicklung, der Lebensstandard und die Mobilität zu nennen. Je nach Durchführungsweg sind die für die Rentenleistung reservierten Gelder mehr oder weniger dem Betriebsrisiko und damit einer möglichen Insolvenz des Unternehmens ausgesetzt.[283]

Die Gehalts- bzw. Karriereentwicklung kann für den Arbeitnehmer ein Risiko darstellen, falls es relative Rentenzusagen gibt, die sich auf das Gehalt, z.B. das Durchschnittsgehalt oder das Endgehalt, beziehen.[284] Durch die verschiedenen Ausprägungen der noch darzustellenden Leistungszusage kann das Ausmaß dieses Risikos beeinflußt werden.

Das Risiko des Lebensstandards umschreibt den Tatbestand, daß der Lebensstandard im Rentenalter unter Umständen nicht gehalten werden kann, und somit Altersarmut eintritt.

Mobilität, hier verstanden als der Wechsel des Arbeitgebers, kann ein Risiko darstellen, falls erworbene Rentenansprüche nicht oder lediglich teilweise erhalten bleiben.[285]

---

[280] Vgl. Hessling (1998), S. 441-442.

[281] Vgl. Hessling (1998), S. 443-444.

[282] Vgl. Hessling (1998), S. 444-445.

[283] In Deutschland wird dieses Risiko über den PSVaG abgesichert.

[284] Die Gehaltsentwicklung stellt auch ohne eine an diese gekoppelte Altersrente ein Risiko bzw. eine Chance dar. Jedoch wird bei einer an die Gehaltsentwicklung gekoppelten Rente auch diese unsicher und stellt insofern ein zusätzliches Risiko dar, welches sich zudem gleichgerichtet mit der Gehaltsentwicklung verhält, d.h. eine positive Korrelation aufweist.

[285] Vgl. hierzu Abschnitt 3.5

Das Versorgungsniveaurisiko beschreibt den Tatbestand, daß aus Alterssicherungsmaßnahmen verschiedener Säulen zusammen das Rentenniveau festgelegt wird. Sinkt das Versorgungsniveau einer Säule, müssen diese Differenzen durch die anderen Säulen ausgeglichen werden, wenn der Lebensstandard gehalten werden soll. Ansonsten kann es zu Altersarmut kommen.

Durch die Wahl der Zusagetypen, Durchführungswege und Instrumente der betrieblichen Altersversorgung kann die dargestellte Risikoallokation beeinflußt werden. Dieses ist im folgenden allgemein und – wo erforderlich – unter Berücksichtigung der Vorgaben des BetrAVG, darzustellen.

3 Zusagetypen der betrieblichen Altersversorgung

Die Beziehung zwischen Beiträgen und Leistungen definiert den Zusagetyp. Daraus resultiert, wer das Kapitalanlagerisiko, hier verstanden als Verlustrisiko, und das Langlebigkeitsrisiko trägt.[286] Bezüglich der Zusagetypen[287] ist zwischen Leistungs-, Beitrags- und beitragsorientierter Leistungszusage zu unterscheiden.[288]

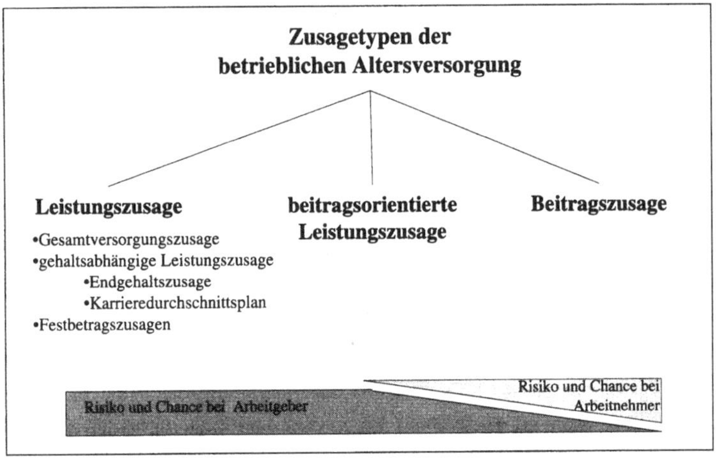

Abbildung 25: Zusagetypen

---

[286] Vgl. Davis (1997), S. 231 ff. Der Zusagetyp beeinflußt auch die Übernahme der anderen Risiken. Jedoch wird in der aktuellen Diskussion dem Kapitalanlage- und Langlebigkeitsrisiko eine große Beachtung geschenkt. Insofern wird auch hier das Hauptaugenmerk auf diese gelegt.

[287] Vgl. z.B. Hanau/Arteaga (1997), S. 4-8.

[288] Gemäß § 1 BetrAVG sind lediglich Leistungszusagen zugelassen. Weitere Gestaltungsparameter sind die Art der Kapitalansammlung (intern vs. extern), die Anlagestrategie, das Kontroll- bzw. Aufsichtssystem und die steuerliche Behandlung. Auf diese Aspekte wird bei den einzelnen Instrumenten eingegangen.

3.1 Leistungszusage

Die auf dem BetrAVG basierende Leistungszusage (defined benefit)[289] verpflichtet den Arbeitgeber dem Arbeitnehmer im Zeitpunkt der Zusagenerteilung eine Versorgung in einer festgelegten Höhe zu garantieren. Die Leistungen, die mit der effektiven Lebensdauer variieren, bestimmen die Höhe der Beiträge, d.h.

[D.1] $$\tilde{L} \Rightarrow \tilde{B}.$$

Eine höhere Verzinsung (ν) führt zu sinkenden Beiträgen bei konstanten Leistungen:

[D.2] $$\frac{\partial B}{\partial \nu} < 0 \text{ und } \frac{\partial L}{\partial \nu} = 0.$$

Eine Erhöhung der Restlebenserwartung (L_V) hat, unabhängig von der effektiven Lebensdauer des Einzelnen, über den funktionalen Zusammenhang zwischen L und B gemäß [D.1] eine Erhöhung der Beiträge zur Folge, da die erwarteten -aber nicht unbedingt später realisierten Leistungen- steigen, d.h.

[D.3] $$\frac{\partial L}{\partial L_V} > 0 \quad \Rightarrow \quad \frac{\partial B}{\partial L_V} > 0.$$

Entsprechendes gilt für die Lebenserwartung der Hinterbliebenen (L_H)

[D.4] $$\frac{\partial L}{\partial L_H} > 0 \quad \Rightarrow \quad \frac{\partial B}{\partial L_H} > 0,$$

sofern das Risiko der Langlebigkeit Gegenstand des Vertrages ist. Abbildung 26 stellt den Funktionsmechanismus der Leistungszusage dar.

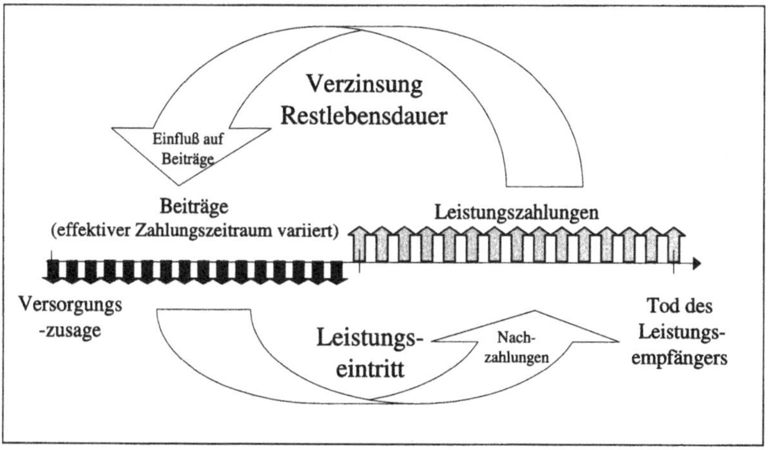

Abbildung 26: Leistungszusage (defined benefit)

Bei der Leistungszusage trägt der Leistungsgeber Kapitalanlage- und Langlebigkeitsrisiko.[290] Der Mittelbedarf ist ex-ante nicht bestimmbar. Die Leistungszusage kann verschieden ausgestaltet sein.[291] Bei der Gesamtversorgungszusage sagt der Leistungsgeber dem Leistungsempfänger ein Versorgungsniveau auf Grundlage der ersten und zweiten Säule zu. Der Leistungsgeber trägt das Versorgungsniveaurisiko. Gehen die Leistungen der gesetzlichen Rentenversicherung zurück, hat das Unternehmen für die Differenz aufzukommen. Aufgrund der zuvor beschriebenen Probleme der gesetzlichen Rentenversicherung ist eine solche Zusage mit erheblichen Risiken für den Arbeitgeber verbunden.

Bei der gehaltsabhängigen Leistungszusage, die sich gemäß Abbildung 27 in die Endgehalts- und die Karrieredurchschnittsplanzusage untergliedert, ist die Leistungshöhe von dem Endgehalt bzw. der Gehaltsentwicklung abhängig, die hier durch den Lohn w repräsentiert wird. Es resultiert

[D.5] $$\frac{\partial L}{\partial w} > 0 \quad \Rightarrow \quad \frac{\partial B}{\partial w} > 0 .$$

Die gehaltsabhängige Leistungszusage ist in Analogie zu dem in Kapitel C dargestellten Umlageverfahren abhängig vom Lohnwachstumspfad bzw. vom Endgehalt.[292] Dieser Aspekt wird in Abschnitt 6 erörtert. Der Leistungsgeber trägt hier das Gehalts- bzw. Karriererisiko.

Im Rahmen der Festbetragszusage wird die absolute Höhe der monatlichen Altersrente a priori spezifiziert. Das Risiko liegt in der unsicheren Restlebenserwartung. Die nachfolgende Abbildung 27 auf der nächsten Seite faßt die verschiedenen Arten der Leistungszusage und deren Risiken zusammen.

Auch der Leistungsempfänger ist bei der Leistungszusage Risiken ausgesetzt.[293] Bei dem Typus der gehaltsabhängigen Leistungszusage sind die Rentenzahlungen abhängig von der Gehaltsentwicklung. Dieses ist das Gehalts- bzw. Karriererisiko. Bei der Endgehaltszusage ist das genaue Versorgungsniveau bis zum Renteneintritt unbekannt.

---

289 Vgl. Davis (1997), S. 230 ff.; Hanau/Arteaga (1997), S. 4.

290 Des Weiteren wird in der Literatur das aktuarielle Risiko angeführt, welches eine mögliche Unterdeckung auf Grund zu optimistisch angenommener Parameter bezeichnet. Vgl. Haferstock/Rößler (1999), S. 2274.

291 Vgl. z.B. Schmeisser/Blömer (1999), S. 339.

292 Vgl. Davis (1997), S. 232.

293 Vgl. Davis (1997), S. 234.

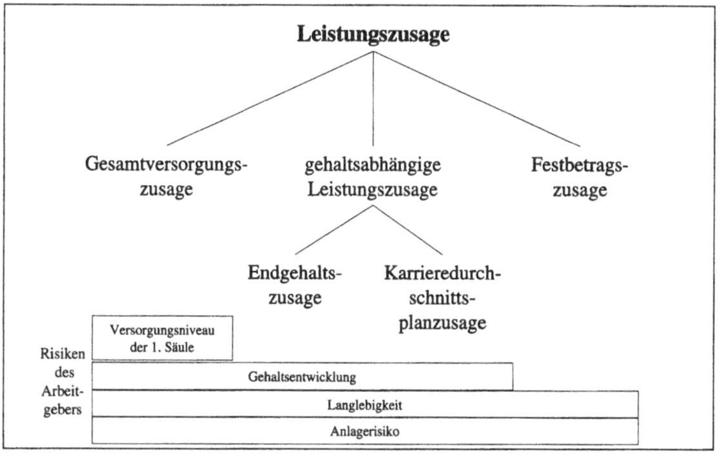

Abbildung 27: Arten der Leistungszusage und deren Risiken

Insbesondere für Arbeitnehmer, deren Gehalt das Maximum während und nicht am Ende der Arbeitsphase erreicht, ist die Endgehaltszusage mit erheblichen Risiken belastet. Grund dafür ist, daß diese Leistungsempfänger während der Arbeitsphase sich einen entsprechend hohen Lebensstandard angewöhnt haben, den sie dann gegen Ende der Arbeitsphase nur schwierig und während der Rentenphase nicht mehr aufrecht erhalten können, so daß es zu einer Art Altersarmut kommt. Dieses Problem könnte durch die Karrieredurchschnittsplanzusage zumindest teilweise vermindert werden. Aufgrund der Unverfallbarkeitsfristen in Leistungszusagesystemen bestehen ferner Risiken bei einem Wechsel des Arbeitgebers (Mobilitätsrisiko).[294]

3.2 Beitragszusage

Bei der reinen Beitragszusage (defined contribution)[295] verpflichtet sich der Leistungsverpflichtete, bestimmte Beiträge für den Leistungsempfänger zu zahlen.[296] Die Höhe der späteren Leistungen ist abhängig von der Höhe der Beiträge

[D.6] $$B \Rightarrow \tilde{L}.$$

Eine höhere Verzinsung hat eine positive Wirkung auf die späteren Leistungen. Die Beiträge bleiben unbeeinflußt, d.h.

---

[294] Dieser Aspekt wird in Abschnitt 3.5 untersucht.

[295] Vgl. Hanau/Arteaga (1997), S. 5.

[296] Dabei ist der Beitragszahlungszeitraum meist auf den Zeitraum bis zum Leistungseintritt beschränkt.

[D.7]
$$\frac{\partial L}{\partial \nu} > 0 \quad \text{und} \quad \frac{\partial B}{\partial \nu} = 0 .$$

Der Versorgungsaufwand ist bestimmbar. Eine Ausbezahlung der Zahlungsverpflichtung ist möglich.[297] Eine Erhöhung der Restlebensdauer hat keine Erhöhung der Beiträge oder der Gesamtleistung zur Folge, d.h.

[D.8]
$$\frac{\partial B}{\partial L_V} = 0 \quad \Rightarrow \quad \frac{\partial L}{\partial L_V} = 0 .$$

Die Leistungen einer Beitragszusage sind unabhängig von der Einkommensentwicklung, da

[D.9]
$$\frac{\partial B}{\partial w} = 0 \quad \Rightarrow \quad \frac{\partial L}{\partial w} = 0$$

gilt. Da die Beiträge festgelegt sind und die Leistungen nur durch die Verzinsung beeinflußt werden, ist eine Abdeckung biometrischer Risiken nicht möglich. Es handelt sich um einen reinen Ansparvorgang. Der Leistungsempfänger trägt sowohl das Kapitalanlage- als auch das Langlebigkeitsrisiko. Die nachfolgende Abbildung 28 stellt die Funktionsweise dar.

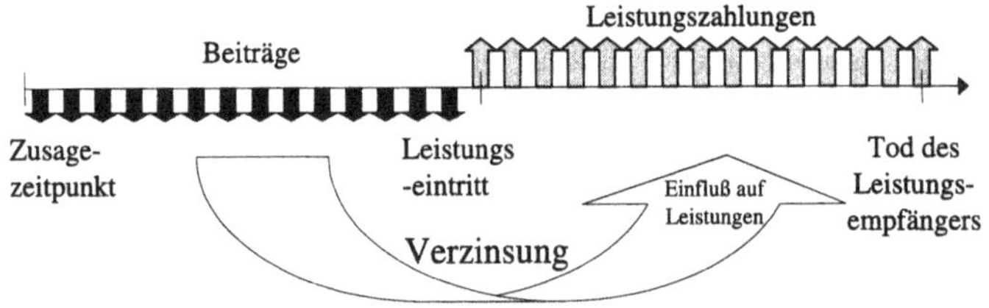

Abbildung 28: Beitragszusage (defined contribution)

Durch die Beitragszusage wird dem Leistungsaspiranten kein bestimmtes Rentenniveau zugesagt.[298] Ferner gleicht die betriebliche Altersversorgung auf Basis der Beitragszusage eventuelle Einschnitte im Rahmen der gRV, d.h. einen Anstieg der Versorgungslücke, nicht aus. Überdies sind biometrische Risiken nicht abgedeckt. Eine mögliche Absicherung dieser Risi-

[297] Die Zahlung der Beiträge sollte dabei eine schuldbefreiende Wirkung gemäß § 362 BGB haben.
[298] Vgl. Davis (1997), S. 232-233.

ken könnte über eine extern zugekaufte Versicherung[299] bzw. mittels eines Marktes für Annuitäten erfolgen. Dadurch können einzelne oder auch alle biometrischen Risiken abgesichert werden. Aus der Sicht der Leistungsverpflichteten würde eine solche Beitragszusage die betriebliche Altersversorgung durch die Kalkulationssicherheit attraktiver machen.[300]
Aufgrund der Bestimmungen in Deutschland ist eine reine Beitragszusage im gesetzlichen Rahmen des BetrAVG nicht zulässig. Es greift die Subsidiärhaftung des Arbeitgebers, sofern die Beiträge zum Beispiel aufgrund negativer Kapitalmarktrenditen aufgezehrt werden. Auch ist die Absicherung der biometrischen Risiken ein wesentliches Element einer Altersversorgung im Rahmen des BetrAVG.

3.3 Beitragsorientierte Leistungszusage

Die beitragsorientierte Leistungszusage[301] stellt eine Verknüpfung der beiden zuvor dargestellten Zusagetypen dar. Unabhängig vom Durchführungsweg wird der Leistungsgeber zur Leistung bestimmter Beiträge während der Anwartschaftszeit verpflichtet. Die Beiträge werden auf Grundlage versicherungsmathematischer Berechnungen in Spar- und Risikoprämie aufgeteilt. Direktversicherung und Pensionskasse basieren auf diesem Prinzip. Aufgrund der Subsidiärhaftung des Arbeitgebers in Deutschland ist dieser weiterhin haftbar, so daß es sich effektiv um eine Art der Leistungszusage handelt.[302] Das negative Risiko verbleibt beim Arbeitgeber. Die Chance einer überproportionalen Verzinsung geht auf den Begünstigten über. Es gilt

$$\text{[D.10]} \quad \begin{aligned} B_{ex-ante} &\Rightarrow L(\tilde{\nu}) = \begin{cases} L \geq L_{\min} & \text{für } \nu \geq \underline{\nu} \\ L = L_{\min} & \text{für } \nu < \underline{\nu} \end{cases} \\ &\Rightarrow B_{ex-post} = B(\tilde{\nu}) = \begin{cases} B_{ex-post} = B_{ex-ante} & \text{für } \nu \geq \underline{\nu} \\ B_{ex-post} \geq B_{ex-ante} & \text{für } \nu < \underline{\nu} \end{cases} \end{aligned}$$

---

299 Dieses entspricht der Beitragszusage nach dem Versicherungsprinzip. Diese optionale Absicherung ist insofern sinnvoll, als das jeder Arbeitnehmer nur die für ihn relevanten Komponenten auswählen kann. So ergibt sich z.B. durch die heute obligatorische Absicherung der Hinterbliebenen eine Umverteilung von alleinstehenden Arbeitnehmern – für die eine solche Absicherung nutzlos ist – zu Arbeitnehmern mit versorgungsberechtigten Personen.

300 Weitere Aspekte sind z.B. die Einfachheit der Administration. Vgl. Davis (1997), S. 233.

301 Die beitragsorientierte Leistungszusage, sie wird auch als kosten- bzw. aufwandsorientierte Zusage bezeichnet, sollte im Rahmen des Rentenreformgesetzes 1999 im neuen § 1VI BetrAVG verankert werden. Vgl. RRG 1999, § 1VI neu BetrAVG. Vgl. auch Hanau/Arteaga (1997), S. 5; Hanau/Arteaga/Kessel (1997), S. 1402.

302 Vgl. hierzu auch Bode/Grabner (1997), S. 929-930 die auf der Grundlage der steuerlichen Abzugsfähigkeit argumentieren. Diese ist gegeben, wenn die Rechnungsgrundlagen, wie z.B. die Verzinsung, eindeutig festgelegt sind und somit die Versorgungshöhe im Leistungsfall bestimmbar ist. Dadurch ergibt sich im Endeffekt eine Leistungszusage.

mit $\underline{v}$ als der vertraglich vereinbarten Mindestverzinsung. Aufgrund der Subsidiärhaftung ergibt sich ein asymmetrisches Risiko-/Chance Profil

[D.11] $$\left.\frac{\partial B}{\partial v}\right|_{v \geq \underline{v}} = 0 \quad \text{und} \quad \left.\frac{\partial L}{\partial v}\right|_{v \geq \underline{v}} > 0$$

und

[D.12] $$\left.\frac{\partial B}{\partial v}\right|_{v < \underline{v}} < 0 \quad \text{und} \quad \left.\frac{\partial L}{\partial v}\right|_{v < \underline{v}} = 0 .$$

Aufbauend auf diesen Ausführungen zur Asymmetrie der beitragsorientierten Leistungszusage wird im folgenden untersucht, wer bei den drei dargestellten Zusagetypen die verschiedenen Risiken trägt. Dabei werden die hier schon angedeuteten Optionsansätze vertieft.

3.4 Asymmetrische Verteilung von Kapitalanlage- und Langlebigkeitsrisiko

Bei der Leistungszusage erhält der Begünstigte eine feste Rente (L_{min})[303], die der Auszahlung einer sicheren Anlage entspricht. Der Arbeitgeber trägt in diesem Fall das Risiko einer schlechten Wertentwicklung bzw. einer nicht erwarteten Zunahme der Lebenserwartung, die eine bessere Wertentwicklung erfordert. Es handelt sich somit, wie anhand der Zahlungsströme weiter unten gezeigt wird, um den Verkauf einer Verkaufsoption, da der Arbeitgeber die Risiken trägt. Bei einer höheren als der erwarteten Verzinsung und/oder einer niedrigeren als der erwarteten Lebensdauer ergibt sich c.p. für den Arbeitgeber ein positiver Zahlungsstrom, da die zurückgestellten finanziellen Mittel bzw. deren Verzinsung nicht für die Rentenzahlungen benötigt werden. Dieses stimmt mit dem Kauf einer Kaufoption überein. Der Arbeitgeber erhält somit auch die Chancen. Der Basispreis X des Basiswertes S beider Optionen entspricht der Höhe der zugesagten Rente (L_{min}). Die Wertentwicklung bzw. Änderung der Lebenserwartung ist in S enthalten, welches je nach Umweltzustand größer, kleiner oder gleich X ist. Als Gesamtposition für den Arbeitgeber (Z_{AG}) resultiert

[D.13] $$\begin{aligned} Z_{AG} &= -\max(X - S;0) + \max(S - X;0) \\ &= \min(S - X;0) + \max(S - X;0) \\ &= S - X = S - L_{\min} . \end{aligned}$$

Dieses gleicht dem Wert eines Long Forwards. Der Begünstigte erhält hingegen eine sichere Auszahlung in Höhe der zugesagten Rente X

---

303 Dabei wird zur Vereinfachung angenommen, daß nur eine Zahlung bei Renteneintritt zu leisten ist. Die komplette Zahlungsstruktur kann analog zu der vorliegenden Darstellung durch Optionen mit verschiedenen Laufzeiten repliziert werden. X ist als Barwert aller zukünftigen Rentenzahlungen zu interpretieren. Entsprechendes gilt für S_T.

[D.14] $$L = X = L_{\min}.$$

Abbildung 29 verdeutlicht die Zusammenhänge.

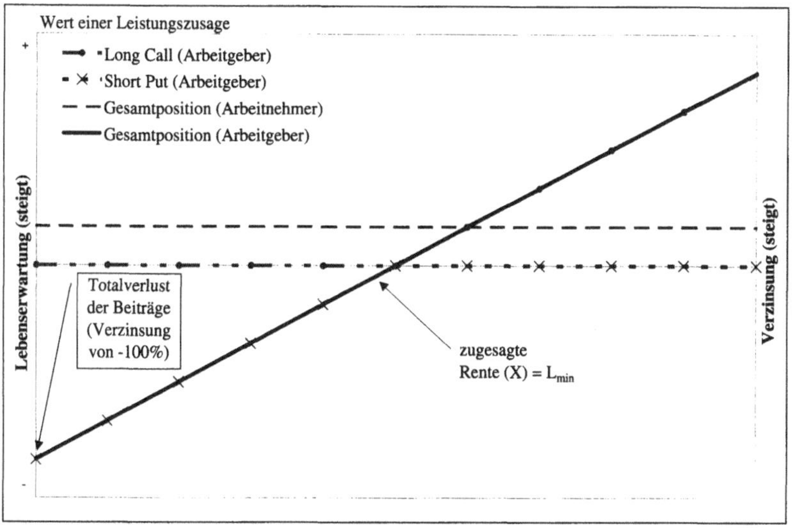

Abbildung 29: Wert einer Leistungszusage

Bei der reinen Beitragszusage übernimmt der Leistungsempfänger die Risiken und Chancen. Dabei sind jedoch keine negativen Leistungen möglich. Er hält einen Long Call und geht eine Short Put Position mit dem Basispreis X ein. Ferner hat er die sichere Rente $L_{min}=X$.

Es resultiert folgende Gesamtposition des Leistungsempfängers

[D.15] $$\begin{aligned} L &= \max(S - X;0) - \max(X - S;0) + X \\ &= S - X + X = S. \end{aligned}$$

Der zur Leistung verpflichtete hat lediglich einen festgelegten Beitrag zu entrichten, der bei Normalverzinsung der erwarteten Rente entspricht. Bei Renteneintritt fallen für diesen keine weiteren Zahlungen an, so daß als Gesamtposition für den Leistungsverpflichteten

[D.16] $$Z_{AG} = 0$$

resultiert. Die beiden Positionen sind in Abbildung 30 dargestellt.

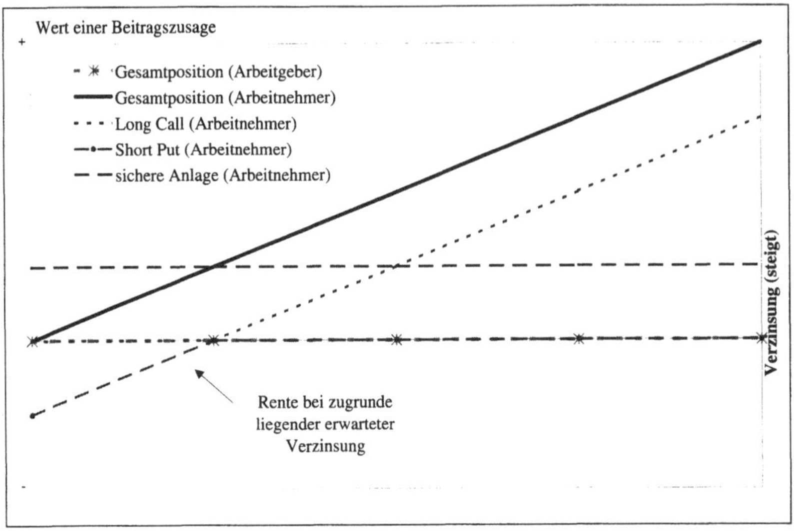

Abbildung 30: Wert einer Beitragszusage

Die beitragsbezogene Leistungszusage hingegen läßt die Risiken aufgrund der in Deutschland geltenden Subsidiärhaftung bei dem Arbeitgeber. Dieser hat vorher festgelegte Beiträge zu leisten, ist jedoch weiter zur Zahlung einer gewissen Mindestrente verpflichtet.[304] Der Versorgungsaspirant erhält somit die werthaltigen Komponenten der Leistungs- und der Beitragszusage

[D.17]
$$\begin{aligned} L &= \max(S - X;0) + X \\ &= \max(S;X) = \max(S;L_{\min}). \end{aligned}$$

Dieses entspricht einer Kaufoption, deren Basispreis der vorgegebenen Mindestrente entspricht, und der vorgegebenen Mindestrente. Der Arbeitgeber behält die Verpflichtung (Short Put) der Leistungszusage

[D.18]
$$\begin{aligned} Z_{AG} &= -\max(X - S;0) \\ &= \min(S - X;0) \\ &= \min(S - L_{\min};0). \end{aligned}$$

Abbildung 31 verdeutlicht die Zusammenhänge.

304 Dabei kann es sich, wie bei den Vorschlägen des BMF, um eine Nominalwertgarantie der Beiträge durch den Arbeitnehmer handeln.

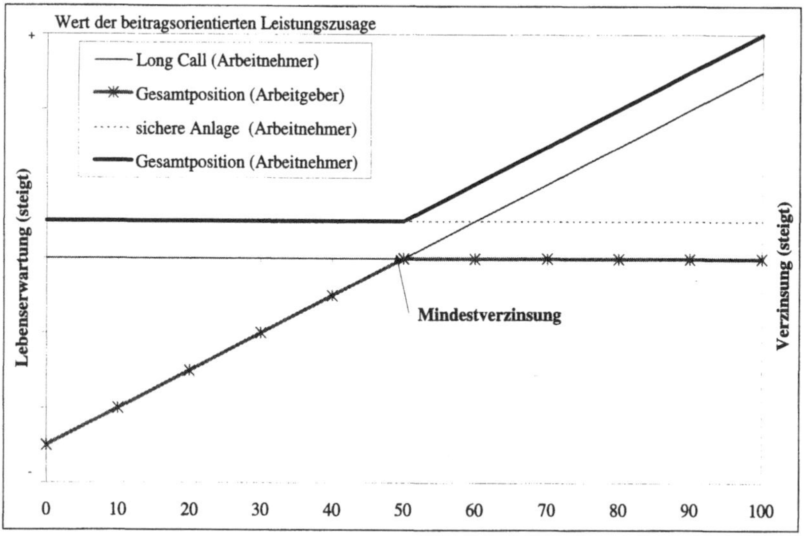

Abbildung 31: Wert einer beitragsorientierten Leistungszusage

Das Instrument der beitragsorientierten Leistungszusage macht die Altersversorgung für Arbeitgeber unter dem Risikogesichtspunkt nicht attraktiver als die Leistungszusage, da die Risikokomponenten beim Arbeitgeber verbleiben.

Dieses dürfte auch einer der Gründe für die relativ geringe Verbreitung der Direktversicherung und Pensionskasse sein, die beide auf dem Instrumentarium der beitragsorientierten Leistungszusage basieren. Tabelle 9 faßt die verschiedenen Positionen zusammen.

	Position des Leistungsempfängers	**Position des Leistungsverpflichteten**	**Gesamtposition**
Leistungszusage	X	$S - X$	S
Beitragszusage	S	0	S
beitragsorientierte Leistungszusage	$\max(S;X)$	$\min(S - X;0)$	S

Tabelle 9: Wert der verschiedenen Zusagetypen

Die Gesamtposition ist bei allen drei Zusagetypen identisch. Lediglich die Verteilung der Risiken variiert. Im Fall der Leistungszusage geht der Leistungsverpflichtete eine Long Forward/Futures Position ein, wohingegen er bei der Beitragszusage eine neutrale Position hat und somit keinem Risiko ausgesetzt ist. Bei der beitragsorientierten Leistungszusage verkauft der Leistungsverpflichtete de facto eine Verkaufsoption und ist somit dem Anlagerisiko und dem Risiko einer länger als erwarteten Restlebensdauer der Leistungsempfänger ausgesetzt.

Eine Berechnung der konkreten Werte der verschiedenen Zusagetypen ist kaum möglich, da diese von zu vielen Einflußfaktoren abhängig sind. Die Risikopositionen konnten jedoch verdeutlicht werden.

3.5 Wirkungen der Zusagetypen

Im folgenden werden die Wirkungen von Leistungs- und Beitragszusage[305] auf das Verhalten der Arbeitnehmer, insbesondere deren Mobilität[306], analysiert.[307] Für die Ausführungen wird die Leistungszusage, um die Analyse anschaulich zu halten, durch den Typus der Endgehaltszusage repräsentiert.

3.5.1 Mindestanwartschaftszeit und Fluktuationsgewinne

Bei einem auf der Leistungszusage basierenden Instrument gibt es anders als bei auf der Beitragszusage basierenden Instrumenten eine Unverfallbarkeitsfrist, auch als Mindestanwartschaftszeit bezeichnet, bis zu der die kompletten Beiträge im Falle eines Arbeitsplatzwechsels verloren gehen.[308] Auch kann es möglich sein, daß ein Arbeitnehmer, der den Arbeitsplatz nach dieser Mindestanwartschaftszeit wechselt, nur eine anteilige Rente bezogen auf die bisher gezahlten Beiträge im Vergleich zu einem Arbeitnehmer erhält, der weiterhin bei diesem Arbeitgeber bleibt.[309] Grund hierfür ist, daß die erwarteten zukünftigen Steigerungen der Bemessungsgrundlage entfallen und das Gehalt des Wechslers zu schlechteren Konditionen hochgerechnet wird.[310] Zur Bestimmung der unverfallbaren Anwartschaft wird jedoch im Rahmen der endgehaltbasierten Leistungszusage das Gehalt bei Renteneintritt zu Grunde gelegt.[311] Diese Verteilungswirkungen werden als Fluktuationsgewinne bzw. –verluste[312] bezeichnet, die dadurch entstehen, daß die für die Bereitstellung erforderlichen Gelder geringer

---

305 Auf eine weitere Analyse der beitragsorientierten Leistungszusage wird verzichtet, da diese – wie in Abschnitt 3.3 analysiert, eine Art Mischung der beiden anderen Zusagetypen darstellt, und die Wirkungen entsprechend aus denen der anderen Typen abgeleitet werden können.

306 Dieser Aspekt wird von der Europäischen Kommission in den Vordergrund gestellt. Vgl. Europäische Kommission (1997), S. 30-35.

307 Vgl. für die folgenden Ausführungen Davis (1997), S. 115-120, 236-238; Orszag (2000). Eine ausführliche Analyse zu diesem Themenbereich für Großbritannien geben Blake/Orszag (1998).

308 Vor der Kodifizierung durch das BetrAVG waren Arbeitnehmer auf das Wohlwollen des Arbeitgebers angewiesen, da eine Unverfallbarkeit nicht vorgeschrieben war. Vgl. zur Unverfallbarkeit §§ 1-4 BetrAVG. Durch die Einführung dieser Unverfallbarkeitsfrist sollte die Mobilität der Arbeitnehmer gefördert werden. Die Kodifizierung der Unverfallbarkeit setzt die Rechtsprechung des Bundesarbeitsgerichts (BAG) bis zu diesem Zeitpunkt um. Vgl. z.B. das Urteil des BAG vom 10. März 1972 (3 AZR278/71 AP Nr. 156).

309 Vgl. Orszag (2000).

310 Vgl. Herbertsson/Orszag (1999). S. 11.

311 Vgl. Gohdes (1999), S. 191.

bzw. höher als die zuvor für einen im Unternehmen verbleibenden Arbeitnehmer berechneten Aufwendungen sind.[313]

κ bezeichne den Anteil der Arbeitnehmer, die den Arbeitgeber und damit das Versorgungswerk wechseln.[314] Daraus folgt $1-\kappa$ als der Anteil der Arbeitnehmer, die bei diesem Versorgungswerk bleiben. T bezeichnet die Anzahl der verbleibenden Jahre bis zum Renteneintritt. η repräsentiert den Anteil, den die Arbeitsplatzwechsler an der vollen Rente für den relevanten Zeitraum erhalten, mit

[D.19] $$0 \leq \eta \leq 1 .$$

Sofern $\eta < 1$ gilt, reduzieren die Arbeitgeber auf diese Weise die Kosten des Wechsels von Arbeitnehmern.[315] ν symbolisiere die Verzinsung der Anlagegelder. Es resultiert v_W als Rendite für einen Arbeitnehmer, der das Versorgungswerk vorzeitig verläßt

[D.20] $$v_W = \sqrt[T]{\left[\frac{\eta \cdot p_B}{(\kappa \cdot \eta + (1-\kappa)) \cdot p_B}\right]} \cdot (1+\nu) - 1 = \left[\frac{\eta}{\kappa \cdot \eta + (1-\kappa)}\right]^{1/T} \cdot (1+\nu) - 1$$

mit $\eta = 0$ für $T \geq T^*$. T^* ist ein exogener Schwellenwert und bezeichnet die Grenze einer Mindestanwartschaftszeit bzw. eine Höchstrestlaufzeit bis zum Renteneintritt. p_B entspricht der durchschnittlichen Rente, wenn es keine Wechsler gibt. Der wechselnde Arbeitnehmer hat Beiträge gezahlt, um eine Rente in Höhe von $(\kappa \cdot \eta + (1-\kappa)) \cdot p_B$ zu finanzieren. Ihm wird jedoch lediglich ein Anteil von $\eta \cdot p_B$ ausgezahlt. Im folgenden wird untersucht, inwiefern v_W von ν abweicht. Dazu wird eine Fallunterscheidung vorgenommen. Für den Fall von $\eta = 1$, d.h. die wechselnden Arbeitnehmer erhalten die volle Rente, resultiert unabhängig von κ

[D.21] $$v_W = \left[\frac{1}{\kappa + 1 - \kappa}\right]^{\frac{1}{T}} \cdot (1+\nu) - 1 = \nu .$$

Es ergeben sich keine Nachteile. Dieses wäre der Fall eines Systems ohne verzerrende Wirkungen auf die Mobilität der Arbeitnehmer. Für den Fall $\eta = 0$, d.h. bei einem Wechsel vor Ablauf der Mindestanwartschaftszeit, erhalten diese keine Rente.[316] Es gilt wiederum unabhängig von κ

---

[312] Herbertsson/Orszag (1999), S. 11 bezeichnen diese als „cash equivalent losses".
[313] Vgl. Gohdes (1999), S. 190; Orszag (2000).
[314] Von einer möglichen Beibehaltung des Versorgungswerkes bei einem Arbeitgeberwechsel in der gleichen Branche, wie es teilweise in Deutschland möglich ist, wird hier abstrahiert.
[315] Vgl. für die folgenden Ausführungen Davis (1997), S. 236 und insbesondere Orszag (2000), S. 3 ff.
[316] Dieses ist in Deutschland z.B. vor der Mindestbeitragszeit der Fall.

[D.22] $$v_W = \left[\frac{0}{1-\kappa}\right]^{\frac{1}{T}} \cdot (1+\nu) - 1 = -1 < \nu .$$

Es findet ein Totalverlust der Ansprüche statt. Anhand von [D.22] werden die negativen Anreizwirkungen auf die Mobilität der Arbeitnehmer deutlich. Der Verlust der zukünftigen Rentenansprüche fließt in die Entscheidung bezüglich eines Arbeitsplatzwechsels mit ein. Für den Fall $0 < \eta < 1$ sind 3 Fallunterscheidungen in Abhängigkeit von κ, vorzunehmen[317]

[D.23] $$0 < \eta < 1 \Rightarrow \begin{cases} \kappa = 1 & \rightarrow \quad v_W = [1]^{\frac{1}{T}} \cdot (1+\nu) - 1 = \nu \\ \kappa = 0 & \rightarrow \quad v_W = [\eta]^{\frac{1}{T}} \cdot (1+\nu) - 1 < \nu \\ 0 < \kappa < 1 & \rightarrow \quad v_W = \left[\frac{\eta}{\kappa \cdot \eta + (1-\kappa)}\right]^{\frac{1}{T}} \cdot (1+\nu) - 1 \overset{!}{<} \nu . \end{cases}$$

Sofern der Term in der eckigen Klammer des 3. Falles kleiner 1 ist, ergibt sich wie dargestellt eine Renditeverschlechterung. Dieses ist zu beweisen. Es soll somit

[D.24] $$\frac{\eta}{\kappa \cdot \eta + (1-\kappa)} \overset{!}{<} 1$$

gelten. Dieses wird umgeformt.

[D.25] $$\begin{aligned} & \eta < \kappa \cdot \eta + (1-\kappa) \\ \Leftrightarrow\ & \eta \cdot (1-\kappa) < (1-\kappa) \\ \Leftrightarrow\ & \eta < \frac{1-\kappa}{1-\kappa} = 1. \end{aligned}$$

Da hier der Fall $0 < \eta < 1$ untersucht wird ([D.23]), ist [D.25] erfüllt. Abgesehen von den in der Realität nicht relevanten Randlösungen verschlechtert sich somit für die Wechsler die Verzinsung der Rente auf Basis der Leistungszusage. Auch wenn der Totalverlust nur bei einem Wechsel vor Ablauf der Anwartschaftsfrist eintritt, wird die Bereitschaft eines Arbeitsplatzwechsels durch die monetären Einbußen verringert. Es soll untersucht werden, wem die Renditeverschlechterung der Arbeitsplatzwechsler zugute kommt. Es gilt für die Verzinsung der Beiträge der im Versorgungswerk Verbleibenden

[D.26] $$v_B = \sqrt[T]{\left[\frac{p_B}{(\kappa \cdot \eta + (1-\kappa)) \cdot p_B}\right]} \cdot (1+\nu) - 1 = \left[\frac{1}{\kappa \cdot \eta + (1-\kappa)}\right]^{1/T} \cdot (1+\nu) - 1 .$$

[317] Dabei sind die Fälle $\kappa = 1$ und $\kappa = 0$ lediglich von Interesse, als die die Grenzwerte darstellen. Für die Analyse sind sie jedoch insofern irrelevant, da im Fall von $\kappa = 1$ alle wechseln und niemand die volle Rente erhält, im Fall von $\kappa = 0$ keiner wechselt und somit jeder die volle Rente erhält.

Die Verbleibenden erhalten somit in jedem Fall die volle Rente. Wie im vorigen Fall wird wieder eine Fallunterscheidung vorgenommen. Für $\eta = 1$ ergibt sich unabhängig von κ

[D.27] $$v_B = \left[\frac{1}{\kappa \cdot 1 + (1-\kappa)}\right]^{1/T} \cdot (1+\nu) - 1 = \nu\,.$$

Dieses entspricht dem Ergebnis in [D.21]. Für $\eta = 0$ resultiert

[D.28] $$v_B = \left[\frac{1}{1-\kappa}\right]^{1/T} \cdot (1+\nu) - 1\,.$$

Es werden 3 Fälle unterscheiden:

[D.29] $$v_B = \begin{cases} \lim\limits_{\kappa \to 1} & \to \quad [\infty]^{1/T} \cdot (1+\nu) - 1 > \nu \\ \kappa = 0 & \to \quad [1]^{1/T} \cdot (1+\nu) - 1 = \nu \\ 0 < \kappa < 1 & \to \quad \left[\frac{1}{1-\kappa}\right]^{1/T} \cdot (1+\nu) - 1 > \nu. \end{cases}$$

Je größer der Anteil der Versorgungswerkwechsler wird ($\kappa \to 1$), desto höher wird die Rendite der im Versorgungswerk verbleibenden Arbeitnehmer. Der Fall $\kappa = 0$ ist wiederum als Grenzfall lediglich von theoretischer Bedeutung. Im praktisch relevanten Bereich $0 < \kappa < 1$ ergibt sich eine Renditeverbesserung für die im Versorgungswerk Verbleibenden.[318] Für $0 < \eta < 1$ resultiert

[D.30] $$v_B = \begin{cases} \kappa = 1 & \to \quad v_W = \left[\frac{1}{\eta}\right]^{\frac{1}{T}} \cdot (1+\nu) - 1 > \nu \\ \kappa = 0 & \to \quad v_W = [1]^{\frac{1}{T}} \cdot (1+\nu) - 1 = \nu \\ 0 < \kappa < 1 & \to \quad v_W = \left[\frac{1}{\kappa \cdot \eta + (1-\kappa)}\right]^{\frac{1}{T}} \cdot (1+\nu) - 1 > \nu. \end{cases}$$

Der Beweis für den 3. Fall von [D.30] ergibt sich analog zu dem 3. Fall von [D.23]. Es ergibt sich für den relevanten Fall $0 < \kappa < 1$ wiederum eine Renditeverbesserung für die im System Verbleibenden. Tabelle 10 faßt die Ergebnisse zusammen.

Für den Fall $\eta = 1$, d.h. die Wechsler erhalten die vollen Rentenansprüche, ergeben sich keine Verzerrungen. Der Fall $\eta = 0$ (keine Rentenansprüche bei Wechsel) bezeichnet den Fall eines Wechsels vor Ablauf der Mindestanwartschaftszeit, wobei die Fälle $\kappa = 0$ (kein Wechsler) und $\kappa = 1$ (alle wechseln) eher theoretischer Natur sind. Im letztendlich interessanten Fall $0 < \eta < 1$ (Teilaufrechterhaltung der Ansprüche) und $0 < \kappa < 1$ (ein Teil der

[318] Dieses kann auch als ein möglicher Grund für das unter dem Begriff „Mobbing" bekannte Verhalten gegenüber Mitarbeitern interpretiert werden.

Arbeitnehmer wechselt) ist die Rendite der Wechsler geringer als die der im System Verbleibenden.

	$\eta = 0$	$0 < \eta < 1$	$\eta = 1$
$\kappa = 0$	$\upsilon_W = -1 < \nu$ $\upsilon_B = \nu$	$\upsilon_W < \nu$ $\upsilon_B = \nu$	
$0 < \kappa < 1$	$\upsilon_W = -1 < \nu$ $\upsilon_B > \nu$	$\upsilon_W < \nu$ $\upsilon_B > \nu$	$\upsilon_W = \upsilon_B = \nu$
$\kappa = 1$ $\kappa \to 1$	$\upsilon_W = -1 < \nu$ $\upsilon_B = +\infty > \nu$	$\upsilon_W = \nu$ $\upsilon_B > \nu$	

Tabelle 10: Renditeveränderung bei einem Wechsel des Versorgungsträgers[319]

Es wird deutlich, daß die im System Verbleibenden auf Kosten der Ausscheidenden gewinnen. Es findet eine Begünstigung der immobilen auf Kosten der mobilen Arbeitnehmer statt. Allgemeingültige Aussagen bezüglich der Einflußfaktoren von υ_W und υ_B lassen sich anhand der 1. Ableitungen treffen. Die Ergebnisse sind für die hier interessierenden Fälle $0 < \kappa < 1$ und $0 < \eta < 1$ in der nachfolgenden Tabelle dargestellt. Im Anhang 13 sind die Herleitungen zu finden.

Einflußfaktor	υ_W	υ_B
ν	> 0	> 0
κ	> 0	> 0
η	> 0	< 0
T	> 0	< 0

Tabelle 11: Einflußfaktoren auf υ_W und υ_B

Abbildung 32 stellt die Renditeveränderung für $\eta = 0{,}75$, $\kappa = 0{,}35$ und $\nu = 9{,}04\%$[320] in Abhängigkeit des Wechselzeitpunktes dar.

Es zeigt sich, daß am Anfang der Arbeitsphase die Mobilitätshinderung gering ist, sofern keine Unverfallbarkeitsfrist existiert. In den letzten Jahren vor dem Renteneintritt steigen die Renditeeinbußen überproportional an. Ein Arbeitsplatzwechsel wird unwahrscheinlich.

[319] Die auf den ersten Blick teilweise nicht direkt einsichtigen Ergebnisse, daß zum Beispiel im Fall $\eta = 0$ und $\kappa = 0$ die wechselnden Arbeitnehmer 100% der eingezahlten Beiträge verlieren, die verbleibenden Arbeitnehmer jedoch nichts hinzugewinnen, lassen sich durch den Einbezug der Grenzfälle erklären. In dem erwähnten Fall verlieren die Arbeitnehmer zwar theoretisch die eingezahlten Beiträge, jedoch wechselt auf Grund von $\kappa = 0$ kein Arbeitnehmer.

[320] Dieses entspricht der durchschnittlichen Rendite des DAX 30 Index zwischen 1960 und 1998.

Ein derartiges System entspricht nicht den Anforderungen der Arbeitnehmer, die immer häufiger ihren Arbeitsplatz wechseln.

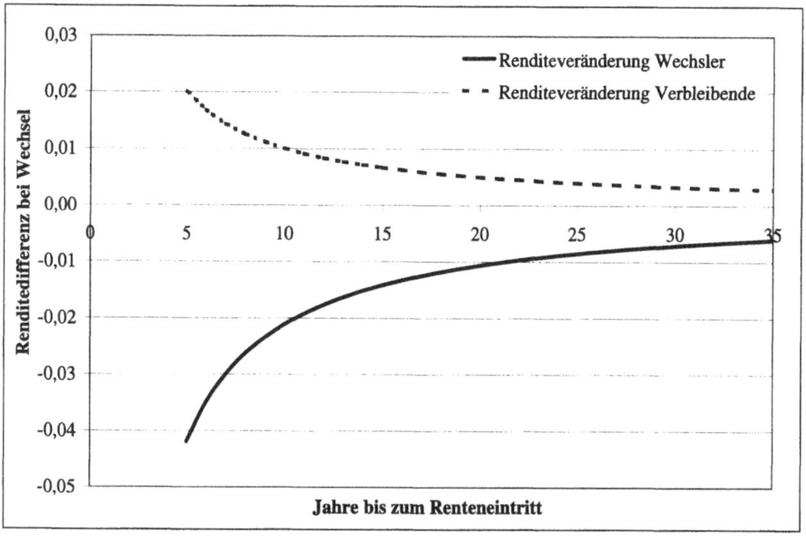

Abbildung 32: Renditedifferenz und Restarbeitszeit (ohne Mindestanwartschaftszeit)[321]

Bei den Ausführungen ist zu beachten, daß es auch bei Instrumenten, die auf der Beitragszusage beruhen, zu einer Benachteiligung von Wechslern kommen kann.[322] Dieses ist zum Beispiel durch entsprechende Gebühren möglich, die im Voraus zu zahlen sind. Allerdings ist bei einem Arbeitsplatzwechsel ein Wechsel des Instrumentes nicht unbedingt erforderlich, da der Beitragszahler keine über die Beiträge hinausgehende Verpflichtung hat. Insofern könnte eine Benachteiligung der Wechsler und eine Umverteilung zugunsten der immobilen Arbeitnehmer durch einen Wechsel zu Instrumenten, die auf der Beitragszusage basieren, verringert werden.

Aus der derzeitigen Gestaltung der Altersversorgung ergibt sich somit, daß die Mobilität für die Arbeitnehmer ein Risiko darstellt.

3.5.2 Umverteilung durch unterschiedliche Gehaltsentwicklungen

Beiträge zu Instrumenten, die auf der Leistungszusage basieren, beruhen auf dem gegenwärtigen Gehalt. Wie in Abbildung 27 dargestellt worden ist, sind die späteren Leistungen neben den Beiträgen auch von der Gehaltsentwicklung abhängig. Dieses ist z.B. im Extremfall der

[321] Die Daten sind in Anhang 15 zu finden.

Endgehaltszusage das Endgehalt oder in abgemilderter Form bei der Karrieredurchschnittsplanzusage das Durchschnittsgehalt. Individuen, deren Gehalt während der Arbeitsphase überproportional ansteigt, erhalten eine höhere interne Verzinsung ihrer Beiträge. Dieses sei an dem Beispiel einer relativen Endgehaltszusage verdeutlicht. Der jährliche Beitragssatz für die Altersversorgung liege bei 15%, die spätere zugesagte Rente bei 50% des Endgehalts. Das Anfangsgehalt liege bei beiden Individuen bei DM 1000,-. Individuum A habe eine Lohnsteigerungsrate von 5% pro Periode, Individuum B von 20%. Es werden 3 Perioden betrachtet. Vereinfachend sei angenommen, daß als Altersversorgung eine Einmalzahlung in der 4. Periode, d.h. in t=3, erfolgt. Es gelten somit folgende Zahlungsströme

		t=0	t=1	t=2	t=3	Rendite
A	Gehaltsentwicklung	1000	1050	1102,50		8 %
	Rentenbeiträge / Rente	-150	-157,50	-165,38	551,25	
B	Gehaltsentwicklung	1000	1200	1440		15,44 %
	Rentenbeiträge / Rente	-150	-180	-216	720	

Tabelle 12: Umverteilung einer Leistungszusage auf Basis der Endgehaltszusage

Es findet eine Umverteilung von den weniger Verdienenden zu den Individuen statt, die eine bessere Gehaltsentwicklung erfahren. Bei einer Rente ohne Umverteilung würden A und B jeweils eine Rendite von 11,97% erwirtschaften, d.h. eine Rente von DM 593,15 bzw. 678,10 erhalten. Diese Umverteilungseffekte zu Leistungsempfängern mit einer überdurchschnittlichen Karriereentwicklung verstärkt die Arbeitsanreize, um an dieser überproportionalen Entlohnung teilzuhaben.[323] Insofern bietet dieses eine Möglichkeit überdurchschnittlich motivierte Mitarbeiter im Unternehmen zu halten. Durch die Endgehaltszusage sind auch die Anreize kurz vor Renteneintritt weiterhin gegeben. Jedoch ist es z.B. für das Management möglich, sich große Lohnzuwächse im letzten Arbeitsjahr zukommen zu lassen und damit auf Kosten von Wechslern, zwangsweise Frühverrenteten und Leistungsempfängern, deren Gehalt das Maximum weit vor dem Ende der Arbeitsphase erreicht, besser gestellt zu werden.[324] Bei der Beitragszusage werden die Ansprüche hingegen gleichmäßig während der gesamten Arbeitsperiode angesammelt. Besondere Anreizeffekte entstehen nicht.[325]

---

[322] Vgl. Orszag (2000), S. 6.
[323] Dafür ist es notwendig, daß dieses Entlohnungssystem für die Arbeitnehmer transparent ist.
[324] Vgl. Davis (1997), S. 118.
[325] Vgl. Davis (1997), S. 236.

3.5.3 *Backloading*

Ein weiterer Aspekt ist das sogenannte „Backloading" von Instrumenten die auf der Leistungszusage basieren.[326] Wie dargestellt worden ist, werden die Rentenansprüche über Jahre angesammelt. Sofern die Kosten nach dem Verursachungsprinzip[327] so auf die einzelnen Arbeitsjahre zu verteilen sind, daß der erwartete Barwert der Leistungen bei Renteneintritt den einzelnen Dienstjahren zu gleichen Teilen zugeordnet wird, müßten aus ökonomischer Sicht die Beiträge kurz vor Renteneintritt höher sein als am Anfang der Arbeitsphase. Dieses läßt sich mit dem kürzerer Verzinsungszeitraum bis zum Auszahlungszeitpunkt bzw. zur Auszahlungsphase begründen, der für die später gezahlten Beiträge zur Verfügung steht.

Wird hingegen ein fester Beitragssatz zugrunde gelegt, ergibt sich, daß ein Leistungsempfänger in den ersten Jahren zuviel, dafür aber in den letzten Jahren zu wenig zahlt. Es sei angenommen, daß ein Individuum mit 26 Jahren in das Erwerbsleben eintritt und mit der Vollendung des 65. Lebensjahres das Erwerbsleben beendet. Es gibt keine Todesfälle vor dem Renteneintritt. ξ bezeichnet die Ansammlungsrate, die sich als reziproker Wert der gesamten 40 Arbeitsjahre, in diesem Fall also als $\xi = 0,025$, ergibt. $\overline{w}'$ symbolisiert das erwartete Lohneinkommen bei Renteneintritt und $\overline{A}$ den erwarteten Barwert einer Einheit der Leistungen bei Renteneintritt und T wie bisher die verbleibende Zeit bis zum Renteneintritt.[328] Für ein Jahr an Beiträgen sind Zahlungen in Höhe von

[D.31] $$Z_{\mathrm{T}} = \frac{\xi \cdot \overline{w}' \cdot \overline{A}}{(1+r)^{\mathrm{T}}} \quad \forall\, \mathrm{T}$$

zu erbringen. Der Lohn zum Zeitpunkt T ergibt sich als

[D.32] $$w_{\mathrm{T}} = \frac{\overline{w}'}{(1+g)^{\mathrm{T}}}$$

wobei g wie bisher die Lohnwachstumsrate darstellt. Der Beitragssatz in T resultiert somit aus dem Quotienten aus [D.31] und [D.32]

[D.33] $$\tau_{\mathrm{T},Lz} = \frac{\dfrac{\xi \cdot \overline{w}' \cdot \overline{A}}{(1+r)^{\mathrm{T}}}}{w_{\mathrm{T}}} = \frac{\xi \cdot \overline{w}' \cdot \overline{A}}{(1+r)^{\mathrm{T}}} \cdot \frac{(1+g)^{\mathrm{T}}}{\overline{w}'} = \xi \cdot \overline{A} \cdot \left[\frac{(1+g)}{(1+r)}\right]^{\mathrm{T}}.$$

---

326 Vgl. Davis (1997), S. 236 und insbesondere Orszag (2000), S. 7-10, 13.

327 Dieses entspricht den Ausführungen gemäß § 2 BetrAVG. Vgl. hierzu auch Gohdes (1999), S. 190. Vgl. hierzu auch . IAS 19 bzw. FAS 87. Vgl. zu IAS 19 International Accounting Standards Committee [Hrsg.] (1997), S. 333 ff., zu FAS 87 Financial Accounting Standards Board [Hrsg.] (1998), S. 830 ff.

328 Vgl. für die folgende Ausführung Orszag (2000), S. 7-10 und 13, wobei dort eine Herleitung und genauere Erläuterung unterbleibt.

Durch das Lohnwachstum wird letztendlich die Höhe der Versorgungsbausteine bestimmt. Ist $r > g$, was in der Realität in Deutschland derzeit der Fall ist, wird ein gleich hoher Anteil über mit T ansteigende Zeiträume mit einem positiven Nettozins abgezinst. Insofern verlangen die Aufwendungen in den ersten Jahren weniger Kapitaleinsatz. Als relativer Beitragssatz zum Zeitpunkt T im Vergleich zu dem im Zeitpunkt T' folgt

[D.34]
$$\Delta_{\tau_{T/T',Lz}} = \frac{\tau_{T,Lz}}{\tau_{T',Lz}} = \frac{\left[\frac{1+g}{1+r}\right]^{T}}{\left[\frac{1+g}{1+r}\right]^{T'}} = \left[\frac{1+g}{1+r}\right]^{T-T'}.$$

Für den Zeitraum von 1960-1998 ergeben sich $g = 6{,}05\%$ und $r = 9{,}04\%$ als Durchschnittswerte.[329] T' wird auf die Hälfte der Arbeitsjahre festgelegt und entspricht somit dem Zeitpunkt 20 Jahre vor Renteneintritt. Abbildung 33 stellt die Zusammenhänge zwischen dem ökonomisch sinnvollen und dem nichtvariablen Beitragssatz dar. Dieser Beitragssatz entspricht im Zeitpunkt T' dem ökonomischen Beitragssatz. Ferner sind die jährlichen Abweichungen der Beitragssätze in Prozentpunkten abgetragen.

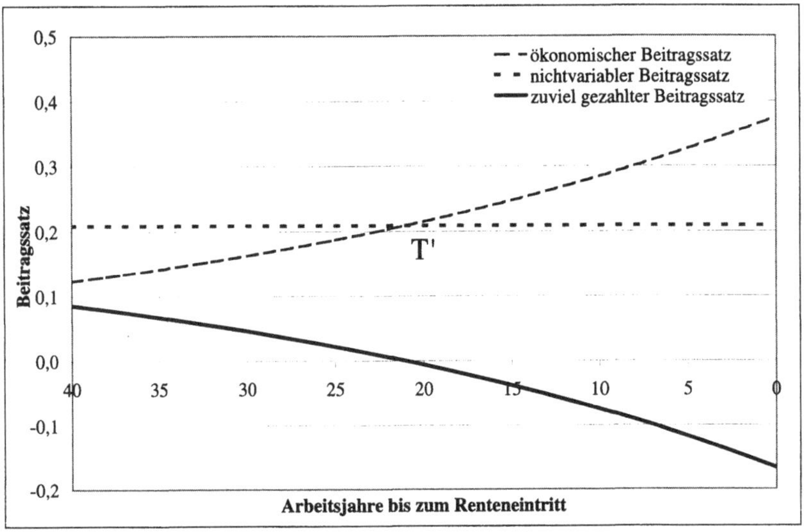

Abbildung 33: Backloading[330]

329 Vgl. hierzu Kapitel C. r ist wiederum die Verzinsung des kapitelgedeckten Anteils der Altervorsorge, hier repräsentiert durch den DAX 30 Index.

330 Quelle: Eigene Berechnungen. Die Datengrundlagebefindet sich in Anhang 16.

Es ist ersichtlich, daß in den ersten Arbeitsjahren durchweg zuviel gezahlt wird und damit die letzten Jahre vor Renteneintritt subventioniert werden. Der Endwert der Leistungen bei konstantem Beitrag ergibt sich zu

[D.35]

$$EW_{konst.} = \sum_{T=40}^{T^*} \tau \cdot w_T \cdot (1+r)^T .$$

Bei variablen Beitragssatz resultiert

[D.36]

$$EW_{ökonom.} = \sum_{T=40}^{T^*} \tau_T \cdot w_T \cdot (1+r)^T .$$

Dabei liegt das Kassenvermögen, ausgedrückt durch den Endwert der geleisteten Beiträge bezogen auf den Renteneintrittszeitpunkt, während der gesamten Laufzeit bei konstantem Beitragssatz durchweg über dem bei ökonomisch richtigen Beitragssatz[331]

[D.37]

$$EW_{konst.} > EW_{ökonom.} \quad \forall \quad T^* > 0 .$$

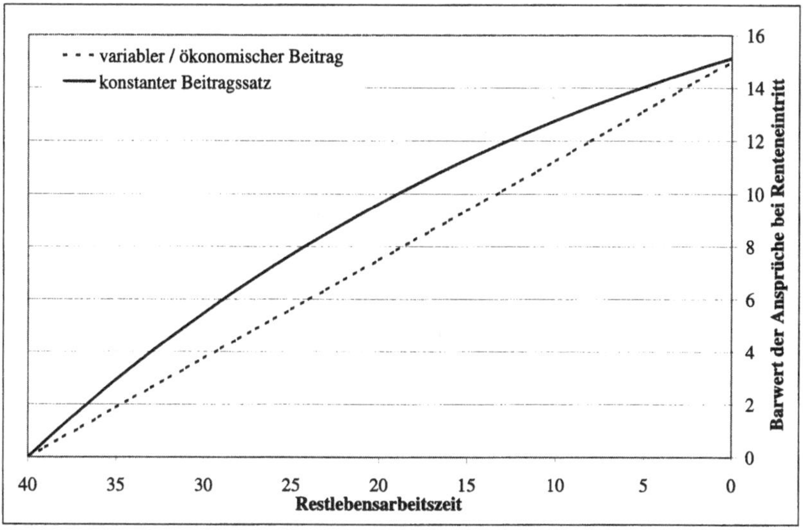

Abbildung 34: Kumulierte Unterschiede zwischen den Beitragszahlungen[332]

Anhand der dargestellten Sachverhalte ist verdeutlicht worden, daß ein Arbeitsplatzwechsler im Vergleich zu den zuvor gemachten Ausführungen nicht nur aufgrund einer eventuell nicht 100%igen Rentenauszahlung gemäß Abschnitt 3.5.1, also sogenannter Fluktuationsgewinne, finanzielle Einbußen erleidet, sondern auch aufgrund einer eventuellen Abweichung vom

---

[331] Vgl. z.B. Gohdes (1999), S. 191.

ökonomischen und nichtvariablen Beitragssatz. Es ist zu zeigen, wie sich diese relative Renditedifferenz verändert. Die Ergebnisse der Ableitungen sind in der folgenden Tabelle zusammengefaßt.[333]

	$\frac{\partial \Delta^{T}_{T/T',Lz}}{\partial g}$	$\frac{\partial \Delta^{T}_{T/T',Lz}}{\partial r}$
$T > T'$	> 0	< 0
$T = T'$	$= 0$	$= 0$
$T < T'$	< 0	> 0

	$\frac{\partial \Delta^{T}_{T/T',Lz}}{\partial T}$	$\frac{\partial \Delta^{T}_{T/T',Lz}}{\partial T'}$
$g > r$	> 0	< 0
$g = r$	$= 0$	$= 0$
$g < r$	< 0	> 0

Tabelle 13: Einflußfaktoren

Ein Anstieg der Lohnwachstumsrate g am Anfang der Arbeitsphase ($T > T'$) resultiert in einem Anstieg des relativen Beitragssatzes. Der Nettozins wird geringer. Sowohl ökonomisch als auch variabler Beitragssatz steigen, wobei der erstgenannte stärker ansteigt. Im Fall $T = T'$ gibt es keine Veränderung, da sich die Effekte gegenseitig aufheben, und für $T < T'$, also gegen Ende der Arbeitsphase, ergibt sich ein negativer Einfluß.
Für einen Anstieg der Verzinsung r ergeben sich entsprechend umgekehrte Einflüsse. Dieses ist ökonomisch direkt erklärbar, da r im Gegensatz zu g im Nenner der Gleichung steht und somit den Nettozins in die andere Richtung beeinflußt.
Für den Einfluß von T sind wiederum 3 Fälle zu unterscheiden. Sofern $g > r$ ist, ergibt sich ein positiver Einfluß, da über einen längeren Zeitraum mit einem negativen Nettozins abgezinst wird. Im Fall $g = r$ ist die Ableitung 0 und im relevanten Fall $g < r$ resultiert ein negativer Einfluß. Der Nettozins ist positiv. Dieses entspricht der Darstellung in Abbildung 33. Entsprechend umgekehrte Ergebnisse ergeben sich bei einer Variation von T'

Es ist dargestellt worden, daß von der Leistungszusage unterschiedliche Umverteilungswirkungen und Anreizeffekte ausgehen. Diese resultieren aufgrund von Unverfallbarkeitsfristen bzw. Mindestanwartschaftszeiten, den sogenannten Fluktuationsgewinnen, unterschiedlichen Gehaltsentwicklungen und dem sogenannten „Backloading“. Auch aus diesem Grunde wird häufig die Beitragszusage zur Altersversorgung propagiert. Im folgenden Unterabschnitt ist zu erläutern, welche Auswirkungen die Wahl des Zusagetyps auf die Ausgestaltung des Durchführungsweges hat.

[332] Vgl. Anhang 17 für die Datengrundlage.

3.6 Durchführungswege in Abhängigkeit des Zusagetyps

Im Rahmen der Leistungszusage wird eine fixe Leistung zugesagt. Risiko der Kapitalanlage und Langlebigkeit bleiben beim zur Leistung verpflichteten Arbeitgeber. Insofern kann dieser die anzulegenden Gelder auf einem gemeinsamen Konto zusammen anlegen. Eine über- bzw. unterdurchschnittliche Wertentwicklung betrifft nicht seine späteren Auszahlungsverpflichtungen.[334]

Aufgrund der Größe des Kapitalstocks können Diversifikationsmöglichkeiten besser genutzt werden.[335] Inwiefern diese Diversifikationsmöglichkeiten in der Realität ausgenutzt werden, hängt von dem konkret gewählten Instrument ab.[336] Auch die Kosten sollten aufgrund von Skaleneffekten geringer sein.

Bei der Beitragszusage liegen die Risiken von Kapitalanlage und Langlebigkeit beim Versorgungsaspirant. Die Leistungen sind aufgrund der direkten Zuordnung der Beiträge an den Begünstigten vererbbar. Überdurchschnittliche Verzinsung aber auch Verluste sind ihm persönlich gutzuschreiben. Dieses ist nur im Fall eines sogenannten individuellen Kontos möglich. Dieser Durchführungsweg existiert z.B. in Großbritannien.[337]

Im Fall einer Beitragszusage sollte der Kauf einer gewissen Mindestannuität bei Renteneintritt mit den angesammelten Geldern verpflichtend sein, um so eine Mindestrente über die gesamte unsichere Restlebensdauer zu gewährleisten. Ist dieses nicht der Fall, entsteht das Problem einer nachvertraglichen Informationsasymmetrie, ein Prinzipal-Agenten-Konflikt.[338]

Im Rahmen der Prinzipal-Agenten-Beziehung besteht Informationsasymmetrie zwischen Prinzipal und Agenten zugunsten des letztgenannten. Der Agent wird durch den Leistungsempfänger repräsentiert. Diesem ist bekannt, über wieviel finanzielle Mittel er verfügt. Ferner ist ihm bewußt, daß der Prinzipal, welcher durch den Staat dargestellt wird, ihn aufgrund der gesellschaftlichen Verpflichtungen im Falle eines Verlustes seines Vermögens Sozialhilfe zahlen wird.

Der Agent könnte die Informationsasymmetrie derart nutzen, daß er die durch die Altersversorgung auf Basis der Beitragszusage erhalten Gelder aufbraucht. Sofern insgesamt die Gelder nur für eine knapp über dem Sozialhilfeniveau liegende lebenslange Rente reichen würde,

---

[333] Vgl. für die Ableitungen Anhang 18.

[334] Zur Vermeidung einer sehr riskanten Anlagestrategie durch den Arbeitnehmer sind entsprechende Regulierungsauflagen bzw. eine Absicherung der Einlagen notwendig. Im Rahmen der betrieblichen Altersversorgung in Deutschland wird die Aufsicht auf Grundlage des VAG ausgeübt. Eine Absicherung der Einlage erfolgt über den PSVaG. Vgl. auch Fußnote 350.

[335] Dieses ist bei individuellen Konten jedoch auch mittels der Mittelanlage in Fonds möglich.

[336] Vgl. hierzu Abschnitt 4 und 5.

[337] Vgl. z.B. Orszag/Orszag/Snower/Stiglitz (1999).

[338] Vgl. Franke/Hax (1999), S. 409 ff.

kann der Agent durch sein opportunistisches Verhalten, kurzfristig den Konsum stark zu erhöhen, unter Umständen sein Nutzenniveau erhöhen.
Ob sein Nutzenniveau erhöht wird, hängt sowohl von dem Unterschied zwischen einer durch die eigenen Mittel ermöglichten lebenslangen Rente und dem Sozialhilfeniveau, als auch von den durch die Nutzenfunktion ausgedrückten Zeitpräferenzen ab.

4 Deutsche Instrumente der betrieblichen Altersversorgung

Die in Deutschland existierenden Durchführungswege[339] lassen sich in unmittelbare und mittelbare Versorgungszusagen unterteilen. Die unmittelbare Versorgungszusage (Direktzusage)[340] ist gemäß § 1 I BetrAVG die Grundform. Die Mittel werden von der Unternehmung angesammelt und die Versorgungsleistungen selbständig erbracht. Abweichend von dieser Grundform kann der Arbeitgeber auch eine mittelbare Versorgungszusage (Unterstützungskasse, Pensionskasse, Direktversicherung)[341] durch einen rechtlich selbständigen Versorgungsträger wählen.
Sollten die finanziellen Mittel einer mittelbaren Versorgungszusage nicht für die angesammelten Ansprüche ausreichen, ist der Arbeitgeber über die Subsidiärhaftung haftbar.[342] Für die Unternehmung besteht bei allen Durchführungswegen ein Finanzierungsrisiko. Abbildung 35 stellt die Zusammenhänge dar.

[339] Vgl. § 1 BetrAVG. Ein Ansatz zur Überprüfung der Vorteilhaftigkeit der Instrumente ist bei Krahnen/Meran zu finden. Diese untersuchen, ob eine Pensionszusage aus Arbeitnehmer- bzw. Arbeitgebersicht überhaupt vereinbart werden sollte, und ob diese gegebenenfalls über Pensionsrückstellungen zu finanzieren sind. Vgl. Krahnen/Meran (1991) und Arbeitskreis „Finanzierung" der Schmalenbach-Gesellschaft für Betriebswirtschaft e.V. (1998), S. 326-329. Vgl. Franke/Hax (1999), S. 514-518.

[340] Vgl. Förster (1998), S. 207-208, Rößler/Doetsch (1998), S. 1773, Sp. 2; Arbeitskreis „Finanzierung" der Schmalenbach-Gesellschaft für Betriebswirtschaft e.V. (1998),S. 322.

[341] Vgl. Arbeitskreis betriebliche Pensionsfonds (1998), S. 11-14, Förster (1998) S. 208-209 und Rößler/Doetsch (1998), S. 1773, Sp. 1-2; Arbeitskreis „Finanzierung" der Schmalenbach-Gesellschaft für Betriebswirtschaft e.V. (1998), S. 322-323.

[342] Diese Subsidiärhaftung gilt generell auch für alle noch neu zu entwickelnden Instrument der 2. Säule. Vgl. Hanau/Arteaga (1997), S. 4. Es sei darauf hingewiesen, daß der Begriff der Haftung in der Literatur zur Altersversorgung nicht eindeutig verwendet wird und teilweise vom juristischen Gebrauch abweicht.

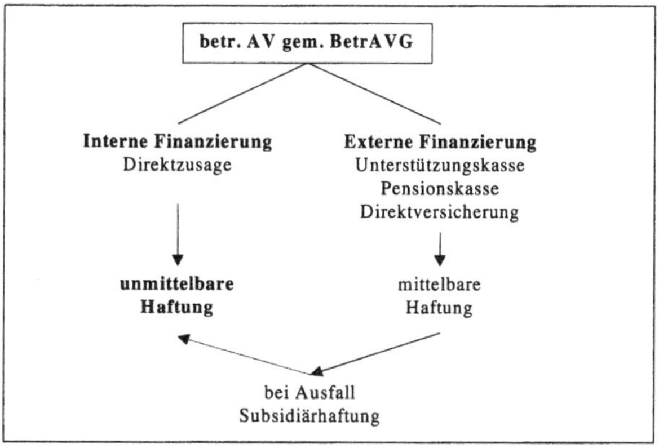

Abbildung 35: Betriebliche AV gemäß BetrAVG

Abbildung 36 verdeutlicht das zahlenmäßige Verhältnis der verschiedenen Instrumente zueinander.[343]

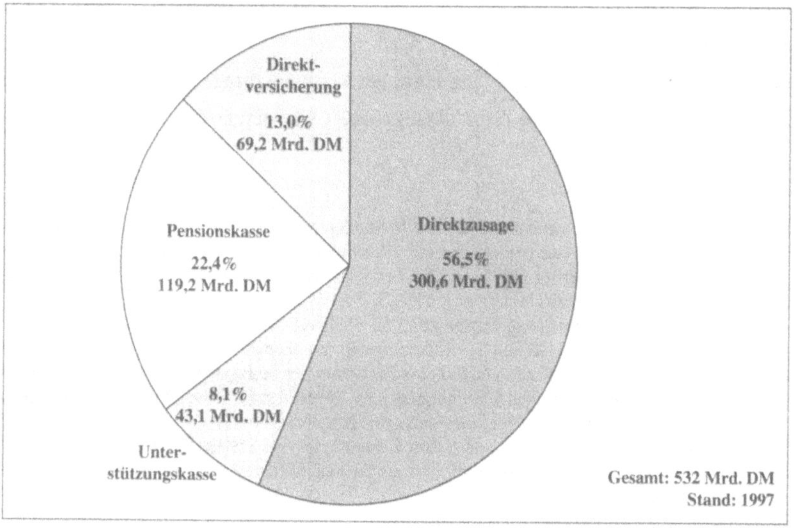

Abbildung 36: Umfang der betrieblichen Altersversorgung in Deutschland

[343] In Anhang 19 ist eine tabellarischer Vergleich dieser 4 Durchführungswege der betrieblichen Altersvorsorge in Deutschland zu finden. Vgl. auch Aktionskreis Finanzplatz e.V. (1998), S. 14 und Arbeitskreis betriebliche Pensionsfonds (1998), S. 11-14.

4.1 Direktzusage

Die Direktzusage *gemäß § 1 I BetrAVG* ist eine mittels Pensionsrückstellungen[344] intern finanzierte unmittelbare Leistungszusage des Arbeitgebers. Dieser ist zugleich Versorgungsträger gegenüber dem Arbeitnehmer. Sie stellt mit knapp 300 Mrd. DM im Jahre 1997 56,5% der Deckungsmittel der betrieblichen Altersversorgung.[345] Der Arbeitnehmer erhält einen unmittelbaren Rechtsanspruch erst bei Eintritt des Versorgungsfalles, so daß eine nachgelagerte Besteuerung möglich ist. Die Bildung von Pensionsrückstellungen[346], welche mit dem Teilwert anzusetzen sind[347], mindert den steuerlichen Gewinn des Arbeitgebers.[348]

Die in der Literatur häufig anzutreffende Aussage, daß die Direktzusage durch den Leistungsempfänger nicht aufgestockt werden kann, ist ökonomisch nicht angebracht, da es sich um eine einseitig verpflichtende Zusage des Arbeitgebers handelt, die nicht durch eine einseitige Bestimmung des Leistungsempfängers abgeändert werden kann. Insofern sind Arbeitnehmerbeiträge per Definition ausgeschlossen.[349]

Infolge der internen Finanzierung und den damit verbundenen unternehmensspezifischen Risiken sind Direktzusagen über den Pensions-Sicherungs-Verein (PSVaG)[350] gegen eine Unternehmensinsolvenz abzusichern.[351]

Problematisch an der Direktzusage[352] in Form der Leistungszusage für den Arbeitgeber ist, daß dieser dem Arbeitnehmer im Zeitpunkt der Zusage eine definitive Leistung als Rente zu-

---

344 Diese sind nach versicherungsmathematischen Methoden zu berechnen. Dabei ist gemäß § 6a III S. 3 EStG ein Rechnungszinssatz von mindestens 6% zu verwenden.

345 Vgl. Albin/Deutsch/Bräuninger (1999), S. 28; Aktionskreis Finanzplatz e.V. (1998), S. 15; für eine ausführliche Analyse vgl. Nürk/Schrader (1995), S. 7-11.

346 Vgl. § 6a I,II EStG. Für eine Interpretation des § 6a EStG vgl. Drukarczyk (1993), S. 512-515.

347 Als Teilwert gilt gemäß § 6a III EStG vor Beendigung des Dienstverhältnisses (Nr. 1) der Barwert der künftigen Pensionsleistungen abzüglich des Barwertes der betragsmäßig gleichbleibenden noch zu zahlenden Jahresbeiträge. Nach Beendigung des Dienstverhältnisses (Nr. 2) ist der Teilwert durch den Barwert der künftigen Pensionsleistungen gegeben.

348 Für eine aktuelle Darstellung der steuerlichen Behandlung vgl. Förster (2000), S. 357/31-360/34. Börsch-Supan/Lührmann (2000) befassen sich ausführlich mit den Prinzipien der Renten- und Pensionsbesteuerung.

349 Eine Ausnahme stellt die Gehaltsumwandlung dar.

350 Vgl. § 12 III Nr. 1 BetrAVG. Weitere Informationen über den PSVaG sind im Internet unter http://www.psvag.de zu finden.

351 Auch wenn die Direktzusage mittels Pensionsrückstellung eine interne Finanzierung darstellt, können diese Mittel vom Unternehmen extern angelegt werden. Dieses findet bei dem sogenannten Asset Backing/Funding in Form von Spezialfonds, Wertpapieren oder Rückdeckungsversicherungen statt. Wird das Asset Backing der Direktzusage mit einbezogen, verlagert sich das Verhältnis von interner zu externer Finanzierung erheblich zu Gunsten der externen Finanzierung. Da hierzu keine genaueren Daten verfügbar sind, wird dieser Punkt nicht weiter betrachtet. Vgl. hierzu Rößler/Doetsch (1998), S. 1773, 2. Sp. - 1774, 2. Sp.

352 Vgl. Schmeisser/Blömer (1999), S. 336.

sagt. Somit trägt der Arbeitgeber das wirtschaftliche Risiko. Eine Ausfinanzierung der Verpflichtung ist nicht möglich. Der Verwaltungsaufwand ist hoch.

Ferner fallen zusätzliche Kosten für die Insolvenzsicherung über den PSVaG an. Durch diese Versicherung ist die Leistung der unverfallbaren Ansprüche vom finanziellen Erfolg des Unternehmens unabhängig. Die Beiträge zum PSVaG, welche im Rentenwertumlageverfahren[353] eingezogen werden, können mitunter stark variieren, da sich der jährliche Schadensverlauf direkt auf die Beiträge des aktuellen Jahres auswirkt.

Dabei sind der vorschüssige Beitragssatz, der durch den PSVaG zu Beginn einer jeden Periode auf Grundlage der aktuellen Kassenlage festgelegt wird, und der endgültige Beitragssatz zu unterscheiden. Letzterer wird am Ende des Jahres aufgrund der Schadensfälle der Periode angepaßt, so daß eine periodengerechte Zuordnung von Beiträgen und Leistungen erfolgt. Abbildung 37 stellt die Entwicklung des vorschüssigen und endgültigen Beitragssatzes zum PSVaG dar.

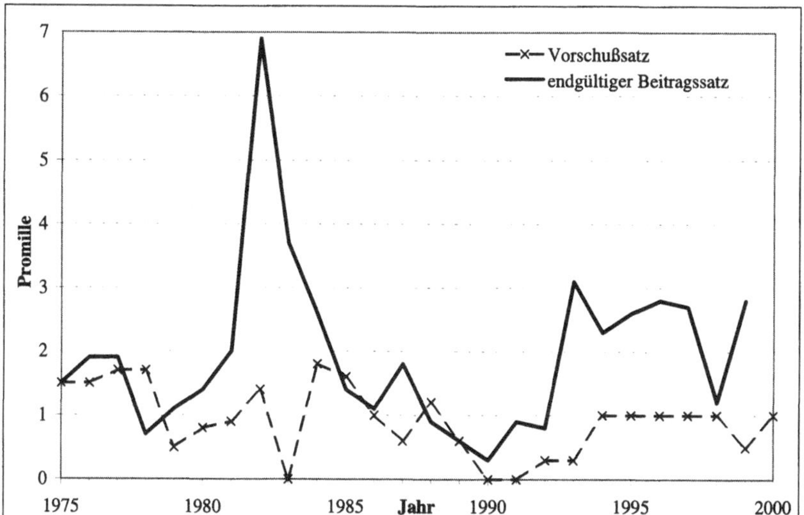

Abbildung 37: Vorschuß- und endgültiger Beitragssatz des PSVaG[354]

Es wird deutlich, daß in manchen Jahren ein große Variabilität besteht. Im Jahr 1982 betrug der endgültige Beitragssatz aufgrund der Probleme der AEG mehr als das vierfache des

[353] Bei dem Rentenwertumlageverfahren sind jährlich der Barwert der entstandenen Ansprüche und die Versicherungskosten zu bezahlen. Es handelt sich somit nicht um ein Anwartschaftsdeckungsverfahren. Vgl. hierzu http://www.psvag.de/f_u_ueberblick.htm.

[354] Quelle: PSVaG. Die Datengrundlage zu dieser Abbildung ist in Anhang 20 zu finden.

vorschüssigen Beitragssatzes. 1999 war dieses ebenfalls so, wobei jedoch der Vorschußsatz mit 0,5 Promille vergleichsweise gering war.

Eine Übertragbarkeit der Ansprüche bei einem Arbeitsplatzwechsels des Versorgungsempfängers ist nicht gegeben. Die Mittel sind frei verwendbar. Da diese hauptsächlich intern angelegt werden, bleibt die Liquidität dem Unternehmen erhalten. Rendite und Diversifikationspotentiale[355] bleiben ungenutzt. Hohe Pensionsrückstellungen verwässern die Eigenkapitalquote in den Unternehmensbilanzen. Dieses kann sich negativ auf die Finanzierungskosten an den internationalen Kapitalmärkten auswirken.[356] Abbildung 38 bestätigt den hohen Anteil der intern finanzierten Direktzusage im Verhältnis zum Eigenkapital an den verschiedenen Durchführungswegen. Während 1971 die Pensionsrückstellungen nur in der Größenordnung von 20% des Eigenkapitals lagen, hat sich die Quote im Jahre 1996 auf ca. 95% erhöht.

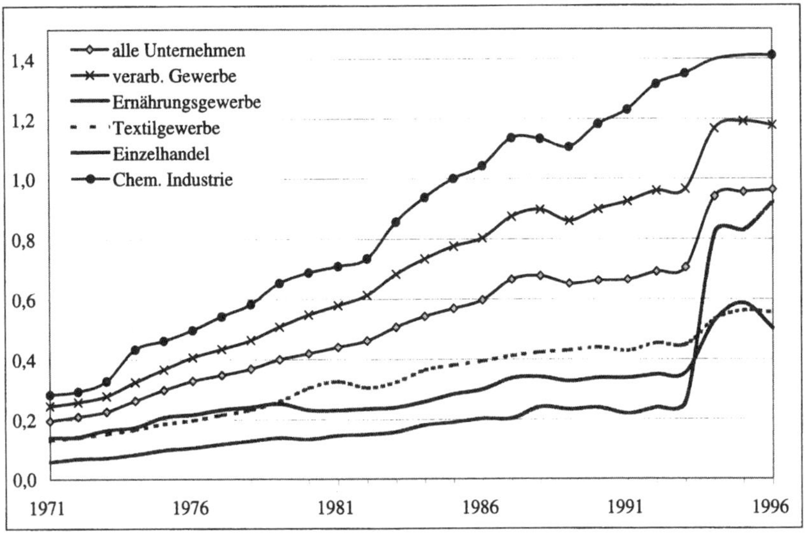

Abbildung 38: Verhältnis Pensionsrückstellungen zu Eigenkapital für verschiedene Branchen[357]

Für Arbeitnehmer ist die lange Anwartschaftszeit, durch die junge Arbeitnehmer von der betrieblichen Altersversorgung ausgeschlossen werden, und die fehlende Möglichkeit der Mit-

[355] Eine entsprechende Anlage der Gelder im Rahmen des Asset Funding entschärft dieses Argument.

[356] Vgl. Weber (1998), S. 339, 3. Sp. – 340, 1. Sp.

[357] Vgl. Arbeitskreis „Finanzierung" der Schmalenbach-Gesellschaft für Betriebswirtschaft e.V. (1998), S. 322. Quelle: Deutsche Bundesbank, Jahresabschlüsse westdeutscher Unternehmen, 1971-1996, Sonderveröffentlichung Nr. 5, März 1999.

arbeiterbeteiligung problematisch. Positiv ist die beim Arbeitnehmer nachgelagerte Besteuerung ab Rentenbeginn und der Versorgungsfreibetrag nach § 19 II EStG zu sehen.

4.2 Unterstützungskasse

Im Rahmen der extern finanzierten Unterstützungskasse[358] *gemäß § 1 IV BetrAVG* gibt der Arbeitgeber eine mittelbare Leistungszusage gegenüber dem Arbeitnehmer ab.[359] Sie stellt mit DM 43,1 Mrd. knapp 8,1% der Deckungsmittel im Jahr 1997 dar. Es handelt sich bei der Unterstützungskasse um eine rechtsfähige Versorgungseinrichtung, deren Träger ein oder mehrere Unternehmen sein können. Die Unterstützungskasse, die selber Träger der Versorgungsleistung ist[360], gewährt den Arbeitnehmern keinen formalen Rechtsanspruch.[361] Dadurch ist eine nachgelagerte Besteuerung möglich. Die Unterstützungskasse ist von der Versicherungsaufsicht befreit. Somit ist die Anlage der Gelder generell frei wählbar. Ein Großteil wird in Form eines Darlehens an das Trägerunternehmen zurückgegeben. Die Zuwendungen sind gemäß § 4d EStG eingeschränkt steuerlich abzugsfähig.[362]

Damit ergeben sich für den Arbeitgeber fast ähnliche Finanzierungseffekte wie bei Pensionsrückstellungen mit dem Unterschied, daß durch die Verzinsung der Darlehen durch die Unterstützungskasse eine effektive Zahlungsverpflichtung durch Zinszahlungen resultiert. Bei der Pensionsrückstellung hingegen handelt es sich um eine interne Verpflichtung durch die keine Zahlungsverpflichtung entsteht. Insofern können die Finanzierungsmöglichkeiten nicht voll ausgeschöpft werden.

Problematisch ist, daß der Arbeitgeber durch die Leistungszusage und Subsidiärhaftung gemäß §§ 7 ff. BetrAVG das wirtschaftliche Risiko trägt. Ferner fallen Kosten für die Insolvenzsicherung über den PSVaG an.[363] Die Zuwendungen sind steuerlich beim Träger nur eingeschränkt abzugsfähig.

Aus der steuerlich vorgeschriebenen Berechnung der Rückstellungen bei der Unterstützungskasse, die von der üblichen steuerlichen Rückstellungsberechnung nach § 6 a EStG abweicht, kann eine Überdotierung der Unterstützungskasse mit daraus resultierender partieller Steuer-

---

[358] Vgl. Albin/Deutsch/Bräuninger (1999), S. 28-29 und Nürk/Schrader (1995), S. 13.

[359] Unter bestimmten Voraussetzungen können auch für die Unterstützungskasse Rückstellungen gebildet werden. Vgl. hierzu Coenenberg (1997), S. 244 i.V.m. § 249_I HGB.

[360] Es besteht jedoch eine Subsidiärhaftung des Trägerunternehmens.

[361] Vgl. § 1 IV BetrAVG. Durch die Rechtsprechung des Bundesarbeitsgerichts sind die Rechtsansprüche verfestigt worden. Vgl. Drukarczyk (1993), S. 506. Dadurch wird eine faktische Gleichstellung mit einem Rechtsanspruch erreicht. Vgl. Schmeisser/Blömer (1999), S. 336.

[362] Dabei wird nach Unterstützungskassen, die lebenslänglich laufende Leistungen (§ 4d I Nr. 1) und solchen, die keine lebenslänglich laufenden Leistungen gewähren (§ 4d I Nr. 2), unterschieden.

[363] Vgl. § 10 III Nr. 3 BetrAVG.

pflicht folgen, die nach den üblichen Methoden nicht vorliegt. Mangels Deckungsmöglichkeit kann das Trägerunternehmen die internen Finanzierungsmöglichkeiten demnach nicht ausschöpfen.

Der Arbeitgeber hat formal keinen Einfluß auf die Anlage der Mittel. Positiv ist der geringe Verwaltungsaufwand hervorzuheben. Bei Eintritt des Versorgungsfalles wird die Lohnsteuer von der Unternehmenskasse abgeführt. Die Zuwendungen sind flexibel gestaltbar.

Die Leistungsempfänger erhalten keinen formalen Rechtsanspruch gegen die Unterstützungskasse und können die Vorsorge nicht selber aufstocken. Die Anwartschaftsfrist beträgt zehn Jahre, womit junge Arbeitnehmer in ihrer Mobilität gehindert bzw. von einer Teilnahme ausgeschlossen werden. Positiv ist die Abkopplung der unverfallbaren Ansprüche und laufenden Rentenleistungen von der finanziellen Lage des Unternehmens zu werten, da diese vom PSVaG garantiert werden. Ferner können Versorgungsempfänger an der Verwaltung der Gelder mitwirken.

4.3 Pensionskasse

Bei der extern finanzierten rechtlich selbständigen Pensionskasse[364] *gemäß § 1 III BetrAVG*, die in Deutschland 1997 ein Volumen von DM 199,2 Mrd. bzw. 22,4% hat, handelt es sich um eine mittelbare beitragsbezogene Leistungszusage. Die Pensionskasse wird zumeist in Form des kleinen Versicherungsvereins auf Gegenseitigkeit (VVaG i.S. des § 53 VAG) geführt. Die Arbeitnehmer haben einen Rechtsanspruch gegenüber der Pensionskasse. Die Altersversorgungszusage beinhaltet ein Versicherungsgeschäft im Sinne des § 1 I VAG. Dadurch unterliegen Pensionskassen der Aufsicht durch das Bundesaufsichtsamt für das Versicherungswesen (BAV) und somit dem Anwendungsbereich des Versicherungsaufsichtsgesetz (VAG). Eine Insolvenzsicherungspflicht über den PSVaG entfällt. Aus dem VAG resultieren Anlagerestriktionen z.B. für Darlehen an das Trägerunternehmen gemäß §§ 54 u. 54a VAG, die die Diversifikationsmöglichkeiten einschränken. Arbeitgeber und -nehmer werden von dem Kapitalanlagerisiko und den biometrischen Risiken über eine Versicherungslösung weitgehend befreit. Die Beiträge müssen nach dem Äquivalenzprinzip für die Leistungsverpflichtungen ausreichend bemessen sein. Die Berechnung der laufenden Verpflichtungen des Arbeitgebers wird im Rahmen eines technischen Geschäftsplans festgelegt. Dabei gibt es sowohl für die Wahl des Rechnungszinses als auch für die der biometrischen Rechnungsgrundlagen Vorgaben vom Gesetzgeber.[365]

---

[364] Vgl. Albin/Deutsch/Bräuninger (1999), S. 29; Bundesverband deutscher Banken (1999), S. 12; Schmeisser/Blömer (1999), S. 337-338.

[365] Vgl. Haferstock/Rößler (1999), S. 2275.

Es besteht eine Subsidiärhaftung des Arbeitgebers über §§ 7 ff. BetrAVG. Die Besteuerung findet vorgelagert statt, wobei Beiträge bis DM 3408,- p.a. pauschal mit einem Steuersatz von 20% veranlagt werden.[366,367]

Die Zuwendungen des Arbeitgebers sind steuerlich abzugsfähig, wobei § 4c I EStG die genauen Anforderungen regelt. In der Höhe ist die steuerliche Abzugsfähigkeit durch die Pauschalierungsgrenze begrenzt. Arbeitnehmerbeiträge sind möglich.

Problematisch ist für beide Seiten die Pauschalierungsgrenze, da diese die Leistungshöhe mitbestimmt. Ferner wird durch die vorgelagerte Besteuerung die Liquidität der Pensionskasse verringert. Auch verzichtet das Unternehmen durch die externe Finanzierung auf die zwischenzeitliche Liquidität. Der Arbeitnehmer wird wiederum durch die lange Anwartschaftszeit in seiner Mobilität eingeschränkt. Positiv ist hervorzuheben, daß bei einem Arbeitgeberwechsel in der gleichen Branche dieser in die laufende Altersversorgungszusage eintreten kann. Des weiteren ist eine freiwillige Weiterversicherung durch den Leistungsempfänger oder eine vorzeitige Auszahlung möglich.

4.4 Direktversicherung

Die extern finanzierte Direktversicherung[368] *gemäß § 1 II BetrAVG*, die eine mittelbare beitragsorientierte Leistungszusage darstellt, steuert 1997 mit DM 69,2 Mrd. 13% der Dekkungsmittel der betrieblichen Altersversorgung bei. Bei dieser Form der betrieblichen Altersversorgung schließt der Arbeitgeber (Versicherungsnehmer), welcher gemäß § 1 I VVG (Versicherungsvertragsgesetz) Schuldner der Versicherungsprämie ist, eine Lebensversicherung auf den Arbeitnehmer (versicherte Person) ab. Aus dieser ist der Arbeitnehmer oder seine Hinterbliebenen (Bezugsberechtigter) bezugsberechtigt.[369] Versorgungsträger ist die entsprechende Versicherungsgesellschaft, die vom Arbeitgeber unabhängig ist. Der Arbeitnehmer hat gegenüber der Versicherungsgesellschaft einen Rechtsanspruch auf Leistung und kann die Direktversicherung selbst aufstocken. Die nachfolgende Abbildung verdeutlicht die Zusammenhänge.

---

366 Für darüber hinausgehende Zuwendungen findet der persönliche Grenzsteuersatz Anwendung.

367 Um eine Doppelbesteuerung zu vermeiden, bleiben die späteren Leistungen bis auf den Ertragsanteil steuerfrei. Für weitere steuerliche Aspekte vgl. Schmeisser/Blömer (1999), S. 337.

368 Vgl. Albin/Deutsch/Bräuninger (1999), S. 29; Nürk/Schrader (1995), S. 14-15.

369 Berechtigt kann auch der Arbeitgeber sein. Ist der Arbeitnehmer nur teilweise bezugsberechtigt, wird von einem gespaltenen Bezugsrecht gesprochen. Vgl. Schmeisser/Blömer (1999), S. 338, 1. Sp.

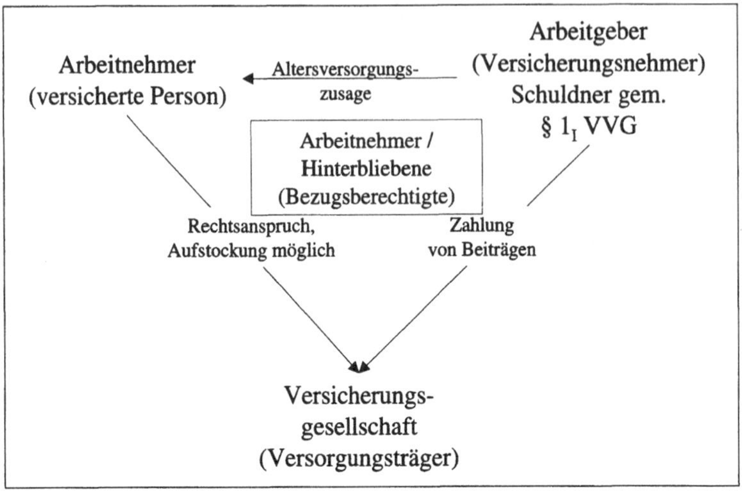

Abbildung 39: Direktversicherung

Die Beiträge sind beim Arbeitgeber als Betriebsausgaben absetzbar. Die steuerliche Behandlung entspricht der der Pensionskasse und ist in § 40 b EStG geregelt. Wie bei der Pensionskasse begrenzt die Pauschalierungsgrenze von DM 3408,- im Unternehmensdurchschnitt die Leistungshöhe. Eine Arbeitnehmerbeteiligung ist möglich.

Die steuerlich begünstigte Variante der Direktversicherung[370] ist nach § 40 b EStG nur unter Einbezug bestimmter Versicherungsunternehmen möglich, welche wiederum dem VAG unterliegen.

Insofern unterliegt das Instrument der steuerlich begünstigten Direktversicherung dem Versicherungsaufsichtsgesetz, wodurch die Anlagemöglichkeiten eingeschränkt werden. Ferner sind, sofern der Arbeitgeber Berechtigter ist und die Ansprüche beliehen werden können, Beiträge an den PSVaG zu leisten.[371] Eine Übertragbarkeit der Ansprüche ist möglich. Eine Altersgrenze bezüglich der Unverfallbarkeit entfällt.

Dem Unternehmen wird durch die externe Anlage der Mittel Liquidität entzogen. Ferner entstehen Kosten für den Versicherungsschutz. Die Beeinflussung der Art der Kapitalanlage ist für Leistungsverpflichteten und Leistungsempfänger nicht möglich. Eine Beleihung der Versicherung ist möglich, sofern der Arbeitgeber bezugsberechtigt ist.

---

[370] Direktversicherungen können grundsätzlich zwischen 2 beliebigen Vertragsparteien abgeschlossen werden. Die steuerliche Begünstigung entfällt dann jedoch.

[371] Vgl. §10 I+III Nr. 2 BetrAVG und § 7 I S. 2 BetrAVG.

4.5 Anforderungen an die Gestaltung der betrieblichen Altersversorgung

Die dargestellten Durchführungswege[372] basieren alle - zumindest indirekt - auf der Leistungszusage, wodurch die Unternehmen über die Subsidiärhaftung haften. Dies und die in den letzten Jahren erfolgte Rechtsprechung, die des öfteren eine nachfolgende Anpassung bereits bestehender Versorgungszusagen begründet hat, hat die Kalkulationsunsicherheit[373] für die Unternehmen verstärkt. Die verschiedenen Durchführungswege werden ungleich besteuert. Die nachgelagerte Besteuerung beim Leistungsempfänger ermöglicht es, das Altersversorgungsvermögen ohne steuerliche Belastungen aufzubauen. Dadurch sind c.p. höhere Zins- und Zinseszinsen möglich. Diese ist jedoch lediglich bei der intern finanzierten Direktzusage und der quasi intern finanzierten Unterstützungskasse möglich und fördert somit die interne Verwendung der Mittel, bei der Rendite und Diversifikationspotentiale der Kapitalmärkte ungenutzt bleiben.

Durch die langen Anwartschaftszeiten und eingeschränkten Übertragungsmöglichkeiten werden Leistungsempfänger in ihrer Mobilität gehindert.[374] Dieses ist im Rahmen der Europäisierung und Internationalisierung für den Standort Deutschland als hinderlich zu werten.

An ein Instrument der betrieblichen Altersversorgung sind daraus resultierend folgende Anforderungen zu stellen:[375]

Die durch das Unternehmen zu erbringenden Leistungen sollten ex-ante kalkulierbar sein, damit sich das Unternehmen nicht in einer offenen Risikoposition befindet. Durch die Kalkulierbarkeit, die bei einer Beitragszusage gegeben ist, könnte die Hemmschwelle, eine Versorgungszusage zu geben, verringert werden.

Die langfristigen Kosten einer Finanzierung, d.h. Versorgungs- und Verwaltungskosten, sind gering zu halten. Dieses ist durch eine effiziente Anlage der Mittel an den Kapitalmärkten, wie es teilweise beim Asset Funding der Direktzusage geschieht, möglich. Eine reine Auslagerung der Mittel im Rahmen der derzeitigen Durchführungswege ist unzureichend, da die ungenügende Kalkulierbarkeit aufgrund der Zusagetypen bestehen bleibt.[376]

Die Versorgungsleistungen sollten individuell an die Bedürfnisse von Leistungsempfänger und Leistungsgeber anpaßbar und das Versorgungssystem für die Leistungsempfänger einfach

---

[372] Vgl. Albin/Deutsch/Bräuninger (1999), S. 29-30; Bundesverband deutscher Banken (1999), S. 13-16; Schmeisser/Blömer (1999), S. 335.

[373] Dieses wird noch dadurch verstärkt, daß die Leistungen gemäß § 16 BetrAVG regelmäßig z.B. an die Lebenshaltungskosten angepaßt werden müssen.

[374] Vgl. hierzu Abschnitt 3.5.

[375] Vgl. Richter (1996), S. 1733-1735; Schmeisser/Blömer (1999), S. 338-339. Diese Forderungen stellen Prämissen aus der Perspektive der Unternehmen dar, um diese grundsätzlich freiwillige Lohnzusatzleistung zu fördern.

[376] Vgl. Schmeisser/Blömer (1999), S. 340.

zu verstehen sein, damit dieses schon während der Aktivitätszeit als Entlohnungskomponente empfunden wird und somit einen positiven Einfluß auf die Leistungsbereitschaft der Mitarbeiter hat.
Eine Eigenbeteiligung der Mitarbeiter sollte möglich sein. Den Leistungsempfängern sollte freigestellt werden, zusätzliche Beiträge in das Versorgungssystem einzuzahlen.
Durch eine nachgelagerte Besteuerung bliebe der Kapitalsammelstelle die Liquidität erhalten. Über den Zinseszinseffekt ergibt sich eine Stärkung der Kapitalbasis. Wem diese zugute kommt, Leistungsverpflichteten oder Leistungsempfänger, ist Grundlage der indiviuellen Verträge. Eine steuerliche Absetzbarkeit der Beiträge in voller Höhe zu ermöglichen, fördert die betriebliche Altersversorgung.
Da es sich vom Grundsatz her um eine freiwillige Lohnzusatzleistung des Arbeitgebers handelt, ist es wichtig, diese für den Arbeitgeber attraktiv zu machen. Dieses kann durch eine Minderung der Risikoposition des Arbeitgebers und durch steuerliche Rahmenbedingungen erfolgen. Eine auf dieser Basis eventuell nicht mögliche Abdeckung biometrischer Risiken kann mittels zugekaufter Versicherungen individuell erfolgen.
Im folgenden ist zu untersuchen, inwiefern die derzeitigen Reformvorschläge diesen Anforderungen gerecht werden.

5 Reformvorschläge für die betriebliche Altersversorgung

5.1 Altersvorsorge-Sondervermögen

Das beitragsorientierte Altersvorsorge-Sondervermögen[377,378], gehört zu der Gruppe der offenen Fonds.[379] Es ist im Rahmen des 3. Finanzmarktförderungsgesetzes zum 1. April 1998 eingeführt worden.[380] Den Rechtsrahmen bildet das KAGG in der Fassung vom 9. September 1998, welches einen hohen Anlegerschutz gewährleisten soll.[381] Mittlerweile gibt es in

---

377 Vgl. M. Laux/Siebel (1999) für eine ausführliche Darstellung. Altersvorsorge-Sondervermögen (AS-Fonds) stellen Instrumente der 3. Säule dar, weisen jedoch einige Merkmale von Pensionsfonds auf, welche in anderen Staaten für die betriebliche Altersversorgung verwendet werden. Daher werden AS-Fonds hier im Abschnitt über die betriebliche Altersversorgung behandelt, auch wenn sie rechtlich auf Basis des BetrAVG zur Zeit für diesen Verwendungszweck nicht zugelassen sind. Vgl. Weber (1998), S. 34, 2. Sp.; Bank (1999), S. 368, 1. Sp.; M. Laux/Siebel (1999), S. 114-118.

378 Ein Sondervermögen bezeichnet ein von einer Kapitalanlagegesellschaft verwaltetes Vermögen eines Fonds, welches von dem Vermögen der Fondsgesellschaft getrennt gehalten wird.

379 Vgl. § 11 II KAGG. Bei Investmentfonds des offenen Typs hat der Anteilsinhaber das Recht, jederzeit seine Anteilscheine an die KAG zurückzugeben. Vgl. z.B. Reilly/Brown (1997), S. 971-973.

380 Vgl. 3. FMFG, insbesondere Artikel 30.

381 Vgl. insbesondere §§ 37h-37m, 50c, 50d KAGG.

Deutschland 45 Altersvorsorge-Sondervermögen mit einem Anlagevolumen von 4,37 Mrd. DM.[382] Abbildung 40 stellt die Entwicklung seit 1998 dar.

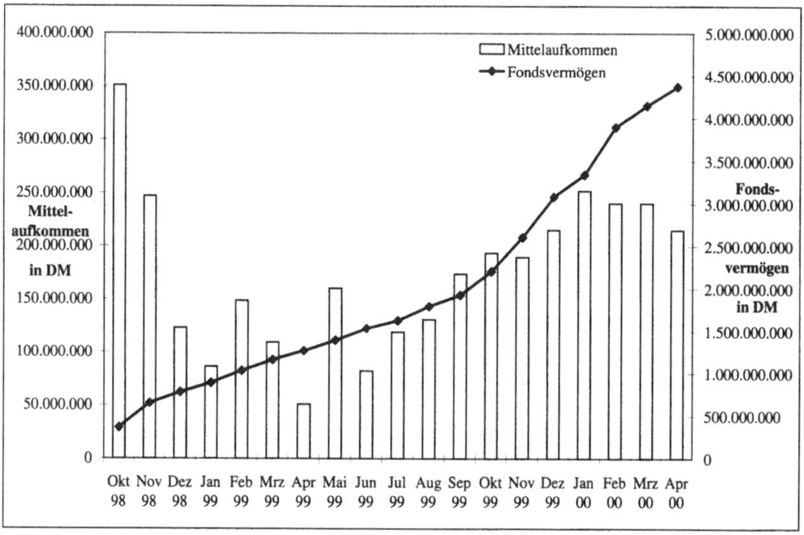

Abbildung 40: Monatliche Entwicklung der AS-Fonds[383]

Dieses auf dem Ansparen von Kapital beruhende Instrument ist keine Form der betrieblichen Altersversorgung gemäß BetrAVG, da biometrische Risiken, wie die Langlebigkeit, nicht abgedeckt werden.[384] Dieses bedeutet jedoch nicht, daß diese Form nicht zulässig ist. Lediglich der Rechtsrahmen in Form des BetrAVG ist nicht gegeben. Jedoch finden solche Instrumente international zunehmend Verbreitung.[385]

Die im KAGG geregelten Aspekte sind die Kapitalanlagegesellschaft, die Depotbank und die Altersvorsorge-Sondervermögen Zielfonds selber. Die Kapitalanlagegesellschaft[386,387] ist mit der nach dem Grundsatz der Risikomischung zu tätigenden Anlage und der Verwaltung der Altersvorsorge-Sondervermögen im Interesse der Anleger betraut.[388] Sie agiert als Treuhänderin der Anleger in eigener Verantwortung und ist alleinige Eigentümerin des Altersvorsorge-

[382] Stand April 2000. Quelle: Deutsche Bundesbank, statistische Beihefte zum Monatsbericht, verschiedene Jahrgänge.
[383] Die Daten befinden sich in Anhang 21.
[384] Vgl. Hanau/Arteaga (1997), S. 3; Heubeck (1998a), S. 691. Diese Auffassung wird durch die divergierende steuerliche Behandlung bestätigt
[385] Vgl. M. Laux/Siebel (1999), S. 113.
[386] Vgl. §§ 1-7 KAGG.
[387] Kapitalanlagegesellschaften sind in § 1 KAGG definiert.
[388] § 37 h i.V.m. § 10 I KAGG.

Sondervermögens.[389] Dieses ist gesondert vom eigenen Vermögen der Kapitalanlagegesellschaft anzulegen, damit es von der wirtschaftlichen Situation der Kapitalanlagegesellschaft unbeeinflußt bleibt.[390] Gemäß § 12 c III KAGG hat die Kapitalanlagegesellschaft die Depotbank zu kontrollieren. Die Depotbank[391] ist für die Ausgabe und Rücknahme der Anteilsscheine sowie die Verwahrung des Sondervermögens in gesperrten Depots verantwortlich.[392] Durch die Verwahrung in gesperrten Depots ist der direkte Zugriff der Kapitalanlagegesellschaft auf das Sondervermögen ausgeschlossen.[393] Das Sondervermögen ist durch eine Einlagensicherungseinrichtung zu schützen.[394] Diese sichert die Unabhängigkeit des Sondervermögens bei wirtschaftlichem Mißerfolg der Depotbank. Die Depotbank kontrolliert gemäß § 12 c II KAGG die Kapitalanlagegesellschaft. Ferner hat die Depotbank börsentäglich, unter Mitwirkung der Kapitalanlagegesellschaft, die Anteilspreise zu ermitteln.[395] Dieser Anteilspreis entspricht dem Rücknahmepreis. Der Ausgabepreis wird um einen Ausgabeaufschlag erhöht.[396]

Weitere Sicherheitselemente sind die Aufsicht durch das Bundesaufsichtsamt für das Kreditwesen, die externe und interne Revision und der Aufsichtsrat.[397]

Altersvorsorge-Sondervermögen, welche vorgelagert besteuert[398] werden, sind über das Ziel des Sparens für das Alter definiert.[399] Die Anlagevorschriften sind detailliert in § 37 i KAGG geregelt. Insbesondere durch Anlagerestriktionen soll das Anlageverhalten der angelsächsischen Pensionsfonds imitiert werden.[400]

---

389 Vgl. §§ 6 I i.V.m. 37j KAGG und M. Laux (1999), S. 56.

390 Vgl. § 1 KAGG.

391 Als Depotbank sind Kreditinstitute zugelassen, die ihren Sitz im Geltungsbereich des KAGG haben. Vgl. § 12 I KAGG. Ferner zur Depotbank allgemein §§ 12, 12a, 12b, 12c, 21 II, 37l, KAGG.

392 Vgl. § 12b KAGG.

393 Vgl. § 12a I 1.

394 § 12a III, IIIa i.V.m. § 37h KAGG.

395 Vgl. § 21 II KAGG. Für Ausnahmen von der börsentäglichen Ermittlung vgl. § 21 II-IV, 37k 27c, 25d.

396 Vgl. § 21 II KAGG; M. Laux/Siebel (1999), S. 70.

397 Vgl. §§ 2 I, 3, 68 KAGG und M. Laux/Siebel (1999), S. 70-72.

398 Für die genauen steuerlichen Regeln vgl. §§ 38, 38a, 38b i.V.m. 37h KAGG; M. Laux/Siebel (1999), S. 94-99; Blake (1997), S.24.

399 Bis dato sind Investmentfonds lediglich über den zugrundeliegenden Anlagegegenstand, z.B. Geldmarktfonds, definiert worden. Vgl. M. Laux/Siebel (1999), S. 73 und M. Laux (1999), S. 8 und 9.

400 Die angelsächsischen Pensionsfonds kommen hingegen ohne Regulierung des Anlageverhaltens aus. Hier greift die sogenannte prudent man rule. Vgl. Kapitel E 7.3. Es stellt sich hier die Frage, warum das Modell des angelsächsischen Pensionsfonds nicht einfach auf den deutschen Markt übertragen wird. Von der Grundidee sollte dieses möglich sein. Ein möglicher Grund ist, daß bei den Reformvorschlägen zumeist versucht wird, den gesetzlichen Rahmen des BetrAVG zu beach-

Im Rahmen der Substanzwertorientierung der Altersvorsorge-Sondervermögen[401] dürfen Wertpapiere, Schuldscheindarlehen, Grundstücke, Beteiligungen an Grundstücks-Gesellschaften, stille Beteiligungen, Anteile an anderen Fonds[402], Derivate und andere Finanzinstrumente erworben werden.[403] Tabelle 14 zeigt Ober- und Untergrenzen.

Vermögengegenstand	**Unter-grenze**	**Ober-grenze**
Aktien	21%	75%
Stille Beteiligungen	0%	10%
Aktien + Stille Beteiligungen	21%	75%
Grundstücke, Beteiligungen an Grundstücks-Gesellschaften, Grundstücks-Sondervermögen	0%	30%
Substanzwerte: Aktien, Grundstücke, Beteiligungen an Grundstücks-Gesellschaften, Grundstücks-Sondervermögen	51%	100%
Liquidität: Bankguthaben, Geldmarktpapiere, Anteile an Geldmarkt-Sondervermögen, ausländische Investmentanteile	0%	49%
Vermögensgegenstände in Fremdwährung	0%	30%
Wertpapier-Sondervermögen	0%	5%
Derivate Instrumente	nur zur Absicherung	

Tabelle 14: Quantitative Anlagevorgaben für Altersvorsorge-Sondervermögen

Die Erträge des Altersvorsorge-Sondervermögens werden thesauriert.[404] Der Anleger erhält von der Kapitalanlagegesellschaft für seine Beiträge Anteilscheine[405] an dem Altersvorsorge-Sondervermögen.[406] Durch die regelmäßigen Einzahlungen gleichhoher Beiträge wird der Durchschnittskosteneffekt genutzt.[407] Die nachfolgende Abbildung stellt den Zusammenhang zwischen den verschiedenen im KAGG geregelten Aspekten und den Anlegern dar.

---

ten. Ein anderer Grund könnten die divergierenden Ausgestaltungswünsche der möglichen zukünftigen Anbieter, Versicherungen und Banken, sein.

401 Vgl. M. Laux (1999), S. 9. Unter Substanzwertorientierung ist hier die Mindestanlage von 51% des Fondsvermögens in Substanzwerten zu verstehen. Vgl. auch Schmeisser/Blömer (1999), S. 340.

402 Vgl. § 37 i.V.m. § 8b KAGG.

403 Vgl. hierzu auch ausführlich M. Laux/Siebel (1999), S. 57-63.

404 Vgl. § 37h II KAGG. Somit wird der Zinseszinseffekt genutzt.

405 Anteilsscheine sind Urkunden der Anteilsinhaber über die sich aus dem Sondervermögen ergebenden Rechte. Vgl. § 1 I KAGG.

406 Die Kapitalanlagegesellschaft hat dem Anleger Sparpläne anzubieten, die eine Laufzeit von mindestens 18 Jahren haben oder bis zur Vollendung des 60. Lebensjahres laufen müssen. Vgl. § 37m KAGG.

407 Vgl. hierzu M. Laux/Siebel (1999), S. 57-63.

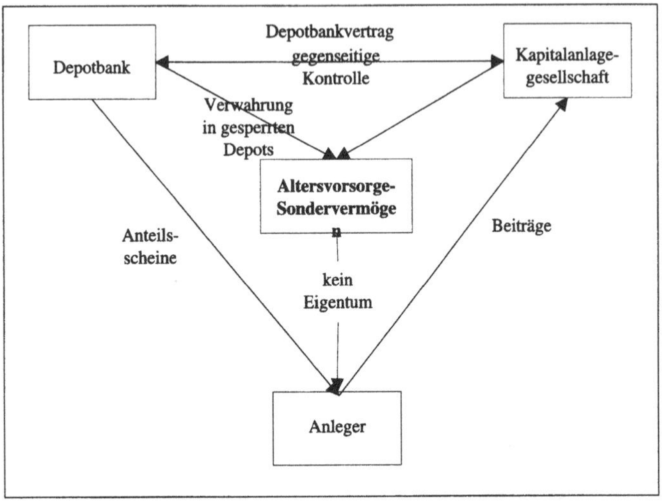

Abbildung 41: Altersvorsorge-Sondervermögen

Altersvorsorge-Sondervermögen, die eigentlich für die 3. Säule konzipiert sind, können außerhalb des gesetzlichen Rahmens des BetrAVG auch für die betriebliche Altersversorgung eingesetzt werden.[408] Durch eine Beitragszusage kann, wie am Anfang dieses Kapitels dargestellt worden ist, die Verpflichtung der Arbeitgeber abgegolten werden. Dieses dürfte zu einer Stärkung der 2. Säule führen.[409]

Die Abdeckung individueller biometrischer Risiken ist nicht verpflichtend. Vielmehr werden solche Versicherungen optional angeboten[410], so daß das Kapital für das Individuum effizienter angelegt werden kann. Auch ist eine Verrentung des Kapitals bei Rentenbeginn nicht vorgeschrieben. Diese fehlenden Vorschriften könnten wiederum zu einen Zielkonflikt führen.

Positiv ist hervorzuheben[411], daß Unternehmen bei der Zulassung von Altersvorsorge-Sondervermögen vom Langlebigkeitsrisiko entlastet würden. Dadurch könnten neue Arbeitnehmerkreise, wie z.B. Teilzeitbeschäftigte, in die Altersversorgung aufgenommen werden, ohne den Unternehmen zusätzliche Risiken aufzubürden. Ferner ist dieses Instrument auch für kleinere Unternehmen nutzbar und stellt insofern Chancengleichheit zwischen den Unternehmen be-

408 Vgl. auch M. Laux/Siebel (1999), S. 113-121.

409 Z.B. haben die USA mit den 401k Pensionsplänen solche Erfahrungen gemacht. Vgl. zu den 401k Pensionsplänen Fußnote 465 und die dort angegebene Literatur.

410 So ist z.B. für eine alleinstehende Person die Hinterbliebenenversorgung überflüssig und würde lediglich ihren Anlagebetrag um die Versicherungsprämie schmälern.

411 Vgl. M. Laux/Siebel (1999), S. 120-121.

züglich des Entlohnungsinstrumentes der betrieblichen Altersversorgung her. Durch die Möglichkeit des Vertriebes über die Hausbank ist der Zugang leicht möglich.
Unverfallbarkeitsfristen entfallen aufgrund der Ausgestaltung als Beitragszusage. Das Versorgungsniveau wird durch einen Arbeitgeberwechsel nicht beeinträchtigt. Eine steuerliche Förderung bzw. Gleichstellung mit den anderen Durchführungswegen ist derzeit noch nicht gegeben.[412]

5.2 Vorschläge des BdB

5.2.1 Gemeinsamkeiten der Vorschläge

Der Vorschlag des Bundesverbandes deutscher Banken (BdB)[413] aus dem Jahr 1997 beruht auf den leistungs- und den beitragsbezogenen Betriebs-Pensionsfonds.[414] Gemeinsam ist beiden Vorschlägen, daß die Deckungsmittel auf einen externen Versorgungsträger in Form eines rechtlich selbständigen Sondervermögens in Analogie zu den zuvor dargestellten Altersvorsorge-Sondervermögen gemäß KAGG ausgelagert werden. Die Verwaltung der Mittel obliegt einem unabhängigen Vermögensverwalter, der Kapitalanlagegesellschaft.[415,416] Dabei schließen Kapitalanlagegesellschaft und Arbeitgeber einen Grundvertrag ab.[417] Nur auf dieser Grundlage kann ein Betriebs-Pensionsfonds aufgelegt werden. Voraussetzung ist ferner, daß das Versorgungskapital durch Einlagen während des Arbeitsverhältnisses angesammelt wird. Diese Zusagen werden durch Anteilscheine für den Leistungsempfänger erfüllt.[418] Der Grundvertrag muß Teil der Altersversorgungszusage zwischen Arbeitgeber und Arbeitnehmer

---

[412] Hier dürften sich in naher Zukunft Änderungen ergeben, da sich der Bundesarbeitsminister kürzlich für eine Altersvorsorge auf Basis der Altersvorsorge-Sondervermögen ausgesprochen hat.

[413] Dieser im Jahre 1951 in Köln gegründete Verband mit heutigem Sitz in Berlin vertritt die Interessen der privaten Banken. Er repräsentiert 280 private Banken mit ca. 240000 Mitarbeitern. Gemessen am Geschäftsvolumen vertritt der Verband 37% der deutschen Kreditwirtschaft. Quelle: http://www.bdb.de.

[414] Vgl. für die nachfolgenden Ausführungen Albin/Deutsch/Bräuninger (1999), S. 31-32; Bundesverband deutscher Banken (1999) und Schmeisser/Blömer (1999a), S. 1750-1751. Im Anhang 22 ist eine tabellarische Zusammenfassung zu finden.

[415] Eine Haftung der Kapitalanlagegesellschaft für Zusagen des Arbeitgebers ist gemäß § 37o GAKAGG ausgeschlossen.

[416] Die Kapitalanlagegesellschaft ist bezüglich der Anlage der Mittel einigen Restriktionen unterworfen. Diese sind § 37n II GAKAGG zu entnehmen.

[417] Der Grundvertrag regelt unter anderem die Anlageziele bzw. -politik, die den Arbeitnehmern einzuräumenden Wahlrechte, die Bedingungen für den Wechsel eines Betriebs-Pensionsfonds, die Behandlung unverfallbarer Ansprüche bei einem Arbeitgeberwechsel und die Auswahl bzw. Bestellung von Treuhänder und Aktuar. Für eine ausführliche Darstellung vgl. § 37p II GAKAGG., Albin/Deutsch/Bräuning (1999), S. 31.

[418] Vgl. § 37p I, Nr. 1 GAKAGG.

sein.[419] Ein Treuhänder soll über die entsprechenden Mittel verfügen. Sowohl die leistungsbezogenen als auch die beitragsbezogenen Pensionsfonds sollen nachgelagert besteuert werden. Dieses ist steuerrechtlich möglich, sofern die Leistungsempfänger keinen Rechtsanspruch auf die Deckungsmittel vor Eintritt des Versorgungsfalles haben.[420] Dadurch ist auch eine Verpfändung oder Übertragung der Rechte aus den Anteilsscheinen ausgeschlossen.

5.2.2 Leistungsbezogene Betriebs-Pensionsfonds

Bei leistungsbezogenen Betriebs-Pensionsfonds[421] garantiert der Arbeitgeber dem Arbeitnehmer eine Rente in einer bestimmten Höhe. Die Höhe der Beitragszahlungen, die als Betriebsausgaben absetzbar sein sollen, richtet sich daher sowohl nach der Höhe der Leistungszusage als auch nach der erwirtschafteten Rendite der Fonds. Dieses hat zur Folge, daß die laufenden Arbeitgeberzahlungen bei hohen Renditen sinken.[422] Die erwirtschafteten Wertsteigerungen gehen in das Versorgungskapital ein. Sinkt die Rendite der Fonds unter die bei der versicherungsmathematischen Berechnung der Zahlungen angenommene Rendite, sind die Arbeitgeberzahlungen zu erhöhen. Das Risiko der Kapitalanlage und der Langlebigkeit verbleibt beim Leistungszusager.[423] Für die anspruchsberechtigten Arbeitnehmer, die keine Arbeitnehmerbeiträge zahlen können, ist ein Treuhänder einzusetzen.[424] Als Treuhänder kann lediglich eine Kapitalanlagegesellschaft, eine Versicherung oder ein Finanzdienstleister bestellt werden. Ihm wird die ausschließliche Berechtigung zur Vertretung und Ausübung der Gläubigerrechte übertragen.

Der Treuhänder ist verpflichtet, die Erfüllung der Ansprüche durch den Arbeitgeber zu prüfen und gegebenenfalls in eigenem Namen geltend zu machen.[425] Andererseits agiert der Treuhänder auch für den Arbeitgeber, indem er ihn auf eine mögliche Überdeckung aufmerksam macht. Das Sondervermögen ist in einer Globalurkunde verbrieft. Abbildung 42 verdeutlicht die Zusammenhänge.

---

[419] Vgl. § 37p I, Nr. 2 GAKAGG.

[420] Vgl. Bundesverband deutscher Banken (1999), S. 24. Die Arbeitgeberbeiträge sind steuerlich abzugsfähig. Bestehende Versorgungszusagen können steuerlich neutral in die Fonds eingebracht werden.

[421] Vgl. §§ 37s - 37v GAKAGG.

[422] Eine Rückübertragung von Überschüssen an den Arbeitgeber ist ausgeschlossen. Vgl. Bundesverband deutscher Banken (1999), S. 24; § 37n I GAKAGG.

[423] Vgl. § 37v II i.V.m. § 38u I Satz 2-5 GAKAGG.

[424] Vgl. § 37t GAKAGG.

[425] Vgl. Schmeisser/Blömer (1999a), S. 1751.

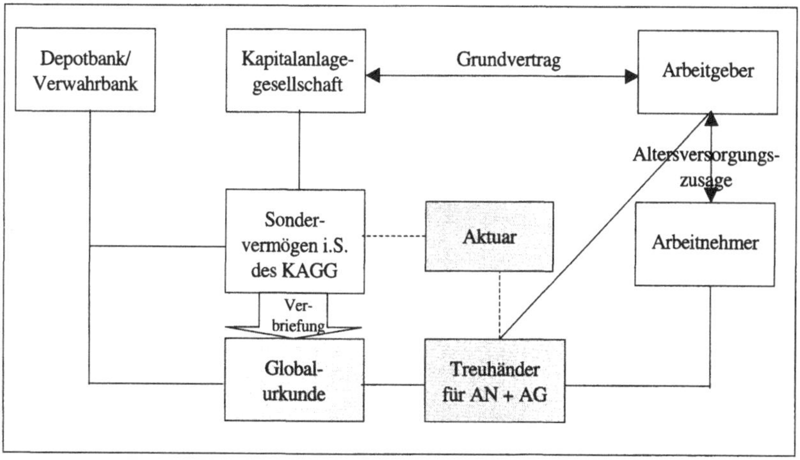

Abbildung 42: BdB Vorschlag leistungsbezogener Betriebs-Pensionsfonds[426]

5.2.3 Beitragsbezogene Betriebs-Pensionsfonds

Im Rahmen der beitragsbezogenen Betriebs-Pensionsfonds leistet der Arbeitgeber im voraus definierte Beiträge.[427,428] Die Höhe der Leistungen ist abhängig von der erwirtschafteten Rendite der Fonds. Die Verpflichtungen sind ex-ante bekannt. Das Unternehmen kann sich durch entsprechende Zahlungen befreien. Dem Arbeitnehmer stehen sämtliche Wertsteigerungen der Anlagemittel zu. Arbeitnehmerbeiträge sind nicht vorgesehen. Die in gesperrten - auf den Namen der jeweiligen Berechtigten bei einer Depotbank lautenden - Einzeldepots verwahrten Anteilsscheine werden wiederum durch einen Treuhänder verwaltet, der die Ansprüche der Leistungsempfänger im eigenen Namen geltend zu machen hat.[429] Da keine Verbriefung in einer Globalurkunde stattfindet, können Fonds mit verschiedenen Risikoprofilen aufgelegt werden. Je nach individuellen Bedürfnissen kann der Versorgungsaspirant zwischen den verschiedenen Risikoklassen wählen und wechseln. Abbildung 43 verdeutlicht die Zusammenhänge.

426 In Anlehnung an Bundesverband deutscher Banken (1999), S. 25.

427 Dieses können einmalige aber auch fortlaufende Zahlungen sein. Vgl. § 37r I S. 1 GAKAGG.

428 Ausnahmen bezüglich Invaliden- bzw. Hinterbliebenenversorgung sind möglich. Vgl. § 37r I GAKAGG.

429 Vgl. § 37r II i.V.m. § 37t I GAKAGG.

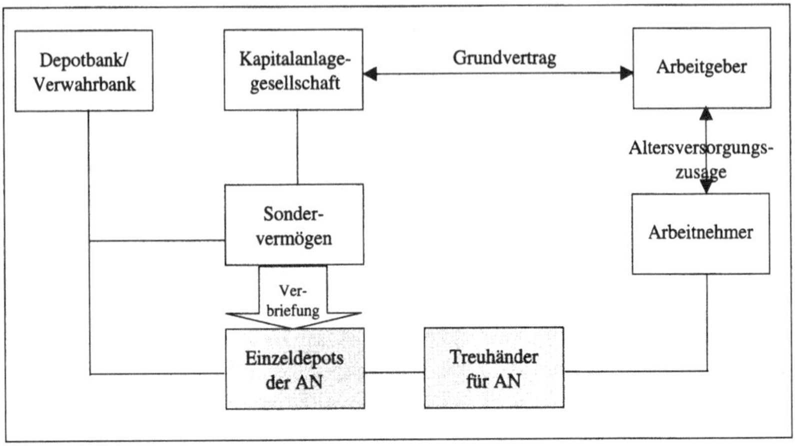

Abbildung 43: BdB Vorschlag beitragsbezogener Betriebs-Pensionsfonds[430]

Eine Absicherung der biometrischen Risiken, die konstituierendes Element einer Altersversorgung ist, kann über eine Versicherung erfolgen.

5.2.4 Kritische Anmerkungen

Die Vorschläge des BdB weisen eine große Flexibilität auf.[431] Dem Arbeitgeber bleibt selbst überlassen, für welche Durchführungsform er sich entscheidet. Im Rahmen der Leistungszusage kann er die Kapitalanlagegesellschaft und die Anlagestrategie selbst bestimmen. Bei der Beitragszusage kann hingegen der Leistungsempfänger die Anlagestrategie wählen. Eine Unverfallbarkeitsfrist entfällt. Eine Mitnahme der Ansprüche bei einem Arbeitgeberwechsel ist unproblematisch. Ein Zugriff des Arbeitgebers auf die finanziellen Mittel bei finanziellen Schwierigkeiten ist durch die Zwischenschaltung des Treuhänders und eine staatliche Aufsicht ausgeschlossen.

Es wird kritisiert, daß sich die nachgelagerte Besteuerung temporär negativ auf den Bundeshaushalt auswirkt. Da jedoch das Element der nachgelagerten Besteuerung allen Reformvorschlägen inhärent ist, stellt dieses somit kein Entscheidungskriterium mehr dar.[432] Als weiterer Kritikpunkt wird ferner die fehlende Abdeckung biometrischer Risiken angeführt. Jedoch ist es, wie an anderer Stelle schon ausgeführt, nur auf diese Art möglich, die Altersversorgung

---

430 In Anlehnung an Bundesverband deutscher Banken (1999), S. 26.

431 Vgl. Bundesverband deutscher Banken (1999), S. 27-30.

432 Vgl. auch Förster (2000), S. 360/34-362/36. Aus diesem Grunde wird dieser Kritikpunkt in den folgenden Vorschlägen nicht mehr verfolgt.

für Unternehmen attraktiver zu machen. Ferner können biometrische Risiken optional nach individuellen Wünschen durch Versicherungen abgesichert werden.

5.3 Pensionsfonds – Unterstützungskasse der AbA

Die Vorschläge der Arbeitsgemeinschaft für betriebliche Altersversorgung e.V. (AbA)[433] setzen an den derzeitigen deutschen Durchführungswegen an. Die AbA schlägt folgende Änderungen vor.

Um die bestehenden Versorgungswege weiterentwickeln zu können, sollen die Rahmenbedingungen modifiziert und die Beitragszusage in das BetrAVG aufgenommen werden.[434] Durch eine nachgelagerte Besteuerung[435] soll eine bessere Vorausfinanzierung der Versorgungsleistung gewährleistet werden.

Dies ist derzeit bei der Unterstützungskasse, die von der AbA als Ausgangsbasis für eine Weiterentwicklung in Richtung Pensionsfonds gesehen wird, nicht vollständig gegeben. Im folgenden wird daher lediglich die sogenannte Pensionsfonds-Unterstützungskasse eingehender analysiert.[436]

Für die in § 1 IV BetrAVG kodifizierte Unterstützungskasse sind folgende Änderungen vorgesehen:[437] Zusätzlich zur Leistungszusage ist die Beitragszusage mit Mindestleistung einzuführen. Im Falle dieser Beitragszusage soll die ansonsten freie Kapitalanlage bezüglich der Rückübertragung der Mittel an das Trägerunternehmen begrenzt werden.

Das Kapitalanlagerisiko trägt bei der Leistungszusage der Arbeitgeber. Bei der Beitragszusage mit Mindestleistung sind die Risiken asymmetrisch verteilt. Diese Mindestleistung ent-

---

[433] Die AbA ist ein deutscher Fachverband für den Bereich der Zusatzversorgung. Zu den derzeit über 1200 Mitgliedern gehören Unternehmen, Träger der betrieblichen Altersversorgung, Verbände, Einzelpersonen und Interessenten aus dem europäischen Ausland. Aufgabe der AbA ist gemäß der Satzung „die Zusammenfassung und Förderung aller Bestrebungen auf dem Gebiet der betrieblichen Altersversorgung und Mitwirkung bei ihrer sozialpolitischen, sozial- und steuerrechtlichen, versicherungsmathematischen und versicherungsrechtlichen Gestaltung".
Quelle: http://www.asscompact-verlag.de/firmenverbaende/fi_vb_so_aba.htm. Weitere Informationen sind demnächst unter http://www.aba-online.de verfügbar.

[434] Dabei schlägt die AbA jedoch eine Beitragszusage mit Mindestleistung in Höhe der reinen Sparbeiträge vor. Lediglich für die Risikoprämien, die dem Ausgleich bzw. der Versicherung biometrischer Risiken dienen, ist der Arbeitgeber nicht haftbar. Vgl. Arbeitsgemeinschaft für betriebliche Altersversorgung (1999), S. 30; Förster (2000), S. 362/36-363/37 und den Exkurs in Abschnitt 5.4 der vorliegenden Arbeit.

[435] Vgl. Arbeitsgemeinschaft für betriebliche Altersversorgung (1999), S. 25-29, insbesondere S. 26.

[436] Im Anhang 25 ist eine tabellarische Gegenüberstellung der derzeitigen Unterstützungskasse und der Pensionsfonds-Unterstützungskasse zu finden. Für die anderen Vorschläge der AbA vgl. Arbeitsgemeinschaft für betriebliche Altersversorgung (1999), S. 42, 43, 45-47.

[437] Vgl. zu den folgenden Ausführungen Arbeitsgemeinschaft für betriebliche Altersversorgung(1999), S. 30-31; Schmeisser/Blömer (1999), S. 341.

spricht der Summe aller einem Leistungsempfänger zuzurechnenden Beiträge vermindert um die für den biometrischen Risikoausgleich verwendeten Beiträge. Das Risiko trägt ab der Unterschreitung der Mindestleistung der Arbeitgeber. Die Chance verbleibt hingegen beim Leistungsempfänger.[438] Aufgrund des fehlenden Rechtsanspruchs bei der Pensionsfonds-Unterstützungskasse sind Arbeitnehmerbeiträge nicht möglich.[439]

Als Finanzierungsverfahren soll das Anwartschaftsdeckungsverfahren[440] verwendet werden. Die Zuwendungen bzw. Beiträge an die steuerbefreite Pensionsfonds-Unterstützungskasse sind während der Anwartschaftsphase beim Arbeitgeber in der versicherungsmathematisch erforderlichen Höhe bzw. voll als Betriebsausgaben abzugsfähig. Steuerliche Zuwendungshöchstgrenzen sind in den Vorschlägen vorgesehen.

Für eine Herabsetzung bzw. sofortige Unverfallbarkeit bei Beitragszusagen ist das BetrAVG abzuändern.[441] Gemäß §§ 7 ff. BetrAVG haftet bei der Leistungszusage der PSVaG, sofern die Mittel der Unterstützungskasse nicht ausreichen. Bei der Beitragszusage soll der PSVaG lediglich für die Differenz eintreten, falls die verbleibenden Mittel geringer als die oben erwähnte Mindestleistung sind.

Zur Insolvenzsicherung und Verwaltung wird eine Treuhandlösung nach angelsächsischem Muster erarbeitet. Fände eine Beschränkung der Anlage der Mittel auf Altersvorsorge-Sondervermögen statt, könnte durch die Vorschriften des KAGG die Aufsichtsproblematik verringert werden. Ob sich der Insolvenzschutz auf den Arbeitgeber, die Pensionsfonds-Unterstützungskasse, das angesammelte Vermögen oder die versprochene Leistung bezieht, bleibt bei den Ausführungen der AbA unklar.

Zusammenfassend haben die Vorschläge keinen großen Neuerungsgehalt. Auch hier sind lediglich kleinere Veränderungen vorgenommen worden.

---

[438] Dieses entspricht der zuvor in Abschnitt 3.3 dargestellten beitragsorientierten Leistungszusage.

[439] Hierzu ist eine Änderung des § 1 VAG notwendig.

[440] Dabei werden die für die spätere Leistungserfüllung notwendigen Beiträge während der aktiven Zeit (Anwartschaftszeit) auf Grundlage versicherungsmathematischer Verfahren berechnet und angesammelt. Insofern ist das Anwartschaftsdeckungsverfahren zwischen Kapitaldeckungs- und Umlageverfahren anzusiedeln. Vgl. Stichworte „Anwartschaftsdeckungsverfahren", „betriebliche Ruhegeldverpflichtung" in Gablers Wirtschafts-Lexikon; Jung (1998), S. 158; Perridon/Steiner (1995), S. 433-435.

[441] Arbeitnehmerbeiträge bedingen, unabhängig von den Arbeitgeberbeiträgen, eine sofortige Unverfallbarkeit. Vgl. Schmeisser/Blömer (1999), S. 341.

5.4 Vorschläge des Arbeitskreises betriebliche Pensionsfonds des BMF

5.4.1 Gemeinsamkeiten der Vorschläge

Gemäß der Ausführungen des Arbeitskreises[442] sind die derzeitigen im BetrAVG kodifizierten Durchführungswege durch drei neue Wege zu ergänzen, von denen zwei an den derzeitigen Instrumenten anknüpfen.[443] Es handelt sich um die betriebsunmittelbaren Pensionsfonds als Ergänzung der Direktzusage, die betriebsmittelbaren Pensionsfonds als Weiterentwicklung der Unterstützungskasse und die anlageorientierten Pensionsfonds.[444] Die nachfolgende Abbildung 44 veranschaulicht die Zusammenhänge.

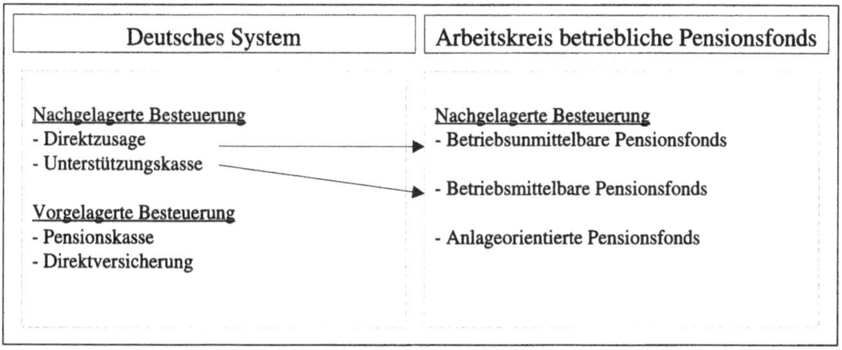

Abbildung 44: Deutsches System vs. Arbeitskreis betriebliche Pensionsfonds

Gemeinsam ist den vorgestellten Vorschlägen, daß eine nachgelagerte Besteuerung und eine Herabsetzung der Unverfallbarkeitsgrenze auf 3 Jahre vorgesehen ist.

5.4.2 Betriebsunmittelbare Pensionsfonds

Betriebsunmittelbare Pensionsfonds[445] dienen der leistungsbezogenen externen Dotierung von Direktzusagen gemäß § 6a EStG.[446] Dabei werden Vermögen und Pensionsrückstellungen aus dem Trägerunternehmen in ein nichtrechtsfähiges Sondervermögen ausgegliedert. Dieses hat

---

442 Dieser Arbeitskreis ist vom Bundesministerium der Finanzen eingesetzt worden. Seit dem 1. Quartal 1998 hat Prof. Dr. Wolfgang Gerke den Vorsitz inne. Der vom Bundesministerium der Finanzen vorgegebene Auftrag ist die Einführung betrieblicher Pensionsfonds als Teil der betrieblichen Altersversorgung zu prüfen und entsprechende Vorschläge zu entwickeln. Als Schwerpunkte sind die Aspekte des Kapitalmarktes und der Steuerpolitik vorgegeben. Vgl. Arbeitskreis betriebliche Pensionsfonds (1998), S. V-VI.

443 Vgl. Arbeitskreis betriebliche Pensionsfonds (1998), S. 23.

444 Vgl. für eine tabellarische Gegenüberstellung Anhang 23.

445 Vgl. Albin/Deutsch/Bräuninger (1999), S. 30; Arbeitskreis betriebliche Pensionsfonds (1998), S. 26-29 und Schmeisser/Blömer (1999a), S. 1747-1748.

446 Zuwendungen sollen auf Grundlage eines neuzufassenden § 4d EStG bis zum Barwert der unverfallbaren Anwartschaft als Betriebsausgabe abzugsfähig sein.

eine Bilanzverkürzung zur Folge.[447] Die Arbeitnehmer erhalten keinen Rechtsanspruch. Die Insolvenzsicherung soll über den PSVaG erfolgen. Das Unternehmen trägt das Risiko und haftet für die Erfüllung der Leistung, wenn das Vermögen des Pensionsfonds kleiner als die Verbindlichkeiten ist. Das Vermögen kann nur in begrenztem Umfang an das Unternehmen rückübertragen werden. Kontrolle und Aufsicht liegen im Kompetenzbereich des Arbeitgebers.

Der Unterschied zur Direktzusage ist gering. Da auch bei der Direktzusage Vermögen durch Asset Funding aus dem Unternehmen ausgegliedert werden kann bzw. wird, ergeben sich Vorteile lediglich bei der steuerlichen Behandlung. Insbesondere verbleibt die Haftung für die Erfüllung der Verbindlichkeiten beim Arbeitgeber. Dieses verstärkt nicht den Anreiz, die betriebliche Altersvorsorge auszubauen.

5.4.3 Betriebsmittelbare Pensionsfonds

Die an die Unterstützungskasse angelehnten betriebsmittelbaren Pensionsfonds[448] gliedern die Vermögen in eine rechtsfähige Versorgungseinrichtung[449] aus, gegenüber der der Arbeitgeber keinen Rechtsanspruch hat. Dabei ist jedoch anders als bei der Unterstützungskasse eine vollständige Ausfinanzierung möglich.[450] Die Insolvenzsicherung geschieht wiederum über den PSVaG. Da es sich um eine Leistungszusage handelt, liegt das Erfüllungsrisiko beim Arbeitgeber. Wie beim betriebsunmittelbaren Pensionsfonds werden Anlagerestriktionen lediglich bezüglich der Rückübertragung von Vermögensgegenständen an das Trägerunternehmen vorgeschlagen. Ebenso liegen Kontrolle und Aufsicht im Aufgabenbereich des Arbeitgebers. Der Unterschied zur Unterstützungskasse ist abgesehen von der Ausfinanzierungsmöglichkeit und eventuellen Kapitalanlagerestriktionen gering.

5.4.4 Anlageorientierte Pensionsfonds

Der dritte Vorschlag ist der anlageorientierte Pensionsfonds[451], welcher als selbständige Versorgungseinrichtung zu führen ist. Im Gegensatz zu den anderen Durchführungswegen handelt es sich hierbei um eine „Beitragszusage“. Das Management der Gelder kann an Fremdanbieter weitergegeben werden. Ein Rechtsanspruch erhalten die Begünstigten erst bei

---

[447] Die Auslagerung aus der Bilanz macht Angaben gemäß §§ 251 und 285 Nr. 3 HGB erforderlich. Es wird dazu ein Erinnerungsposten in die Bilanz aufgenommen.

[448] Vgl. Arbeitskreis betriebliche Pensionsfonds (1998), S. 24-33. Diese können sowohl für ein als auch für mehrere Unternehmen gemeinsam eingerichtet werden.

[449] Als Rechtsform ist die GmbH bzw. der eingetragene Verein vorgesehen.

[450] Die steuerliche Behandlung erfolgt entsprechen dem § 4d EStG.

[451] Vgl. Arbeitskreis betriebliche Pensionsfonds (1998), S. 33-38

Eintritt des Versorgungsfalles, wodurch die vorzeitige Verwendung der Gelder ausgeschlossen werden soll. Bei vorzeitiger Arbeitsunfähigkeit bzw. im Todesfall erhalten die Begünstigten einen Anspruch gemäß dem Absicherungsniveau für biometrische Risiken. Im Todesfall erhalten die Begünstigten zusätzlich das angesammelte Kapital und die zugehörigen Erträge. Die Insolvenzsicherung der Mindestansprüche erfolgt über den PSVaG.

Der Leistungsgeber trägt das Risiko für die Nominalwertgarantie der geleisteten Beiträge sowie für die biometrischen Risiken, wobei letztere auch über Dritte abgesichert werden können.[452] Im Anhang 24 ist eine Darstellung über die Kosten, die dem Arbeitgeber durch die Nominalwertgarantie entstehen, und über Anreizwirkungen auf die Mobiltiät der Arbeitnehmer zu finden. Das Vermögen soll sowohl national als auch international angelegt werden, um größtmögliche Diversifikationspotentiale zu nutzen.[453] Auch sind zur Streuung des Risikos verschiedene Vermögensverwalter[454] für die Verwaltung des Kapitals zu beauftragen.

Da das Risiko nicht mehr allein bei den Arbeitgebern liegt, sollten sowohl Leistungsverpflichteter als auch Leistungsempfänger die Möglichkeit zur Kontrolle haben. Anlageorientierte Pensionsfonds sollten weitgehende Offenlegungspflichten haben, deren Einhaltung zu überprüfen ist.

5.4.5 Kritische Anmerkungen

Positiv ist die generelle Herabsetzung der Unverfallbarkeitsfristen auf drei Jahre und die de facto vollständige steuerliche Abzugsfähigkeit, die über die der Direktzusage hinausgeht, zu bewerten. Ansonsten bieten betriebsmittelbare und betriebsunmittelbare Pensionsfonds keine wesentlichen Neuerungen. Auch der anlageorientierte Pensionsfonds beläßt wesentliche Risiken beim Arbeitgeber. Es handelt sich nicht um eine reine Beitragszusage.[455]

5.5 Euro-Pensionskasse des GdV

Der Vorschlag des Gesamtverbandes der deutschen Versicherungswirtschaft (GdV)[456] geht von der derzeitigen, in Deutschland existierenden Pensionskasse aus, die in Richtung des an-

---

452 Es handelt sich somit nicht um eine reine Beitragszusage, da eine gewisse Mindestleistung durch den Arbeitgeber zu garantieren ist. Vgl. hierzu auch Albin/Deutsch/Bräuninger (1999), S. 31.

453 Vgl. zu dem Themenbereich Diversifikation die in Kapitel C gemachten Ausführungen.

454 Diese Institutionen haben den jeweiligen aufsichtsrechtlichen Gesetzen und Vorschriften zu unterliegen. Vgl. Schmeisser/Blömer (1999a), S. 1750, 1. Sp.

455 Für eine ausführliche Würdigung vgl. Arbeitskreis betriebliche Pensionsfonds (1998), S. 39-42.

456 Der GdV mit Sitz in Berlin ist als Interessenvertretung der Versicherungswirtschaft 1948 in Köln gegründet worden. Er stellt das entsprechende Gegenstück zum Bundesverband deutscher Banken

gelsächsischen Pensionsfonds weiterzuentwickeln ist.[457] Die Mittel sollen, wie bei der Pensionskasse, unabhängig von der Unternehmung sein. Dieses wird durch die vollständige Ausfinanzierung erreicht. Ferner ist durch Änderung der steuerlichen Rahmenbedingungen die nachgelagerte Besteuerung einzuführen. Die Euro-Pensionskasse soll weiterhin dem VAG unterstehen. Damit gelten restriktive Anlagevorschriften in Form quantitativer Vorgaben. Eine Insolvenzsicherung ist nicht notwendig. Die biometrischen Risiken werden durch eine Versicherung abgedeckt. Wie bei der im BetrAVG kodifizierten Pensionskasse sollen weder Arbeitgeber noch Arbeitnehmer Kapitalanlage- bzw. biometrische Risiken tragen. Dadurch steigt die Kalkulierbarkeit für den Arbeitgeber. Jedoch besteht weiterhin eine Subsidiärhaftung. Die garantierte Mindestverzinsung beträgt 4%. Die bereits bestehende Möglichkeit der Eigenbeteiligung der Arbeitnehmer bleibt erhalten.

Als wesentliche Neuerung gegenüber der Pensionskasse ist lediglich die nachgelagerte Besteuerung beim Leistungsempfänger hervorzuheben.

5.6 Angelsächsische Pensionsfonds

In der Literatur wird der angelsächsische Pensionsfonds als ideales Instrument der Altersversorgung dargestellt. Im folgenden werden dessen Eigenschaften skizziert.[458] Bei dem Pensionsfonds angelsächsischer Prägung handelt es sich um eine rechtlich selbständige Versorgungseinrichtung[459] auf Basis des in Deutschland nicht existierenden Rechtsinstituts des Trust.

Dieser Trust bezeichnet ein Treuhandverhältnis, in welchem ein Treuhänder (Trustee), der eine Person oder eine Organisation sein kann, Eigentümer einer Sache ist, diese Sache aber zum Nutzen anderer, den sogenannten Begünstigten (Beneficiaries), zu verwalten hat.[460]

Der Pensionsfonds, welcher über ausreichende Mittel zu verfügen hat[461], wird durch Arbeitgeber- und Arbeitnehmerbeiträge gespeist. Diese Dotierungen können flexibel zwischen Arbeitgeber und –nehmer vereinbart werden. Eine Anpassung an die finanzielle Lage des Unternehmens ist möglich. Es werden lediglich Rechtsansprüche auf Versorgungsleistungen im

---

dar. Dem GdV gehören 463 Versicherungsunternehmen, darunter 28 Rückversicherer, an. Der GdV sieht sich als Schnittstelle zwischen Versicherungswirtschaft und Politik. Quelle: http://www.gdv.de.

457 Vgl. Schmeisser/Blömer (1999), S. 341; Schmeisser/Blömer (1999a), S. 1751-1752. Dort sind weitergehende Ausführungen zu finden.

458 Vgl. Arbeitsgemeinschaft für betriebliche Altersversorgung e.V. (1999), S. 10; Arbeitskreis „Finanzierung" der Schmalenbach-Gesellschaft für Betriebswirtschaft e.V. (1998), S. 323; Bode/Grabner (1997), S. 928.

459 Vgl. Haferstock/Rößler (1999), S. 2274.

460 Gewisse Ähnlichkeiten bestehen mit dem in Deutschland verbreiteten Rechtsinstitut der Stiftung.

Alter eingeräumt. Invaliditäts- und Hinterbliebenenversorgung sind im Normalfall nicht Gegenstand der Vereinbarung und werden über externe Versicherungen abgesichert. Als Zusagetyp ist neben der Leistungszusage die reine Beitragszusage zugelassen, die in den letzten Jahren zunehmend Verbreitung findet. Im Rahmen der auf der Beitragszusage basierenden Fonds ist eine Wahl zwischen verschiedenen Anlagealternativen möglich.

Ein Aktuar überprüft laufend, inwieweit die Unternehmen ihren Verpflichtungen nachkommen. Die Vermögensverwaltung unterliegt einem Treuhänder, welcher die Gelder unter Beachtung etwaiger gesetzlicher Vorschriften und auf Grundlage des sogenannten Grundsatz der Vorsicht verwaltet. Dieser Grundsatz besagt, daß der Treuhänder „mit der Achtsamkeit, Umsicht, Fähigkeit und Sorgfalt verfahren muß, wie es ein einsichtig handelnder Fachmann in der gleichen Situation getan hätte.“[462] Als einzige quantitative Vorgabe ist eine Begrenzung der Rückübertragung der Mittel an das jeweilige Unternehmen i.H.v. 10% vorgesehen.[463] Ansonsten sind die Anlagebestimmungen unreglementiert. Der Treuhänder hat dabei auf eine angemessene Diversifikation der Anlagemittel zu achten. Abbildung 45 verdeutlicht die grundlegenden Zusammenhänge.

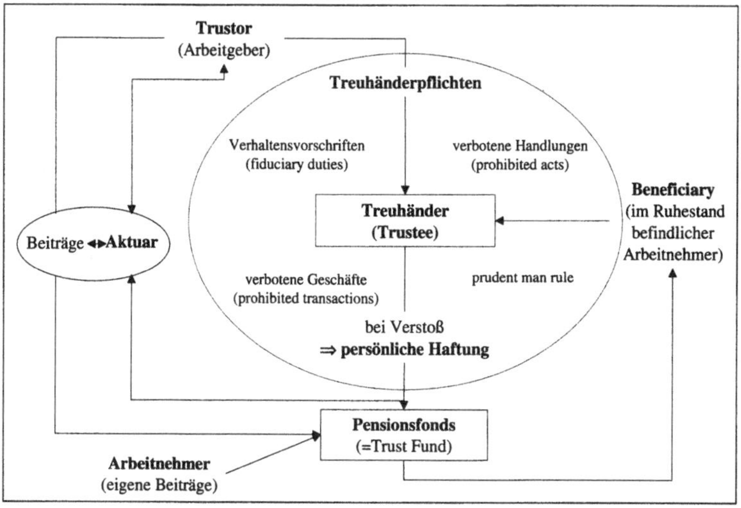

Abbildung 45: Pensionsfonds in Form eines Trusts

---

461 Vgl. Haferstock/Rößler (1999), S. 2274.

462 Vgl. Arbeitskreis „Finanzierung“ der Schmalenbach-Gesellschaft für Betriebswirtschaft e.V. (1998), S. 324. Siehe zu diesem Regulierungsaspekte auch Kapitel E, Abschnitt 7.3.

463 Diese Grenze gilt in den USA. In Großbritannien ist die Rückübertragung auf 5% begrenzt. Vgl. Davis (1997a), S. 7.

Die Beaufsichtigung der Pensionsfonds von staatlicher Seite[464] und die steuerliche Behandlung, die überwiegend nachgelagert erfolgt[465], werden relativ freizügig gehandhabt. Arbeitgeberbeiträge sind in großem Umfang als Betriebsausgaben steuerliche abzugsfähig, Arbeitnehmerbeiträge weitgehend von der Lohnsteuer befreit. Kapitalleistungen sind bis zu einem Umfang von 150% des Endgehaltes steuerfrei. Auch der Pensionsfonds selbst ist unter bestimmten Voraussetzungen von der Besteuerung befreit.

Anhand der obigen Ausführungen kann überprüft werden, daß die zuvor dargestellten Instrumente diesem hier dargestellten Grundtypus des Pensionsfonds nicht entsprechen.

Die Direktzusage scheidet per Definition als Ausgangsbasis für einen Pensionsfonds aus. Die Unterstützungskasse verfügt infolge der stark ausgeprägten Rückübertragung de facto nicht über genügend Gelder. Dieses könnte jedoch gesetzlich begrenzt werden. Die Pensionskasse und Direktversicherung unterliegen den Anlagevorschriften des VAG und sind somit, anders als Pensionsfonds, quantitativ reguliert.[466]

Auch die vorgestellten Reformvorschläge stellen keine Pensionsfonds des angelsächsischen Typus dar.

So sind die Altersvorsorge-Sondervermögen wiederum quantitativ reguliert und die Besteuerung erfolgt zur Zeit, aufgrund der fehlenden Anerkennung als Instrument der betrieblichen Altersversorgung, nicht nachgelagert. Bei den Vorschlägen des BdB werden keine Angaben über eventuelle Kapitalanlagevorschriften gemacht.

Für die Pensionsfonds-Unterstützungskasse der AbA und Euro-Pensionskasse des GdV gelten die Ausführungen zur Unterstützungskasse. Der betriebsunmittelbare Betriebspensionsfonds ist nicht rechtlich selbständig, der betriebsmittelbare Betriebspensionsfonds ist weiterhin in Form einer Leistungszusage ausgestaltet und auch der anlageorientierten Pensionsfonds basiert nicht auf einer reinen Beitragszusage.

---

464 Diese Handhabung ist spätestens seit den Skandalen um die Pensionsfonds von Orange County in den USA und den sogenannten Maxwell Skandal in Großbritannien in die Kritik geraten. Vgl. Blake (1992); Blake (1994); Jorion (1995).

465 Dieses ist für Arbeitnehmerbeiträge in den USA vor allem bei den sogenannten 401 k-Plänen, die nach der Ziffer des US-amerikanischen Internal Revenue Code (IRC) benannt sind, auf dem diese basieren, der Fall. Einmal in diese Pensionsfonds eingebrachte Teile des unversteuerten Einkommens werden vor Erreichen des 59½. Lebensjahres nur unter Zahlung einer 10%igen Strafsteuer zurückgezahlt. Zusätzlich fällt die dann fällige Einkommensteuer an. Beschränkungen zur Einbringung von Geldern in diese Fonds bestehen für Arbeitnehmer mit überdurchschnittlichem Einkommen. Vgl. zu diesen 401 k-Plänen Reilly/Brown (1997), S. 49-50.

466 Vgl. Haferstock/Rößler (1999), S. 2274.

5.7 Schlußfolgerungen

Um einen Ausbau der betrieblichen Altersversorgung zu erreichen, sind vom Gesetzgeber entsprechende Rahmenbedingungen zu schaffen. Zusammenfassend lassen sich die Forderungen für eine Reform der betrieblichen Altersversorgung, wie folgt darstellen.[467]

Wie in den Reformvorschlägen bereits dargestellt wurde, sollte eine Auslagerung der Dekkungsmittel auf externe Versorgungsträger vorgenommen werden, die die Mittel am Kapitalmarkt zu investieren haben. Dabei hat die Verwaltung und Verwendung der Versorgungsmittel durch von den Unternehmen unabhängige Vermögensverwalter zu geschehen. Die Überwachung derselben sollte durch unabhängige Aufsichtsbehörden, z.B. im rechtlichen Rahmen des KAGG, erfolgen.

Das BetrAVG ist um ein reines Beitragssystems zu ergänzen, welches die individuelle Festlegung der Versorgung zwischen Leistungsverpflichtetem und Leistungsempfänger zuläßt. Ein erster Schritt in diese Richtung könnte die Zulassung der Altersvorsorge-Sondervermögen für die betriebliche Altersversorgung darstellen.

Die Unverfallbarkeitsfristen sind zur Förderung der Mobilität zu kürzen. Dieses ist im Rahmen einer Beitragszusage unproblematisch, da das Unternehmen keine biometrischen Risiken übernimmt und sich der Verpflichtungen durch Zahlung der Beiträge entledigen kann. Die Abdeckung der biometrischen Risiken sollte nicht im Unternehmen, sondern über Versicherungen erfolgen.[468]

Sofern eine Grundrente über die erste Säule abgedeckt wird, ist eine Absicherung der biometrischen Risiken im Rahmen der betrieblichen Altersversorgung nicht notwendig. Wünscht das Individuum eine Absicherung, die über das durch die gesetzliche Rentenversicherung vorgesehene Niveau hinausgeht, können entsprechende Versicherungen abgeschlossen bzw. entsprechende Rentenzahlungen in eine Leibrente umgewandelt werden.

6 Mischung von Leistungs- und Beitragszusage

In den vorigen Abschnitten 4 und 5 sind die derzeitigen Durchführungswege und Reformvorschläge dargestellt worden. Dabei wird in der Literatur zumeist eine Randlösung bezüglich der Zusagetypen, entweder die Leistungs- oder die Beitragszusage, vorgeschlagen.[469] Hier ist in Anlehnung an die Ausführung in Kapitel C zu skizzieren, daß unter Risiko-/Rendite-Gesichtspunkten, ähnlich wie bei der Auswahl zwischen Umlage- und Kapitaldek-

---

[467] Vgl. Schmeisser/Blömer (1999a), S. 1752.
[468] Vgl. Schmeisser/Blömer (1999), S. 342.
[469] Vgl. hierzu die in Abschnitt 5 zitierte Literatur.

kungsverfahren, auch bei der Wahl zwischen Leistungs- und Beitragszusage eine Mischung aus beiden Zusagetypen ökonomisch sinnvoll ist.[470]

Leistungs- und Beitragszusagen unterscheiden sich, neben der bereits dargestellten Risikoübernahme, im Anlagehorizont und der Risikoaversion der Verfügungsberechtigten. Bei der Leistungszusage trägt der Arbeitgeber die Risiken, wobei die Gelder einer Großzahl von Individuen verschiedener Altersklassen und daraus resultierend mit verschiedenen Anlagehorizonten gemischt werden. Durch die Aufnahme verschiedener Individuen mit unterschiedlichen Renteneintrittszeitpunkten ist der Anlagehorizont eines Pensionsfonds auf Basis der Leistungszusage länger als bei einem Pensionsfonds auf Basis der Beitragszusage, der sich am Anlagehorizont eines einzigen Individuums zu orientieren hat. Aufgrund des längeren Zeithorizonts können leistungsorientierte Pensionsfonds höhere Risiken eingehen und somit eine höhere erwartete Rendite erwirtschaften.

Dabei ist die intern oder am Kapitalmarkt erwirtschaftete Rendite der leistungsorientierten Pensionsfonds lediglich für den Arbeitgeber relevant. Sie ist jedoch kein Indiz für die Rendite, die die Arbeitnehmer erzielen. Wie in Abschnitt 3.5 gezeigt worden ist, ist die Rendite der Leistungszusage von der Unverfallbarkeitsfrist, den Fluktuationsgewinnen bzw. –verlusten, der relativen Gehaltsposition bzw. Gehaltsentwicklung[471], der Ausgestaltung der Leistungszusage und von den biometrischen Faktoren abhängig. Sie wird hier aufgrund der Stellung zwischen Umlageverfahren und Beitragszusage als Mittelwert der beiden angenommen.

Beitragsorientierte Pensionsfonds können hingegen an die individuelle Risikoaversion des jeweiligen Individuums angepaßt werden, da diesen nicht die Umverteilungselemente der Leistungszusage inhärent sind. Die Gelder werden auf separaten Konten geführt und können entsprechend der sich im Lebensverlauf wandelnden Risikopräferenz angelegt werden.

Die Rendite der Beitragszusage wird ausschließlich von der am Kapitalmarkt erzielten Rendite determiniert. Insofern repräsentiert dieser Zusagetyp den reinen Kapitaldeckungsanteil aus Kapitel C.

Somit existiert auch in der kapitalgedeckten Säule, wie im Umlageverfahren, eine Abhängigkeit von der Lohnentwicklung. Dieser Aspekt wird in der Literatur bisher nicht betrachtet.

Da anzunehmen ist, daß die Lohnentwicklung des einzelnen Arbeitnehmers, wie schon für die Lohn- und Gehaltsentwicklung der Gesamtbevölkerung dargestellt worden ist, nicht perfekt

---

470 Diese Ausführungen gelten unabhängig von der Ansiedlung einer kapitalgedeckten Altersvorsorge im Rahmen der betrieblichen Altersversorgung. Krishnamurthi/Muralidhar/van der Wouden (1998) führen Argumente an, daß eine Mischung beider Zusagetypen sinnvoll sei, ohne dieses jedoch zu belegen.

positiv mit der Kapitalmarktentwicklung korreliert ist, trägt ein lediglich über eine Leistungszusage abgesicherter Arbeitnehmer ein erhebliches Risiko bezüglich seines späteren Versorgungsniveaus. Dieses kann er nur begrenzt selber im Rahmen der Gehaltsentwicklung durch eigene Anstrengungen beeinflussen. Über die Ausgestaltung der Leistungszusage als Endgehalts- oder Karrieredurchschnittsplanzusage kann hier die Korrelation zwischen Beitrags- und Leistungszusage aber auch zwischen umlage- und kapitalgedeckt finanzierter Säule beeinflußt werden.

Auch ist nicht zu erwarten, daß die Rendite der Leistungszusage und des Umlageverfahrens perfekt positiv miteinander korreliert sind, da neben dem Lohnwachstum andere Faktoren (s.o.) die Rendite der Leistungszusage beeinflussen. Analog zu den Ausführungen in Kapitel C Abschnitt 4.3 können erwartete Rendite und Risiko der kapitalgedeckten Säule geschrieben werden als

[D.38]
$$\mu_{KD} = x_{Lz} \cdot \mu_{Lz} + x_{Bz} \cdot \mu_{Bz}$$

und

[D.39]
$$\sigma_{KD} = \sqrt{x_{Lz}^2 \cdot \sigma_{Lz}^2 + x_{Bz}^2 \cdot \sigma_{Bz}^2 + 2 \cdot x_{Lz} \cdot x_{Bz} \cdot \rho_{Lz,Bz} \cdot \sigma_{Lz} \cdot \sigma_{Bz}},$$

wobei die Renditen von Leistungs- und Beitragszusage eher negativ korreliert sind, d.h. $0 > \rho_{Lz,Bz} \geq -1$. Wird [D.38] in [C.55] eingesetzt resultiert für die erwartete Rendite eines Portfolios aus Umlage- und Kapitaldeckungsverfahren

[D.40]
$$\begin{aligned} \mu_P &= x_{UV} \cdot \mu_{UV} + x_{KD} \cdot \left(x_{Lz} \cdot \mu_{Lz} + x_{Bz} \cdot \mu_{Bz}\right) \\ &= x_{UV} \cdot \mu_{UV} + x_{LzKD} \cdot \mu_{Lz} + x_{BzKD} \cdot \mu_{Bz} \end{aligned}$$

mit

[D.41]
$$x_{UV} + x_{KD} = 1$$

[D.42]
$$x_{Lz} + x_{Bz} = 1.$$

[D.43]
$$x_{LzKD} = x_{KD} \cdot x_{Lz}$$

[D.44]
$$x_{BzKD} = x_{KD} \cdot x_{Bz}.$$

Im folgenden wird wiederum die in Kapitel C Abschnitt 4.4 eingeführte Matrixschreibweise verwendet. Für $\vec{x}$ gilt

[D.45]
$$\vec{x} = \begin{bmatrix} x_{UV} & x_{LzKD} & x_{BzKD} \end{bmatrix}^T$$

wobei wiederum $1 = \vec{x}^T \vec{e}$ vorausgesetzt wird. Für die Varianz-/Kovarianzmatrix resultiert

---

[471] Vgl. Tabelle 12.

$$\text{[D.46]}\quad \boldsymbol{\Sigma} = \begin{bmatrix} \sigma_{UV}^2 & \sigma_{UV,Lz} & \sigma_{UV,Bz} \\ \sigma_{Lz,UV} & \sigma_{Lz}^2 & \sigma_{Lz,Bz} \\ \sigma_{Bz,UV} & \sigma_{Bz,Lz} & \sigma_{Bz}^2 \end{bmatrix} = \begin{bmatrix} \sigma_{UV}^2 & \rho_{UV,Lz}\cdot\sigma_{UV}\cdot\sigma_{Lz} & \rho_{UV,Bz}\cdot\sigma_{UV}\cdot\sigma_{Bz} \\ \rho_{Lz,UV}\cdot\sigma_{Lz}\cdot\sigma_{UV} & \sigma_{Lz}^2 & \rho_{Lz,Bz}\cdot\sigma_{Lz}\cdot\sigma_{Bz} \\ \rho_{Bz,UV}\cdot\sigma_{Bz}\cdot\sigma_{UV} & \rho_{Bz,Lz}\cdot\sigma_{Bz}\cdot\sigma_{Lz} & \sigma_{Bz}^2 \end{bmatrix}.$$

Gesucht ist das Minimum-Varianz-Portfolio, dessen Gewichtungsvektor gemäß [C.93] definiert ist als

$$\text{[D.47]}\quad \vec{x}_{MVP} = \begin{bmatrix} x_{UV} \\ x_{LzKD} \\ x_{BzKD} \end{bmatrix} = \boldsymbol{\Sigma}^{-1}\cdot\vec{e}\cdot\frac{1}{c}.$$

Die sich ergebenden Vektoren und Ableitung lassen keine eindeutigen Schlußfolgerungen zu. Aus diesem Grunde wird auf eine Darstellung derselben an dieser Stelle verzichtet. Anhand der in Abschnitt 4.4 verwendeten Daten werden die Portfoliozusammensetzungen analysiert. Da für die Leistungszusage keine Daten vorliegen, sind hier Annahmen zu treffen. Aufgrund der Tatsache, daß die Leistungszusage Elemente der reinen Kapitaldeckung (hier wiederum repräsentiert durch den DAX) und des Umlageverfahrens enthält, werden für die erwartete Rendite und für die Standardabweichung die Mittelwerte von Umlageverfahren und Beitragszusage verwendet, so daß $\mu_{Lz} = 0{,}083$ und $\sigma_{Lz} = 0{,}126$ gilt. Ferner wird angenommen, daß $0 < \rho_{UV,Lz} < 1$ und $0 > \rho_{Lz,Bz} > -1$. Eine positive Korrelation zwischen Umlageverfahren und Leistungszusage kann damit begründet werden, daß beide vom Wachstum der Lohnsumme bzw. des Lohnes abhängig sind. Unter Verwendung der bekannt negativen Korrelation zwischen Beitragszusage und Umlageverfahren kann daraus gefolgert werden, daß die Renditen von Leistungs- und Beitragszusage tendenziell eher negativ miteinander korreliert sind. Diese beiden Parameter werden im folgenden variiert. Dabei wird von Leerverkaufsrestriktionen abstrahiert.

In der dreidimensionalen Abbildung 46 werden die Auswirkungen einer Variation von $\rho_{UV,Lz}$ auf die Anteile in den jeweiligen Anlagen des Minimum-Varianz-Portfolios bei verschiedenen vorgegebenen $\rho_{Lz,Bz}$ dargestellt. Es handelt sich mithin um die Darstellung des durch [D.47] dargestellten Portfoliovektors bei variierenden Korrelationen. Dabei ist der in das Umlageverfahren zu investierende Anteil x_{UV} jeweils an der vorne quer verlaufenden Achse bzw. den Parallelen, der in die Leistungszusage zu investierende Anteil $x_{Lz,KD}$ an der nach rechts hinten verlaufenden Achse bzw. den Parallelen und der Anteil der Beitragszusage $x_{Bz,KD}$ an der senkrechten Achse abgetragen. Entsprechendes gilt für Abbildung 47.

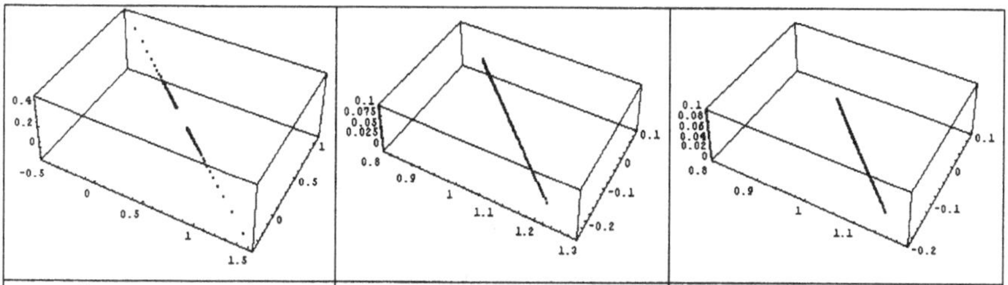

für $\rho_{Lz,Bz} = -1$	für $\rho_{Lz,Bz} = -0,5$	für $\rho_{Lz,Bz} = 0$

Abbildung 46: Portfolioanteile bei Variation von $\rho_{UV,Lz}$

für verschiedene $\rho_{Lz,Bz}$ und vorgegebenes $\rho_{UV,Bz}$

Im folgenden sei von Abbildung 46 lediglich der mittlere Fall für $\rho_{Lz,Bz} = -0,5$ betrachtet[472], da die anderen beiden Teilabbildungen lediglich die jeweiligen Grenzfälle darstellen. Es resultiert, daß mit von 0 nach 1 steigendem $\rho_{UV,Lz}$[473] (Verlauf in der Abbildung jeweils von links oben nach rechts unten) , d.h. die Rendite des Umlageverfahrens und die der Leistungszusage bewegen sich zunehmend gleichgerichtet, der Anteil des Umlageverfahrens zunimmt, der der Leistungszusage abnimmt und der der Beitragszusage geringfügig abnimmt. Dieser Austausch der Leistungszusage durch das Umlageverfahren ist insofern plausibel, als die Leistungszusage hier annahmegemäß ein höheres Risiko aufweist und deren Diversifikationspotential mit der gegen 1 tendierenden Korrelation abnimmt. Die höhere erwartete Rendite spielt auf Grund der Annahme der absoluten Risikoaversion keine Rolle.

Entsprechendes gilt für die in Abbildung 47 dargestellte Variation von $\rho_{Lz,Bz}$ für gegebenes $\rho_{UV,Lz} = 0,5$. Es folgt, daß der Anteil des Umlageverfahrens mit zunehmend negativer Korrelation zwischen Leistungs- und Beitragszusage (Verlauf in der Abbildung von rechts unten nach links oben) abnimmt, der Anteil der Leistungszusage zunimmt und der Anteil der Beitragszusage ebenfalls leicht zunimmt.

---

[472] Grund hierfür ist, daß die anderen beiden Fälle lediglich die Extremmöglichkeiten darstellen und in der Realität kaum existieren werden.

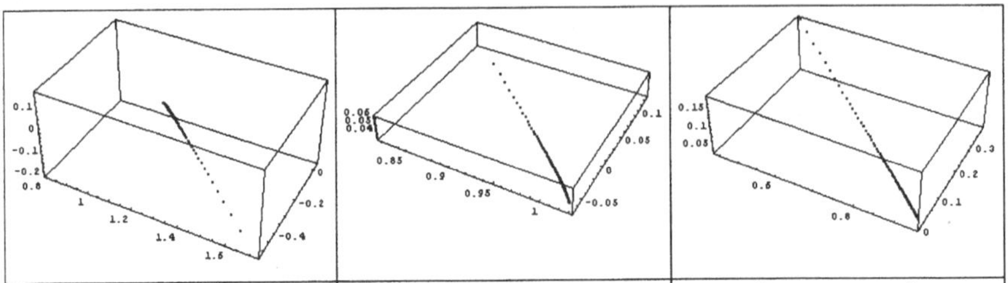

für $\rho_{UV,Lz} = 1$	für $\rho_{UV,Lz} = 0,5$	für $\rho_{UV,Lz} = 0$

Abbildung 47: Portfolioanteile bei Variation von $\rho_{Lz,Bz}$

für verschiedene $\rho_{UV,Lz}$ und vorgegebenes $\rho_{UV,Bz}$

Diese hier dargestellten Portfoliovektoren werden im folgenden dazu verwendet, die möglichen Minimum-Varianz-Portfolios bei variierenden $\rho_{UV,Lz}$ bzw. $\rho_{Lz,Bz}$ darzustellen, wobei wiederum die beiden gerade diskutierten „mittleren" Fälle verwendet werden.

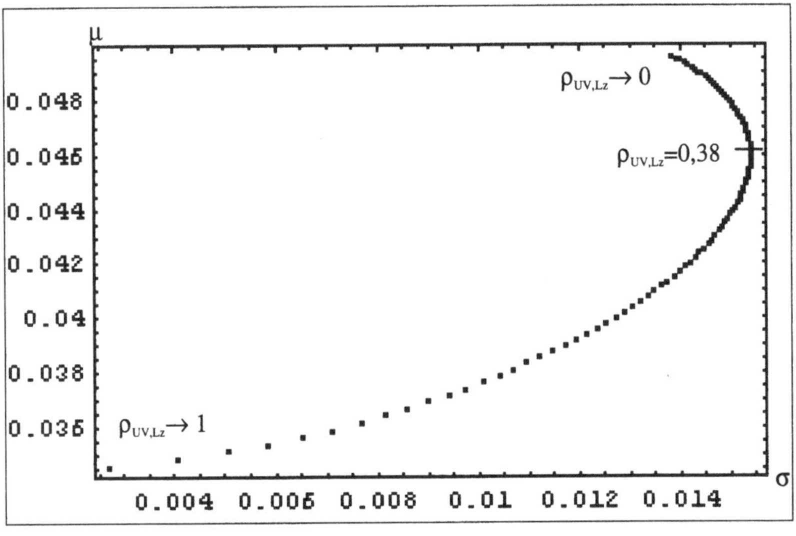

Abbildung 48: Minimum-Varianz-Portfolios bei Variation von $\rho_{UV,Lz}$, $\rho_{Lz,Bz} = -0,5$

---

473 Bei der Variation werden die Extremwerte 0,1 bzw. −1 nicht betrachtet, da diese auch zu extremen Portfoliozusammenstellungen führen und die Abbildungen unübersichtlich würden.

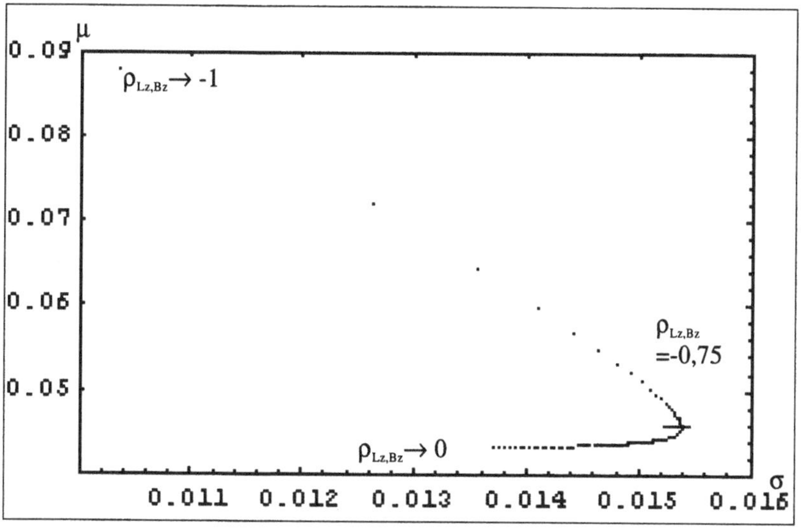

Abbildung 49: Minimum-Varianz-Portfolios bei Variation von $\rho_{Lz,Bz}$ für $\rho_{UV,Lz} = 0,5$

In den Abbildungen sind neben den Grenzwerten für das jeweilige zu variierende Rho der Rho-Wert für das Minimum-Varianz-Portfolio mit maximaler Standardabweichung angegeben. Dabei bezeichnet diese markierte Stelle den Punkt, bis zu dem Leerverkäufe die Portfoliozusammensetzung beeinflussen. Daher ist es auch zu erklären, daß mit abnehmender Korrelation in Abbildung 48 die Standardabweichung des Minimum-Varianz-Portfolios zunächst ansteigt. Dieses intuitiv zunächst nicht erklärliche Ergebnis resultiert daraus, daß bei der stark positiven Korrelation zunächst Leerverkäufe vorgenommen werden, wodurch die Korrelationen de facto umgedreht werden. Durch die abnehmende Korrelation wird die Möglichkeit der Korrelationsbeeinflussung durch Leerverkauf verringert und zunächst nicht durch die geringere Korrelation und damit an sich ansteigende Diversifikationsmöglichkeiten ausgeglichen. Erst ab einer bestimmten „Schwellenkorrelation" ($\rho_{UV,Lz} = 0,38$ in Abbildung 48 und $\rho_{Lz,Bz} = -0,75$ in Abbildung 49) überwiegen die ansteigenden Diversifikationsmöglichkeiten die abnehmende Möglichkeit der Beeinflussung durch Leerverkäufe.

Für den restlichen Verlauf der Kurven ergibt sich das zu erwartende Ergebnis, daß bei einer niedrigeren bzw. einer weiter im negativen Bereich liegenden Korrelation bessere Diversifikationseffekte erreicht werden können.

Es ist dargestellt geworden, daß eine Mischung zwischen Leistungs- und Beitragszusage im Rahmen der kapitalgedeckten Altersversorgung in Analogie zu der Mischung zwischen Umlage- und Kapitaldeckungsverfahren sinnvoll ist. Aufgrund der Abhängigkeit der Leistungszusage von der Lohn- und Gehaltsentwicklung, die – wie in C4 dargestellt worden ist – tendenziell negativ mit der Kapitalmarktrendite der Beitragszusage verknüpft ist, ist auch zwischen Leistungs- und Beitragszusage von einer negativen Korrelation auszugehen.
Auch diese Ausführungen belegen, daß die Einführung einer reinen Beitragszusage im Rahmen der betrieblichen Altersvorsorge sinnvoll ist.

7 *Zusammenfassung der Ergebnisse*

In dem vorliegenden Kapitel ist aufbauend auf den Ergebnissen von Kapitel C gezeigt worden, wie ein kapitalgedeckter Anteil der Altersvorsorge, der auf Basis portfoliotheoretischer Erkenntnisse sinnvoll ist, ausgestaltet sein kann. Dabei ist auf die 2. Säule, die in Deutschland die betriebliche Altersvorsorge umfaßt, zurückgegriffen worden. Nach einer Darstellung der grundlegenden Ziele der im BetrAVG kodifizierten Gegebenheiten ist auf die Charakteristika von Instrumenten der Altersversorgung und auf die Systematik der Zusagetypen eingegangen worden. Deren Risiken, Anreiz- und Umverteilungseffekte sind in Abschnitt 3 eingehend analysiert worden.
Vor diesem Hintergrund sind die aktuellen Durchführungswege und Reformvorschläge in Deutschland präsentiert worden. Auffallend ist, daß die Reformvorschläge sich stark an den gesetzlichen Rahmen halten. In diesem ist es kaum möglich, die betriebliche Altersvorsorge für die Leistungsgeber attraktiver zu machen. Ferner sind die Auffassungen stark gespalten bezüglich der Vor- und Nachteile der Einführung einer reinen Beitragszusage in Deutschland. Durch die Einführung der reinen Beitragszusage könnte eine für Arbeitnehmer und Arbeitgeber effizientere Risikoteilung erreicht und so die Verbreitung der betrieblichen Altersversorgung zur Ergänzung der gesetzlichen Rentenversicherung gestärkt werden.
Im abschließenden 6. Abschnitt ist der in der Literatur bisher vernachlässigte Aspekt der Mischung von Leistungs- und Beitragszusage erläutert worden, der im Gegensatz zur derzeitigen Diskussion in der Literatur steht.
Aufbauend auf den Ausführungen in Kapitel C Abschnitt 4 ist dargestellt worden, daß eine Mischung beider Zusagetypen und damit die Einführung einer reinen Beitragszusage auch für den Arbeitnehmer vorteilhaft ist.

E Regulierung der Altersversorgung

1 Überblick

Fiskalische und regulative Vorschriften beeinflussen die Aufteilung von Vorsorgemaßnahmen zwischen Instrumenten der Altersversorgung.[474]

Dabei wird unter Regulierung[475] die Aufstellung von Verhaltensregeln, denen Institutionen bzw. Individuen zu folgen haben, verstanden. Monitoring bezeichnet die Kontrolle der Befolgung dieser Regulierungsvorschriften. Die Aufsicht (supervision) kennzeichnet hingegen die eher generelle Beobachtung von Institutionen oder Individuen. Aufgrund der Beeinflussung durch regulative Vorschriften werden im diesem Kapitel wesentliche Aspekte einer Regulierung der Altersversorgung, insbesondere von Pensionsfonds, dargestellt.

In folgenden Abschnitt werden die Ziele einer Regulierung skizziert, bevor im Anschluß die verschiedenen Risiken, denen Altersversorgung auf der Grundlage von Pensionsfonds ausgesetzt ist, darzustellen sind. Die Vorschläge der Europäischen Kommission (Abschnitt 4) dienen als Ausgangspunkt. Die nachfolgenden Abschnitte stellen einzelne Regulierungsaspekte detaillierter dar. Dieses sind die Regulierung des Altersversorgungsbranche (Abschnitt 5), der Performance (Abschnitt 6), der Aktiva (Abschnitt 7) und Passiva (Abschnitt 8) und diese beiden Abschnitte zusammenführend, das Aktiv-Passiv-Management (Abschnitt 9).

2 Ziele für Regulierung

Die Hauptziele von Regulierungsmaßnahmen[476] sind der Erhalt der systemischen Stabilität und der Sicherheit der Finanzinstitutionen sowie der Schutz der Versorgungsempfänger. Auf den Fall der Altersversorgung bezogen lassen sich in Anlehnung an die Ausführungen in Kapitel B, Abschnitt 2 folgende konkrete Aspekte nennen: Soweit Zuwendungen an Pensionsfonds steuerlich begünstigt werden, dient Regulierung dazu, einen Mißbrauch dieser Begünstigung zu verhindern. Weitere Einzelziele für Regulierung sind Umverteilungsziele und die Absicherung der Leistungsansprüche, sowie die Rentabilität der angelegten Vermögen.

Eine Regulierung bedingt – abgesehen von ideologischen Gründen - als Rechtfertigung Marktversagen, welches zu beseitigen ist. In der Ökonomie existieren drei Standardfälle des Marktversagens[477]:

---

[474] Vgl. Davis (1997), S. 91.
[475] Vgl. Llewellyn (1999), S. 6.
[476] Vgl. Llewellyn (1999), S. 8-9.

1. Externe Effekte,
2. Marktmacht durch Monopolbildung,
3. Asymmetrische Informationen.[478]

Externe Effekte bestehen hier hauptsächlich darin, daß im Fall der Insolvenz eines Pensionsfonds oder eines Unternehmens bei nicht ausreichender Deckung neben den ehemals Begünstigten der Staat betroffen ist, da dieser in diesem Falle unter Umständen aus politischen Gründen Sozialhilfe zu leisten hat. Eine Art „Bank Run", also eine Vertrauenskrise der Anleger, die zu einem vollständigen Abzug der Anlagemittel führt, ist jedoch aufgrund der Existenz der Anlagegelder, die die Verbindlichkeiten decken, nicht zu erwarten.[479]

Auch die Marktmacht durch Monopolbildung spielt eher eine untergeordnete Rolle, da die Bildung eines Pensionsfonds geringe Eintrittsbarrieren aufweist.[480]

Asymmetrische Information, die durch die Kosten der Informationsbeschaffung über die Qualität der Leistung für den Endverbraucher entsteht, stellt hingegen ein ernstzunehmendes Problem dar. Diese Informationsasymmetrie zwischen Anleger und der Institution des Pensionsfonds führt dazu, daß der Leistungsempfänger des Pensionsfonds den Risiken des Betrugs, der Fahrlässigkeit, des Unvermögens und der ungerechten Behandlung durch die Institution des Pensionsfonds ausgesetzt ist.[481]

Um zu zeigen, welche Gründe es für eine Regulierung im konkreten Fall der Altersversorgung gibt, sind zunächst die Risiken derselben auf gesamtwirtschaftlicher Ebene herauszuarbeiten.

---

477 Vgl. Davis (1997), S. 91-93; Davis (1997a), S. 2-4. Zu den Standardfällen des Marktversagens vgl. z.B. von Böventer/Illing (1995), S. 295-306, 340 ff.; Franke/Hax (1999), S. 410-418.

478 Damit asymmetrische Information zu einem Problem werden kann, muß diese mit divergierenden Interessen und opportunistischem Verhalten verbunden sein. Vgl. Franke/Hax (1999), S. 409-418.

479 Vgl. Srinivas/Whitehouse/Yermo (2000), S. 4. Ferner können auch positive externe Effekt auftreten, z.B. durch die Entlastung der gesetzlichen Rentenversicherung und der Entwicklung der Kapitalmärkte durch eine externe Anlage der Gelder.

480 Theoretisch ist bei entsprechender Marktmacht einzelner Fonds, die z.B. durch die Festlegung eines Pensionsfonds durch ein Unternehmen entstehen kann, eine Bevorzugung einzelner, z.B. des Managements, auf Kosten der anderen Leistungesempfänger, möglich.

481 Vgl. Davis (1997a), S. 2-3; Srinivas/Whitehouse/Yermo (2000), S. 4-7. Die dargestellten Gründe sind Faktoren, die auch auf andere Finanzinstitutionen, wie zum Beispiel Banken, zutreffen. Vgl. Rocha/Gutierrez/Hinz (1998), S. 15. Vgl. Rocha/Gutierrez/Hinz (1998) für eine Darstellung der Bankenregulierung und deren Auswirkungen auf die Regulierung von Pensionsfonds.

3 Risiken einer Altersversorgung auf Basis von Pensionsfonds

Die drei wesentlichen, für Pensionsfonds relevanten Risiken sind das systematische Marktrisiko, das systemische Risiko und das Agency Risiko.[482]

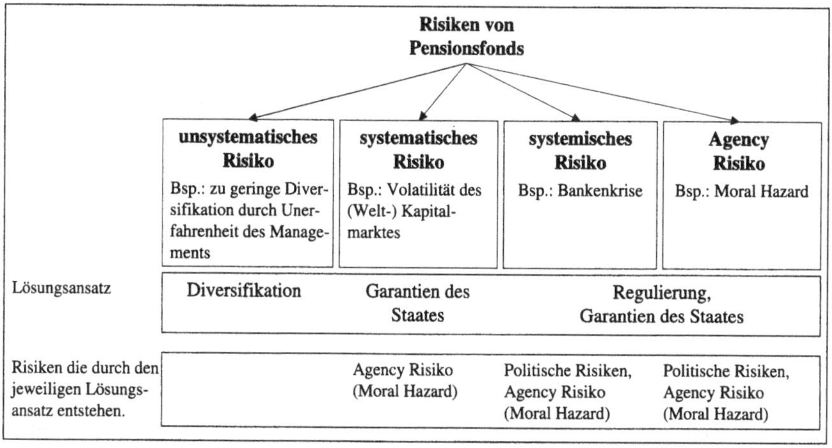

Abbildung 50: Klassifizierung der Risiken von Pensionsfonds[483]

Das ebenfalls in Abbildung 50 dargestellte unsystematische Risiko kann durch Diversifikation eliminiert werden. Aus diesem Grunde wird dieses im folgenden nicht weiter betrachtet.

3.1 Systematisches Risiko

Das systematische Risiko ist den Märkten inhärent und kann dort derzeit nicht weiter durch Diversifikation verringert werden. Es beruht darauf, daß die aktuelle Generation nicht mit zukünftigen Generationen Risiken austauschen kann. Eine intergenerationale Risikoteilung findet an den Kapitalmärkten nicht statt.[484]

Eine schon in Kapitel C herausgearbeitete Möglichkeit dieses systematische Risiko zu verringern, ist die Kombination von Kapitaldeckungs- und Umlageverfahren, da dem Umlageverfahren eine intergenerationale Risikoteilung immanent ist.[485]

Eine andere Möglichkeit stellen Garantien des Staates für eine Mindestleistung dar. Eine solche Garantie eröffnet jedoch ein „Moral Hazard“ Problem[486], da nun das Risiko einer sehr volatilen Anlage im Verlustfall durch den Staat abgesichert wird.

---

[482] Agency Risiko bezeichnet die Gefahr opportunistischen Verhaltens bei ungleichen Informationsständen der Marktteilnehmer.

[483] In Anlehnung an Srinivas/Whitehouse/Yermo (2000), S. 6.

[484] Inflation kann jedoch als eine Art intergenerationale Risikoteilung angesehen werden.

[485] Vgl. hierzu Kapitel C.

3.2 Systemisches Risiko

Investitionen am Kapitalmarkt bedingen, daß es möglich ist, diese glattzustellen. Dazu sind liquide und vom Anlagerisiko freie Anlageformen notwendig.[487] Bei einer überproportionalen Risikoaufnahme durch Banken kann deren Solvenz gefährdet werden. Aufgrund asymmetrischer Information zwischen Banken und Anlegern kann es bei einem Vertrauensschwund in das Bankensystem zu einer Bankenkrise kommen und dadurch das gesamte Finanzsystem in Mitleidenschaft gezogen werden. Eine Möglichkeit, die Investitionen am Kapitalmarkt glattzustellen, besteht dann nicht mehr. Insofern bedarf ein solides kapitalgedecktes Altersversorgungssystem eines stabilen Bankensystems.[488]

Ein Regulierungsansatz sollte somit das Bankensystem einschließen, um beispielsweise über einen Einlagensicherungsfonds die Wahrscheinlichkeit eines „Bank Run" zu minimieren.[489]

3.3 Agency Risiko

Agency Risiken[490] können durch entsprechende Regulierungsansätze und staatliche Garantien verringert werden. Um die Möglichkeit des Betruges zu vermindern, sollten Rechnungslegungs- und Prüfungsvorschriften unter Berücksichtigung weitgehender Offenlegungspflichten um spezifische Vorschriften für Pensionsfonds erweitert werden.

Ein überhöhtes Risiko auf Grundlage der Konzentration der Anlagemittel ist durch entsprechende Höchstgrenzen für einzelne Anlagekategorien verringerbar.

Durch die Begrenzung der Rückübertragung in das beauftragende Unternehmen werden Interessenkonflikte zwischen diesem und den Fondsmanagern verringert.

4 Die Vorschläge der Europäischen Kommission

Die Stellungnahmen der Europäischen Kommission zur Problematik der Regulierung der Altersversorgung beruhen auf dem „Grünbuch: Zusätzliche Altersversorgung im Binnenmarkt" aus dem Jahre 1997, zu welchem eine Zusammenfassung der Antworten und die Ergebnisse der Konsultationen auf politischer Ebene erschienen sind.[491] Diese Publikationen dienen als Grundlage einer für dieses Jahr erwarteten Direktive der Europäischen Kommission.

---

486 Das Phänomen des „Moral Hazard" bezeichnet dabei die nachvertragliche Unsicherheit über das Verhalten des Vertragspartners. Vgl. Franke/Hax (1999), S. 410.

487 Vgl. Srinivas/Whitehouse/Yermo (2000), S. 6.

488 Vgl. zu systemischen Risiken im Bankensektor Holtorf (2000).

489 Vgl. für den Einlagensicherungsfonds in Deutschland Holtorf/Rudolf (1999).

490 Vgl. für die folgenden Ausführungen Srinivas/Whitehouse/Yermo (2000), S. 7.

491 Vgl. Europäische Kommission (1998a), Europäische Kommission (1999a). Ferner ist eine weitere Publikation, die die Ergebnisse eines auf Initiative der Europäischen Kommission durchgeführten

Ziel der Europäischen Kommission stellt die Förderung und Vereinheitlichung der kapitalmarktorientierten Altersversorgung im Rahmen der 2. Säule dar, wodurch die Mobilität der Arbeitnehmer gefördert werden soll. Im Grünbuch werden bezüglich des Themenkomplexes der Regulierung die Beaufsichtigung der Fonds und der Fondsverwalter als auch die Aspekte der Überreglementierung und des Anlageverhaltens behandelt. Diese Aspekte betreffen die Regulierung der Aktiva von Pensionsfonds und werden in Abschnitt 7 dargestellt.[492]
Im folgenden werden die verschiedenen Ansatzmöglichkeiten einer Regulierung der Altersversorgung analysiert.

5 *Regulierung der Altersversorgungsbranche*

Restriktionen für die Altersversorgungsbranche haben unter anderem den Zweck, die Überwachung der Aktivitäten zu erleichtern.[493]
Eine Möglichkeit besteht darin, nur eine geringe Zahl von Instrumenten für die Altersversorgung, ob für die 2. oder 3. Säule, zuzulassen und damit die Auswahl durch die späteren Anspruchsberechtigten bzw. die Erteiler der Zusagen einzuschränken. Dieses führt dazu, daß das System für den Laien leichter zu verstehen ist. Ferner werden die Kosten gering gehalten, die durch eine Aufteilung der Beiträge auf mehrere Fonds und eventuelle Übertragungen zwischen den Fonds resultieren würden.
Bei einem derartigen System bestehen nur geringe Diversifikationsmöglichkeiten zwischen verschiedenen Instrumenten.
Häufig wird einem Fondsmanager lediglich das Management eines einzigen Fonds erlaubt.[494]
Dadurch soll das Moral-Hazard Problem gelöst werden, welches aus staatlichen Minimumrentengarantien resultiert.
Sofern Fondsmanager verschiedene Fonds verwalten, könnten diese versucht sein, Leistungsempfänger mit sehr geringen Lohneinkommen und zu erwartetender Minimalrente in einem

Projektes der Pragma Consulting zusammenfaßt, veröffentlicht worden. Vgl. Europäische Kommission (1999).

[492] Weitere Themenkomplexe, die sich auf die Regulierung beziehen sind die Anlagevorschriften für Lebensversicherungen, eine mögliche Angleichung der Vorschriften für die Passiva von Lebensversicherungen und Pensionsfonds und die Fondsverwalter. Vgl. Europäische Kommission (1997), S. 15-16; Europäische Kommission (1998a), S. 21-24. Weitere Themekomplexe sind „Der Demographische und wirtschaftliche Zusammenhang" (Kapitel 1), „Die Altersversorgung und die Kapitalmärkte der EU" (Kapitel 2), die „Erleichterung der Freizügigkeit der Arbeitnehmer" (Kapitel 4) und „Die Bedeutung der Besteuerung bei ergänzenden Altersversorgungssystemen" (Kapitel 5). Vgl. Europäische Kommission (1997). Der Aspekt der Kapitalmärkte wird in Kapitel F der vorliegenden Ausarbeitung analysiert.

[493] Vgl. Davis (1997), S. 120-125; Srinivas/Whitehouse/Yermo (2000), S. 7-13.

Fonds zusammenzufassen. Für diesen Fonds wäre dann aufgrund der Absicherung der Risiken durch die Staatsgarantie eine sehr riskante Strategie effizient, da die Verluste durch diese Garantie abgesichert sind. Gewinne kommen jedoch dem Fonds und damit dem Fondsmanager zugute.

Diese Einschränkung bedeutet zudem, daß Leistungsempfänger nicht zwischen verschiedenen Portfoliozusammensetzungen, angepaßt an die jeweilige Lebensphase, wählen können. Eine effiziente Diversifikation, die auch an der Verteilung des Humankapitals zu messen ist, ist somit nicht gewährleistet.[495]

6 Regulierung der Performance

Ziel einer Performanceregulierung ist es, in nicht dem Wettbewerb ausgesetzten Wirtschaftszweigen eine Benachteiligung der Leistungsempfänger zu verhindern.[496] Obwohl die Verwaltung von Anlagegeldern geringen Markteintrittsbarrieren ausgesetzt ist, wird dieser Ansatz in einigen - vor allem lateinamerikanischen Ländern[497] - angewandt. Dabei werden Minimumrenditen für Pensionsfonds vorgeschrieben.[498] Dieses ist mit der in diesen Ländern auf einen Fonds eingeschränkte Anlagemöglichkeit verknüpft, die es dem Leistungsempfänger nicht erlaubt, die Beiträge aufzuteilen.

Da in diesen Ländern die Anlage der Gelder in Pensionsfonds verpflichtend ist, können die Anleger das Risiko einer falschen Auswahl des Pensionsfonds weder vermeiden noch durch Diversifikation eliminieren.[499]

Die vorgeschriebene Mindestrendite sichert die Leistungsempfänger vor diesem gründsätzlich diversifizierbaren Risiko, welches lediglich aufgrund der gesetzlichen Rahmenbedingungen nicht vermeidbar ist, ab.

Der Haupteffekt einer solchen Regulierung ist die Konformität aller Pensionsfonds. Kleine Fonds folgen den größeren Fonds, um nicht unter der durchschnittlichen Performance der Fonds zurück zu bleiben, die häufig die Mindestrendite darstellt. Da die kleinen Fonds den großen folgen, ist der Zwang der Erwirtschaftung von Überrenditen für die größeren Fonds

---

[494] Dies ist z.B. in einigen Ländern Lateinamerikas und Osteuropas der Fall, in denen die Systeme auf Kapitaldeckung umgestellt worden sind.

[495] Vgl. zu diesem Aspekt Jagannathan/Kockerlakota (1996).

[496] Vgl. Srinivas/Whitehouse/Yermo (2000), S. 17.

[497] Vgl. Srinivas/Whitehouse/Yermo (2000), S. 15-16.

[498] Vgl. Srinivas/Whitehouse/Yermo (2000), S. 15-20. Sollten die Rendite unter diese Minimumrendite fallen, sollen die Ansprüche aus einem Garantiefonds abgegolten werden. Inwiefern eine Unterschreitung der Mindestrendite für die Verantwortlichen Konsequenzen hat, wird nicht ausgeführt.

[499] Vgl. Srinivas/Whitehouse/Yermo (2000), S. 17.

geringer, da von diesen ohnehin der Durchschnitt bestimmt wird. Insofern kann eine solche Performanceregulierung zu einer insgesamt ineffizienten Vermögensanlage führen.

7 Regulierung der Aktiva der Altersversorgung

7.1 Regulierung auf Basis der Vorschriften für Lebensversicherungen

In der EU wird die mögliche Anwendung der Regeln für Lebensversicherungen auf Pensionsfonds unterschiedlich gehandhabt. [500] Lebensversicherungen und Pensionsfonds weisen Gemeinsamkeiten auf. Diese bestehen zum einen aus der langfristigen Orientierung dieser Instrumente, die der Absicherung im Alter dienen soll. Zudem werden die Vermögenswerte jeweils von bevollmächtigten Sachverständigen verwaltet. Auch sind beide Produkte stark vom Verbraucherinteresse abhängig und einem starken Wettbewerb ausgesetzt. Um den Interessen der Verbraucher entgegen zu kommen, sind jeweils Mindeststandards zur Vermeidung unnötiger Risiken notwendig.

Aufgrund der Gemeinsamkeiten beider Instrumente werden in einigen Ländern die Anforderungen für Lebensversicherungen[501], welche die Mindestliquiditätsanforderungen, Auflagen bezüglich versicherungstechnischer Rückstellungen und Anlagebeschränkungen betreffen[502], auf Pensionsfonds übertragen.[503]

Pensionsfonds und Lebensversicherung sind jedoch nur teilweise vergleichbar. Ein entsprechender tabellarischer Vergleich ist in Anhang 28 zu finden.[504] Während Lebensversicherungen im Durchschnitt über 8-12 Jahre laufen, umspannen Rentenvereinbarungen einen Zeitraum von 20 und mehr Jahren. Zudem kann eine Lebensversicherung vorzeitig gekündigt werden. Dieses ist bei einem Pensionsfonds zumeist ausgeschlossen. Ist eine Kündigung möglich, verhindern die mit der Kündigung verbundenen negativen Renditeeffekte diese zumeist.[505]

Überdies besteht die Möglichkeit, Darlehen gegen die Sicherheit von Lebensversicherungsverträgen zu erhalten. Eine solche Möglichkeit ist bei Pensionsfonds nicht vorgesehen.

Ein weiterer wesentlicher Unterschied ist die Art der Leistungsverpflichtung. Bei Lebensversicherungen wird bei Abschluß des Vertrages eine fixe Versicherungssumme zum Nennwert

---

[500] Vgl. Europäische Kommission (1997), S. 13; Europäische Kommission (1998a), S. 18-19.

[501] Anhang 27 enthält eine tabellarische Auflistung dieser Regeln.

[502] Für die einzelstaatlichen Vorschriften und die EU-Bestimmungen für Lebensversicherung vgl. Europäische Kommission (1997), Tabelle X und Tabelle XI.

[503] Vgl. Europäische Kommission (1997), S. 13.

[504] Vgl. Europäische Kommission (1997), Tabelle XIII. Der Überblick in Anhang 28 orientiert sich daran.

[505] Vgl. hierzu Kapitel A, Abschnitt 3.5.

vereinbart. Die Leistungsverpflichtungen bei Pensionsfonds, die auf der gehaltsorientierten Leistungszusage basieren,[506] orientieren sich hingegen an der Lohn- bzw. Gehaltsentwicklung und sind somit stochastisch. Ferner wird bei leistungsbasierten Pensionsfonds vom Arbeitgeber eine garantierte Rentenleistung unabhängig von der erzielten Verzinsung vereinbart.
Aufgrund der dargestellten Unterschiede von Lebensversicherungen und Pensionsfonds zeigt sich, daß eine bloße Übernahme der Vorschriften für Lebensversicherungen auf Pensionsfonds nicht sinnvoll ist.
Bei Lebensversicherungen sind die Liquiditätsanforderungen aufgrund der kürzeren Vertragslaufzeit, der Kündigungsmöglichkeit und der Möglichkeit als Darlehenssicherheit[507] zu dienen, höher. Zusätzlich ist es durch die stochastische Komponente der Lohn- bzw. Gehaltsentwicklung bei Pensionsfonds, die im Zeitablauf im Normalfall anwächst, für deren Anlagepolitik von Bedeutung, die Anlagemittel langfristig und renditewirksam anzulegen. Sonst besteht die Gefahr, die Mindestrendite nicht zu erreichen und die Leistungsverpflichtungen nicht erfüllen zu können. Die Vermögensanlage für Lebensversicherungen hat somit einen kürzeren Zeithorizont als für Pensionsfonds. Aufgrund des längeren Zeithorizonts von Pensionsfonds können größere Anteile in volatile Anlagen, z.B. Aktien, investiert werden, da das relevante Risikomaß des Shortfall Risikos mit zunehmenden Anlagehorizont abnimmt.[508]
In einigen Ländern der EU existieren daher von den für Lebensversicherungen abweichende Regelungen für Pensionsfonds. Bei diesen Regelungen für Pensionsfonds haben sich einige Gemeinsamkeiten herausgebildet.[509]
Dies ist unter anderem die Erfordernis einer Zulassungsstelle für Pensionsfonds. Die Zulassung ist dabei an bestimmte Kriterien geknüpft.[510] Einmal zugelassene Pensionsfonds sind aufsichtsrechtlich zu überwachen.
Mindestvorschriften für die Mittelanlage existieren in Form des qualitativen Vorsichtsprinzips vor allem in den angelsächsischen Ländern.[511] In Deutschland hingegen bilden quantitative Portfoliovorgaben[512,513] die Basis einer Regulierung der Aktiva von Pensionsfonds.

---

506 Vgl. Kapitel A, Abschnitt 3.1.
507 Sollte die Sicherheit eingefordert werden, ist eine schnelle Auflösung des Lebensversicherungsvertrags und damit verbunden eine schnelle Liquidation der Anlagen notwendig, um den Forderungen aus den Darlehen nachzukommen.
508 Vgl. Kapitel A, Abschnitt 5.4, Exkurs.
509 Vgl. Europäische Kommission (1997), S. 13.
510 Diese sind die Eignung und wiederum Zulassung der Pensionsfondsverwalter sowie der Hinterlegungsstellen, Verwahrer und Treuhänder. Ferner wird die Rechtsform des Fonds angeführt. Vgl. Europäische Kommission (1997), S. 13.
511 Vgl. Davis (1997a), S. 4-7.
512 Vgl. Europäische Kommission (1997), Tabelle IX. Bei diesen Angaben handelt es sich um den Stand von 1994. Die quantitativen Portfoliovorgaben für Altersvorsorge-Sondervermögen in

Zur Zeit existieren keine EU-übergreifenden Vorschriften für Pensionsfonds. Insofern werden quantitative Vorgaben, welche ausschließlich aus aufsichtsrechtlichen Gründen gestattet sind, auf einzelstaatlicher Ebene geregelt.[514]

7.2 Quantitative Vorgaben

Ziel quantitativer Vorgaben ist eine Vermeidung von Risiken durch die Beeinflussung der Investition der Anlagemittel in als risikoreich und als risikoarm angesehene Anlagen.[515] Sowohl eine Diskriminierung ausländischer Vermögensanlagen als auch eine Bevorteilung „der Zentralregierungen sowie der regionalen und örtlichen Gebietskörperschaften" ist dabei zu vermeiden.[516]

Die Vorgaben existieren in Form von Unter- und Obergrenzen für die Vermögensanlage. Ferner existieren quantitative Vorgaben bezüglich der Rückübertragung in die Unternehmen und der Konzentration der Mittel in einzelnen Anlagen.

Durch quantitative Regulierungsansätze wird der Schwerpunkt auf die vermeintliche Sicherheit der Anlagegelder gelegt, wobei diese aufgrund nicht genutzter Diversifikationspotentiale fraglich ist. Die Rentabilität als zweites Ziel findet keine Beachtung.

Durch Mindestanlagequoten in Staatsanleihen findet eine Bevorteilung der Zentralregierungen statt.[517] Hierdurch wird eine stetige Nachfrage gewährleistet, und die Refinanzierungskosten des Staatshaushaltes werden beeinflusst. Des weiteren wird befürchtet, daß die Mindestanlagequoten bei einer Ausweitung der kapitalmarktorientierten betrieblichen Altersversorgung und damit steigenden Kapitalanlagemitteln problematisch werden könnten, da die anteilige Anlage in Staatsanleihen aufgrund des mangelnden Angebotes zwangsläufig abnimmt.[518] In den USA liegt der Anteil der Anlagemittel von Pensionsfonds im Verhältnis zum

Deutschland sind Tabelle 14 auf Seite 111 dieser Arbeit zu entnehmen. Im Rahmen der Antworten zum Grünbuch werden ferner in Ergänzung interne Kontrollen von Pensionsfonds vorgeschlagen. Vgl. Europäische Kommission (1998a), S. 19.

513 Vgl. Davis (1997a), S. 4; Organisation for Economic Co-Operation and Development (1998), S. 68-69; Europäische Kommission (1999), S. 18-21. So sind z.B. die in Deutschland existierenden Altersvorsorge-Sondervermögen quantitativ reguliert. Vgl. hierzu § 37 i KAGG.

514 Vgl. Europäische Kommission (1997), Tabelle IX. Diese ist in modifizierter Form für die einzelstaatlichen Regelungen in Anhang 29 wiedergegeben.

515 Diese zunächst quantitativen Vorgaben ergeben somit im Endeffekt eine qualitative Einschränkung. Dennoch wird im folgenden in Übereinstimmung mit der Literatur der Begriff der quantitativen Vorgaben verwendet.

516 Vgl. Europäische Kommission (1997), S. 13.

517 Vgl. Organisation for Economic Co-Operation and Development (2000), S. 119.

518 Vgl. Europäische Kommission (1998a), S. 20-21.

Bruttoinlandsproduktes bei ca. 60%, in Deutschland hingegen nur bei ca. 3%.[519] Abbildung 51 stellt eine entsprechende Projektion dar.

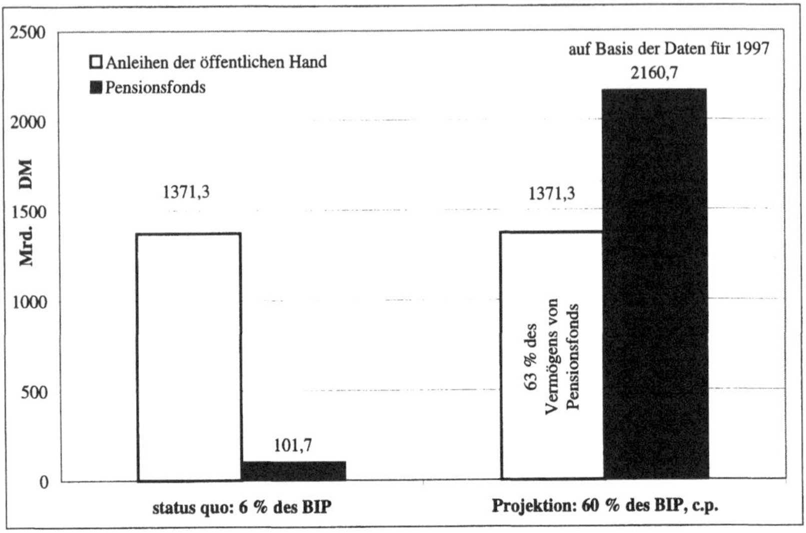

Abbildung 51: Anleihen und Pensionsfonds in Deutschland[520]

Im linken Teil der Abbildung ist das derzeitige Verhältnis von Anleihen der öffentlichen Hand zu dem Anlagevolumen der Pensionsfonds in Deutschland dargestellt.

Sollte es, wie im rechten Teil der Abbildung 51 dargestellt, zu einer Angleichung der relativen Größe der Pensionsfondsanlagen zum BIP von 60% (dem US-amerikanischen Wert) in Deutschland kommen, würden Probleme bezüglich der Anlagemöglichkeiten in Anleihen der öffentlichen Hand resultieren,[521] da davon auszugehen ist, daß das Angebot an Anleihen der öffentlichen Hand dem Wachstum der Anlagegelder nicht folgen kann.[522,523]

Durch die Obergrenzen wird die Flexibilität der Anlageentscheidung für Akteure auf kleineren Märkten eingeschränkt.[524] Ferner resultiert eine abschreckende Wirkung für Akteure aus

---

[519] Vgl. Organisation for Economic Co-Operation and Development (1998), S. 65.

[520] Quelle: Deutsche Bundesbank, Kapitalmarktstatistik, 06/2000.

[521] Vgl. zu Ausführungen zum Kapitalmarkt das nachfolgende Kapitel F.

[522] Vgl. Europäische Kommission (1997), S. 11.

[523] Dabei ist zu beachten, daß neben Pensionsfonds auch weitere Finanzmarktakteure ihre Gelder in Anleihen der öffentlichen Hand anlegen und somit die Quoten niedriger liegen müssen. In Deutschland existieren derzeit keine Mindestanlagevorschriften für Staatsanleihen. Vgl. Srinivas/Whitehouse/Yermo (2000), S. 23.

[524] Vgl. Europäische Kommission (1998a), S. 20.

Staaten, in denen der Grundsatz der Vorsicht („prudent man rule")[525] gilt. Häufig wird die hemmende psychologische Wirkung der Obergrenzen auf das tatsächliche Anlageverhalten der Fondsmanager angeführt, wodurch ein unangemessen risikoaverses Verhalten gefördert wird. Durch diese Obergrenzen für volatile Anlagen, zu denen unter anderem ausländische Vermögensanlagen gezählt werden, findet eine Diskriminierung derselben statt.[526]
Solche Vorgaben beeinträchtigen eine effiziente Allokation der Anlagegelder, da das Portfolio unter Umständen nicht effizient diversifiziert ist. Beide Vorgehensweisen, quantitative Vermögensobergrenzen und Mindestanlagequoten, laufen den Zielsetzungen des Binnenmarktes, einen freien Kapitalverkehr und die damit verbundenen Kapitalanlagevorteile zu ermöglichen, entgegen.[527] Die Einschränkung der Rückübertragung der Anlagegelder ist aus Diversifikations- und Risikoaspekten hingegen unproblematisch.[528]
Auch im Rahmen der Antworten zum Grünbuch[529] wird hervorgehoben, daß diese quantitativen Bestimmungen für die Zusammensetzung effizienter Anlageportfolios problematisch sind.[530] Die Regelungen werden teilweise über die exakten quantitativen Vorgaben hinaus, welche im Normalfall nicht ausgenutzt werden[531], als Nötigung für die Fondsmanager angesehen, einen Großteil der Vermögenswerte in inländische Staatsanleihen zu investieren.

Die geltenden Höchstgrenzen für Pensionsfonds werden derzeit auch in Deutschland nicht ausgenutzt. So liegt z.B. die Obergrenze für ausländische Anlagen bei 20%, wobei lediglich 8% der Gelder tatsächlich in ausländischen Anlagen gebunden sind.[532] Ein möglicher Grund für die Nichterreichung der Obergrenzen einzelner Anlageklassen sind die handelsrechtlichen Rechnungslegungsvorschriften.[533] Aufgrund des Einzelbewertungsgrundsatzes gemäß § 253 I Nr. 3 HGB in Verbindung mit Imparitäts- und Realisationsprinzip des § 252 I Nr. 4 HGB sind Kursverluste direkt zu berücksichtigen, Kursgewinne jedoch erst bei Realisation. Dieses führt dazu, daß bei Investitionen in volatile Anlagen unter Umständen große Verlustpositionen aus-

[525] Vgl. zum Grundsatz der Vorsicht Abschnitt 7.3.
[526] Vgl. Organisation for Economic Co-Operation and Development (2000), S. 119-120.
[527] Vgl. Europäische Kommission (1997), S. 14. Vgl. zu den Nachteilen auch Europäische Kommission (1999), S. 19.
[528] Gemäß der Auffassung der europäischen Kommission gehen die Anlagevorschriften in vielen Ländern über das aufsichtsrechtlich gebotene Maß hinaus. Entsprechende Schritte gegen diese Länder werden geprüft. Vgl. Europäische Kommission (1997), S. 14.
[529] Vgl. Europäische Kommission (1998a), S. 19-21.
[530] Dabei existieren unterschiedliche Auffassungen. Vgl. Europäische Kommission (1998a), S. 20.
[531] Vgl. Europäische Kommission (1997), S. 14.
[532] Vgl. Laboul (1998), S. 67; Srinivas/Whitehouse/Yermo (2000), S. 41.

gewiesen werden, ohne daß ebenfalls vorhandene Gewinnpositionen damit verrechnet werden dürfen. Um diese Ungleichbehandlung teilweise zu mindern, wird häufig die Anlage in weniger volatile Anleihen vorgezogen.[534,535]

In der Literatur wird bezüglich der Regulierungsanforderungen zwischen den beiden Zusagetypen der Leistungs- und Beitragszusage unterschieden.

Bei Beitragszusagen[536] wird aufgrund der alleinigen Risikotragung durch den Arbeitnehmer und des begrenzten Zeithorizontes angeführt, daß Anlagerestriktionen notwendig seien, um negative externe Effekte zu vermeiden. Dieses ist – falls überhaupt – lediglich bei einer fehlenden Grundabsicherung über die gRV und der Gefahr der Ausnutzung der Sozialhilfe durch das Individuum notwendig. Ein derartig risikofreudiges Verhalten wird empirisch nicht bestätigt.[537]

Bei Leistungszusagen findet hingegen sowohl ein inter- als auch ein intragenerationaler Risikoausgleich statt. Der Zeithorizont ist länger, deshalb nimmt auch das Shortfall Risiko ab.[538] Darüber hinaus besteht die Gefahr für den Arbeitgeber, daß die Verbindlichkeiten aus der Leistungszusage im Zeitablauf aufgrund der gesetzlichen Bestimmungen des § 16 BetrAVG ansteigen. Diesbezüglich ist es fraglich, ob der eventuelle Vorteil eines unter Umständen geringeren Risikos durch quantitative Vorgaben nicht durch die Renditeeinbußen überkompensiert wird. Ob das Risiko tatsächlich verringert wird, ist jedoch aufgrund suboptimaler Diversifikationseffekte fraglich.

7.3 Qualitative Vorgaben durch einen generellen Verhaltenskodex

Eine andere Möglichkeit der Regulierung ist der sogenannte qualitative Grundsatz der Vorsicht (prudent man rule), der in verschiedenen Ausgestaltungsformen z.B. in den USA und in

---

533 Vgl. Coenenberg (1997), S. 301-304; Davis (1997), S. 102; Haferstock/Rößler (1999), S. 2276. Eine aktuelle Studie von Clark/Mansfield/Tickell (2000) geht auf die Bedeutung der handelsrechtlichen Rechnungslegungsvorschriften für die betriebliche Altersversorgung ein.

534 Zwar gelten diese Prinzipien auch für Anleihen, jedoch sind die Auswirkungen aufgrund der geringeren Volatilität schwächer.

535 Vgl. Deutsche Bundesbank (1997), S. 38. Die Anlagegrenze bezieht sich seit der Überarbeitung des VAG von 1994 auf den europäischen Währungsraum. Bis 1999 war das Vermögen lediglich im Inland währungskongruent angelegt. Dieses hat sich mit der Einführung des Euro geändert.

536 Vgl. Krishnamurthi/Muralidhar/van der Wouden (1998), S. 5-6; Kapitel A, Abschnitt 3.

537 Vgl. Davis (1997a), S. 5; Rappaport (1992), S. 98-99.

538 Vgl. Portmann/Rudolf (1999), S. 70-71. Grundsätzlich ist nicht geklärt, welches das „richtige Risikomaß" ist. Jedoch ist schon in Kapitel C argumentiert worden, daß gerade der Shortfall-Ansatz hier eine Risikobetrachtung anführt, die für die letztendlich zur Versorgung verpflichteten das eigentliche Risiko darstellt.

Großbritannien existiert.[539] Es handelt sich dabei um eine nicht kodifizierte Verhaltensanweisung, welche einen qualitativen Rahmen vorgibt, in dem die Anlageentscheidungen vorzunehmen sind.[540]

Ziel dieses Ansatzes ist es, das Verhalten der Treuhänder bzw. Fondsmanager durch einen generellen Verhaltenskodex zu beeinflussen ohne die Anlage der Mittel konkret vorzugeben. Dadurch ist eine flexible Reaktion auf die Marktgegebenheiten möglich.

Ein auf Grundlage dieses Grundsatzes agierender Treuhänder hat im Interesse der Begünstigten zu agieren, wobei die langfristige Erfüllung der zugesagten Leistungen die Hauptaufgabe darstellt. Die Anlage der anvertrauten Gelder hat effizient zu erfolgen, d.h. die notwendige Rendite ist mit möglichst geringem Risiko zu erreichen. Dieses bedarf einer Mischung der Anlagen auf Grundlage der Portfoliotheorie. Ferner ist regelmäßige Berichterstattung durch den Treuhänder und eine angemessene Analyse der Anlageobjekte notwendig, um dem Grundsatz der Vorsicht genüge zu tun.[541]

Quantitative Begrenzungen werden bei einer Regulierung auf Basis des Grundsatzes der Vorsicht lediglich für die Rückübertragung der Mittel an das die Versorgungszusage gebende Unternehmen vorgegeben, um einen Interessenkonflikt zwischen Treuhänder bzw. Fondsmanager und Unternehmensleitung auszuschließen oder zumindest zu begrenzen.[542]

Sofern der Grundsatz der Vorsicht Verwendung findet und quantitative Regeln abgeschafft werden, sollte den agierenden Treuhändern und Fondsmanagern sowohl eine höhere finanzielle als auch rechtliche Verantwortung auferlegt werden, um eine Ausnutzung der Spielräume im negativen Sinne zu verhindern.[543]

7.4 Auswirkungen und Zusammenfassung

Der Einfluß, den die beiden divergierenden Regulierungsansätze auf die erwirtschafteten Renditen von Pensionsfonds[544] haben, ist schwer zu messen, da auch andere Faktoren wie z.B. makroökonomische, strukturelle und institutionelle Gegebenheiten die Ergebnisse beeinflussen. Jedoch läßt sich beobachten, daß die Renditen von Pensionsfonds in Ländern mit

---

[539] Vgl. Davis (1997), S. 96, 98; Davis (1997a), S. 6-7; Haferstock/Rößler (1999), S. 2273-2274, 2276-2278. Historisch gesehen geht dieser Terminus auf das 19. Jahrhundert zurück und leitet sich aus der angelsächsischen Rechtsprechung ab.

[540] Die Festlegung des Begriffs ist durch entsprechende Rechtsprechung erfolgt.

[541] Vgl. Haferstock/Rößler (1999), S. 2274.

[542] In den USA betragen diese Rückübetragungsgrenzen derzeit 10%, in Großbritannien 5% der Mittel.

[543] Vgl. Organisation for Economic Co-Operation and Development (2000), S. 121.

[544] Vgl. Organisation for Economic Co-Operation and Development (1998), S. 67-69.

quantitativen Vorgaben in der Mehrzahl der Fälle unter denen von Pensionsfonds liegen, die dem Grundsatz der Vorsicht folgen.[545]

Die nachfolgende Abbildung stellt die Überrenditen von Pensionsfondsportfolios für Länder mit verschiedenen Regulierungsansätzen dar. Da bei der Leistungszusage das Lohnwachstum die spätere Versorgungsleistung mitbestimmt, bei der Beitragszusage durch das Lohnwachstum das Endgehalt und damit das spätere Rentenniveau beeinflusst wird, werden hier die Renditedifferenzen zum Lohnwachstum verwendet.

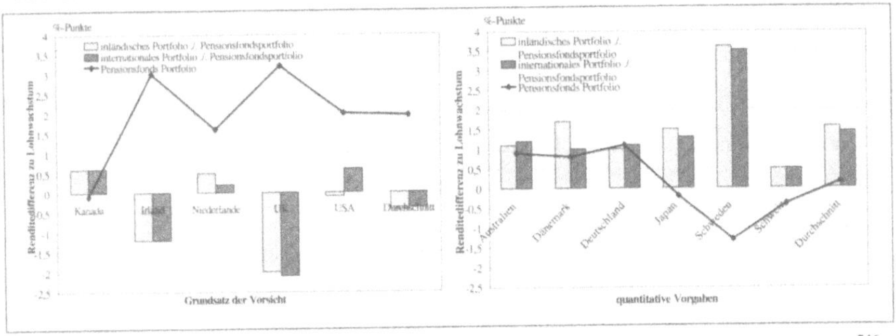

Abbildung 52: Überrenditen bei Grundsatz der Vorsicht und quantitativen Vorgaben[546]

Wie anhand von Abbildung 52 deutlich wird, ist die durchschnittliche Überrendite in Ländern, die auf Grundlage der „prudent-man-rule" agieren, höher als in Ländern in denen quantitative Vorgaben existieren. Für eine zusammenhängende Betrachtung von Risiko und Rendite sei auf Kapitel C4 und die dortigen Abbildungen für Portfolios mit und ohne Restriktionen, verwiesen. Dort ist dargestellt worden, daß durch Restriktionen eine effiziente Portfolioaufteilung beeinträchtigt werden kann.

Durch Veränderungen des Pensionsfondsportfolios, die hier durch ein „inländisches" und ein „internationales" Portfolio repräsentiert werden, resultieren unterschiedliche Renditeänderungen.[547] Diese werden mittels der Balken in der Abbildung dargestellt.

Für die auf dem Grundsatz der Vorsicht agierenden Pensionsfonds ergeben sich im Durchschnitt Renditeminderungen durch einen Wechsel auf das „inländische" und das „internatio-

---

[545] Eine andere Begründungsmöglichkeit ist die, daß eventuell in Ländern, in denen die Pensionsfonds auf Grundlage der „prudent man rule" agieren, die Pensionsfondsmanager eventuell aufgrund anderer Entlohnungssysteme eine bessere Auswahl treffen.

[546] Datenquelle: Davis (1997a), S. 27; Organisation for Economic Co-Operation and Development (1998), S. 67. Die Datengrundlage befindet sich in Anhang 30.

[547] Das inländische Portfolio besteht zu je 50% aus Aktien und Anleihen. Das „internationale Portfolio" ist zu 80 % in ausländische und zu 20 % in inländische Anlagen investiert. Es besteht aus je 40 % inländischen Aktien und Anleihen und aus je 10 % ausländischen Aktien und Anleihen.

nale“ Portfolio von je ca. 0,4%-Punkten. Dieses deutet darauf hin, daß Pensionsfonds in diesen Ländern besser diversifiziert sind als das nationale bzw. internationale Portfolio.

Für Länder, die auf Basis quantitativer Vorgaben reguliert werden, ergeben sich hingegen durchschnittliche Renditezuwächse von 1,6 bzw. 1,4%-Punkten. Dieses belegt, daß quantitative Vorgaben – auch über die eigentlichen Anlagequoten hinaus – das Anlageverhalten von Pensionsfonds negativ beeinflussen, da durch einfache Portfoliomischungen starke Renditezuwächse erreicht werden können.

Ein weiterer Aspekt ist, daß bei einer Abschaffung der quantitativen Vorgaben der Anteil von Aktien in den Portfolios, der derzeit für Pensionsfonds in Deutschland bei 6% liegt[548], erhöht werden könnte. Die nachfolgende Abbildung stellt die Differenz zwischen den durchschnittlichen nominalen Renditen von Aktien und Anleihen über verschiedene Zeithorizonte dar.

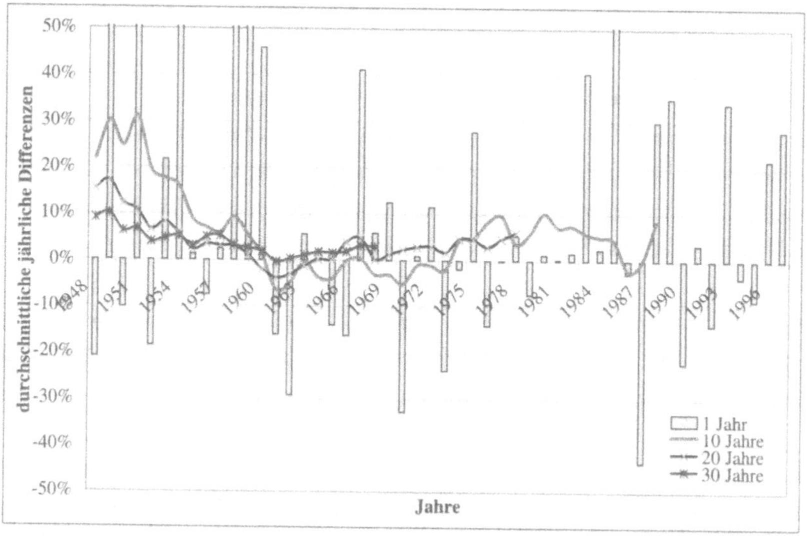

Abbildung 53: Überrenditen von Aktien über Anleihen, verschiedene Anlagehorizonte[549]

Während bei einem 1-Jahres Anlagehorizont die Überrenditen sehr volatil und des öfteren auch im negativen Bereich liegen, ergeben sich bei längeren Anlagehorizonten, wie in

[548] Quelle: Deutsches Aktieninstitut (1999), S. 08.8.

[549] Quelle: Stehle (1998) und eigene Berechnungen. Die Daten für den 1-Jahreshorizont werden ab einer Rendite von über 50% nicht mehr dargestellt. Dieses dient einer besseren Darstellung für die längeren Zeithorizonte. Die genauen Daten für die entsprechenden Jahre können Anhang 31 entnommen werden.

Abbildung 53 dargestellt, aufgrund der sich über längere Zeiträume ausgleichenden Volatilität geringere Risiken und zumeist eine positive Überrendite von Aktien über Anleihen.[550]

Es ist gezeigt worden, daß eine qualitative Regulierung der Aktiva einer quantitativen Regulierung überlegen ist. Durch quantitative Vorgaben werden Pensionsfonds an der effizienten Anlage der Gelder gehindert. Quantitative Vorgaben sind lediglich in Form von Höchstgrenzen sinnvoll, um eine Konzentration der Mittel in einigen Anlagen und ein dadurch erhöhtes Risiko zu verhindern.

8 Regulierung der Passiva der Altersversorgung

Auf der Passivseite lassen sich als wesentliche Aspekte die Absicherung der Leistungen gegen Unternehmensinsolvenz und die Indizierung der Leistungen unterscheiden.[551]

8.1 Absicherung der Verpflichtungen gegen Unternehmensinsolvenz

Die Absicherung der Verpflichtungen gegen Unternehmensinsolvenz ist lediglich im Fall der Leistungszusage relevant.[552] Sie dient neben den Gewinnen des Unternehmens, der Auslagerung der Gelder und einer möglichen bevorrechtigten Stellung der Ansprüche im Fall einer Insolvenz als zusätzlicher Sicherungsmechanismus der betrieblichen Altersversorgung.

Eine Versicherung der unverfallbaren Rentenansprüche gegen Unternehmensinsolvenz ist aufgrund der hohen Korrelation von Insolvenzfällen[553] auf privatwirtschaftlicher Basis kaum möglich. Sie hat somit durch einen öffentlichen Träger zu erfolgen.

Besteht eine solche Absicherung, entsteht nach Vertragsabschluß ein „Moral Hazard" Problem[554], da aufgrund der Versicherung der Verlust bei höherem Risiko begrenzt, der Gewinn aber unbegrenzt ist. Für den Versicherer gibt es drei Möglichkeiten die Risiken zu kontrollieren. Dieses sind Monitoring, Anlagerestriktionen und risikobasierte Prämien

---

[550] Vgl. hierzu auch Europäische Kommission (1999), S. 17, 66.

[551] Vgl. Davis (1997), S. 105-120, welcher zusätzliche Aspekte erörtert. Dabei handelt es sich um die Fragen, ob die Rentenleistung als Annuität oder als Einmalsumme ausgezahlt werden soll. Ferner findet die schon in Kapitel D erörterte Fragestellung von Unverfallbarkeitsfristen und Übertragungsmöglichkeiten Erwähnung.

[552] Vgl. für die folgenden Ausführungen Davis (1997), S. 108-112. Im Fall der Beitragszusage sind die späteren Leistungen ohnehin unabhängig von dem Fortbestand des Unternehmens, da diese ohne Zugriffsmöglichkeiten des Unternehmens außerhalb desselben angelegt werden.

[553] Vgl. Bangia/Diebold/Schuermann (2000); Nelken (1999), S. 18.

Im Fall des Monitoring, also der Überwachung, ist eine regelmäßige Bestimmung des Marktwertes der für die Rentenzahlung bestimmten Gelder notwendig. Dabei ist dem Versicherer das Recht einzuräumen, die Anlagen glattzustellen, sofern der Wert der ausgelagerten Mittel einen bestimmten Wert, den sogenannten minimalen Auslagerungsgrad (minimum-funding-level) unterschreitet. Notwendig dafür ist ein Standard zur Bestimmung des Marktwertes der Aktiva und des minimalen Auslagerungsgrades.[555] Problematisch ist dieses bei der Investition in wenig liquide Werte, da in diesem Fall aufgrund der großen Geld/Brief Spanne der minimale Auslagerungsgrad unter Umständen keinen effizienten Schutz mehr verspricht.

Anlagerestriktionen können quantitativer Art sein und somit z.B. Obergrenzen für illiquide Werte beinhalten.[556] Eine andere Möglichkeit ist, eine Immunisierung der zusagten Leistungen zu verlangen.

Der 3. Ansatzpunkt ist die risikoadjustierte Prämie, die auf Grundlage eines Risikomaßes wie der Standardabweichung oder des Value-at-Risk des Deckungskapitals berechnet wird.[557]

Der Grad der Auslagerung ist nicht das geeignete Risikomaß, da dieses keine eindeutigen Schlüsse über das Risiko der Rentenansprüche zuläßt. Sinnvoller ist das Risiko der Aktiva bzw. das Insolvenzrisiko i.V.m. dem Deckungsgrad, da gerade Firmen in finanziellen Schwierigkeiten Anreize haben, den Deckungsgrad zu reduzieren, um damit die laufenden finanziellen Verpflichtungen abzudecken.

In Deutschland existiert eine solche Absicherung der Leistungen derzeit lediglich für die Direktzusage und die Unterstützungskasse.[558] Dabei sind die im Rentenwertumlageverfahren eingezogenen Beiträge nicht risikoadjustiert. Sicherungsmaßnahmen gegen „Moral Hazard" ergeben sich dadurch, daß der PSVaG die Anlage der Mittel von Firmen, die sich in finanziellen Schwierigkeiten befinden, beeinflussen kann.[559] Des weiteren sind Leistungsverbesserungen, die in den letzten 12 Monaten vor der Insolvenz einer Firma zugesagt worden sind, nicht durch den PSVaG abgesichert.

Darüber hinaus werden durch die langen Unverfallbarkeitsfristen in Deutschland die Verbindlichkeiten, die abzusichern sind, erheblich verringert. Sollte ein Unternehmen vor Ablauf

---

[554] Vgl. zur asymmetrischen Information und zum opportunistischen Verhalten Franke/Hax (1999), S. 410-412.

[555] In Anhang 32 sind verschiedene Definitionen des minimum-funding-levels dargestellt.

[556] Dieser Aspekt ist in Abschnitt 7.2 dieses Kapitels ausführlich erörtert worden und wird aus diesem Grund an dieser Stelle nicht weiter vertieft.

[557] Vgl. Davis (1997), S. 109-110.

[558] Pensionskasse und Direktversicherung unterliegen dem VAG. Daher wird von einer Versicherung abgesehen, wobei es bei der Direktversicherung unter Umständen zu einer solchen Versicherungspflicht kommen kann. Vgl. Kapitel A, Abschnitt 4.

[559] Vgl. PSVaG Satzung, Quelle: http://www.psvag.de.

der Unverfallbarkeitsfrist, die bis zu 10 Jahren laufen kann, zahlungsunfähig werden, sind die noch nicht unverfallbaren Ansprüche nicht durch den PSVaG abgesichert.
Ergibt sich durch eine einheitliche EU-Regelung, daß die Unverfallbarkeitsfristen verringert werden, führt dieses zu einer Verringerung der Fluktuationsgewinne.[560] Dieses könnte, in Verbindung mit einer Vorschrift, die Gelder vermehrt am Kapitalmarkt anzulegen, für Unternehmen finanzielle Probleme verursachen.

8.2 Indizierung der Verpflichtungen aus den Zusagen

Der 2. hier anzusprechende Aspekt ist die Inflationsindizierung der Leistungen.[561] Wiederum ist dieser Aspekt lediglich für die Leistungszusage relevant.[562] Dadurch soll eine Auszehrung der Ansprüche durch die Inflation vermieden werden.
Während der Anwartschaftszeit kann die Inflationsanpassung über die Art der Leistungszusage beeinflußt werden. Durch die Endgehaltszusage wird die Inflation bis Rentenbeginn in die Berechnung mit einbezogen, wobei es jedoch – wie dargestellt – andere Nachteile gibt.[563] Eine Anpassung während der Rentenlaufzeit hat dann über eine Indizierung an das allgemeine Preisniveau oder z.B. den Nettolohn zu erfolgen.
In Deutschland hat der Arbeitgeber seit 1974 die Leistungen alle 3 Jahre an das Preisniveau oder den Nettolohn anzupassen.[564] Problematisch ist für den Arbeitgeber, daß die Indizierung der Leistungen das Versorgungsniveau stark erhöhen und somit ein weiteres stochastisches Element in die Passivseite eingebaut wird.

9 Regulierung von Aktiva und Passiva

Sind in den vorangegangenen Abschnitten Aspekte angesprochen worden, die sich jeweils auf eine Seite der Bilanz eines Pensionsfonds beziehen, wird nun deren Interdependenz untersucht. Zwei Ansätze möglicher Regulierung sind hierbei anzusprechen: zum einen der Dek-

[560] Vgl. Davis (1997), S. 112.
[561] Vgl. Davis (1997), S. 114-115.
[562] Im Fall der Beitragszusage ist lediglich eine Indizierung der laufenden Beiträge an die Inflation denkbar.
[563] Vgl. Kapitel A, Abschnitt 3.1.
[564] Dabei ist von den beiden Alternativen die niedrigere Anpassung verpflichtend. 1992 wurde diese Bestimmung verschärft. Der Arbeitgeber hat auch Anpassungen, die in früheren Jahren aufgrund finanzieller Probleme unterlassen worden sind, nachzuholen. Vgl. § 16 BetrAVG und Schafferdt (1998), S. 408-409.

kungsgrad der Passiva durch die Aktiva (funding), zum anderen die rechtliche Zugehörigkeit der Überschüsse (surpluses).[565]

9.1 Deckungsgrad

Der Deckungsgrad[566] stellt dar, inwieweit der Leistungsverpflichtete die vom Leistungsempfänger schon erworbenen Ansprüche aus dem Unternehmen ausgelagert[567] und in einen entsprechenden Pensionsfonds investiert hat. Dieses ist lediglich für den Zusagetypus der Leistungszusage relevant, da im Fall der Beitragszusage der Deckungsgrad per Definition eins ist.

Für auf der Leistungszusage basierende Instrumente stellt die Regulierung des Deckungsgrades[568] einen wesentlichen Aspekt dar, da dieser die Portfoliozusammensetzung beeinflussen kann. Dabei ist die Unterscheidung zwischen Pensionsplan und Pensionsfonds wesentlich.[569] Der Pensionsplan bezeichnet lediglich die Vereinbarung einer Rentenzahlung zwischen Arbeitgeber und Arbeitnehmer und deren aktuariellen Bewertung.[570] Der Pensionsfonds hingegen stellt die für diesen Fall schon ausgegliederten Mittel dar.

Bezüglich der Regulierung des Deckungsgrades sind zwei Aspekte, der minimale Deckungsgrad und der maximal steuerlich geförderte Deckungsgrad, zu unterscheiden.

Ziel des minimalen Deckungsgrades[571] ist der Schutz der Arbeitnehmeransprüche gegen eine mögliche Unternehmensinsolvenz, da Pensionsrückstellungen, solange diese nicht ausgegliedert sind, lediglich eine Verbindlichkeit des Unternehmens darstellen. Im Fall einer Insolvenz werden diese – sofern keine besonderen Vorkehrungen getroffen worden sind - mit den übrigen Verbindlichkeiten gleichrangig behandelt. Ferner ist ohne Ausgliederung die Abhängigkeit vom Unternehmensrisiko - von eventuellen Versicherungen abgesehen – extrem groß.

---

565 Davis (1997a) ordnet diese beiden Fragestellungen der Aktivseite zu. In Europäische Kommission (1999) werden diese Aspekte der Passivseite zugeordnet.

566 Vgl. für die folgenden Ausführungen Davis (1997), S. 98-104.

567 Für Unternehmen gibt es drei Gründe für eine Auslagerung der Deckungsmittel: Eventuelle Steuervorteile, Glättung des Jahresüberschusses und eine mögliche Nichtabdeckung zukünftiger Rentenzahlungen von Mitarbeitern mit sehr hohen Versorgungsansprüchen durch den PSVaG. Dieses ist der Fall für Ansprüche, die über einer bestimmten Höchstgrenze liegen. Vgl. § 2 IV AIB.

568 Vgl. für die folgenden Ausführungen Davis (1997), S. 7-8, 10-11.

569 Vgl. z.B. White/Sondhi/Fried (1997), S. 594-597.

570 Die Bewertung ist u.a. von der angenommenen Rendite der Anlagegelder und der Lohnwachstumsrate abhängig.

571 Vgl. Davis (1997), S. S. 98-99.

Eine Obergrenze[572] für die steuerliche Förderung der Ausgliederung könnte als notwendig erachtet werden, um einen eventuellen Mißbrauch vorzubeugen.

In Deutschland gibt es bei der Pensionskasse und der Direktversicherung einen Mindestdekkungsgrad. Im Rahmen der Direktzusage wird jedoch die interne Ansammlung steuerlich gefördert. Dadurch und durch die fehlende steuerliche Förderung der Ausgliederung von Ansprüchen, die durch die Inflationsanpassung des § 16 BetrAVG resultieren, wird das Wachstum in Deutschland gebremst.[573]

9.2 Rechtliche Zugehörigkeit der Überschüsse

Sollte die Ausgliederung der Pensionsrückstellungen und der Anlage am Kapitalmarkt in Deutschland Verbreitung finden, stellt sich die Frage, wem eventuelle Überschüsse zustehen.[574] Wesentlich dabei ist, daß hier nicht Steuervorteile auf Kosten der Allgemeinheit genutzt werden. Unter der Annahme der Unternehmensfortführung kann es dem Unternehmen freigestellt sein, ob die späteren Leistungen für die Arbeitnehmer erhöht, zukünftige Zuwendungen reduziert, zeitweise die Zuwendungen eingestellt oder aber die Überschüsse wieder im Unternehmen angelegt werden sollen.[575]
Das Unternehmen steht – ob mit oder ohne Überschüsse - in der Pflicht. Würde das Unternehmen nicht frei über die Überschüsse entscheiden können, wäre diese Auslagerung und Anlage der Gelder am Kapitalmarkt nicht förderlich.

10 Zusammenfassung

Im vorliegenden Kapitel werden nach einer Abgrenzung von Regulierungsmaßnahmen im weiteren Sinne die verschiedenen spezifischen Risiken der Altersversorgung auf Basis von Pensionsfonds dargestellt. Nach einer Skizzierung der Vorschläge der Europäischen Kommission werden einzelne Aspekte, die Regulierung der Altersversorgungsbranche, der Performance und der Aktiva bzw. Passiva erörtert.
Problematisch ist vor allem, daß durch etwaige Regulierungsansätze wiederum neue Probleme geschaffen werden, die unter Umständen einer weiteren Regulierung bedürfen.[576]

---

[572] Vgl. Davis (1997), S. 99.
[573] Vgl. Ahrend (1996); Deutsche Bundesbank (1984).
[574] Vgl. Davis (1997), S. 13.
[575] Vgl. Europäische Kommission (1999), S. 11.
[576] Vgl. z.B. Abbildung 50.

Es hat sich gezeigt, daß eine Regulierung der Aktiva von Pensionsfonds nicht mit der Regulierung der Aktiva von Lebensversicherungen gleichzusetzen ist. Auch ist deutlich geworden, daß ein Regulierungsansatz, der auf Verhaltensanweisungen auf Basis des Grundsatzes der Vorsicht beruht, vorzuziehen ist. Quantitative Vorgaben sind lediglich bezüglich der Einschränkung der Konzentration der Mittel in einzelnen Anlagen sinnvoll.

Im Abschnitt über die Regulierung der Passiva wird herausgearbeitet, daß eine Absicherung der Leistungen gegen Unternehmensinsolvenz wiederum neue Probleme aufwirft. Die Indizierung der Leistungen an die Inflation ergibt für den Arbeitgeber zudem einen weiteren stochastischen Einflußfaktor, welcher die Attraktivität der Altersversorgungszusage für diesen vermindert.

Eine Regulierung der Altersversorgung sollte auf Basis der Untersuchungen dieses Abschnitts auf qualitativen Vorgaben beruhen, welche die Mindestanforderungen einer Regulierung festzulegen haben.[577] Voraussetzung dafür sind jedoch interne Kontrollsysteme der Altersversorgungsbranche, die einen Mißbrauch der Gelder vermeiden. Insofern bedingt eine freizügige Regulierung der Aktiva von Pensionsfonds eine grundlegende Regulierung bzw. Standardsetzung für die Altersversorgungsbranche. Eine Regulierung der Performance ist aufgrund der gemachten Ausführungen eher negativ zu sehen. Sofern der Versorgungsberechtigte die Wahl zwischen verschiedenen Pensionsfonds hat, findet diese Regulierung über den Markt statt und schränkt somit die Auswahlmöglichkeiten nicht ein. Beruht die Altersversorgung auf der Beitragszusage, ist eine Regulierung sowohl der Passiva als auch des Zusammenspiels zwischen Aktiva und Passiva, wie dargestellt worden ist, nicht notwendig.

Daraus resultiert ein weiterer Grund für die Einführung einer reinen Beitragszusage im Rahmen der betrieblichen Altersversorgung.

[577] Vgl. Organisation for Economic Co-Operation and Development (2000), S. 121.

F Kapitalmarktaspekte

1 Überblick

Im diesem Kapitel wird untersucht, welchen Einfuß die Ausgestaltung des Altersversorgungssystems auf den Kapitalmarkt haben könnte. Dazu werden zum Vergleich mit dem deutschen Kapitalmarkt die Kapitalmärkte von Großbritannien, Niederlande, Schweiz, USA und Frankreich betrachtet. In den ersten vier der genannten Länder existiert eine starke kapitalgedeckte Altersversorgung. Insofern dienen diese Länder als Beispiel für eine mögliche Entwicklung des deutschen Kapitalmarktes. Frankreich steht bezüglich der Altersversorgungssysteme vor gleichartigen Problemen wie Deutschland. Demzufolge könnten die Daten für Frankreich dazu genutzt werden, etwaige Parallelen aufzuzeigen.[578]

Der nachfolgende Abschnitt 2 gibt eine Bestandsaufnahme der klassischen Kapitalmärkte[579], Aktien- und Anleihenmarkt[580], in Deutschland und erörtert in der anschließenden Analyse die Ursachen für diese Ausgangssituation. Dabei wird auf die institutionellen und verhaltensspezifischen Gegebenheiten (2.2.1) eingegangen, durch welche das Anlage- und Finanzierungsverhalten der Kapitalmarktakteure (2.2.2) beeinflußt wird.

In Abschnitt 3 werden, Bezug nehmend auf die vorangegangene Bestandsaufnahme und Analyse, die Entwicklungstendenzen des deutschen Kapitalmarktes im Rahmen eines internationalen Vergleiches dargelegt. Abschnitt 4 faßt die Implikationen aus den zuvor dargelegten Unterschieden für den deutschen Kapitalmarkt zusammen.

2 Der deutsche Kapitalmarkt

2.1 Bestandsaufnahme

2.1.1 Aktienmarkt

Im Jahr 1999 belegt Deutschland bezüglich der anhand der Marktkapitalisierung börsennotierter Unternehmen gemessenen Größe des Aktienmarktes, wie in Abbildung 54 dargestellt,

---

578 Für eine Darstellung der Rentenversicherungssysteme in diesen Ländern vgl. Devetzi (1999) für Großbritannien, Bieber/Henzel (1999) für die Niederlande, Becker (1999) für die Schweiz und Stähler/Roth (1999) für eine Darstellung des Systems in den USA. Für einen Vergleich der Systeme vgl. Devetzi (1999a).

579 Von einer gesonderten Untersuchung der Wagniskapitalmärkte wird hier abgesehen. Vgl. hierzu z.B. Europäische Kommission (1998).

580 Derivatemärkte werden nicht behandelt, da Derivate eher der Absicherung und nicht direkt dem Aufbau von Vermögen dienen und zudem befristet sind. Auch Devisenmärkte dienen primär nicht dem Vermögensaufbau und werden deshalb nicht betrachtet.

im internationalen Vergleich hinter den USA, Großbritannien, Japan und Frankreich den fünften Rang, während Deutschland 1990 noch den vierten Rang vor Frankreich belegt hat.[581]

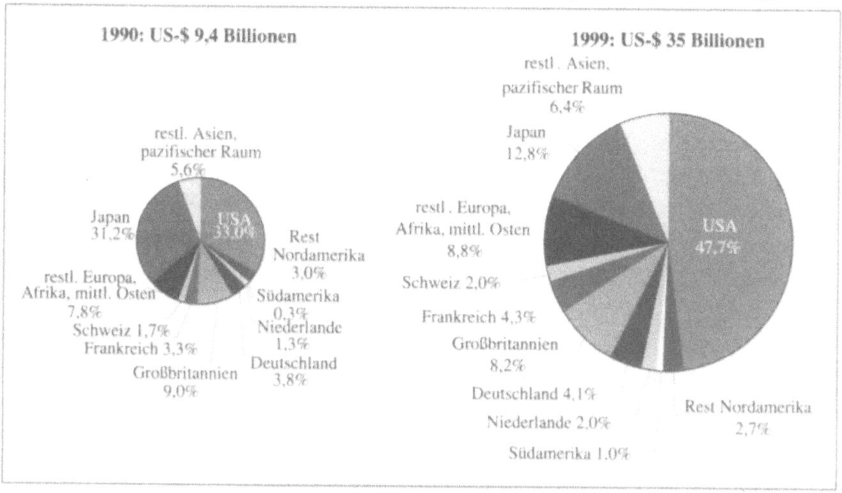

Abbildung 54: Bedeutung der einzelnen Aktienmärkte[582]

Im Verhältnis zur wirtschaftlichen Leistung[583], gemessen durch das Verhältnis der Marktkapitalisierung zum Bruttoinlandsprodukt, belegt der deutsche Aktienmarkt im internationalen Vergleich jedoch nur einen der hinteren Ränge. Abbildung 55 stellt diesen Sachverhalt dar.[584] Es wird deutlich, daß die Marktkapitalisierung des Aktienmarktes in Deutschland, die in 1999 knapp 68% des Bruttoinlandsproduktes entspricht (Frankreich knapp 105%), gegenüber der restlichen Vergleichsgruppe, deren Marktkapitalisierung zwischen 176% und 268% liegt, deutlich niedriger ausfällt.

[581] Weitere Maßstäbe sind das Verhältnis zwischen Kapitalmarkt und BIP (vgl. Abbildung 55) und pro Einwohner (vgl. Anhang 36).

[582] Quelle: International Federation of Stock Exchanges, eigene Berechnungen.

[583] Vgl. für die folgenden Ausführungen Arbeitskreis Betriebliche Pensionsfonds (1998), S. 43; Deutsche Bundesbank (1997), S. 28.

[584] Die Datengrundlage ist in Anhang 34 zu finden. Für eine Darstellung der absoluten Marktkapitalisierung vgl. Anhang 35, für eine Darstellung der Marktkapitalisierung pro Einwohner vgl. Anhang 36.

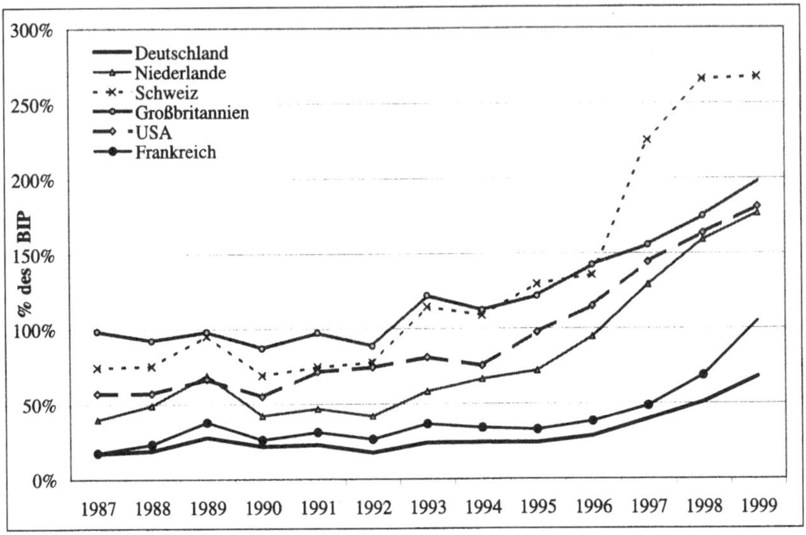

Abbildung 55: Marktkapitalisierung in % des BIP[585]

Die Marktkapitalisierung in Prozent des BIP wird in der Literatur als Indikator für die Bedeutung institutioneller Investoren für einen Aktienmarkt angesehen.[586]

Insofern deuten die Ergebnisse daraufhin, daß möglicherweise ein Zusammenhang zwischen dem Alterssicherungssystem in Deutschland und daraus resultierend einer geringen Verbreitung von Pensionsfonds und der Marktkapitalisierung besteht. In Abschnitt 2.2.2 wird dieser Aspekt genauer analysiert

2.1.2 Anleihenmarkt

Der Weltanleihenmarkt liegt, gemessen an den Marktwerten der notierten Anleihen, im Jahr 1999 bei ca. US-$ 17 Billionen[587], an welchem der deutsche Markt derzeit einen Anteil von ca. 12% besitzt. Deutschland liegt damit nur knapp hinter den USA, die einen Anteil von ca. 14% am Anleihenmarkt haben.

---

[585] Quelle: Organisation for Economic Co-Operation and Development.

[586] Vgl. Nürk (1998), S. 193.

[587] Quelle: International Federation of Stock Exchanges. Dabei handelt es sich um an Börsen notierte Anleihen. Die nicht an einer Börse notierten Anleihen bleiben außen vor. Es ist zu beachten, daß dieser Bereich den börslichen Bereich vom Volumen her übertreffen kann.

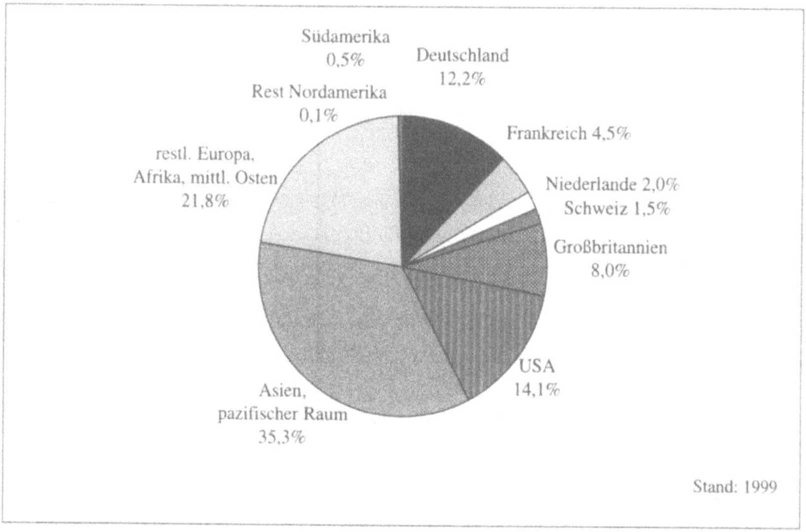

Abbildung 56: Aufteilung des Anleihenmarktes (Marktwerte der gelisteten Anleihen)[588]

Deutschland vereint im Jahr 1999 ca. 40% der Anleihen der inländischen privaten Sektoren auf sich, wobei dieser Sektor für alle Länder zusammengenommen am Weltanleihemarkt einen Anteil von 18,6% aufweist.[589] Die Aufteilung des Anleihevolumens im privaten Sektor ist in Deutschland stark durch das sogenannte Hausbankprinzip geprägt. Die verbriefte Verschuldung des privaten Sektors besteht größtenteils aus Bankschuldverschreibungen (71% des BIP). Industrieobligationen spielen mit 3% des BIP nur eine untergeordnete Rolle.[590]

Position	in Mrd. €	in % des BIP	in %
privater Sektor			
Unternehmen (Industrieobligationen)	52	3%	
Banken (Bankschuldverschreibungen)	1233	71%	33% des Kreditvolumens
öffentlicher Sektor	763	44%	65% der Gesamtverschuldung

Tabelle 15: Verbriefte Verschuldung in Deutschland[591]

588 Quelle: International Federation of Stock Exchanges. Die Daten befinden sich in Anhang 37.

589 Die Daten, auch für die Anleihenmärkte der anderen Länder, sind Anhang 37 zu entnehmen.

590 Vgl. hierzu und zu den folgenden Ausführungen Deutsche Bundesbank (2000), S. 35 ff. und Abschnitt 2.2.2.3 dieses Kapitels.

591 Quelle: Deutsche Bundesbank (2000), S. 35, eigene Berechnungen.

Unternehmen in Deutschland finanzieren sich im großen Umfang über die Kreditaufnahme bei Banken.[592] Daraus resultierend haben Bankschuldverschreibungen zur Refinanzierung des Kreditgeschäftes eine große Bedeutung.

2.2 Analyse

Marktstrukturen sind gekennzeichnet durch verschiedene angebots- und nachfrageseitige Einflüsse. Es lassen sich zum einen institutionelle Einflußfaktoren, die den Rahmen für die Kapitalmärkte bilden, und verhaltensspezifische Einflußfaktoren, die das Anlageverhalten der verschiedenen Akteure am Kapitalmarkt beeinflussen, unterscheiden. Daraus folgend beeinflußt die Bedeutung der verschiedenen Akteure die Struktur des Kapitalmarktes.

2.2.1 Institutionelle und verhaltensspezifische Gründe

Unter die institutionellen Gründe für die derzeitige Struktur des deutschen Kapitalmarktes fallen die Informationsasymmetrie zwischen Geldgebern und Unternehmen, die durch Informations- und Offenlegungspflichten vermindert werden kann, die Gliederung des Unternehmenssektors nach Rechtsform, die steuerlichen Gegebenheiten, der Aspekt der Regulierung und letztlich die Struktur des derzeitigen Alterssicherungssystems in Deutschland.[593]

Die geringe Bedeutung des deutschen Aktienmarktes für die Finanzierung der Unternehmen liegt zum einen in der zwischen Geldgeber und –nehmer bestehenden Informationsasymmetrie, die zu einer Negativauswahl (adverse selection) oder zu einem nachvertraglichen „Moral Hazard“ Problem führen kann, begründet. Um diese Informationsasymmetrien abzubauen, müssen die Gläubiger die wirtschaftliche Situation des Unternehmens laufend überwachen („monitoring“). Dieses führt zu Kosten für die Kapitalgeber, sofern die Unternehmen die notwendigen Offenlegungspflichten nicht erfüllen.[594] Um die Kosten zu minimieren ist eine möglichst geringe Zahl von Geldgebern notwendig, da diese Kosten für jeden Geldgeber erneut anfallen und durch das Überwälzen dieser Kosten auf das Unternehmen die Finanzierungskosten steigen. Aus diesem Grund finanzieren sich Unternehmen in Deutschland zum großen Teil über Kredite.

Für eine einzelne Bank, über die ein Großteil der Finanzierungsverträge des Unternehmens abgeschlossen wird, ist es aufgrund der großen Bedeutung dieser Bank für das Unternehmen leichter, Einblick in interne Unternehmensdaten zu erhalten. Viele kleine Finanziers haben

---

[592] Vgl. hierzu Abschnitt 2.2.2.3 dieses Kapitels, insbesondere Abbildung 58.

[593] Vgl. hierzu und zu den folgenden Ausführungen Deutsche Bundesbank (2000), S. 36 ff.

[594] Die Kapitalgeber werden diese Kosten entsprechend überwälzen und insofern höhere Zinsforderungen stellen, so daß die Finanzierungskosten für das Unternehmen steigen.

hingegen, infolge der im einzelnen geringen Bedeutung, einen wesentlich geringeren Einfluß. Auch wird durch die Beschränkung der Einsicht in interne Unternehmensdaten auf die Hausbank eine ungewollte Preisgabe von Geschäftsgeheimnissen an die Konkurrenz weitgehend unterbunden. Eine Weitergabe der Informationen durch die Hausbank ist eher unwahrscheinlich, da diese aufgrund des hohen finanziellen Engagements in dem Unternehmen ein originäres Interesse an dem Wohlergehen desselben hat.

Die geringe Verbreitung des Hausbankprinzips in anderen Ländern kann zum einen auf das z.B. in den USA vorherrschende Trennbankprinzip und die daraus resultierend eingeschränkte Möglichkeit der dortigen Banken, einem Unternehmen Dienstleistungen aus allen Bereichen des Bankgeschäftes anzubieten. Ferner existieren in manchen Ländern andere Institutionen, z.B. Ratingagenturen, durch die Informationsasymmetrien abgemildert werden können.[595]

Unternehmen, die aufgrund ihrer Unternehmensgröße und Rechtsform weitgehende Offenlegungspflichten haben, können hingegen die Anforderungen der Investoren nach Information erfüllen. Für diese ist somit eine Mittelaufnahme am Kapitalmarkt leicht zu bewerkstelligen. Dieses ist vor allem für Aktiengesellschaften und in verstärkter Form für börsennotierte Aktiengesellschaften der Fall, die neben den Offenlegungspflichten auf Grundlage des Aktiengesetzes durch die Wertpapierhandelsaufsicht zu weitgehender Offenlegung verpflichtet sind.[596]

Da in Deutschland lediglich ein sehr kleiner Anteil der Unternehmen als Aktiengesellschaft fungiert, ist für einen Großteil der Unternehmen eine Kapitalaufnahme über die Emission von Aktien unmöglich oder die Begebung von Industrieobligationen nur unter großem Aufwand möglich.[597]

Möglichkeiten, neben den gesetzlichen Offenlegungspflichten die Informationsasymmetrien abzubauen, existieren zum einen durch Banken, wie es in Deutschland der Fall ist, zum anderen durch Ratingagenturen, die z.B. im US-amerikanischen Markt stark vertreten sind.[598] Die Überwachung der Unternehmen durch Ratingagenturen ist in Deutschland noch in den An-

---

[595] Vgl. auch Abschnitt 2.2.2.

[596] Vgl. Deutsche Bundesbank (2000), S. 38. Dabei ist zu beachten, daß die Informationsasymmetrien mit zunehmender Unternehmensgröße aufgrund zunehmender Offenlegungspflichten aber auch aufgrund der relativ geringeren Kosten einer Bonitätsprüfung abnehmen. Aus diesem Grunde nimmt auch der Anteil der Bankkredite an der Bilanzsumme mit zunehmender Unternehmensgröße ab. Vgl. Deutsche Bundesbank (2000), S. 39-40.

[597] Auch kann es sein, daß aufgrund des Volumens bei Aktien- und Industrieobligationsemissionen, diese Finanzierungsarten für kleinere Unternehmen nicht umsetzbar ist. Als Mindestgröße wird in der Literatur ein Emissionsvolumen von ca. DM 50 Mio. angegeben. Vgl. Deutsche Bundesbank (2000), S. 37.

[598] Vgl. Deutsche Bundesbank (2000), S. 41.

fängen begriffen, so daß lediglich große Unternehmen, die ohnehin schon weitgehende Offenlegungspflichten besitzen, analysiert werden.[599]
Durch das deutsche Steuersystem werden unter anderem die Rechtsformwahl und damit indirekt die Wahl der Finanzierungsform stark beeinflußt.[600]
Personengesellschaften und Gesellschaften mit beschränkter Haftung stellen häufiger genutzte Rechtsformen als die Aktiengesellschaft dar. Unter anderem ist dieses – neben der Ausgestaltung des deutschen Steuersystems - mit geringeren Offenlegungspflichten für kleinere und mittlere GmbHs und damit verbunden geringeren Kosten zu begründen.[601] Zum Jahreswechsel 1997/98 stehen in Deutschland 666.340 GmbHs nur 4.548 Aktiengesellschaften[602] gegenüber[603], wobei die Gesamtzahl umsatzsteuerpflichtiger Unternehmen auf knapp 3 Millionen geschätzt wird.[604] 1999 existieren 6.355 AG's und KgaA's, von denen lediglich 966[605] börsennotiert sind. In Großbritannien sind zu diesem Zeitpunkt 1.826, in den Niederlanden 233, der Schweiz 239 und in den USA ca. 7.677[606] Unternehmen börslich notiert, was die unterschiedlichen Verhältnisse der Kapitalisierung unterstreicht.
Bis 1996 war vor allem die Doppelbelastung durch die Vermögensteuer auf Aktionärs- und Betriebsebene einer Ausweitung der Rechtsform der Aktiengesellschaft hinderlich. Durch die Gewerbesteuer wird für Aktiengesellschaften die Außenfremdfinanzierung (Kreditfinanzierung) und die Inneneigenfinanzierung (Thesaurierung) gegenüber der Außeneigenfinanzierung (Aktien) begünstigt.[607] Ferner verringert die Finanzierung durch Pensionsrückstellungen (Innenfremdfinanzierung) den steuerlichen Gewinnausweis.[608]

---

599 Vgl. zu diesem Aspekt Deutsche Bundesbank (2000), S. 41; Rehm (2000), Kapitel 3.
600 Vgl. Deutsche Bundesbank (1997), S. 34-35.
601 GmbHs sind früher rechtlich gegenüber Aktiengesellschaften bevorzugt worden. Dieses fand seinen Ausdruck in den Gründungsanforderungen, den Offenlegungspflichten und steuerlichen Vorschriften. Durch Reformen in den vergangenen Jahren ist diese divergierende Behandlung teilweise aufgehoben worden, so daß der große Anteil von GmbHs historisch bedingt ist und sich das zahlenmäßige Verhältnis zwischen GmbHs und Aktiengesellschaften in den nächsten Jahren verändern sollte.
602 Der Begriff Aktiengesellschaften umfaßt hier sowohl die AG als auch die KGaA.
603 Vgl. Arbeitskreis Betriebliche Pensionsfonds (1998), S. 43 i.V.m. Deutsches Aktieninstitut (1999), S. 01-1. Deutsche Bundesbank (2000), S. 38 gibt hiervon abweichende Daten an. Die folgenden Ausführungen beziehen sich lediglich auf inländische Aktiengesellschaften.
604 Vgl. Deutsche Bundesbank (2000), S. 38.
605 Vgl. Deutsches Aktieninstitut (1999), S. 02-1.
606 Quelle: International Federation of Stock Exchanges. Da für die US-amerikanische Börse keine Daten für Mitte 1999 vorliegen, sind die Angaben für Ende 1998 übernommen worden.
607 Vgl. Deutsche Bundesbank (1997), S. 34.
608 Die Finanzierung über Pensionsrückstellungen ist für die Unternehmen in den letzten Jahren aufgrund der niedrigen Finanzierungskosten am Markt für Fremdkapital jedoch unattraktiver geworden. Vgl. Deutsche Bundesbank (1997), S. 35.

Der in Deutschland für institutionelle Investoren vorherrschende quantitative Regulierungsansatz beeinflußt das Anlageverhalten dieser Investorengruppe. Die geltenden Höchstgrenzen für Aktienanlagen werden zudem nicht ausgenutzt. Für weitere Ausführungen sei auf Kapitel E, insbesondere Abschnitt 7.2 verwiesen.

Als Hauptgrund für die im Verhältnis zur Wirtschaftskraft geringe Kapitalisierung des deutschen Aktienmarktes wird das derzeitige Rentensystem angesehen.[609] Mit knapp 44%[610] kommt ein Großteil der Alterseinkünfte aus der staatlichen umlagefinanzierten Rente. Die betriebliche Altersversorgung spielt mit knapp 6% der Alterseinkünfte zur Zeit nur eine untergeordnete Rolle.[611] Ferner besteht die betriebliche Altersversorgung zu einem großen Teil aus Pensionsrückstellungen, welchen betriebsnotwendige Aktiva gegenüberstehen und daher nur in geringem Umfang an den Kapitalmarkt gelangen.[612]

Neben diesen institutionellen Gründen ist als verhaltensspezifischer Grund die Risikoeinstellung der Marktteilnehmer in Deutschland und daraus resultierend das Anlage bzw. Finanzierungsverhalten zu nennen. In Deutschland herrscht ein höherer Grad der Risikoaversion als in den USA.[613] Dieses ist neben den strikten Regulierungsvorschriften für institutionelle Investoren an der Aufteilung der privaten Vermögen, die keinen Regulierungsvorschriften unterworfen sind, zu sehen. Eine Beteiligung am Produktivkapital ist, anders als z.B. in den USA, in Deutschland noch in den Anfängen begriffen.

Die institutionellen und verhaltensspezifischen Gründe haben, wie dargestellt, Einfluß auf das Anlageverhalten der Kapitalmarktakteure, deren Agieren für die Struktur des Kapitalmarktes relevant ist.

2.2.2 *Akteure am Kapitalmarkt*

In Deutschland ist die Bedeutung der institutionellen Investoren am Aktienbesitz mit knapp 20%[614] gegenüber der anderer Sektoren vergleichsweise gering. Der Hauptanteil des Aktienbesitzes wird mit 61% von den inländischen finanziellen Sektoren gehalten. Dabei

---

609 Vgl. Nürk (1998), S. 180 ff.

610 Dieses beinhaltet öffentliche Pensionen und die Zusatzversicherung des öffentlichen Dienstes. Vgl. Abbildung 6, S. 10. Quelle: Statistisches Bundesamt, Einkommens- und Verbrauchsstichprobe 1998, Stand 12/1999.

611 Vgl. Abbildung 6, S. 9. Vgl. auch Nürk (1998), S. 180.

612 Vgl. Kapitel A; Nürk (1998), S. 183. Diese interne Ansammlung des Kapitals wird zudem durch steuerliche Regeln im Vergleich zu der Anlage am Kapitalmarkt bevorzugt.

613 Vgl. Dufey (1998), 54-55.

614 Dieses setzt sich zusammen aus Versicherungen und Pensionsfonds (12,4%), Investmentfonds und sonstigen finanziellen Institutionen (7,6%).

haben Unternehmen mit knapp 42 Prozentpunkten einen doppelt so hohen Anteil wie institutionelle Investoren, die dem finanziellen Sektor untergeordnet sind.

Sektor	**in %**
Nichtfinanzielle Sektoren	***61,0%***
private Haushalte	14,6%
Unternehmen	42,1%
öffentliche Haushalte	4,3%
Finanzielle Sektoren	***30,3%***
Banken	10,3%
Versicherungen und Pensionsfonds	12,4%
Investmentsfonds und sonstige finanzielle Institutionen	7,6%
übrige Welt	***8,7%***

Tabelle 16: Aktienbesitz Deutschland[615]

Dieser finanzielle Sektor hält knapp 30% des Aktienbesitzes. Das Ausland hält knapp 9% der deutschen Aktien.[616]

2.2.2.1 Institutionelle Investoren

Im Verhältnis zu Investmentsfonds und Versicherungen sind Pensionsfonds in Deutschland unbedeutend.[617] Dieses zeigt Tabelle 17.

	insgesamt	**Investment-fonds**	**Pensions-fonds**	**Versiche-rungen**
in Mrd. US-$	1167,9	411,8	64,8	691,3
in % des BIP	50%	18%	3%	30%

Tabelle 17: Institutionelle Investoren in Deutschland (1996)[618]

Die institutionellen Investoren halten in Deutschland im Jahr 1996 gemeinsam Anlagen im Umfang von knapp 1168 Mrd. US-$, was einer Größenordnung von 50% des Bruttoinlandsproduktes entspricht. Dabei ist besonders die relativ geringe Gewichtung der Pensionsfonds im Vergleich zu Investmentsfonds und Versicherungen mit nur 3 Prozentpunkten hervorzuheben.

---

615 Quelle: Deutsche Bundesbank (1997), S. 29. In der Tabelle existieren Rundungsdifferenzen.

616 Vgl. Deutsche Bundesbank (1997), S. 30.

617 Vgl. für eine statistische Aufbereitung über institutionelle Investoren, insbesondere Pensionsfonds Götzfried (1999) und Götzfried (1999a).

618 Quelle: Organisation for Economic Co-Operation and Development (1999), S. 20-24.

Diese im internationalen Vergleich geringe Bedeutung institutioneller Investoren stellt einen weiteren Grund für die nur geringe Verbreitung von Aktien und Anleihen zur Unternehmensfinanzierung dar. Gerade institutionelle Investoren können aufgrund der Bündelung von Anlagegeldern Informationsasymmetrien verringern, da es für diese lohnend ist, entsprechende Überprüfungen und Kontrollen durchzuführen. Da der Abbau von Informationsasymmetrien für die Finanzierung sowohl über Aktien als auch über Industrieobligationen wesentlich ist, sollten beiden Finanzierungsweisen von einer Stärkung der Pensionsfonds im Rahmen eines Ausbaus der kapitalgedeckten Altersversorgung profitieren.

2.2.2.2 *Private Haushalte*

Private Haushalte in Deutschland legen einen Anteil von 9% ihres Geldvermögens direkt in Aktien an. Darüber hinaus wird über Investmentzertifikate und Versicherungen indirekt in Aktienanlagen investiert. Investmentzertifikate und Versicherungen machen zusammen knapp 29% des Geldvermögens aus. Bei einer Aktienquote institutioneller Investoren in Deutschland von ca. 14%[619] ergibt sich somit ein Aktienanteil am Geldvermögen von knapp 13%. Der Hauptanteil des Geldvermögens von 39% wird im Jahr 1998 bei Banken[620] angelegt, gefolgt von Anlagen bei Versicherungen (19%) und in Anleihen (10%).

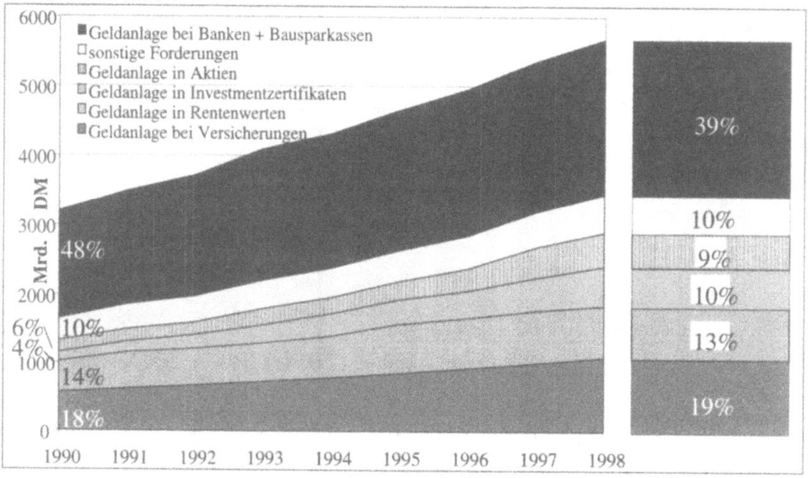

Abbildung 57: Struktur des Geldvermögens privater Haushalte in Deutschland[621]

---

[619] Vgl. Abbildung 60, S. 17.

[620] Hierzu gehören auch die Mittel bei Bausparkassen.

[621] Quelle: Deutsche Bundesbank (1999), Ergebnisse der gesamtwirtschaftlichen Finanzierungsrechnung für Deutschland 1990-1998; eigene Berechnungen. Vgl. für die Veränderung im Zeitablauf Deutsche Bundesbank (1997), S. 36.

Der Anteil der Aktie am Geldvermögen der privaten Haushalte befindet sich seit den 50er Jahren in einem Abwärtstrend[622], der sich aber in den 80er Jahren stabilisiert hat. In den letzten Jahren läßt sich ein leichter Aufwärtstrend feststellen

Zu beachten bei dieser Darstellung ist, daß das Geldvermögen lediglich einen Anteil von ca. 40% des Bruttovermögens ausmacht. Eine größere Bedeutung für die Vermögensstruktur privater Haushalte hat mit ca. 50% das Immobilienvermögen. Die restlichen 10% werden unter dem Begriff Gebrauchsvermögen subsumiert.[623]

2.2.2.3 *Unternehmen*

Die derzeitige Situation der Unternehmensfinanzierung in Deutschland ist von der Kapitalmarktstruktur geprägt. Bankkredite[624] stellen dabei das wesentliche Finanzierungsinstrument dar. Sowohl die Eigenmittelfinanzierung über Aktien als auch die Finanzierung über Pensionsrückstellungen spielen, wie in Abbildung 58 gezeigt wird, lediglich eine untergeordnete Rolle.

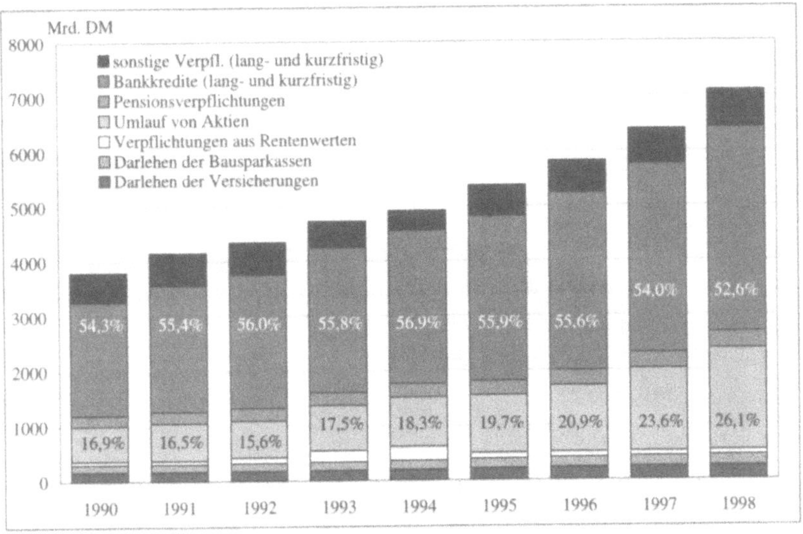

Abbildung 58: Finanzierung von Unternehmen in Deutschland im Zeitablauf[625]

---

[622] Vgl. Deutsches Aktieninstitut (1999), S. 07-1-2a.

[623] Vgl. Deutsche Bundesbank (1999a), insbesondere S. 43.

[624] Vgl. Deutsche Bundesbank (2000), S. 33-34. Die Bankkredite umfassen kurzfristige und langfristige Bankkredite.

[625] Quelle: Deutsche Bundesbank (1999), Ergebnisse der gesamtwirtschaftlichen Finanzierungsrechnung für Deutschland 1990 bis 1998, Statistische Sonderveröffentlichung 4, Juli 1999.

Nach wie vor herrscht in Deutschland im Jahr 1998, unverändert zu 1990, für die Unternehmensfinanzierung in Deutschland der Bankkredit mit 52,6% der Finanzierungsmittel vor. Die Bedeutung der Aktie für die Finanzierung der Unternehmen hat sich dagegen von 16,9% im Jahr 1990 um über 9 Prozentpunkte auf 26,1% erhöht. Die Finanzierung über Industrieobligationen, hier unter „Verpflichtungen aus Rentenwerten" subsumiert, ist in Deutschland vergleichweise unbedeutend.[626] Die geringe Entwicklung des Marktes für Unternehmensanleihen ist unter anderem mit der noch geringen Vertretung von Ratingagenturen zu begründen, durch die dem Markt Informationen über die Bonität der Unternehmen gegeben werden.[627]

3 Entwicklungstendenzen des deutschen Kapitalmarktes

Unabhängig von einer Reform der Altersversorgung werden sich die Kapitalmärkte in den nächsten Jahren verändern.[628] Wie in Abbildung 1 bereits dargestellt worden ist, treten die geburtenstarken Jahrgänge in Kürze in die sparintensive Altersklasse der über 35-jährigen ein. Insofern werden Nettozuflüsse an die Kapitalmärkte resultieren.
Eine verstärkte Kapitaldeckung durch Pensionsfonds[629] hat darüber hinaus über die Ersparnis, deren Zusammensetzung und der damit verbundenen Nachfrage nach Kapitalmarktinstrumenten Auswirkungen auf die Kapitalmärkte. Zum anderen werden die Kapitalmärkte über den Bedarf nach und der daraus folgenden Entwicklung neuer Produkte, deren Auswirkungen auf Volatilität, Stabilität und den Bereich der Corporate Governance beeinflußt. Welche Veränderungen resultieren können, wird im folgenden dargestellt.

3.1 Ersparnis und Nachfrage nach Kapitalmarktinstrumenten

Durch einen Ausbau der kapitalgedeckten Säule steigt die Nachfrage nach Kapitalmarktinstrumenten. Folgende Faktoren können die Nachfrage beeinflussen[630]:

1. eine Erhöhung der gesamtwirtschaftlichen Sparquote,
2. eine Beeinflussung der Portfoliozusammenstellungen des privaten Sektors zwischen Bankeinlagen und Wertpapieren und
3. die Portfoliozusammenstellung der institutionellen Investoren.

---

[626] Zur Bedeutung der Kreditfinanzierung und Anleihenfinanzierung von Unternehmen vgl. Deutsche Bundesbank (2000).
[627] Vgl. auch Deutsche Bundesbank (2000), S. 41.
[628] Vgl. Schlote/Schwarz (2000), S. 7.
[629] Vgl. für die Ausführungen in diesem Abschnitt Blommestein (1998), S. 38 ff.; Davis (1997), S. 158-179.
[630] Vgl. Blommestein (1998), S. 42-43.

Während ein Anstieg der gesamtwirtschaftlichen Sparquote durch einen Ausbau der kapitalgedeckten Säule in der Literatur umstritten ist[631], wird ein Einfluß auf die Portfoliozusammenstellung der privaten Haushalten bejaht. Wie in Abschnitt 2.2.2.2 dieses Kapitels dargelegt worden ist, halten private Haushalte in Deutschland einen Anteil von ca. 39% ihres Geldvermögens bei Banken und Sparkassen.[632] Lediglich ein geringer Anteil wird direkt oder indirekt in Aktien investiert.

Für den internationalen Vergleich wird auf das Investmentvermögen pro Kopf[633] der Bevölkerung zurückgegriffen, für welches entsprechende interne Daten vorliegen. In einem solchen Vergleich liegt Deutschland im Jahr 1997 auf einem der letzten Plätze. Das deutsche Investmentvermögen pro Kopf liegt bei nur ca. 14% des Investmentvermögens pro Kopf in den USA.

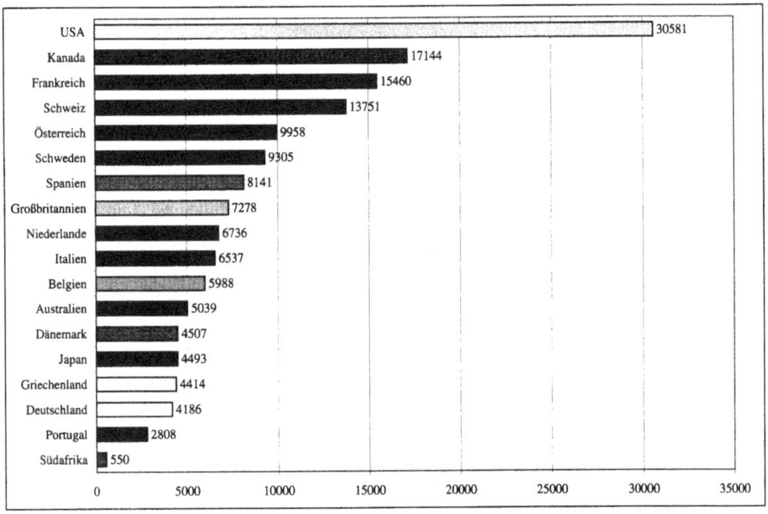

Abbildung 59: Investmentvermögen pro Kopf der Bevölkerung 1997 in DM[634]

Diese Daten belegen, daß ein großes Aufholpotential für den deutschen Kapitalmarkt besteht, sofern Deutschland den Anschluß an Länder wie USA und Frankreich schafft. Bei diesem Vergleich ist zu beachten, daß sowohl das Gesamtvermögen als auch die Gesamtvermögens-

---

[631] Vgl. für eine tiefergehende Erörterung Feldstein (1978), Hubbard (1986), Munnel (1986).

[632] Vgl. Abbildung 57.

[633] Dabei handelt es sich, wie vom Bundesverband Deutscher Investment-Gesellschaften e.V. bestätigt worden ist, um das in einem Land verwaltete Vermögen. Im Vergleich zum Geldvermögen ist das Investmentvermögen enger definiert, da Geldanlagen bei Banken und Bausparkassen sowie sonstige Forderungen in diesem nicht enthalten sind. Vgl. hierzu auch Abbildung 57.

[634] Quelle: Bundesverband Deutscher Investment-Gesellschaften e.V. (1999), S. 17.

bildung privater Haushalte in Deutschland die privater Haushalte in anderen Ländern zumeist übersteigt. Dieses läßt sich anhand der Sparquote zeigen, die in Deutschland mit knapp 11% den 2. Rang hinter Japan belegt. In Frankreich beträgt diese knapp 10%, in Großbritannien 8% und in den USA liegt sie unter 6%.[635] Auch ist in Deutschland das Volumen des Immobilienvermögens größer als das Volumen des Geldvermögens. Insofern dienen die Daten in Abbildung 59 lediglich einer Bestimmung der Liquidität des Geldvermögens im internationalen Vergleich. Eine Aussage über den Umfang des Vermögens und dessen Aufteilung im internationalen Vergleich ist nicht möglich.

Institutionelle Investoren[636], zu denen Investmentfonds, Pensionsfonds und Versicherungen gehören, sind am deutschen Kapitalmarkt im Vergleich zu den anderen betrachteten Ländern gering vertreten.[637]

Land	insgesamt	Investmentsfonds	Pensionsfonds	Versicherungen	andere
Deutschland	1167,9	411,8	64,8	691,3	
	50%	18%	3%	30%	
Frankreich	1278,1	573,2	-	691,3	
	83%	37%	-	45%	
Niederlande	671,1	66,5	370,4	224,6	9,6
	169%	17%	93%	57%	2%
Schweiz	449,8	47,4	221,6	180,8	
	152%	16%	75%	61%	
Groß-	2226,9	311,5	893,8	1021,6	
britannien	193%	27%	77%	89%	
USA	13382,1	3378,2	4762,4	3021,6	2219,9
	181%	46%	64%	41%	30%

Tabelle 18: Institutionelle Investoren 1996 (in Mrd. US-$ und in % des BIP)[638]

Institutionelle Investoren halten, wie in Abschnitt 2.2.2.1 dargestellt, in Deutschland im Jahr 1996 gemeinsam Anlagen im Umfang von 50% des Bruttoinlandsproduktes, wobei der Anteil der Pensionsfonds 3 Prozentpunkte davon ausmacht.

In den anderen Ländern der Vergleichsgruppe liegt, abgesehen von Frankreich, das Anlagevolumen der institutionellen Investoren zwischen 150% und 193% des Bruttoinlandsprodukts,

[635] Vgl. Deutsche Bundesbank (1999a), S. 34-36. Die Sparquote privater Haushalte in Deutschland ist bis 1999 auf 9,3% gesunken. Quelle: Deutsche Bundesbank, Monatsbericht, 08/2000. Zur Problematik der sinkenden Sparquote in Deutschland vgl. Hamm (2000).

[636] Vgl. für eine statistische Aufbereitung über institutionelle Investoren, insbesondere Pensionsfonds Götzfried (1999) und Götzfried (1999a).

[637] Vgl. Nürk (1998), S. 179. Dort wird auch ein prozentualer Vergleich des Aktienbesitzes der verschiedenen Akteure gegeben. Vgl. S. 180.

wobei der Anteil der Pensionsfonds zwischen 64 und 93 Prozentpunkten schwankt. Eine ähnliche Stärkung der institutionellen Investoren und insbesondere der Pensionsfonds sollte in Deutschland resultieren, sofern die Kapitaldeckung der Altersvorsorge entsprechend ausgebaut wird.

Auch die Portfoliozusammensetzungen der institutionellen Investoren variieren stark. Institutionelle Investoren investieren in Ländern, wie in Großbritannien und USA, in denen sie eine starke Verbreitung haben, tendenziell einen höheren Anteil in Aktien als in anderen Ländern. Abbildung 60 stellt die Unterschiede im Zeitablauf dar.

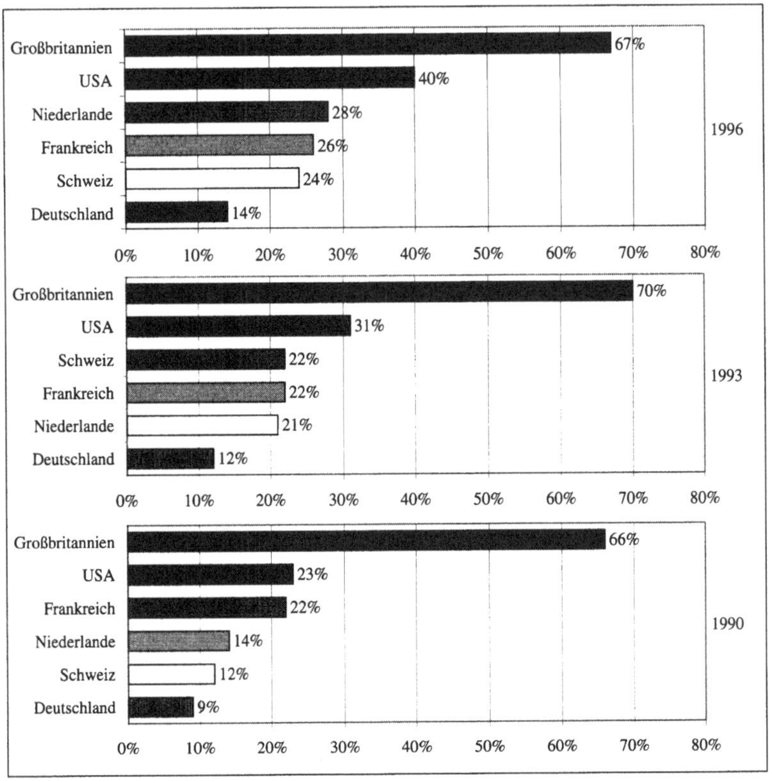

Abbildung 60: Aktienquoten institutioneller Investoren im Zeitablauf[639]

---

[638] Quelle: Organisation for Economic Co-Operation and Development (1999), S. 20-24. Die Kategorie „andere" wird dort nicht weiter erläutert. Diese wurde jedoch der Vollständigkeit halber aufgenommen.

[639] Quelle: Organisation for Economic Co-Operation and Development (1999): Institutional Investors, Statistical Yearbook, 1998.

Die Aktienquote institutioneller Investoren in Deutschland liegt in den betrachteten Jahren mit 9%, 12% und 14% jeweils auf dem letzten Rang im Vergleich mit Großbritannien, USA, Niederlande, Frankreich und der Schweiz. Im Jahr 1996 liegt die Aktienquote in den USA zum Beispiel um 190% oder 26 Prozentpunkte höher, die der institutionellen Investoren in Großbritannien sogar um 380% oder 53 Prozentpunkte. Dabei handelt es sich um Länder, in denen Pensionsfonds, wie in Tabelle 18 dargestellt, eine große Bedeutung haben.
Die hohen Aktienquoten von Pensionfonds liegen darin begründet, daß Pensionsfonds - anders als Banken und offene Fonds – lediglich langfristige Verbindlichkeiten gegenüber den Anlegern haben.[640] Eine kurzfristige Rückforderung der Mittel durch die Investoren ist somit zumeist ausgeschlossen.[641] Durch diesen im Vergleich zu individuellen Investoren, Banken und anderen institutionellen Investoren längeren Anlagehorizont können, c.p., größere Risiken eingegangen bzw. größere Chancen wahrgenommen werden.[642] Durch die Bündelung von Anlagegeldern ist zudem eine effizientere Allokation und Diversifikation der Mittel möglich, da auch illiquide und nur schwer teilbare Anlagemöglichkeiten[643], wie z.B. Immobilien, die für individuelle Investoren ein großes Risiko darstellen können, in das Portfolio mit aufgenommen werden können.
Hier zeigt sich, welches Potential für den Aktienmarkt in Deutschland existiert, wenn sich die Portfoliostrukturen, die derzeit durch Regulierungsvorschriften beeinflußt werden, sich in Richtung der Portfoliostrukturen in z.B. den USA und Großbritannien verändern. Schon eine Annäherung an die Portfoliostrukturen der institutionellen Investoren in der Schweiz, Frankreich und den Niederlanden würde c.p. zu einer Verdoppelung der Aktienquoten in den Portfolios institutioneller Investoren in Deutschland führen. Aus den Daten über die Aktienquoten institutioneller Investoren in Abbildung 60 und den Angaben über die Bedeutung institutioneller Investoren, insbesondere von Pensionsfonds gemäß Tabelle 17, können Rückschlüsse auf die Bedeutung von Pensionsfonds am Aktienmarkt gezogen werden.

---

640 Vgl. Catalan/Impavido/Musalem (2000), S. 3; Davis (1998), S. 6-7.

641 Somit ist auch ein „Run“ de facto ausgeschlossen. Vgl. Kapitel E. Vgl. hierzu auch den Vergleich zwischen Lebensversicherungen und Pensionsfonds in Kapitel E, Abschnitt 7.1.

642 So halten im Jahr 1996 Pensionsfonds in den USA im Durchschnitt 57% ihrer Gelder in Aktien. Bei Versicherungsunternehmen sind es je 19%, bei offenen Fonds 45% und bei geschlossenen Fonds 30%. Vgl. Organisation for Economic Co-Operation and Development (1999): Institutional Investors Statistical Yearbook.

643 Die Probleme können durch eine Investition in Immobilienfonds zumindest teilweise umgangen werden.

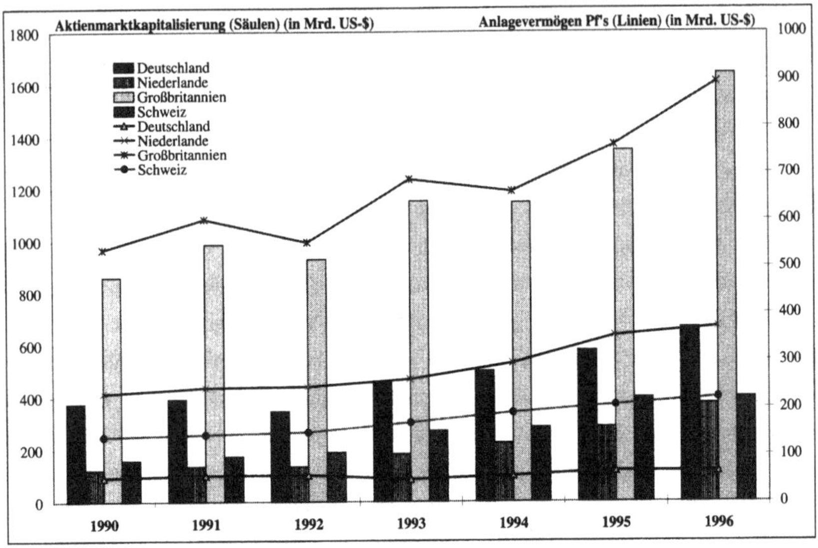

Abbildung 61: Pensionsfonds und Marktkapitalisierung[644]

Nach Abbildung 61 geht ein stark entwickelter Pensionsfondssektor mit einer hohen Marktkapitalisierung einher. Berechnungen für 13 Länder[645] ergeben für den Zeitraum von 1990 bis 1996 Korrelationen zwischen Marktkapitalisierung und Anlagevolumen der Pensionsfonds von +0,98 bis +0,997.[646] Welcher der beiden Faktoren kausal für den anderen ist, läßt sich hieraus aber nicht bestimmen.

Aus der Betrachtungsweise der privaten Haushalte stellen Einzahlungen von Geldern in Pensionsfonds und freiwilliges Sparen keine perfekten Substitute dar. Gelder, die in Pensions-

---

644 Quelle: Organisation for Economic Co-Operation and Development, International Federation of Stock Exchanges, eigene Berechnungen. Aufgrund der Größenordnung der US-amerikanischen Werte wären die Größenproportionen in der Abbildung ungünstig dargestellt worden. Daher ist auf eine Darstellung der USA hier der Übersichtlichkeit halber verzichtet worden. Die Abbildung der Marktkapitalisierung in den USA und die Datengrundlage für alle Länder sind in Anhang 38 zu finden.

645 Dabei handelt es sich um Deutschland, Belgien, Italien, Luxemburg, Niederlande, Österreich, Portugal, Spanien, Dänemark, Großbritannien, Schweden, Schweiz und USA. Die Auswahl orientiert sich an der Verfügbarkeit der Daten. Die Daten befinden sich in Anhang 39.

646 De Ryck (1998) kommt für das Jahr 1995 zu einer Korrelation von 0,897 zwischen dem Pensionsfondsvermögen und der Aktienmarktkapitalisierung. Vgl. de Ryck (1998), S. 267. Ebenso kommen Catalan/Impavido/Musalem auf Ergebnisse, die einen engen Zusammenhang zwischen der Verbreitung von Pensionsfonds und anderer institutioneller Investoren und der Marktkapitalisierung bestätigen. Vgl. Catalan/Impavido/Musalem (2000), S. 15. Vgl. auch Bräuninger/Wolgast (2000), S. 6.

fonds angelegt sind, sind aus Sicht der privaten Haushalte illiquide Mittel.[647] Dieses führt dazu, daß sich die Zusammensetzung des Geldvermögens der Haushalte durch eine kapitalgedeckte Altersversorgung verändert. Es werden mehr langfristige, illiquide Mittel gehalten. Um wieder zu der für den jeweiligen Haushalt optimalen Portfoliozusammensetzung[648] zu kommen, ist eine individuelle Umschichtung zugunsten liquider Anlagemittel notwendig. Dieses dürfte dazu führen, daß langfristige Sparverträge bei Banken und Sparkassen zugunsten liquiderer Anlageformen, z.B. an den Kapitalmärkten, umgeschichtet werden. Es kann somit zusätzlich zu den von Pensionsfonds gehaltenen Kapitalanlagen zu einer Umschichtung von Geldern bei Banken zu einer vermehrten Haltung liquider Mittel an den Kapitalmärkten kommen.[649]

Somit ist unabhängig von einem möglichen Anstieg der gesamtwirtschaftlichen Sparquote durch eine zunehmende Institutionalisierung und Professionalisierung der Kapitalanlage mit einer vermehrten Anlage der Gelder am Kapitalmarkt zu rechnen.[650]

Für die Struktur des Anleihenmarktes ergeben sich Implikationen durch einen Ausbau der kapitalgedeckten Altersvorsorge derart, daß sich die derzeitige Aufteilung im privaten Sektor, wie sie in Tabelle 19 dargestellt wird, verändern könnte.

Position	**Deutschland**	**USA**	**Großbritannien**
privater Sektor			
Unternehmen (Industrieobligationen)	52	**2747**	260
in % des BIP	*3%*	*34%*	*20%*
Banken (Bankschuldverschreibungen)	**1233**	220	-
in % des Kreditvolumens	**33%**	5%	-
in % des BIP	**71%**	3%	-
öffentlicher Sektor			
öffentliche Hand	**763**	3146	450
in % der öffentlichen Gesamtverschuldung	**65%**	58%	50%
in % des BIP	**44%**	39%	35%

Tabelle 19: Verbriefte Verschuldung im internationalen Vergleich in Mrd. €[651]

[647] Vgl. Catalan/Impavido/Musalem (2000), S. 4.

[648] Es wird dabei angenommen, daß der private Haushalt vor dieser möglichen Stärkung der Pensionsfonds sein nutzenmaximales Portfolio hält.

[649] Vgl. Catalan/Impavido/Musalem (2000), S. 4.

[650] Vgl. Catalan/Impavido/Musalem (2000), S. 4. Für ein Beispiel vgl. Catalan/Impavido/Musalem (2000), S. 8-11.

[651] Quelle: Deutsche Bundesbank (2000), S. 35, eigene Berechnungen.

Unternehmen in Deutschland finanzieren sich, wie in Abschnitt 2.2.2.3 gezeigt worden ist, anders als z.B. in den USA, im großen Umfang über die Kreditaufnahme bei Banken.[652] Daraus resultierend haben Bankschuldverschreibungen zur Refinanzierung des Kreditgeschäftes eine große Bedeutung. In den USA und Großbritannien[653] hingegen stellen Industrieobligationen einen erheblichen Anteil an der verbrieften Verschuldung des privaten Sektors dar. Bankschuldverschreibung machen in den USA lediglich knapp 9% des Volumens der Industrieobligationen aus.[654] Auch in Deutschland dürfte zukünftig mit einer Stärkung des Marktes für Industrieanleihen zu rechnen sein. Die Einrichtung von Ratingagenturen, die zu einer verstärkten Nutzung von Industrieobligationen führen könnte, ist gerade in den Anfängen begriffen.[655]

Durch eine Stärkung der Pensionsfonds werden Wertpapiere darüber hinaus zunehmend von informierten Investoren verwaltet, deren Anlageverhalten stark von den relativen Renditen der Anlageobjekte beeinflußt wird.[656] Da diese Anpassungen an Marktänderungen schneller verwirklichen als private Investoren[657], ergibt sich aus der Stärkung der Pensionsfonds eine effizientere Allokation der Anlagegelder an Aktien- und Anleihenmarkt und daraus resultierend eine genauere und schnellere Bewertung von Wertpapieren.
Die zunehmende Nachfrage nach langfristigen Anlagemöglichkeiten und daraus resultierend ein vermehrter Mittelzufluß an die Kapitalmärkte wird dazu führen, daß die Preise für Aktien und langfristige Anleihen und damit auch für Industrieobligationen kurzfristig steigen. Die Finanzierung über diese Instrumente wird für die Unternehmen kostengünstiger und dadurch an Attraktivität gewinnen.[658] Inwiefern dieser Effekt langfristig anhält ist unklar, da es zu Substitutionseffekten kommen kann.

---

[652] Vgl. zu den Gründen der Finanzierungsstruktur deutscher Unternehmen Abschnitt 2.2.1.
[653] Vgl. hierzu und zu den folgenden Ausführungen Deutsche Bundesbank (2000), S. 35 ff. und Abschnitt 2.2.2.3 dieses Kapitels.
[654] Entsprechende Daten über Bankschuldverschreibungen für Großbritannien liegen nicht vor.
[655] Vgl. Everling (2000); Heinke/Steiner (2000); Heinke/Steiner (2000a); Rehm (2000), Kapitel 3, Abschnitt 3.2.4.
[656] Dieses ist nur der Fall, sofern diese Investoren nicht durch Regulierungsvorschriften in der Auswahl der Anlagekategorien eingeschränkt werden. Vgl. Blommestein (1998), S. 43.
[657] Vgl. Blommestein (1998), S. 43.
[658] Vgl. Bräuninger/Wolgast (2000), S. 6.

3.2 Innovation und Infrastruktur der Kapitalmärkte

Durch das Agieren von Pensionsfonds wird die Entwicklung neuer Instrumente und Anlagestrategien vorangetrieben, um den Bedürfnissen institutioneller Investoren bezüglich der Absicherung der Risiken nachzukommen.[659] Durch Risikotransferinstrumente, wie z.B.

1. Verbriefung, wodurch sowohl Kredit- als auch Marktrisiken transferiert werden,
2. Derivate, die der Allozierung von Markt- und Preisrisiken dienen und als Untergruppe
3. Kreditderivate, durch die Kreditrisiken gesondert alloziiert werden[660],

können Investoren die gewünschte Risiko-/Rendite Kombination erreichen. Die Nachfrage nach solchen Instrumenten rührt aus der Art der Verbindlichkeiten von Pensionsfonds her. So wird z.B. durch eine „Minimum-funding" Vorgabe die Nachfrage nach Absicherungsinstrumenten, die einen Wertverfall unter dieses Level verhindern, gefördert.

Auch wird es durch die Stärkung der Pensionsfonds zu einer Veränderung der Infrastruktur der Kapitalmärkte kommen.[661] Die Liquidität wird steigen und die Wertpapiermärkte werden auf die steigenden Volumina mit verbesserten „Clearing" und „Settlementinstitutionen" reagieren. Zudem ist davon auszugehen, daß die Transaktionskosten langfristig sinken werden.

3.3 Volatilität und Stabilität der Kapitalmärkte

Eine Erhöhung der Volatilität der Wertpapierkurse hat für deren Teilnehmer negative Folgen.[662] Ein Anstieg der Volatilität erhöht die Kapitalkosten für Unternehmen und Staat. Finanzinstitutionen können sich aufgrund hoher Volatilität Liquiditätsengpässen ausgesetzt sehen.[663] Ferner wird durch eine höhere Volatilität die allgemeine Unsicherheit der Marktteilnehmer erhöht.[664] Durch die Unsicherheit bezüglich der zukünftigen Finanzmarktvolatilität kann die Erwartungsbildung der Marktteilnehmer eingeschränkt werden. Dieses kann zur Verschiebung notwendiger Investitionen bzw. zu einer verringerten Investitionsneigung führen. Letztendlich ist es möglich, daß dieses Verhalten das langfristige Wachstum negativ beeinträchtigt.

---

[659] Vgl. Blommestein (1998), S. 43-44. Für allgemeine Ausführungen vgl. Vittas (1999), S. 14. Vgl. Dufey (1988); Dufey (1994); Dufey (1998), S. 59-61 zu Finanzinnovationen und deren Einflüssen. Für eine aktuelle eher auf den Bankbereich bezogene Darstellung vgl. Dufey (2000), S. 10-12.

[660] Vgl. für eine Einführung in den Themenkomplex Kreditderivate Rehm/Rudolf (1999).

[661] Vgl. Davis (1998), S. 9-10.

[662] Vgl. für konkrete Berechnungen der deutschen Kapitalmärkte bis 1996. Vgl. Deutsche Bundesbank (1996), insbesondere S. 55. Für den amerikanischen Markt vgl. Sias (1996).

[663] Vgl. Blommestein (1998), S. 49.

[664] Vgl. Blommestein (1998), S. 50.

Ob das Vorhandensein institutioneller Investoren die Volatilität der Märkte erhöht, wird in der Literatur kontrovers diskutiert.[665] Dabei lassen sich gewollte Volatilität, die durch die Informationsverarbeitung und die daraus resultierenden Anpassungen induziert wird, und ungewollte Volatilität, die nicht informationsbasiert ist, sondern z.B. durch Liquiditätshändler erzeugt wird, unterscheiden.[666] In der Literatur werden zwei Hypothesen, die einen positiven Zusammenhang zwischen institutionellen Investoren und Volatilität darstellen, vertreten:[667]

1. Institutionelle Investoren investieren bevorzugt in Wertpapiere mit einer höheren Volatilität, da bei diesen eine höhere Wahrscheinlichkeit besteht, den Marktdurchschnitt, der als Benchmark dient, zu übertreffen. Darüber hinaus ist es in volatilen Märkten leichter, einen Informationsvorsprung umzusetzen, ohne daß dieses von anderen Marktteilnehmern wahrgenommen wird.[668]
2. Institutionelle Investoren erhöhen die Volatilität des Kapitalmarktes sowohl durch ihre Handels- und Anlagestrategien als auch durch die Gleichgerichtetheit ihres Handelns.[669]

Der zweite Aspekt wird in der Literatur als plausibler angesehen[670] und soll im folgenden begründet werden. Zum einen können durch institutionelle Handels- und Anlagestrategien, mit denen ein sehr viel höheres Volumen als durch private Anleger bewegt wird, schneller Situationen resultieren, in denen Kauf- oder Verkaufsdruck die bestehende Liquidität des Marktes übersteigt.[671] Handels- und Anlagestrategien unter Verwendung von Derivaten sind als zweiter Faktor identifiziert worden.[672]

Als dritter Faktor ist die Gleichgerichtetheit der Aktionen institutioneller Investoren (herding) zu nennen, durch die die Volatilität des Marktes erhöht wird. Für diese Gleichgerichtetheit des Handelns gibt es folgende Gründe:[673]

1. Durch regelmäßige Kontrolle der Performance[674] gegen den Markt wird das Verhalten institutioneller Investoren derart beeinflußt, daß Fondsmanager der Anlagestrategie der Mehrheit folgen, um nicht allzusehr vom Durchschnitt abzuweichen.[675]

---

[665] Vgl. für Ausführungen über den US-amerikanischen Markt Sias (1996).

[666] Vgl. McInish (2000), S. 47-48.

[667] Vgl. Sias (1996), S. 13.

[668] Vgl. Blommestein (1998), S. 50; Sias (1996), S. 14.

[669] Vgl. Sias (1996), S. 14.

[670] Vgl. Sias (1996), S. 14.

[671] Als Beispiel wird hier der Aktienmarktcrash von 1987 und die Rolle institutioneller Investoren bei den europäischen Währungskrisen 1992/93 angeführt. Vgl. Blommestein (1998), S. 50-51; Davis (1997), S. 166-167; Eckhardt (1997); Rettberg (1997).

[672] Vgl. Blommestein (1998), S. 51.

[673] Vgl. Blommestein (1998), S. 51; Davis (1997), S. 167-168. Für empirische Belege vgl. Davis (1997), S. 168-169, Anhang 1.

[674] Vgl. Blommestein (1998), S. 51; Scharfstein/Stein (1990).

2. Institutionelle Investoren entnehmen Information aus dem Handeln anderer institutioneller Investoren. Unter Umständen schließen sie sich dem Vorgehen der anderen Investoren an, da sie einen Informationsvorsprung vermuten.[676]
3. Institutionelle Investoren reagieren auf Neuigkeiten, welche sie alle zeitgleich erhalten, in ähnlicher Art und Weise. Dieses erzwingt im aggregierten Zustand größere Portfolioveränderungen.[677]

Ferner investieren institutionelle Investoren zunehmend international. Dadurch werden die wechselseitigen Einflüsse der Märkte untereinander stärker. Kurzfristige Preisbewegungen in einem Markt werden vermehrt auf andere Märkte übertragen.[678]

Es ist kurz auf den Zusammenhang zwischen Volatilität und Liquidität einzugehen. Während Volatilität die Größe und Häufigkeit von Preisänderungen bezeichnet, charakterisiert Liquidität die Kosten, eine Position in einer Anlage auf- bzw. abzubauen (Kosten der Sofortigkeit).[679] Dabei besteht zumeist ein negativer Zusammenhang zwischen den beiden Größen, da bei einer erhöhten Volatilität zumeist die Geld/Brief Spanne ansteigt und somit die Kosten der Sofortigkeit ansteigen.

Trotz dieser Ausführungen über eine mögliche Steigerung der Volatilität durch institutionelle Investoren sollte nicht unbeachtet bleiben, daß es derzeit keine Anzeichen für einen überproportionalen Anstieg der Volatilität in Ländern gibt, in denen Pensionsfonds bzw. institutionelle Investoren eine große Bedeutung erlangt haben.[680]

Inländische institutionelle Investoren können durchaus stabilisierend auf die Kapitalmärkte wirken. Dieses ist der Fall, wenn institutionelle Investoren starke, durch ausländische Investoren verursachte Marktbewegungen durch entgegengesetzte Transaktionen abmildern.[681] Ferner sollte es langfristig zu einer Effizienzsteigerung durch institutionelle Investoren kommen, da diese durch einen höheren Ressourceneinsatz einen besseren Informationsstand haben als andere Investoren. Dieser Aspekt beeinflußt auch das System der Corporate Governance, welches im folgenden Abschnitt analysiert wird.

---

675 Diese Kontrollen, die Ergebnis der Informationsasymmetrie zwischen Fondsmanagern and Anlegern ist, werden in den USA teilweise monatlich durchgeführt. Vgl. Davis (1997), S. 168.

676 Vgl. Shiller/Pound (1989).

677 Vgl. Blommestein (1998), S. 51.

678 Vgl. Blommestein (1998), S. 52.

679 Steigende Kosten der Sofortigkeit bedeutet dabei sinkende Liquidität bzw. steigende Illiquidität. Vgl. Amihud/Mendelson (1988), S. 372 und McInish (2000), S. 39-41.

680 Vgl. Blommestein (1998), S. 50; Davis (1997), S. 169.

681 Vgl. Davis (1997), S. 169. In Anhang 43 ist die grundlegende Argumentation von Sias (1996) dargestellt.

3.4 Corporate Governance

In der Literatur werden vier Möglichkeiten der Einflußnahme auf die Unternehmensleitung unterschieden.[682] Dabei handelt es sich um die Marktkontrolle und die direkte Kontrolle, welche beide jeweils über Eigen- oder Fremdkapital erfolgen können.

1. Die Marktkontrolle mittels Eigenkapital erfolgt durch einen möglichen Verkauf von Aktien durch (institutionelle) Investoren, falls das Unternehmen schlecht geführt wird. Dadurch wird der Kurs negativ beeinflußt und das Unternehmen aufgrund niedriger Bewertung zu einem möglichen Übernahmekandidaten.
2. Die Marktkontrolle mittels Fremdkapital betrifft zumeist hochverschuldete Unternehmen. Sofern angenommen wird, daß das Management grundsätzlich an einem Fortbestand des Unternehmens interessiert ist, wird das Management hochverschuldeter Unternehmen[683] große Anstrengungen in die Vermeidung unrentabler Investitionen stecken, um Liquiditätsprobleme und damit eine Gefährdung der Unternehmung zu vermeiden.
3. Die direkte Kontrolle mittels Eigenkapital erfolgt über entsprechende Gremien im Unternehmen, welche die Aktionäre vertreten.
4. Die direkte Kontrolle mittels Fremdkapital findet auf Grundlage des sogenannten Hausbankprinzips statt, bei welchem eine Bank mit einem Unternehmen eine langfristige Beziehung unterhält und dabei Einblick in interne Unternehmensdaten erhält.

Je nachdem, welche Mittel verwendet werden, lassen sich zwei Modelle der Corporate Governance unterscheiden.[684] Diese sind das „Insider Modell" und das „Outsider Modell".

Das Insider Modell, auf welchem das Corporate Governance System in Deutschland basiert, ist stark durch die direkte Kontrolle mittels Fremdkapital und zudem durch die direkte Kontrolle mittels Eigenkapital geprägt. Die direkte Fremdkapitalfinanzierung über Banken spielt für Unternehmen in Deutschland, wie in Abschnitt 2.2.2.3 dargestellt, eine große Rolle. Über Aufsichtsratsmandate sind verschiedene Interessengruppen an der Unternehmenssteuerung beteiligt. Eine Kontrolle über die Kapitalmärkte findet realiter nicht statt.

Beim Outsider Modell, auf welchem das System in den USA basiert, findet eine Kontrolle des Managements hauptsächlich über den Kapitalmarkt, d.h. Aktien- und Anleihenmarkt, statt. Diese Kontrollfunktion wird zumeist durch institutionelle Investoren, vor allem Pensi-

---

[682] Vgl. Blommestein (1998), S. 60-61, 62-63.

[683] Eine andere Konsequenz aus einer sehr hohen Verschuldung kann eine hohe Risikofreude des Managements bei der Auswahl der Investitionsprojekte sein. Bei einem positiven Ausgang werden die Gewinne vereinnahmt. Bei negativen Ausgang ist eine Fortführung des Unternehmens zwar ernsthaft gefährdet, jedoch ist dieses auch im Fall nur gering rentabler Projekte der Fall.

[684] Vgl. Blommestein (1998), S. 62.

onsfonds, wahrgenommen. Ihr Einfluß auf Entscheidungen des Managements ist im Vergleich zu privaten Anlegern großen Engagements erheblich.

In Deutschland ist die Bedeutung institutioneller Investoren im Vergleich zu den anderen Sektoren, wie in Abschnitt 2.2.2 gezeigt worden ist, gering. Dieses ist, wie in Tabelle 16 dargestellt wird, auch im internationalen Vergleich der Fall.

in %	USA	Deutschland	Frankreich	Groß-britannien
private Haushalte	36,4%	14,6%	19,4%	29,6%
Unternehmen	15,0%	42,1%	58,0%	4,1%
öffentliche Haushalte	0,0%	4,3%	3,4%	0,2%
Nichtfinanzielle Sektoren	**51,4%**	**61,0%**	**80,8%**	**33,9%**
Banken	0,2%	10,3%	4,0%	2,3%
Versicherungen und Pensionsfonds	31,3%	12,4%	1,9%	39,7%
Investmentsfonds und sonstige finanzielle Institutionen	13,0%	7,6%	2,0%	10,4%
Finanzielle Sektoren	**44,5%**	**30,3%**	**8,0%**	**52,4%**
übrige Welt	4,2%	8,7%	11,2%	13,7%
Aktienbesitz insgesamt	**100%**	**100%**	**100%**	**100%**

Tabelle 20: Aktienbesitz im internationalen Vergleich[685]

In den USA und Großbritannien, zwei Ländern in denen die kapitalgedeckte Altersvorsorge eine große Bedeutung hat, halten institutionelle Investoren jeweils zwischen 40-50% des Aktienbesitzes. In Deutschland und Frankreich dominieren die Unternehmensbeteiligungen in Form von Aktienholdings.[686] Auch der Aktienbesitz der Universalbanken ist in Deutschland mit 10,3% im Vergleich zu dem anderer Länder hoch.

Durch eine Stärkung der pensionsfondsbasierten Altersversorgung wird auch in Deutschland die Kontrolle durch die Kapitalmärkte an Bedeutung gewinnen, wie dieses z.B. im US-amerikanischen Markt der Fall ist. Da derzeit die Aktienquoten institutioneller Investoren in Deutschland – wie in Abbildung 60 dargestellt - noch relativ gering sind, verhalten sich institutionelle Investoren in Deutschland zum Teil noch passiv in Bezug auf die Mitwirkung an Entscheidungen im Unternehmen. Dieses ist nur möglich, solange diese die Möglichkeit haben, ihre Anteile an den Unternehmen kurzfristig zu verkaufen, sofern sie mit der Unternehmensführung unzufrieden sind.[687] Die Ausübung dieser Option wird mit dem Anstieg des En-

---

[685] Quelle: Deutsche Bundesbank (1997), S. 29. In der Tabelle existieren Rundungsdifferenzen.
[686] Vgl. Deutsche Bundesbank (1997), S. 30.
[687] Vgl. Vittas (1999), S. 17.

gagements institutioneller Investoren zunehmend unwahrscheinlicher, da z.B. bei Anteilen von 50% und mehr am Aktienkapital einer Unternehmung, wie es bei einigen US-amerikanischen Firmen der Fall ist[688], ein Verkaufsdruck institutioneller Investoren den Wert der Aktien einbrechen lassen würde, da die Liquidität im Markt fehlt.[689] Zusätzlich führt die Verwendung passiver Indizierungsstrategien dazu, daß unterdurchschnittlich rentierende Aktien nicht ohne weiteres aus dem Portfolio genommen werden können.[690] Daraus folgt, daß die Kontrolle der Unternehmen durch institutionelle Investoren bei einem Anstieg der Anlagevermögen zunehmend an Bedeutung gewinnt. Die derzeit übliche Vertretung der Aktionäre durch Banken über das Depotstimmrecht wird demgegenüber an Bedeutung verlieren.[691] Durch den damit verbundenen Anstieg des Aktionärseinflusses dürfte eine vermehrte Orientierung am Marktwert des Eigenkapitals erfolgen.

Bei den Ausführungen ist zu berücksichtigen, daß Pensionsfonds schon heute Einfluß auf Unternehmen haben. Sei es aufgrund einer Zweitnotierung am US-Aktienmarkt, oder aufgrund der internationalen Anlagen ausländischer Pensionsfonds.[692] Insofern findet ein Übergang auf eine Marktkontrolle des Eigenkapitals schon jetzt graduell statt.

4 *Schlußfolgerung und Ausblick*

Im Fall eines Ausbaus der kapitalgedeckten Altersversorgung kann es, wie in diesem Kapitel gezeigt worden ist, zu tiefgreifenden Veränderungen an den Kapitalmärkten kommen. Dabei existieren zwei grundlegende Möglichkeiten, die Kapitaldeckung im Rahmen der betrieblichen Altersversorgung einzuführen.

Zum einen ist die sofortige Übernahme aller derzeitigen Mittel der betrieblichen Altersversorgung, die für das Jahr 1997 eine Größenordnung von 532 Mrd. DM aufweisen, möglich. Dieses entspricht knapp 36% der Kapitalisierung des deutschen Aktienmarktes. Zum anderen kann dieses graduell durch eine Kapitaldeckung neu erworbener Ansprüche am Kapitalmarkt erfolgen.

Durch die sofortige Auslagerung der Mittel werden zum einen den Unternehmen langfristige Finanzmittel entzogen. Diese werden den Pensionsfonds übergeben, welche die Gelder am Kapitalmarkt anlegen. Dort können diese Gelder von den Unternehmen wieder aufgenommen

---

688 So hielten 1998 institutionelle Investoren z.B. 86% der Anteile an Amoco, 82% der Anteil von General Motors und 74% der von Mobil. Vgl. Vittas (1999), S. 17.

689 Vgl. hierzu auch die Ausführungen in Abschnitt 3.3.

690 Vgl. Vittas (1999), S. 17.

691 Da es in Deutschland viele Überkreuzbeteiligungen gibt und die Vorstände der einen Gesellschaft des öfteren im Aufsichtsrat der anderen Gesellschaft sitzen, gibt es de facto keine unabhängige Kontrollinstanz.

werden. Durch die Einschaltung des Kapitalmarktes ist im Vergleich zur Finanzierung über Pensionsrückstellungen eine effizientere Verwendung der Gelder zu erwarten, da die Unternehmen effektive Zinszahlungen im Falle von Fremdkapital bzw. effektive Dividendenzahlungen im Fall von Eigenkapitel durchführen müssen. Dieses führt zu einer Veränderung der Finanzierungsstruktur der Unternehmen. Industrieobligationen und Aktien sollten an Bedeutung gewinnen.

Nachteilig dürfte sich auswirken, daß es unter Umständen zu Liquiditätsengpässen bei den Unternehmen kommen kann. Pensionsrückstellungen, die über 56% der Mittel der betrieblichen Altersvorsorge ausmachen, können nicht mit freiverfügbaren Finanzierungsmitteln gleichgesetzt werden. Ferner stehen den Pensionsrückstellungen zumeist betriebsnotwendige Aktiva gegenüber. Jedoch können die Unternehmen die durch Pensionsfonds abgezogenen Mittel durch Aufnahme an den Kapitalmärkten ausgleichen.

Zum anderen könnte ein solches Anlagevolumen die Liquidität des deutschen Kapitalmarktes überlasten.

Eine graduelle Kapitaldeckung der neuerworbenen Ansprüche würde die zuvor beschriebenen Nachteile abmildern. Allerdings wird sich auch die Finanzierungsstruktur der Unternehmen nur sehr langfristig verändern. Mit einer kompletten Umstellung ist dabei erst nach ca. 30-40 Jahren zu rechnen. Dementsprechend wird sich auch die Stärkung des Kapitalmarktes langsam vollziehen.

Der Anstieg der Anlagegelder wird dazu führen, daß der deutsche Aktienmarkt, gemessen am Verhältnis von Marktkapitalisierung zum Bruttoinlandsprodukt, an Bedeutung gewinnt. Wann er einen Umfang in der Größenordnung von über 150% des Bruttoinlandsproduktes erreicht, wie es in der Vergleichsgruppe (abgesehen von Frankreich) der Fall ist, hängt neben dem reinen Ausbau der kapitalgedeckten Säule auch von etwaigen Substitutionseffekten ab.[693]

Neben diesen Effekten, die sich auf die Nachfrage nach den Anlageinstrumenten beziehen, wird sich auch die Struktur der Kapitalmärkte, wie es in Abschnitt 3 dargestellt worden ist, verändern. Besondere Bedeutung dürfte der Anstieg der Gruppe der Pensionsfonds für das System der Corporate Governance in Deutschland haben. Hier wird es zu einer vermehrten Kontrolle des Managements von Aktiengesellschaften durch den Markt kommen. Gleichzeitig führt die verstärkte Kapitalnachfrage zu einem stärkeren Wettbewerb im Finanzsystem.[694] Die derzeit in Deutschland dominierenden Banken werden kundenorientiertere Produkte anbieten müssen, um zumindest einen Teil der Anlagegelder weiterhin verwalten zu können.

---

692 Dieses war zum Beispiel bei der Übernahme von Mannesmann durch Vodafone der Fall.
693 Vgl. Schlote/Schwarz (2000), S. 7-8.
694 Vgl. Vittas (1999), S. 12-14 für Beispiel für den US-amerikanischen Markt.

Eine wichtige Voraussetzung für diese Änderungen der Kapitalmärkte ist, daß die Fonds wie in den USA unabhängig von den Banken sind.[695] In Deutschland ist dieses derzeit nicht gegeben. Fonds fungieren zumeist als Tochtergesellschaften der Banken. Insofern dürfte der Wettbewerb im Finanzsystem beschränkt sein, da es lediglich zu einer Umverteilung der Anlagemittelverwaltung von einer Tochtergesellschaft zur anderen kommen wird. Auch dürfte durch von Banken abhängige Fondsgesellschaften die Corporate Governance Funktion von den Fondsmanagern nicht in dem Maße ausgeübt werden, wie dieses in den USA der Fall ist.

Eine weitere Voraussetzung für diese Änderungen an den Kapitalmärkten ist, daß Pensionsfonds, wie in Kapitel E und in Abschnitt 2.2.1 dargestellt worden ist, nicht durch Regulierungsvorschriften in der freien Anlagenwahl eingeschränkt bzw. zur Investition in Staatsanleihen verpflichtet werden. Dieses würde zu Bevorteilung einzelner Anlageklassen auf Kosten der Kapitalanleger und damit der zukünftigen Rentnergenerationen gehen. Diversifikationseffekte blieben teilweise ungenutzt.

[695] Vgl. Dufey (1998), S. 62.

G Zusammenfassende Schlußbetrachtung

Ausgehend von den derzeitigen finanziellen Problemen des deutschen Alterssicherungssystems sind deren Ursachen untersucht worden. Die verschiedenen Teilsysteme eines Alterssicherungssystems sind dargestellt und die Ziele und Gestaltungsmerkmale analysiert worden.

Darauf aufbauend wurde die grundlegende Mechanik der Finanzierungsverfahren dargestellt. Unter Verwendung der auf Markowitz und Roy zurückgehenden Portfoliotheorie ist gezeigt worden, daß ein Systemwechsel von Umlage- auf Kapitaldeckungsverfahren aufgrund nicht optimaler Diversifikationseffekte ökonomisch nicht sinnvoll ist. Vielmehr ist aus Rendite-/Risiko-Gesichtspunkten eine Mischung beider Verfahren vorzuziehen. Der Risikoaspekt ist in der Literatur zur Alterssicherung in einem portfoliotheoretischen Rahmen bisher nur am Rande betrachtet worden. Dieses stellt einen der Schwerpunkte der Arbeit dar und führt zu den aktuellen Reformen widerspechenden Ergebnissen.

Grundlegend ist im theoretischen Rahmen des 2-Anlagen-Falls die Möglichkeit der Diversifikation zwischen den verschiedenen Finanzierungsverfahren der Alterssicherung dargestellt worden. Dabei sind die Auswirkungen dieser Diversifikation auf die optimale Zusammenstellung des kapitalgedeckten Portfolioanteils und auf die Interdependenzen zwischen Rentenniveau, Frührente und optimalem Mischungsverhältnis zwischen Umlage- und Kapitaldekkungsanteil eingegangen worden.

Im Anschluß sind die zuvor gemachten Ausführungen auf den realistischeren n-Anlagen-Fall, repräsentiert durch die Anlagerestriktionen von Altersvorsorge-Sondervermögen, ausgeweitet und abschließend im Rahmen des Shortfall-Ansatzes analysiert worden. Auch hier zeigt sich, daß das Umlageverfahren einen wesentlichen Bestandteil eines effizienten Portfolios ausmacht.

Die Ergebnisse legen, anders als in der aktuellen Literatur häufig diskutiert, eine nur teilweise Ablösung des Umlageverfahrens durch das Kapitaldeckungsverfahrens nahe. Diese Analyse stellte auch die Reformbemühungen in den lateinamerikanischen Ländern während der letzten Jahre in Frage, in denen das Umlageverfahren vollkommen durch ein Kapitaldeckungsverfahren ersetzt worden ist.

Die kapitalgedeckte Säule wird in Deutschland im Rahmen der betrieblichen Altersvorsorge verwirklicht. Dadurch sind die Gelder, die einen immensen Umfang erreichen können, dem politischen Zugriff zunächst einmal entzogen. Nach einer Darstellung der grundlegenden Charakteristika sind die Zusagetypen der betrieblichen Altersversorgung, deren Risikoverteilung und Wirkungen analysiert worden.

Das restliche Kapitel stellt die im BetrAVG kodifizierten Durchführungswege in Deutschland und die wichtigsten derzeit diskutierten Reformvorschläge dar.

Anknüpfend an die Ausführungen in Kapitel C ist in Kapitel D wiederum auf Grundlage der Portfoliotheorie entgegen der herrschenden Meinung dargelegt worden, daß eine Mischung von Leistungs- und Beitragszusage unter dem Aspekt der Risikoallokation und Diversifikation einer Randlösung vorzuziehen ist. Insofern ist der Gesetzgeber aufgefordert, die notwendigen Rahmenbedingungen für eine Einführung der reinen Beitragszusage zu schaffen.

Im Rahmen des Kapitels E ist der Aspekt der Regulierung der Altersversorgung betrachtet worden. Es ist gezeigt worden, daß quantitative Vorgaben in der Vergangenheit zu Renditeeinbußen geführt haben und daß durch den Zusagetyp der Beitragszusage ein Verzicht auf strikte Regulierungsmaßnahmen in einigen Bereichen möglich ist.

Das abschließende Kapitel F legt nach einer Darstellung der Ausgangslage an den Kapitalmärkte die Einflußfaktoren einer gestärkten kapitalgedeckten Altersvorsorge dar. Dabei sind vier wesentliche Aspekte analysiert worden, nämlich Ersparnis und Nachfrage nach Kapitalmarktinstrumenten, Innovation und Infrastruktur der Kapitalmärkte, deren Volatilität und Stabilität und die möglichen Veränderungen der Corporate Governance.

Das hier dargestellte Vorgehen einer Analyse der Finanzierungsverfahren der Altersvorsorge kann durch Verzicht auf einige der getroffenen Annahmen und unter Einbeziehung neuerer Forschungsaspekte des Risikomanagements erweitert werden. Ferner ist hiermit ein weiterer volkswirtschaftlich geprägter Anwendungsbereich der modernen Finanzierungstheorie dargelegt worden.

Anhangsverzeichnis

Anhang 1: μ,σ-Kombinationen von Umlage- und Kapitaldeckungsverfahren mit Beitragssatzänderung

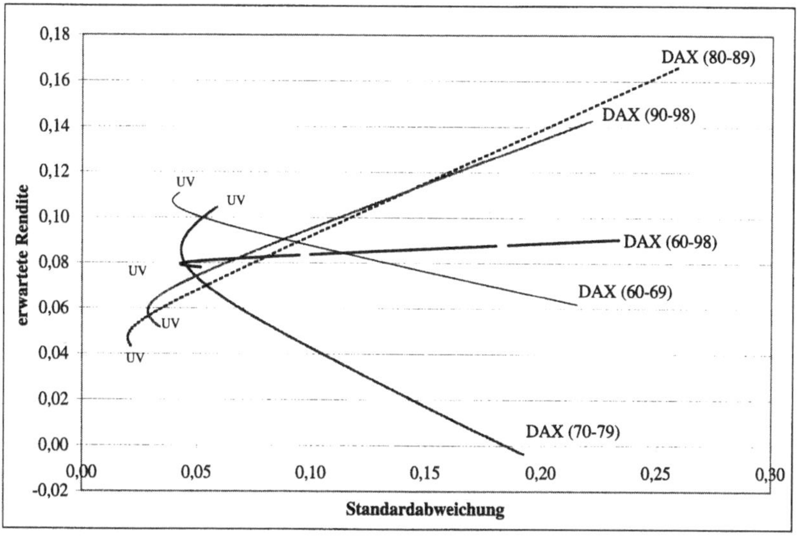

Abbildung 62: μ,σ-Kombinationen von Umlage- und Kapitaldeckungsverfahren mit Beitragssatzänderung

Anhang 2: Mischung von Umlage- und Kapitaldeckungsverfahren im Vergleich

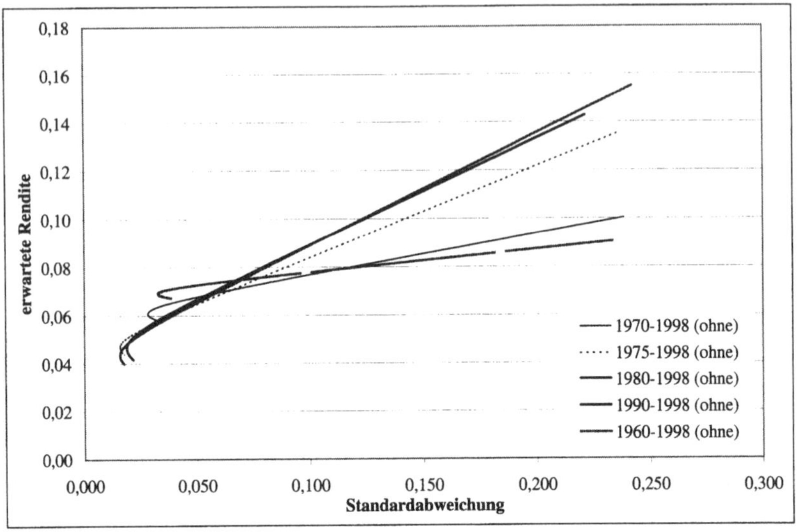

Abbildung 63: Mischung von Umlage- und Kapitaldeckungsverfahren (Jahresdaten)

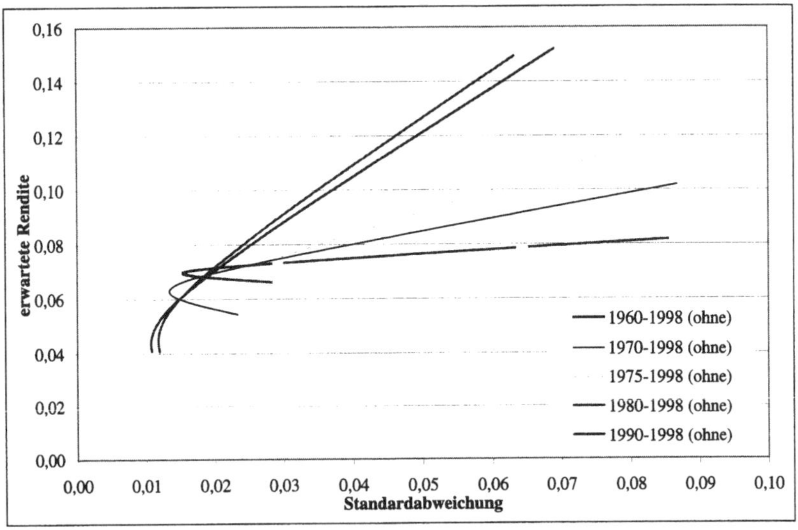

Abbildung 64: Mischung von Umlage- und Kapitaldeckungsverfahren (5-Jahres-Durchschnitte)

Minimum Varianz Portfolio	Anteil im Umlage-verfahren	Anteil im Kapitaldeckungs-verfahren
1960-1998	0,92	0,08
1970-1998	0,92	0,08
1975-1998	0,97	0,03
1980-1998	0,97	0,03
1990-1998	0,95	0,05

Tabelle 21: Mischung von Umlage- und Kapitaldeckungsverfahren (Jahresdaten)

Minimum Varianz Portfolio	Anteil im Umlage-verfahren	Anteil im Kapitaldeckungs-verfahren
1960-1998	0,78	0,22
1970-1998	0,82	0,18
1975-1998	0,90	0,10
1980-1998	0,89	0,11
1990-1998	0,85	0,15

Tabelle 22: Mischung von Umlage- und Kapitaldeckungsverfahren (5-Jahres Durchschnitte)

Minimum Varianz Portfolio	5 Jahres Durchschnitte	Jahres-daten
1960-1998	-0,73	-0,40
1970-1998	-0,72	-0,48
1975-1998	-0,79	-0,38
1980-1998	-0,68	-0,37
1990-1998	-0,42	-0,42

Tabelle 23: Korrelationen zwischen dem Umlageverfahren ohne Beitragssatzänderungen und dem durch den DAX repräsentierten Kapitaldeckungsverfahren

Anhang 3: Herleitung des optimalen x_{UV}

Es ist gegeben

[I] $$ZF = \mu_{FV} - 0{,}5 \cdot \alpha \cdot \sigma_{FV}^2 \rightarrow \max.$$

mit

[II] $$\mu_{FV} = x_{UV} \cdot \mu_{UV} + x_{KD} \cdot \mu_{KD}$$

und

[III] $$\sigma_{FV} = \sqrt{x_{UV}^2 \cdot \sigma_{UV}^2 + x_{KD}^2 \cdot \sigma_{KD}^2 + 2 \cdot x_{UV} \cdot x_{KD} \cdot \rho_{UV,KD} \cdot \sigma_{UV} \cdot \sigma_{KD}}$$

Einsetzen von [II] und [III] in [I] ergibt

[IV] $$\begin{aligned} ZF &= x_{UV} \cdot \mu_{UV} + x_{KD} \cdot \mu_{KD} \\ &\quad - 0{,}5 \cdot \alpha \cdot \left(x_{UV}^2 \cdot \sigma_{UV}^2 + x_{KD}^2 \cdot \sigma_{KD}^2 + 2 \cdot x_{UV} \cdot x_{KD} \cdot \rho_{UV,KD} \cdot \sigma_{UV} \cdot \sigma_{KD} \right) \rightarrow \max. \end{aligned}$$

Unter Verwendung von

[V] $$x_{UV} = 1 - x_{KD}$$

resultiert

[VI]

$$\begin{aligned} ZF &= x_{UV} \cdot \mu_{UV} + \left(1 - x_{UV}\right) \cdot \mu_{KD} \\ &\quad - 0{,}5 \cdot \alpha \cdot \left(x_{UV}^2 \cdot \sigma_{UV}^2 + \left(1 - x_{UV}\right)^2 \cdot \sigma_{KD}^2 + 2 \cdot x_{UV} \cdot \left(1 - x_{UV}\right) \cdot \rho_{UV,KD} \cdot \sigma_{UV} \cdot \sigma_{KD} \right) \\ &= x_{UV} \cdot \mu_{UV} + \left(1 - x_{UV}\right) \cdot \mu_{KD} \\ &\quad - 0{,}5 \cdot \alpha \cdot \left(x_{UV}^2 \cdot \sigma_{UV}^2 + \left(1 - 2 \cdot x_{UV} + x_{UV}^2\right) \cdot \sigma_{KD}^2 + 2 \cdot x_{UV} \cdot \left(1 - x_{UV}\right) \cdot \rho_{UV,KD} \cdot \sigma_{UV} \cdot \sigma_{KD} \right). \end{aligned}$$

[VI] ist nach dem Anteil der in das Umlageverfahren zu investieren ist x_{UV} abzuleiten.

$$\begin{aligned} &\frac{\partial ZF}{\partial x_{UV}} \\ &= \mu_{UV} - \mu_{KD} \\ &\quad - 0{,}5 \cdot \alpha \cdot \begin{pmatrix} 2 \cdot x_{UV} \cdot \sigma_{UV}^2 - 2 \cdot \sigma_{KD}^2 + 2 \cdot x_{UV} \cdot \sigma_{KD}^2 \\ +2 \cdot \rho_{UV,KD} \cdot \sigma_{UV} \cdot \sigma_{KD} - 4 \cdot x_{UV} \cdot \rho_{UV,KD} \cdot \sigma_{UV} \cdot \sigma_{KD} \end{pmatrix} = 0 \end{aligned}$$

[VII] $$\begin{aligned} &\Leftrightarrow \mu_{UV} - \mu_{KD} = \alpha \cdot \begin{pmatrix} x_{UV} \cdot \sigma_{UV}^2 - \sigma_{KD}^2 + x_{UV} \cdot \sigma_{KD}^2 + \rho_{UV,KD} \cdot \sigma_{UV} \cdot \sigma_{KD} \\ -2 \cdot x_{UV} \cdot \rho_{UV,KD} \cdot \sigma_{UV} \cdot \sigma_{KD} \end{pmatrix} \\ &\Leftrightarrow \mu_{UV} - \mu_{KD} = \alpha \cdot \left(\rho_{UV,KD} \cdot \sigma_{UV} \cdot \sigma_{KD} - \sigma_{KD}^2 \right) \\ &\qquad + \alpha \cdot \left(x_{UV} \cdot \sigma_{UV}^2 + x_{UV} \cdot \sigma_{KD}^2 - 2 \cdot x_{UV} \cdot \rho_{UV,KD} \cdot \sigma_{UV} \cdot \sigma_{KD} \right) \\ &\Leftrightarrow \mu_{UV} - \mu_{KD} - \alpha \cdot \left(\rho_{UV,KD} \cdot \sigma_{UV} \cdot \sigma_{KD} - \sigma_{KD}^2 \right) \\ &\quad = x_{UV} \cdot \alpha \cdot \left(\sigma_{UV}^2 + \sigma_{KD}^2 - 2 \cdot \rho_{UV,KD} \cdot \sigma_{UV} \cdot \sigma_{KD} \right) \end{aligned}$$

Es resultiert der optimale Anteil x_{UV}, der in das Umlageverfahren zu investieren ist.

[VIII]
$$x_{UV} = \frac{\mu_{UV} - \mu_{KD} + \alpha \cdot \left(\sigma_{KD}^2 + \rho_{UV,KD} \cdot \sigma_{UV} \cdot \sigma_{KD}\right)}{\alpha \cdot \left(\sigma_{UV}^2 + \sigma_{KD}^2 - 2 \cdot \rho_{UV,KD} \cdot \sigma_{UV} \cdot \sigma_{KD}\right)}$$

Anhang 4: Beweis für das Vorzeichen des Nenners

Es ist zu erklären, warum folgender Ausdruck größer 0 ist

[IX]
$$\alpha \cdot \left(\sigma_{UV}^2 + \sigma_{KD}^2 - 2 \cdot \rho_{UV,KD} \cdot \sigma_{UV} \cdot \sigma_{KD}\right).$$

Annahmegemäß ist $\alpha > 0$, da Risikoaversion unterstellt wird. Für den Klammerterm sind 3 Fälle je nach Ausprägung von $\left(\rho_{UV,KD}\right)$ zu unterscheiden. Für $\rho_{UV,KD} = 0$ ist direkt ersichtlich, daß [IX] nicht negativ ist, da Varianzen nicht negativ sein können. Für $-1 \leq \rho_{UV,KD} < 0$ ist der letzte Summand des Klammerterms positiv und der Klammerausdruck muß somit größer sein als im Fall $\rho_{UV,KD} = 0$, so daß dieser auf jeden Fall positiv ist. Für $\rho_{UV,KD} = 1$ läßt sich der Klammerterm von [IX] schreiben als $\sigma_{UV}^2 + \sigma_{KD}^2 - 2 \cdot \sigma_{UV} \cdot \sigma_{KD} = \left(\sigma_{UV} - \sigma_{KD}\right)^2$ und entspricht somit einem Binom. Da es sich um einen quadrierten Ausdruck handelt, kann das Ergebnis nicht negativ sein. Daraus folgt direkt, daß für $0 < \rho_{UV,KD} \leq 1$ der Ausdruck nicht negativ sein kann, da die negative Kompenente kleiner ist als im Fall von $\rho_{UV,KD} = 1$.

Somit ist bewiesen, daß der Ausdruck [IX] nicht negativ sein kann. Abgesehen vom Fall der sicheren Anlage ist dieser positiv, da die Varianzen positiv werden.

q.e.d.

Anhang 5: Ableitung nach der Korrelation

Der optimale Anteil des Umlageverfahrens

[X]
$$x_{UV}^{*} = \frac{\mu_{UV} - \mu_{KD} + \alpha \cdot \left(\sigma_{KD}^{2} - \rho_{UV,KD} \cdot \sigma_{UV} \cdot \sigma_{KD}\right)}{\alpha \cdot \left(\sigma_{UV}^{2} + \sigma_{KD}^{2} - 2 \cdot \rho_{UV,KD} \cdot \sigma_{UV} \cdot \sigma_{KD}\right)} = \frac{\mu_{UV} - \mu_{KD} + \alpha\sigma_{KD}^{2} - \alpha\rho_{UV,KD} \cdot \sigma_{UV} \cdot \sigma_{KD}}{\alpha \cdot \sigma_{UV}^{2} + \alpha \cdot \sigma_{KD}^{2} - 2 \cdot \alpha \cdot \rho_{UV,KD} \cdot \sigma_{UV} \cdot \sigma_{KD}}$$

ist nach der Korrelation abzuleiten. Zunächst ist der varianzminimale Fall zu betrachten

[XI]
$$x_{UV}^{*} = \frac{\sigma_{KD}^{2} - \rho_{UV,KD} \cdot \sigma_{UV} \cdot \sigma_{KD}}{\sigma_{UV}^{2} + \sigma_{KD}^{2} - 2 \cdot \rho_{UV,KD} \cdot \sigma_{UV} \cdot \sigma_{KD}}.$$

Unter Verwendung der Quotientenregel resultiert

[XII]
$$\frac{\partial x_{UV}^{*}}{\partial \rho_{UV,KD}} = \frac{-\sigma_{UV} \cdot \sigma_{KD} \cdot \left(\sigma_{UV}^{2} + \sigma_{KD}^{2} - 2 \cdot \rho_{UV,KD} \cdot \sigma_{UV} \cdot \sigma_{KD}\right)}{\left(\sigma_{UV}^{2} + \sigma_{KD}^{2} - 2 \cdot \rho_{UV,KD} \cdot \sigma_{UV} \cdot \sigma_{KD}\right)^{2}} - \frac{\left(\sigma_{KD}^{2} - \rho_{UV,KD} \cdot \sigma_{UV} \cdot \sigma_{KD}\right) \cdot \left(-2 \cdot \sigma_{UV} \cdot \sigma_{KD}\right)}{\left(\sigma_{UV}^{2} + \sigma_{KD}^{2} - 2 \cdot \rho_{UV,KD} \cdot \sigma_{UV} \cdot \sigma_{KD}\right)^{2}}.$$

Umformung von [XII] ergibt

[XIII]
$$= \frac{-\sigma_{UV} \cdot \sigma_{KD} \cdot \left(\sigma_{UV}^{2} + \sigma_{KD}^{2} - 2 \cdot \rho_{UV,KD} \cdot \sigma_{UV} \cdot \sigma_{KD}\right)}{\left(\sigma_{UV}^{2} + \sigma_{KD}^{2} - 2 \cdot \rho_{UV,KD} \cdot \sigma_{UV} \cdot \sigma_{KD}\right)^{2}} + \frac{\left(\sigma_{KD}^{2} - \rho_{UV,KD} \cdot \sigma_{UV} \cdot \sigma_{KD}\right) \cdot \left(2 \cdot \sigma_{UV} \cdot \sigma_{KD}\right)}{\left(\sigma_{UV}^{2} + \sigma_{KD}^{2} - 2 \cdot \rho_{UV,KD} \cdot \sigma_{UV} \cdot \sigma_{KD}\right)^{2}}$$

[XIV]
$$= \frac{\sigma_{UV} \cdot \sigma_{KD} \cdot \left(\sigma_{KD}^{2} - \sigma_{UV}^{2}\right)}{\left(\sigma_{UV}^{2} + \sigma_{KD}^{2} - 2 \cdot \rho_{UV,KD} \cdot \sigma_{UV} \cdot \sigma_{KD}\right)^{2}}.$$

Es ist eine Fallunterscheidung vorzunehmen.

[XV]
$$\frac{\partial x_{UV}^{*}}{\partial \rho_{UV,KD}} = \begin{cases} \sigma_{KD} > \sigma_{UV} & \rightarrow \; > 0 \\ \sigma_{KD} = \sigma_{UV} & \rightarrow \; = 0. \\ \sigma_{KD} < \sigma_{UV} & \rightarrow \; < 0 \end{cases}$$

Für den Fall einer höheren Korrelation wird der Anteil des Umlageverfahrens erhöht, sofern dieses die geringere Standardabweichung hat. Bei identischer Standardabweichung ergibt sich kein Einfluß, und bei höherer Standardabweichung wird der Anteil verringert. Dieser Zusammenhang ist bei Risikoscheu ökonomisch direkt plausibel.

Für den allgemeinen Fall gilt unter Verwendung der Quotientenregel

[XVI]

$$\frac{\partial x_{UV}^{*}}{\partial \rho_{UV,KD}} = \frac{-\alpha \cdot \sigma_{UV} \cdot \sigma_{KD} \cdot \alpha \cdot \left(\sigma_{UV}^2 + \sigma_{KD}^2 - 2 \cdot \rho_{UV,KD} \cdot \sigma_{UV} \cdot \sigma_{KD}\right)}{\alpha^2 \cdot \left(\sigma_{UV}^2 + \sigma_{KD}^2 - 2 \cdot \rho_{UV,KD} \cdot \sigma_{UV} \cdot \sigma_{KD}\right)^2} - \frac{\left[\mu_{UV} - \mu_{KD} + \alpha \cdot \left(\sigma_{KD}^2 - \rho_{UV,KD} \cdot \sigma_{UV} \cdot \sigma_{KD}\right)\right] \cdot \alpha \cdot (-) 2 \cdot \sigma_{UV} \cdot \sigma_{KD}}{\alpha^2 \cdot \left(\sigma_{UV}^2 + \sigma_{KD}^2 - 2 \cdot \rho_{UV,KD} \cdot \sigma_{UV} \cdot \sigma_{KD}\right)^2}$$

[XVII]

$$= \frac{\sigma_{UV} \cdot \sigma_{KD} \cdot \left(\mu_{UV} - \mu_{KD} + \alpha \cdot \left(\sigma_{KD}^2 - \rho_{UV,KD} \cdot \sigma_{UV} \cdot \sigma_{KD}\right)\right)}{\alpha \cdot \left(\sigma_{UV}^2 + \sigma_{KD}^2 - 2 \cdot \rho_{UV,KD} \cdot \sigma_{UV} \cdot \sigma_{KD}\right)^2} - \frac{\sigma_{UV} \cdot \sigma_{KD} \cdot \left(\alpha \cdot \left(\sigma_{UV}^2 + \sigma_{KD}^2 - 2 \cdot \rho_{UV,KD} \cdot \sigma_{UV} \cdot \sigma_{KD}\right)\right)}{\alpha \cdot \left(\sigma_{UV}^2 + \sigma_{KD}^2 - 2 \cdot \rho_{UV,KD} \cdot \sigma_{UV} \cdot \sigma_{KD}\right)^2}$$

[XVIII]

$$= \frac{\sigma_{UV} \cdot \sigma_{KD} \cdot \left(2 \cdot \left(\mu_{UV} - \mu_{KD}\right) + \alpha \cdot \left(\sigma_{KD}^2 - \sigma_{UV}^2\right)\right)}{\alpha \cdot \left(\sigma_{UV}^2 + \sigma_{KD}^2 - 2 \cdot \rho_{UV,KD} \cdot \sigma_{UV} \cdot \sigma_{KD}\right)^2}$$

[XIX]

$$= \frac{\sigma_{UV} \cdot \sigma_{KD} \cdot \left(\sigma_{KD}^2 - \sigma_{UV}^2\right)}{\left(\sigma_{UV}^2 + \sigma_{KD}^2 - 2 \cdot \rho_{UV,KD} \cdot \sigma_{UV} \cdot \sigma_{KD}\right)^2} + \frac{2 \cdot \sigma_{UV} \cdot \sigma_{KD} \cdot \left(\mu_{UV} - \mu_{KD}\right)}{\alpha \cdot \left(\sigma_{UV}^2 + \sigma_{KD}^2 - 2 \cdot \rho_{UV,KD} \cdot \sigma_{UV} \cdot \sigma_{KD}\right)^2}.$$

Gemäß [XIX] findet eine Gewichtung auf Grund der Risikoaversion statt. Der erste Term, welcher unabhängig von der Risikoaversion ist, entspricht [XIV]. Der 2. Term drückt den Einfluß einer möglichen Abweichung von der absoluten Risikoaversion aus. Eine eindeutige Aussage ist aufgrund der Ableitungen nicht möglich. Die Ergebnisse für die deutschen Daten sind in der Tabelle im Text dargestellt.

Anhang 6: Ableitung nach σ_{UV}

Zunächst sei die Ableitung des varianzminimalen Portfolios betrachtet.

[XX] $$x^*_{UV_{MinVar}} = \frac{\sigma^2_{KD} - \rho_{UV,KD} \cdot \sigma_{UV} \cdot \sigma_{KD}}{\sigma^2_{UV} + \sigma^2_{KD} - 2 \cdot \rho_{UV,KD} \cdot \sigma_{UV} \cdot \sigma_{KD}}$$

[XXI]

$$\frac{\partial x^*_{UV_{MinVar}}}{\partial \sigma_{UV}} = \frac{-\rho_{UV,KD} \cdot \sigma_{KD} \cdot \left(\sigma^2_{UV} + \sigma^2_{KD} - 2 \cdot \rho_{UV,KD} \cdot \sigma_{UV} \cdot \sigma_{KD}\right)}{\left(\sigma^2_{UV} + \sigma^2_{KD} - 2 \cdot \rho_{UV,KD} \cdot \sigma_{UV} \cdot \sigma_{KD}\right)^2}$$
$$- \frac{\left(\sigma^2_{KD} - \rho_{UV,KD} \cdot \sigma_{UV} \cdot \sigma_{KD}\right) \cdot \left(2 \cdot \sigma_{UV} - 2 \cdot \rho_{UV,KD} \cdot \sigma_{KD}\right)}{\left(\sigma^2_{UV} + \sigma^2_{KD} - 2 \cdot \rho_{UV,KD} \cdot \sigma_{UV} \cdot \sigma_{KD}\right)^2}$$
$$= \frac{-\rho_{UV,KD} \cdot \sigma_{KD} \cdot \sigma^2_{UV} - \rho_{UV,KD} \cdot \sigma^3_{KD} + 2 \cdot \rho^2_{UV,KD} \cdot \sigma_{UV} \cdot \sigma^2_{KD} - 2 \cdot \sigma_{UV} \cdot \sigma^2_{KD}}{\left(\sigma^2_{UV} + \sigma^2_{KD} - 2 \cdot \rho_{UV,KD} \cdot \sigma_{UV} \cdot \sigma_{KD}\right)^2}$$
$$+ \frac{2 \cdot \rho_{UV,KD} \cdot \sigma^2_{UV} \cdot \sigma_{KD} + 2 \cdot \rho_{UV,KD} \cdot \sigma^3_{KD} - 2 \cdot \rho_{UV,KD} \cdot \sigma_{UV} \cdot \sigma^2_{KD}}{\left(\sigma^2_{UV} + \sigma^2_{KD} - 2 \cdot \rho_{UV,KD} \cdot \sigma_{UV} \cdot \sigma_{KD}\right)^2}$$
$$= \frac{\rho_{UV,KD} \cdot \sigma^2_{UV} \cdot \sigma_{KD} + \rho_{UV,KD} \cdot \sigma^3_{KD} - 2 \cdot \sigma_{UV} \cdot \sigma^2_{KD}}{\left(\sigma^2_{UV} + \sigma^2_{KD} - 2 \cdot \rho_{UV,KD} \cdot \sigma_{UV} \cdot \sigma_{KD}\right)^2}$$
$$= \frac{\sigma_{KD} \cdot \left(\rho_{UV,KD} \cdot \sigma^2_{UV} + \rho_{UV,KD} \cdot \sigma^2_{KD} - 2 \cdot \sigma_{UV} \cdot \sigma_{KD}\right)}{\left(\sigma^2_{UV} + \sigma^2_{KD} - 2 \cdot \rho_{UV,KD} \cdot \sigma_{UV} \cdot \sigma_{KD}\right)^2}$$

Eine allgemeine Aussage ist nicht möglich. Die entsprechenden Werte für Deutschland sind der Tabelle im Text zu entnehmen.

Um den allgemeinen Fall zu erhalten, ist zusätzlich der „Risikoaversionsterm" der Gleichung abzuleiten

[XXII] $$x^*_{UV_{Risikoaversion}} = \frac{\mu_{UV} - \mu_{KD}}{\alpha \cdot \left(\sigma^2_{UV} + \sigma^2_{KD} - 2 \cdot \rho_{UV,KD} \cdot \sigma_{UV} \cdot \sigma_{KD}\right)}.$$

$$\frac{\partial x^*_{UV_{\text{Risikoaversion}}}}{\partial \sigma_{UV}} = \frac{0-(\mu_{UV}-\mu_{KD})\cdot\alpha\cdot\left(2\cdot\sigma_{UV}-2\cdot\rho_{UV,KD}\cdot\sigma_{UV}\right)}{\alpha^2\cdot\left(\sigma_{UV}^2+\sigma_{KD}^2-2\cdot\rho_{UV,KD}\cdot\sigma_{UV}\cdot\sigma_{KD}\right)^2}$$

[XXIII]
$$= \frac{2\cdot\alpha\cdot(\mu_{UV}-\mu_{KD})\cdot\left(\rho_{UV,KD}\cdot\sigma_{UV}-\sigma_{UV}\right)}{\alpha^2\cdot\left(\sigma_{UV}^2+\sigma_{KD}^2-2\cdot\rho_{UV,KD}\cdot\sigma_{UV}\cdot\sigma_{KD}\right)^2}$$

$$= \frac{2\cdot(\mu_{UV}-\mu_{KD})\cdot\left(\rho_{UV,KD}\cdot\sigma_{UV}-\sigma_{UV}\right)}{\alpha\cdot\left(\sigma_{UV}^2+\sigma_{KD}^2-2\cdot\rho_{UV,KD}\cdot\sigma_{UV}\cdot\sigma_{KD}\right)^2}$$

Welcher der beiden Terme [XXI] oder [XXIII] den größeren Einfluß hat, hängt von der Höhe der Risikoaversion ab. Mit zunehmender Risikoaversion nimmt der Einfluß von [XXIII] ab und [XXI] ist der bestimmende Faktor.

Anhang 7: Ableitung nach σ_{KD}

Die Ableitung des varianzminimalen Portfolios ergibt

[XXIV]

$$\frac{\partial x^*_{UV_{MinVar}}}{\partial \sigma_{KD}}$$

$$= \frac{\left(2\cdot\sigma_{KD} - \rho_{UV,KD}\cdot\sigma_{UV}\right)\cdot\left(\sigma^2_{UV} + \sigma^2_{KD} - 2\cdot\rho_{UV,KD}\cdot\sigma_{UV}\cdot\sigma_{KD}\right)}{\left(\sigma^2_{UV} + \sigma^2_{KD} - 2\cdot\rho_{UV,KD}\cdot\sigma_{UV}\cdot\sigma_{KD}\right)^2}$$

$$- \frac{\left(\sigma^2_{KD} - \rho_{UV,KD}\cdot\sigma_{UV}\cdot\sigma_{KD}\right)\cdot\left(2\cdot\sigma_{KD} - 2\cdot\rho_{UV,KD}\cdot\sigma_{UV}\right)}{\left(\sigma^2_{UV} + \sigma^2_{KD} - 2\cdot\rho_{UV,KD}\cdot\sigma_{UV}\cdot\sigma_{KD}\right)^2}$$

$$= \frac{2\cdot\sigma_{KD}\cdot\sigma^2_{UV} + 2\cdot\sigma^3_{KD} - 4\cdot\rho_{UV,KD}\cdot\sigma_{UV}\cdot\sigma^2_{KD} - \rho_{UV,KD}\cdot\sigma^3_{UV}}{\left(\sigma^2_{UV} + \sigma^2_{KD} - 2\cdot\rho_{UV,KD}\cdot\sigma_{UV}\cdot\sigma_{KD}\right)^2}$$

$$+ \frac{-\rho_{UV,KD}\cdot\sigma_{UV}\cdot\sigma^2_{KD} + 2\cdot\rho^2_{UV,KD}\cdot\sigma^2_{UV}\cdot\sigma_{KD} - 2\cdot\sigma^3_{KD}}{}$$

$$+ \frac{2\cdot\rho_{UV,KD}\cdot\sigma_{UV}\cdot\sigma^2_{KD} + 2\cdot\rho_{UV,KD}\cdot\sigma_{UV}\cdot\sigma^2_{KD} - 2\cdot\rho^2_{UV,KD}\cdot\sigma^2_{UV}\cdot\sigma_{KD}}{\left(\sigma^2_{UV} + \sigma^2_{KD} - 2\cdot\rho_{UV,KD}\cdot\sigma_{UV}\cdot\sigma_{KD}\right)^2}$$

$$= \frac{2\cdot\sigma_{KD}\cdot\sigma^2_{UV} - \rho_{UV,KD}\cdot\sigma^3_{UV} - \rho_{UV,KD}\cdot\sigma_{UV}\cdot\sigma^2_{KD}}{\left(\sigma^2_{UV} + \sigma^2_{KD} - 2\cdot\rho_{UV,KD}\cdot\sigma_{UV}\cdot\sigma_{KD}\right)^2}$$

$$= \frac{\sigma_{UV}\cdot\left(2\cdot\sigma_{KD}\cdot\sigma_{UV} - \rho_{UV,KD}\cdot\sigma^2_{UV} - \rho_{UV,KD}\cdot\sigma^2_{KD}\right)}{\left(\sigma^2_{UV} + \sigma^2_{KD} - 2\cdot\rho_{UV,KD}\cdot\sigma_{UV}\cdot\sigma_{KD}\right)^2}.$$

Wie schon in Anhang 6 ergibt sich keine eindeutige Lösung.

Um den allgemeinen Fall zu erhalten, ist wiederum zusätzlich der „Risikoaversionsterm" der Gleichung abzuleiten

[XXV]

$$\frac{\partial x^*_{UV_{\text{Risikoaversion}}}}{\partial \sigma_{KD}}$$

$$= \frac{0 - \left(\mu_{UV} - \mu_{KD}\right)\cdot\alpha\cdot\left(2\cdot\sigma_{KD} - 2\cdot\rho_{UV,KD}\cdot\sigma_{UV}\right)}{\alpha^2\cdot\left(\sigma^2_{UV} + \sigma^2_{KD} - 2\cdot\rho_{UV,KD}\cdot\sigma_{UV}\cdot\sigma_{KD}\right)^2}$$

$$= \frac{\left(\mu_{UV} - \mu_{KD}\right)\cdot\left(2\cdot\rho_{UV,KD}\cdot\sigma_{UV} - 2\cdot\sigma_{KD}\right)}{\alpha\cdot\left(\sigma^2_{UV} + \sigma^2_{KD} - 2\cdot\rho_{UV,KD}\cdot\sigma_{UV}\cdot\sigma_{KD}\right)^2}.$$

Welcher der beiden Terme den größeren Einfluß hat hängt von der Höhe der Risikoaversion ab. Mit zunehmender Risikoaversion nimmt der Einfluß von [XXV] ab.

Anhang 8: Mathematica Routine für den 3-Anlagefall

```
\!\(<< Optimization`MultiplierMethod`\[IndentingNewLine]
  \(e\_1 = 0.17132;\) (*\ max . \ expected\ return\ *) \[IndentingNewLine]
  \(e\_2 = 0.10671;\)\[IndentingNewLine]
  \(e\_3 = 0.05007;\)\[IndentingNewLine]
  \(\[Sigma]\_1 = 0.24281;\)\[IndentingNewLine]
  \(\[Sigma]\_2 = 0.06561;\)\[IndentingNewLine]
  \(\[Sigma]\_3 = 0.02382;\)\[IndentingNewLine]
  \(\[Rho]\_12 = 0.4;\)\[IndentingNewLine]
  \(\[Rho]\_13 = \(-0.42\);\)\[IndentingNewLine]
  \(\[Rho]\_23 = 0.16;\)\[IndentingNewLine]
  \(\[Sigma]\_12 = \[Sigma]\_1\ \[Sigma]\_2\ \[Rho]\_12;\)\[IndentingNewLine]
  \(\[Sigma]\_13 = \[Sigma]\_1\ \[Sigma]\_3\ \[Rho]\_13;\)\[IndentingNewLine]
  \(\[Sigma]\_23 = \[Sigma]\_2\ \[Sigma]\_3\ \[Rho]\_23;\)\[IndentingNewLine]
  \(eins = {1, 1, 1};\)\[IndentingNewLine]
  \(e = {e\_1, e\_2, e\_3};\)\[IndentingNewLine]
  \(V = {{\[Sigma]\_1\^2, \[Sigma]\_12, \[Sigma]\_13}, {\[Sigma]\_12, \
\[Sigma]\_2\^2, \[Sigma]\_23}, {\[Sigma]\_13, \[Sigma]\_23, \[Sigma]\_3\^2}};\
\)\[IndentingNewLine]
  \(w = {w1, w2, w3};\)\[IndentingNewLine]
  \(decrement = 0.005;\)\[IndentingNewLine]
  \(anzahl = 26 + 1;\)\[IndentingNewLine]
  \(Array[ergebnismatrix, anzahl];\)\[IndentingNewLine]
  \(counter = 1;\)\[IndentingNewLine]
  \(For[erp = e\_1,
      erp > e\_3 - decrement, \[IndentingNewLine]erp =
        erp - decrement, \[IndentingNewLine]\
      ergebnis =
        MultiplierMethod[
          w . V . w, {eins . w - 1, e . w - erp}, {w1 - 1, \(-w1\),
            w2 - 1, \(-w2\), w3 - 1, \(-w3\)}, {w1, w2, w3}, {0.3, 0.35,
            0.35}]; \[IndentingNewLine]ergebnisvektor = {Sqrt[
            ergebnis[\([1]\)]],
```

```
erp, \(\(ergebnis[\([2]\)]\)[\([1]\)]\)[\([2]\)], \
\(\(ergebnis[\([2]\)]\)[\([2]\)]\)[\([2]\)], \(\(ergebnis[\([2]\)]\)[\([3]\)]\
\)[\([2]\)]}; \[IndentingNewLine]ergebnismatrix[counter] = ergebnisvektor; \
counter = counter + 1;\[IndentingNewLine]];\)\[IndentingNewLine]
\(Export["\<asset3.dat\>", Array[ergebnismatrix, anzahl]];\)\)
```

Anhang 9: Inputdaten für das Programm pkt.exe im 7-Anlagen-Fall

Dax30	UVohne	REX	Immo	Geldmarkt	S&P	ausl_Anl	END
0.1235	0.0434	0.0810	0.0332	0.0588	0.1961	0.0933	
0.0546	-0.0018	0.0025	-0.0012	-0.0008	0.0203	0.0108	
-0.0018	0.0003	0.0000	0.0005	0.0002	-0.0003	0.0002	
0.0025	0.0000	0.0030	-0.0004	-0.0003	0.0028	0.0028	
-0.0012	0.0005	-0.0004	0.0026	0.0009	0.0007	0.0006	
-0.0008	0.0002	-0.0003	0.0009	0.0006	0.0008	0.0003	
0.0203	-0.0003	0.0028	0.0007	0.0008	0.0387	0.0141	
0.0108	0.0002	0.0028	0.0006	0.0003	0.0141	0.0098	

Anhang 10: Deskriptive Statistik der Daten

Bei den vorliegenden Daten ist der Zeitraum 1976-1998 als Basiszeitraum festgelegt worden, da für diesen fast alle Daten (auch Immobilien) verfügbar waren. Eine größere Datenbasis ist nicht verfügbar. Für die ausländischen Anleihen sind Schätzungen vorgenommen worden. Vgl. hierzu an der betreffenden Stelle.

Dax:
Quelle: Datastream, Name: DAX 30 Performance – Priceindex, Code: DAXINDX(PI)

Umlageverfahren:
Die Daten für das Umlageverfahren sind aus verschiedenen Bereichen der amtlichen und nichtamtlichen Statistik zusammengetragen worden. Quellen sind hier

- Statistische Bundesamt,
- Sachverständigenrat zur Begutachtung der gesamtwirtschaftlichen Entwicklung.
- BMA,
- Deutsche Bundesbank.

REX:
Quelle: Datastream, Name: REX General Bond-Total Return Index, REXINDX(RI)

Immobilien:
Quelle: Bulwien und Partner; Für eine genaue Beschreibung sei auf Bulwien und Partner (2000) verwiesen.

Geldmarkt:
Quelle: Datastream, Name: Germany Euro-Mart T/N (LDN:FT), Code: ECWGMST.

S&P:
Quelle: Datastream, Name: S&P 500 Composite – Tot Return Ind (~E0), Code: S&PCOMP(RI)~E0.

Ausl. Anleihen:
Quelle: Datastream, Name: JPM Global GOVT BND IN US$ - Tot Return Ind (~E0), Code: JPMGIU$(RI)~E0.
Die Daten für den Weltanleihenindex lagen erst ab 1987 vor. Hier wurden sowohl jährliche als auch monatliche Daten betrachtet, um eine Abschätzung vorzunehmen.

Anhang 11: Restriktionsdatei für das Programm pkt.exe für das Beispiel des Altersvorsorge-Sondervermögens

7	1	7	2				
1	2	3	4	5	6	7	
1.	1.	1.	1.	1.	1.	1.	1.
1.	0.	0.	0.	0.	1.	0.	.75
0.	1.	0.	0.	0.	0.	0.	1.
0.	0.	1.	0.	0.	0.	0.	1.
0.	0.	0.	1.	0.	0.	0.	.3
0.	0.	0.	0.	1.	0.	0.	.49
1.	0.	0.	1.	0.	1.	0.	1.
0.	0.	0.	0.	0.	1.	1.	.3
1.	0.	0.	0.	0.	1.	0.	.21
1.	0.	0.	1.	0.	1.	0.	.51
0	0	0	0	0	0	0	

Anhang 12: Restriktionsdatei für das Programm pkt.exe für das Beispiel der Übertragung US-amerikanischer Pensionsfondsportfolios auf den deutschen Kapitalmarkt

7	1	6	3				
1	2	3	4	5	6	7	
1.	1.	1.	1.	1.	1.	1.	1.
1.	0.	0.	0.	0.	1.	0.	.45
0.	1.	0.	0.	0.	0.	0.	1.
0.	0.	1.	0.	0.	0.	1.	.45
0.	0.	0.	1.	0.	0.	0.	.16
0.	0.	0.	0.	1.	0.	0.	.16
0.	0.	0.	0.	0.	1.	1.	.1
1.	0.	0.	0.	0.	1.	0.	.23
0.	0.	1.	0.	0.	0.	1.	.34
0.	0.	0.	0.	1.	0.	0.	.09
0	0	0	0	0	0	0	

Anhang 13: Roy-Kriterium im Fall ohne Leerverkäufe

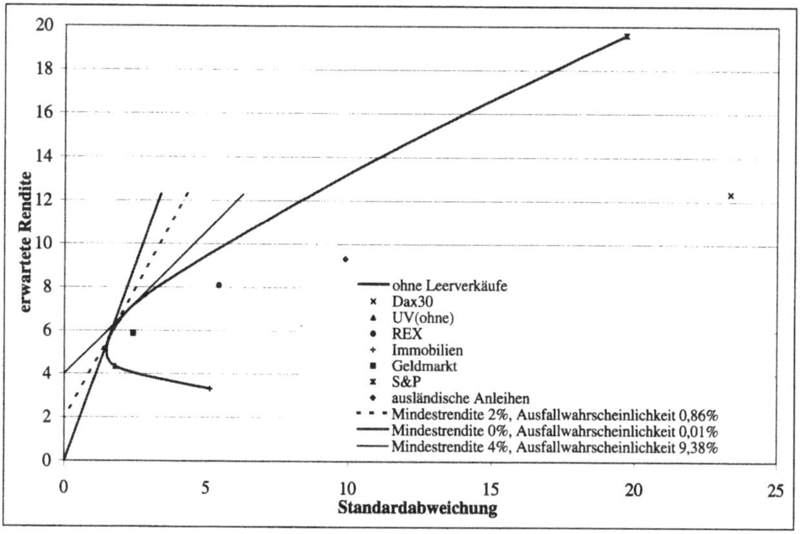

Abbildung 65: Roy-Kriterium im Fall ohne Leerverkäufe

Anhang 14: Einflußfaktoren auf die Renditen im Falle der Leistungszusage

Für die Ableitungen nach ν gilt

[XXVI] $$\frac{\partial v_W}{\partial \nu} = \left[\frac{\eta}{\kappa \cdot \eta + (1-\kappa)}\right]^{1/T} > 0$$

bzw.

[XXVII] $$\frac{\partial v_B}{\partial \nu} = \left[\frac{1}{\kappa \cdot \eta + (1-\kappa)}\right]^{1/T} > 0\,.$$

Es resultiert jeweils ein positiver Einfluß. Für die Ableitungen nach κ sind Potenz- und Quotientenregel zu verwenden. Es resultiert

[XXVIII] $$\frac{\partial v_W}{\partial \kappa} = \frac{1}{T} \cdot \left[\frac{\eta}{\kappa \cdot \eta + (1-k)}\right]^{\frac{1}{T}-1} \cdot \left[\frac{0-\eta \cdot (\eta - 1)}{(\kappa \cdot \eta + (1-\kappa))^2}\right] \cdot (1+\nu)\,.$$

Das Vorzeichen von [XXVIII] ist abhängig vom Vorzeichen des Zählers des dritten Bruches

[XXIX]
$$\frac{\partial v_W}{\partial \kappa}\begin{cases} > 0 & \text{für} \quad \eta > \eta^2 \quad \rightarrow \quad \eta < 1 \\ = 0 & \text{für} \quad \eta = \eta^2 \quad \rightarrow \quad \eta = 1. \\ < 0 & \text{für} \quad \eta < \eta^2 \quad \rightarrow \quad \eta > 1 \end{cases}$$

Der zweite Fall stellt wiederum eine Randlösung dar. Der dritte Fall ist lediglich für $\eta > 1$ möglich und damit nicht Element der Lösungsmenge. Der positive Einfluß von κ auf ϑ_W im relevanten Fall ist zu erläutern. Mit steigendem κ sinkt die durchschnittliche Rente $p_\varnothing$ mit

[XXX]
$$p_\varnothing = [\kappa \cdot \eta + (1-\kappa)] \cdot p_B$$

da

[XXXI]
$$\frac{\partial p_\varnothing}{\partial \kappa} = [\eta - 1] \cdot p_B < 0$$

für $0 < \eta < 1$ gilt. Die Rente der Ausscheidenden p_W mit

[XXXII]
$$p_W = \eta \cdot p_B$$

bleibt aufgrund von

[XXXIII]
$$\frac{\partial p_W}{\partial \kappa} = 0$$

konstant. Es resultiert eine relative Verbesserung der Ausscheidenden bei ansteigendem κ.
Für die Ableitung von ϑ_B nach κ gilt

[XXXIV]
$$\frac{\partial v_B}{\partial \kappa} = \frac{1}{T} \cdot \left[\frac{1}{\kappa \cdot \eta + (1-k)}\right]^{\frac{1}{T}-1} \cdot \left[\frac{0 - 1 \cdot (\eta - 1)}{(\kappa \cdot \eta + (1-\kappa))^2}\right] \cdot (1+\nu)$$

Wiederum ist das Vorzeichen abhängig vom Vorzeichen des Zählers des dritten Bruches. Es ist eine Fallunterscheidung vorzunehmen

[XXXV]
$$\frac{\partial v_B}{\partial \kappa}\begin{cases} > 0 & \text{für} \quad \eta < 1 \\ = 0 & \text{für} \quad \eta = 1. \\ <0 & \text{für} \quad \eta > 1 \end{cases}$$

Wie in [XXIX] ist lediglich der 1. Fall relevant. Bei einer nicht 100%igen Rente für die Ausscheidenden bewirkt ein Anstieg des Wechsleranteils, daß die verbleibenden Gelder für die anderen ansteigen. Für die 1. Ableitung nach η gilt

[XXXVI]
$$\frac{\partial v_W}{\partial \eta} = \frac{1}{T} \cdot \left[\frac{\eta}{\kappa \cdot \eta + (1-k)}\right]^{\frac{1}{T}-1} \cdot \left[\frac{\kappa \cdot \eta + (1-\kappa) - \eta \cdot \kappa}{(\kappa \cdot \eta + (1-\kappa))^2}\right] \cdot (1+\nu)$$

mit

[XXXVII] $$\frac{\partial v_W}{\partial \eta}\begin{cases} > 0 & \text{für} \quad \kappa < 1 \\ = 0 & \text{für} \quad \kappa = 1 \end{cases}.$$

Für den relevanten Fall $\kappa < 1$ resultiert ein positiver Einfluß von η auf v_W. Für die Rendite der Verbleibenden ergibt sich

[XXXVIII] $$\frac{\partial v_B}{\partial \eta} = \frac{1}{T} \cdot \left[\frac{\eta}{\kappa \cdot \eta + (1-k)}\right]^{\frac{1}{T}-1} \cdot \left[\frac{0 - 1 \cdot \kappa}{(\kappa \cdot \eta + (1-\kappa))^2}\right] \cdot (1+\nu)$$

[XXXIX] $$\frac{\partial v_B}{\partial \eta}\begin{cases} < 0 & \text{für} \quad \kappa > 0 \\ = 0 & \text{für} \quad \kappa = 0 \end{cases}.$$

Aufgrund der Tatsache, daß die Verbleibenden die nicht an die Wechsler ausgezahlten Gelder erhalten, resultiert ein negativer Zusammenhang zwischen κ und v_B.

Für die Ableitung von v_W nach T wird zunächst die Ableitung nach $1/T$ berechnet. Für die Ableitung nach T ergeben sich aufgrund des Zusammenhangs umgekehrte Einflüsse. Es gilt

[XL] $$\frac{\partial v_W}{\partial 1/T} = \left[\frac{\eta}{\kappa \cdot \eta + (1-\kappa)}\right]^{\frac{1}{T}} \cdot (1+\nu) \cdot \ln\left[\frac{\eta}{\kappa \cdot \eta + (1-\kappa)}\right].$$

Das Vorzeichen von [XL] ist nicht eindeutig, so daß eine Fallunterscheidung vorzunehmen ist. Der Logarithmusterm bestimmt das Vorzeichen. Für $\eta = 1$ resultiert unabhängig von κ

[XLI] $$\frac{\partial v_W}{\partial 1/T} = 0.$$

Dieses ist ökonomisch plausibel, da die Wechsler die volle Rente erhalten und insofern der Zeitpunkt des Wechsels keinen weiteren Einfluß haben kann. Für $\eta = 0$ ist [XL] nicht definiert. Für den relevanten Fall $0 < \eta < 1$ sind wiederum die 3 Ausprägungen von κ zu unterscheiden

[XLII] $$\frac{\partial v_W}{\partial 1/T}\begin{cases} \kappa = 1 & \rightarrow \quad \ln\left[\frac{\eta}{\eta}\right] = \ln[1] = 0 \\ 0 < \kappa < 1 & \rightarrow \quad \ln\left[\frac{\eta}{\kappa \cdot \eta + (1-\kappa)}\right] < 0 \\ \kappa = 0 & \rightarrow \quad \ln[\eta] = \ln[<1] < 0. \end{cases}$$

Für die Ableitungen nach T resultiert somit

[XLIII] $$\frac{\partial v_W}{\partial T}\begin{cases} \kappa = 1 & \rightarrow \quad = 0 \\ 0 < \kappa < 1 & \rightarrow \quad > 0 \\ \kappa = 0 & \rightarrow \quad > 0. \end{cases}$$

Je später ein Leistungsempfänger des Arbeitgeber wechselt, desto geringer wird, c.p., dessen Verzinsung. Entsprechend ist ϑ_B nach $\frac{1}{T}$ abzuleiten. Daraus ergibt sich

[XLIV]
$$\frac{\partial \upsilon_B}{\partial \frac{1}{T}} = \left[\frac{1}{\kappa \cdot \eta + (1-\kappa)}\right]^{\frac{1}{T}} \cdot (1+\nu) \cdot \ln\left[\frac{1}{\kappa \cdot \eta + (1-\kappa)}\right].$$

Für $\eta = 1$ folgt

[XLV]
$$\frac{\partial \upsilon_B}{\partial \frac{1}{T}} = \frac{\partial \upsilon_B}{\partial T} = 0\,.$$

Es resultiert kein Einfluß. Für $\eta = 0$ gilt

[XLVI]
$$\frac{\partial \upsilon_B}{\partial \frac{1}{T}} > 0 \quad \text{für} \quad 0 < \kappa < 1$$

bzw.

[XLVII]
$$\frac{\partial \upsilon_B}{\partial T} < 0\,.$$

Je früher die Arbeitnehmer wechseln, desto weniger profitieren die Verbleibenden von diesem Wechsel. Für $0 < \eta < 1$ ist wiederum eine Fallunterscheidung vorzunehmen

[XLVIII]
$$\frac{\partial \upsilon_B}{\partial \frac{1}{T}} \begin{cases} \kappa = 1 & \rightarrow \quad \ln\left[\frac{1}{\eta}\right] = \ln[>1] > 0 \\ 0 < \kappa < 1 & \rightarrow \quad \ln\left[\frac{1}{\kappa \cdot \eta + (1-\kappa)}\right] = \ln[>1] > 0 \\ \kappa = 0 & \rightarrow \quad \ln[1] = 0. \end{cases}$$

Für die Ableitung nach T resultieren die entgegengesetzten Einflüsse

[XLIX]
$$\frac{\partial \upsilon_B}{\partial \mathrm{T}} \begin{cases} \kappa = 1 & \rightarrow \; < 0 \\ 0 < \kappa < 1 & \rightarrow \; < 0 \\ \kappa = 0 & \rightarrow \; = 0. \end{cases}$$

Für den relevanten Bereich $0 < \kappa < 1$ ergibt sich, daß die Verbleibenden überproportional bei dem Ausscheiden von Wechslern kurz vor Renteneintritt profitieren.

Anhang 15: Renditedifferenz und Restarbeitszeit (ohne Mindestanwartschaftszeit)

Jahre bis zur Rente	Renditeveränderung Wechsler	Renditeveränderung Verbleibende
5	-0,0419	0,0202
6	-0,0351	0,0168
7	-0,0301	0,0144
8	-0,0264	0,0126
9	-0,0235	0,0112
10	-0,0212	0,0100
11	-0,0193	0,0091
12	-0,0177	0,0084
13	-0,0163	0,0077
14	-0,0152	0,0072
15	-0,0142	0,0067
16	-0,0133	0,0063
17	-0,0125	0,0059
18	-0,0118	0,0056
19	-0,0112	0,0053
20	-0,0106	0,0050
21	-0,0101	0,0048
22	-0,0097	0,0045
23	-0,0093	0,0043
24	-0,0089	0,0042
25	-0,0085	0,0040
26	-0,0082	0,0038
27	-0,0079	0,0037
28	-0,0076	0,0036
29	-0,0073	0,0034
30	-0,0071	0,0033
31	-0,0069	0,0032
32	-0,0067	0,0031
33	-0,0065	0,0030
34	-0,0063	0,0029
35	-0,0061	0,0029

Anhang 16: Backloading

6,05% g Lohnwachstumsrate (1960-1998)
9,04% r Kapitalmarkt (DAX) (1960-1998)
15 A Annuitätsfaktor
0,03 accrual rate

T	ökonomischer Beitragssatz	nichtvariabler Beitragssatz	zuviel gezahlter Beitragssatz
40	0,12	0,21	0,09
39	0,13	0,21	0,08
38	0,13	0,21	0,08
37	0,13	0,21	0,08
36	0,14	0,21	0,07
35	0,14	0,21	0,07
34	0,15	0,21	0,06
33	0,15	0,21	0,06
32	0,15	0,21	0,06
31	0,16	0,21	0,05
30	0,16	0,21	0,05
29	0,17	0,21	0,04
28	0,17	0,21	0,04
27	0,18	0,21	0,03
26	0,18	0,21	0,03
25	0,19	0,21	0,02
24	0,19	0,21	0,02
23	0,20	0,21	0,01
22	0,20	0,21	0,01
21	0,21	0,21	0,00
20	0,22	0,21	-0,01
19	0,22	0,21	-0,01
18	0,23	0,21	-0,02
17	0,23	0,21	-0,02
16	0,24	0,21	-0,03
15	0,25	0,21	-0,04
14	0,25	0,21	-0,04
13	0,26	0,21	-0,05
12	0,27	0,21	-0,06
11	0,28	0,21	-0,07
10	0,28	0,21	-0,07
9	0,29	0,21	-0,08
8	0,30	0,21	-0,09
7	0,31	0,21	-0,10
6	0,32	0,21	-0,11
5	0,33	0,21	-0,12
4	0,34	0,21	-0,13
3	0,34	0,21	-0,14
2	0,35	0,21	-0,15
1	0,36	0,21	-0,16
0	0,38	0,21	-0,17

Anhang 17: Kumulierte Unterschiede zwischen den Beitragszahlungen

T	variabler / ökonomischer Beitragssatz	konstanter Beitragssatz
40	0,000	0,000
39	0,375	0,619
38	0,750	1,220
37	1,125	1,805
36	1,500	2,374
35	1,875	2,928
34	2,250	3,466
33	2,625	3,990
32	3,000	4,499
31	3,375	4,994
30	3,750	5,476
29	4,125	5,944
28	4,500	6,400
27	4,875	6,843
26	5,250	7,274
25	5,625	7,693
24	6,000	8,100
23	6,375	8,497
22	6,750	8,882
21	7,125	9,257
20	7,500	9,622
19	7,875	9,977
18	8,250	10,322
17	8,625	10,657
16	9,000	10,984
15	9,375	11,301
14	9,750	11,610
13	10,125	11,910
12	10,500	12,202
11	10,875	12,486
10	11,250	12,762
9	11,625	13,031
8	12,000	13,292
7	12,375	13,546
6	12,750	13,793
5	13,125	14,033
4	13,500	14,267
3	13,875	14,495
2	14,250	14,716
1	14,625	14,931

Anhang 18: Ableitung nach den Einflußfaktoren

[L] $$\frac{\partial \Delta_{\tau_{T/T',Lz}}}{\partial g} = \left(T - T'\right) \cdot \left[\frac{1+g}{1+r}\right]^{T-T'-1} \cdot \frac{1}{1+r} \quad \begin{cases} > 0 & T > T' \\ = 0 & T = T' \\ < 0 & T < T' \end{cases}$$

[LI] $$\frac{\partial \Delta_{\tau_{T/T',Lz}}}{\partial r} = \left(T - T'\right) \cdot \left[\frac{1+g}{1+r}\right]^{T-T'-1} \cdot \left[-\frac{1+g}{(1+r)^2}\right] \quad \begin{cases} > 0 & T < T' \\ = 0 & T = T' \\ < 0 & T > T' \end{cases}$$

[LII] $$\frac{\partial \Delta_{\tau_{T/T',Lz}}}{\partial T} = \left[\frac{1+g}{1+r}\right]^{T-T'} \cdot \ln\left[\frac{1+g}{1+r}\right] \quad \begin{cases} > 0 & g > r \\ = 0 & g = r \\ < 0 & g < r \end{cases}$$

[LIII] $$\frac{\partial \Delta_{\tau_{T/T',Lz}}}{\partial T'} = \left[\frac{1+g}{1+r}\right]^{T-T'} \cdot \ln\left[\frac{1+r}{1+g}\right] \quad \begin{cases} > 0 & g < r \\ = 0 & g = r \\ < 0 & g > r \end{cases}$$

Anhang 19: Instrumente der betrieblichen Altersversorgung

		Direktzusage	Unterstützungs-kasse	Pensionskasse	Direkt-versicherung
Gesetz		§ 1 I BetrAVG, § 6a EStG	§ 1 IV BetrAVG, § 4d EStG	§ 1 III BetrAVG, § 4c, 40b EStG	§ 1 II BetrAVG, § 4b, 40b EStG
Organisationsform	Zusage-typ	unmittelbare Leistungszusage	mittelbare Leistungszusage	mittelbare (beitragsorientierte) Leistungszusage	
	Rechts-form	gehört zum Unternehmen, nicht rechtlich selbständig	rechtlich selbständiger Versorgungsträger	rechtlich selbständiger Versorgungsträger auf betrieblicher bzw. überbetrieblicher Basis; Spezialversicherungsunternehmen als VVaG (i. S. des § 53 VAG)	rechtlich selbständiger Versorgungsträger; Versorgungsträger ist Versicherungsgesellschaft; vom AG unabhängige Einzel- oder Gruppenlebensversicherung
	Träger-schaft	Unternehmen ist Träger der Versorgungsleistung	Unterstützungskasse ist Träger der Versorgungsleistung Träger der Unterstützungskasse sind ein- oder mehrere Unternehmen (Betrieb, Konzern, Branche)	Betrieb Konzern Branche	Versicherungsunternehmen ist Träger der Versorgungsleistung; AG ist Versicherungsnehmer; schließt LV auf AN (versicherte Person) ab; AN oder Hinterbliebene sind berechtigt (Bezugsberechtigter)
Vermögens-ansammlung		intern, asset funding möglich	extern, häufig Darlehen an Trägerunternehmen; unter den Voraussetzungen der §§ 5,6 KStG von der Steuer befreit.	extern	
Finanzie-rungs-methode		Pensionsrückstellungen keine volle Ausfinanzierung möglich	Ausfinanzierung bis zu 40% der Zusagen möglich, Zuwendungen des AG, Zinserträge des Kassenvermögens	aktuariell; vollständige Ausfinanzierung möglich, aber § 7 ff. BetrAVG; Anwartschaft-deckungsverfahren	Lebensversicherung; vollständige Ausfinanzierung möglich, aber § 7 ff. BetrAVG; Anwartschaftsdeckungsverfahren

<table>
<tr><th colspan="2"></th><th>Direktzusage</th><th>Unterstützungs-kasse</th><th>Pensionskasse</th><th>Direkt-versicherung</th></tr>
<tr><td colspan="2">Liquiditäts-wirkungen</td><td>kein Liquiditäts-verlust,
bleibt beim Unternehmen</td><td>quasi interne Finanzierung durch Rückübertragung an das Unternehmen; zumeist kein Liquiditätsverlust</td><td>Liquidität geht dem Unternehmen verloren; Liquidität der Pensionskasse wird durch vorgelagerte Besteuerung verringert</td><td>Liquidität geht dem Unternehmen verloren</td></tr>
<tr><td rowspan="3">Arbeitnehmerrecht</td><td>Arbeit-nehmer-beitrag</td><td colspan="2">lediglich Gehaltsumwandlung möglich; hätte Verlust der Steuerfreiheit zur Folge</td><td colspan="2">möglich</td></tr>
<tr><td>Unver-fallbar-keit</td><td colspan="3">max 10 Jahre, frühestens mit 35</td><td>sofort</td></tr>
<tr><td>Dynami-sierung</td><td>-</td><td colspan="2">gesetzlich vorgesehen für Rentenleistungen</td><td>-</td></tr>
<tr><td colspan="2">Rechts-anspruch auf Leistungen</td><td colspan="2">nein, kein formaler Rechtsanspruch, erst bei Eintritt des Versorgungsfalles; kein geldwerter Vorteil während der Erwerbsphase</td><td>Rechtsanspruch des Arbeitnehmers auf Versorgungsleistung; leitet sich aus VAG ab</td><td>Rechtsanspruch des Arbeitnehmers gegenüber der Versicherungsgesellschaft</td></tr>
<tr><td colspan="2"></td><td colspan="2">nachgelagert (in der Leistungsphase)</td><td colspan="2">vorgelagert (während der Erwerbsphase)</td></tr>
<tr><td>steuerliche Behandlung</td><td>beim AG</td><td>abzugsfähig gem. § 6a EStG; mindert steuerlichen Gewinn; zum Teilwert ansetzen</td><td>eingeschränkt abzugsfähig gem. § 4d EStG; wird unterteilt nach Unterstützungskassen mit lebenslang laufenden Leistungen (§ 4d I Nr. 1 EStG) und mit nicht lebenslang laufenden Leistungen (§ 4d I Nr. 2 EStG); mindern die Bemessungsgrundlagen für die ESt und KSt</td><td>abzugsfähig gem. § 4 c EStG; durch Pauschalierungsgrenzen in der Höhe begrenzt; Beiträge als Betriebsausgaben absetzbar</td><td>abzugsfähig gem. § 4 b EStG; durch Pauschalierungsgrenzen in der Höhe begrenzt; Beiträge als Betriebsausgaben absetzbar</td></tr>
</table>

		Direktzusage	Unterstützungskasse	Pensionskasse	Direktversicherung
Steuerliche Behandlung	AG-Beiträge beim AN	nicht lohnsteuerpflichtig		Versicherungsbeiträge des AG sind nach § 19 EStG grundsätzlich lohnsteuerpflichtig (§ 2 III Nr. 2 LStDV); - Pauschalbesteuerung der Beiträge seitens des AG nach § 40 b EStG mgl.: 20 v.H. bis 3408 (4200) DM jhrl.; - wenn nicht pauschalbesteuert, Abzug der Beiträge als Sonderausgaben im Rahmen der Höchstbeiträge möglich	
	AN-Beiträge beim AN	-	-	Steuerpflichtig, Pauschalbesteuerung möglich, i.d.R. jedoch nicht abzugsfähig	
	der Rentenzahlungen	lohnsteuerpflichtig - ob in Renten - oder Kapitalform - als Einkünfte aus nichtselbständiger Arbeit nach § 19 I EStG mit Versorgungsfreibetrag 40% (höchstens DM 6000,- jhrl. steuerfrei) nach § 19 II EStG Kapitalleistungen: § 34 i.V.m § 24 EStG, § 3 Nr. 9 EStG		Ertragsanteilbesteuerung als Leibrente nach § 22 EStG (Leistungen als Kapitalsumme sind unter bestimmten Voraussetzungen steuerfrei)	
Fondsaufsicht / Kontrolle		-	keine VAG	Bundesaufsichtsamt für das Versicherungswesen (BAV)	
Insolvenzschutz		gegen Unternehmensinsolvenz wegen interner Ansammlung; PSVaG	gegen Unternehmensinsolvenz wegen quasi interner Ansammlung; PSVAG	nicht erforderlich; Schutz durch Solvabilitätsvorschriften und Satzungsbestimmungen des VAG	teilweise durch PSVaG
laufende Kontrolle		-	durch Aktuar	Aktuar, Treuhänder	-
Risikotragung	Kapitalanlagerisiko	trägt der AG		Pensionskasse, letztlich gemäß Satzung- Versicherung: Aber: Subsidiärhaftung gem. §§ 7 ff. BetrAVG	Versicherung: Aber Subsidiärhaftung gem. §§ 7 ff. BetrAVG
	biometrisches Risiko	trägt der AG		Pensionskasse, letztlich gemäß Satzung; Subsidiärhaftung gem. §§ 7 ff. BetrAVG	Versicherung: Aber Subsidiärhaftung gem. §§ 7 ff. BetrAVG

		Direktzusage	Unterstützungs-kasse	Pensionskasse	Direkt-versicherung
Risikotragung	Riskowahl durch AN	nicht möglich		-	-
	Erfül-lungs-risiko	trägt der AG	trägt der AG über die Subsidiärhaf-tung	trägt der AG über die Subsidiärhaf-tung	trägt der AG über die Subsidiärhaftung
Anlagevorschriften	Allge-meine Vorschrif-ten	nein	nein	ja, unterliegt dem VAG: Sicherheit, Rentabilität, Li-quidität, Mi-schung, Streuung	ja, unterliegt dem VAG: Sicherheit, Rentabilität, Li-quidität, Mischung, Streuung
	Mindest-/Höchst-quoten	-	-	ja	
	Anlage im Träger-unter-nehmen	entfällt, da intern	möglich, Großteil wird rücküber-tragen	eingeschränkt gem. §§ 54, 54a VAG	eingeschränkt gem. §§ 54, 54a VAG
Übertrag-barkeit auf andere AG		nein	ja (zeitanteilig), § 4 II BetrAVG	ja (zeitanteilig) gleiche Branche, freiwillige Versi-cherung, Auszahlung, §§ 3, 4 BetrAVG	ja (zeitanteilig) Eigeneintritt, Verbandsabkommen
Mittel 1997		300,6 Mrd. DM	43,1 Mrd. DM	119,2 Mrd. DM	69,2 Mrd. DM
Anteil 1997		56,5%	8,1%	22,4%	13%

Anhang 20: Vorschuß- und endgültiger Beitragssatz des PSVaG

Geschäftsjahr	Vorschußsatz	endgültiger Beitragssatz
1975	1,5	1,5
1976	1,5	1,9
1977	1,7	1,9
1978	1,7	0,7
1979	0,5	1,1
1980	0,8	1,4
1981	0,9	2
1982	1,4	6,9
1983	0	3,7
1984	1,8	2,6
1985	1,6	1,4
1986	1	1,1
1987	0,6	1,8
1988	1,2	0,9
1989	0,6	0,6
1990	0	0,3
1991	0	0,9
1992	0,3	0,8
1993	0,3	3,1
1994	1	2,3
1995	1	2,6
1996	1	2,8
1997	1	2,7
1998	1	1,2
1999	0,5	2,8
2000	1	

Quelle: Pensions-Sicherungs-Verein auf Gegenseitigkeit

Anhang 21: Monatliche Entwicklung der AS-Fonds

	Mittelaufkommen (DM)	Anzahl der Fonds	Fondsvermögen (DM)
Okt 98	351.000.000	15	361.000.000
Nov 98	247.000.000	27	647.000.000
Dez 98	123.000.000	31	778.000.000
Jan 99	86.056.520	32	885.990.990
Feb 99	148.643.080	34	1.028.766.580
Mrz 99	109.526.480	36	1.157.851.360
Apr 99	50.851.580	37	1.265.422.010
Mai 99	160.378.060	41	1.392.550.960
Jun 99	82.144.860	41	1.531.414.890
Jul 99	119.305.630	41	1.625.294.730
Aug 99	131.040.610	41	1.791.540.280
Sep 99	174.068.870	41	1.924.536.720
Okt 99	193.627.170	42	2.204.220.410
Nov 99	189.715.510	42	2.605.165.560
Dez 99	215.141.300	43	3.082.388.080
Jan 00	252.302.070	43	3.342.513.470
Feb 00	240.567.090	43	3.897.969.190
Mrz 00	240.567.090	43	4.150.271.260
Apr 00	215.141.300	45	4.371.280.050

Quelle: Deutsche Bundesbank, Kapitalmarktstatistik, verschiedene Jahrgänge.

Anhang 22: Reformvorschläge des BdB

Merkmal		**Leistungsbezogene Betriebspensionsfonds**	**Beitragsbezogene Betriebspensionsfonds**
Gesetz		§ 37 s GAKAGG	§ 37 r GAKAGG
Organisation	Zusagetyp	Leistungszusage	Beitragszusage
	Rechtsform	Sondervermögen nach KAGG	
	Tägerschaft	-	-
Vermögensansammlung		externer Versorgungsträger; rechtlich selbständiges Sondervermögen	
Finanzierungsmethode		Zuführung zu einer fiktiven Rückstellung gem. § 6a EStG	Zuwendung der zugesagten Beiträge
Liquiditätswirkungen		keine	Entzug der Liquidität
Arbeitsrecht	Arbeitnehmerbeitrag	nein	
	Unverfallbarkeit	keine Angaben	entfällt
	Wechsel zw. Pensionsfonds	-	möglich
	Dynamisierung der Leistungen	keine Angaben	keine Angaben
steuerliche Behandlung	beim AG	steuerlich abzugsfähig; Beiträge als Betriebsausgaben voll abzugsfähig	
	AG-Beiträge beim AN	nicht lohnsteuerpflichtig	
	AN-Beiträge beim AN	-	-
	Leistungen / Rentenzahlungen beim AN	nachgelagert; Einmal- und Ratenzahlungen bis zu 3 Jahren werden im Versorgungsfall mit dem halben Steuersatz nach § 34 EStG versteuert; Rente wird als Einnahme aus Kapitalvermögen nach § 20 I EStG versteuert	
	Besteuerung des Pensionsfonds	thesaurierte Erträge und Veräußerungsgewinne bleiben steuerfrei; KSt und Kapitalertragsteuer sollen erstattet werden	
Ausfinanzierung		-	möglich
Fondsaufsicht / Kontrolle		KAGG, Treuhänder; Aktuar; Bundesaufsichtsamt für das Kreditwesen	
Risikotragung	Kapitalanlagerisiko	trägt der Arbeitgeber	(trägt der Arbeitnehmer)
	Biometrisches Risiko	Langlebigkeit durch Arbeitgeber; restliche Risiken optional durch Versicherung	nein, nur optional mgl.
	Entscheidung über Risikoklasse durch AN	nein / fix	flexibel; Wechsel der Risikoklasse mgl.
	Erfüllungsrisiko	trägt der Arbeitgeber	

Merkmal	**Leistungsbezogene Betriebspensionsfonds**	**Beitragsbezogene Betriebspensionsfonds**
Kapitalanlagevorschriften	keine Angaben	
Rechtsanspruch auf Leistungen	nein; erst bei Eintritt des Versorgungsfalles	
Übertragbarkeit auf andere AG	-	ja
Grundvertrag zwischen Kapitalanlagegesellschaft und Arbeitgeber regelt	Bewertungsverfahren nach anerkannten Methoden; Beziehung zw. Arbeitgeber und KAG; Form der Vermögensanlage; Zusammensetzung der Vermögensanlage	
Aufgaben des Treuhänders	überprüft, ob Ansprüche der AN jederzeit gesichert sind; Verständigung des Arbeitgebers bei Überdotierung	überprüft, ob Ansprüche der AN jederzeit gesichert sind
Übernahme bestehender Versorgungswerke	ja, zum Zeitwert; stille Reserven werden ohne steuerliche Belastungen aufgelöst	-
AG Beiträge	variabel, von Performance abhängig	fix
Depot	Globalurkunde auf Namen des Treuhänders	gesperrte Einzeldepots auf den Namen des Anteilsinhabers
Wahlrechte im Versorgungsfall	Verrentung	möglich: Einmalbetrag, Raten, Verrentung
Invaliditäts- und Hinterbliebenenversorgung	-	zulässig, sofern KAG lediglich den Versicherungsvertreter vermittelt
Mitnahme der Ansprüche	ja	

Anhang 23: Reformvorschläge des Arbeitskreises betriebliche Pensionsfonds

Merkmal		betriebsunmittelbarer Pensionsfonds (Ergänzung der Direktzusage)	betriebsmittelbarer Pensionsfonds (Weiterentwicklung der Unterstützungskasse)	anlageorientierte Pensionsfonds
Organisationsform	Zusagetyp	Leistungszusage	Leistungszusage; Abwicklung durch Pensionsfonds	"Beitragszusage"
	Rechtsform	Pensionsfonds ist direkt dem Unternehmen zuzurechnen; Mitbestimmung gemäß § 87 I BetrAVG	Ausgliederung in eine rechtsfähige Versorgungseinrichtung in Form einer GmbH / eines e.V.; Mitbestimmung gemäß § 87 I BetrAVG	selbständige Versorgungseinrichtung in Form einer GmbH / eines e.V.; Konstruktion analog zur Unterstützungskasse
	Trägerschaft	Vermögen und Pensionsrückstellungen werden in ein nichtrechtsfähiges Sondervermögen ausgegliedert; Einzel-, Konzern- oder Gruppeneinrichtung	ein oder mehrere Unternehmen; wie bei Unterstützungskasse	
Vermögensansammlung		extern; Auslagerung der Deckungsmittel auf Pensionsfonds; Bilanzverkürzung; Bilanzschutzfunktion; Auslagerung macht Angaben gemäß § 251 HGB erforderlich; Fondsvermögen ist an Begünstigte verpfändet	flexible Dotierung; Abwicklung von Zusagen durch Pensionsfonds	Dienstleistungsfunktion für Arbeitnehmer durch Pensionsfonds; Überwachung der Mittel durch Pensionsfonds; zweckgebundene Verwaltung; professionelle Vermögensverwaltung

	Merkmal	betriebsunmittelbarer Pensionsfonds (Ergänzung der Direktzusage)	betriebsmittelbarer Pensionsfonds (Weiterentwicklung der Unterstützungskasse)	anlageorientierte Pensionsfonds
Finanzierungs-methode		externe Finanzierung von Direktzusagen i.S.d. § 6a EStG; versicherungsmathematisch berechnete Dotierungen nach einem neugefaßten § 4d EStG; Zuwendungen bis zum Barwert der unverfallbaren Anwartschaften möglich	flexible Dotierung	-
Arbeitsrecht	Arbeitnehmerbeitrag	nein	-	-
	Unverfallbarkeit	3 Jahre; Änderung von § 1 BetrAVG		-
	Dynamisierung der Leistungen	gem. § 16 BetrAVG		-
Steuerliche Behandlung	Beiträge beim AG	Erhöhung der Zuwendungen i.S. des § 4d EStG als steuermindernde Betriebsausgaben vorgesehen, damit Beiträge vollständig abzugsfähig sind; Gesetzesänderung notwendig um eine periodengerechte Aufwandsermittlung zu erreichen		voll abzugsfähig
	AG-Beiträge beim AN	nicht lohnsteuerpflichtig	nicht lohnsteuerpflichtig	-
	AN-Beiträge beim AN	-	-	-
	Leistungen /Rentenzahlungen beim AN	nachgelagert; lohnsteuerpflichtig gemäß § 19 I EStG	nachgelagert; lohnsteuerpflichtig gemäß § 19 I, II EStG	
	Besteuerung des Pensionsfonds	steuerbefreit; Überdotierungen gemäß der §§ 5 u. 6 KStG geltenden Regelungen für Unterstützungskassen		steuerbefreit, da keine Gewinnerzielungsabsicht
Ausfinanzierung		-	volle Ausfinanzierung ohne steuerliche Nachteile	-

<table>
<tr><th colspan="2">Merkmal</th><th>betriebsunmittelbarer Pensionsfonds (Ergänzung der Direktzusage)</th><th>betriebsmittelbarer Pensionsfonds (Weiterentwicklung der Unterstützungskasse)</th><th>anlageorientierte Pensionsfonds</th></tr>
<tr><td rowspan="3">Fondsaufsicht</td><td>Kontrolle</td><td colspan="2">Kompetenzbereich des Arbeitgebers; mgl. durch eigene Einflußnahme, Festlegung von Prüfungen, Rechnungsprüfer und Wirtschaftsprüfer; Bewertung der Verpflichtungen u. laufende Überprüfung der Leistungsfähigkeit in versicherungstechnischer Hinsicht und Solidität der Kapitalanlage durch Aktuar</td><td>Überwachungs-funktion der angelegten Mittel durch Pensionsfonds; Kompetenzbereich von AG und AN; Gesetze KAGG; KWG; VAG; Institutionen unter-liegen dem BAV; BAKred oder BAW</td></tr>
<tr><td>Insolvenz-schutz</td><td>durch den PSVaG; gestaffelt nach dem Dek-kungsgrad der Verpflich-tungen</td><td>durch den PSVaG</td><td>durch PSVaG; Mindestansprüche</td></tr>
<tr><td>laufende Kontrolle</td><td>durch Unternehmen und Aktuar</td><td>durch Unternehmen und Aktuar</td><td>durch Treuhänder, AN, AG</td></tr>
<tr><td rowspan="3">Risikotragung</td><td>Kapital-anlage-risiko</td><td colspan="2">AG</td><td>Nominalwertgarantie durch den Arbeitgeber ausschließlich auf den Zeitpunkt des Renteneintritts (Mindest-leistung)</td></tr>
<tr><td>Biome-trisches Risiko</td><td>Arbeitgeber</td><td>Arbeitgeber</td><td>Arbeitgeber, evtl. durch Dritte</td></tr>
<tr><td>Erfül-lungsrisiko</td><td>Haftung des zusagenden Unternehmens</td><td>Haftung des zusagenden Unternehmen</td><td></td></tr>
</table>

Merkmal		betriebsunmittelbarer Pensionsfonds (Ergänzung der Direktzusage)	betriebsmittelbarer Pensionsfonds (Weiterentwicklung der Unterstützungskasse)	anlageorientierte Pensionsfonds
Kapitalanlagevorscriften	allgemeine Vorschriften	Gestaltungsfreiheit		Management der Gelder kann ausgegliedert werden; langfristig in Aktien und Beteiligungen; Streuung, internationale Diversifikation, Managerdiversifikation
	Anlage im Träger-unternehmen / Rückübertragung	begrenzt, nur bei Überdotierung		-
Rechtsanspruch auf Leistungen		kein Rechtsanspruch gegen Versorgungseinrichtung; Rechtsanspruch gegen Arbeitgeber		nein; auf Leistung/Ertragsanteil erst bei Eintritt bestimmter Umstände wie Alter, Invalidität, Tod
Übernahme bestehender Versorgungswerke		zu Buchwert steuerneutral möglich	-	-

Anhang 24: Die Kosten der Nominalwertgarantie

Der Zeithorizont spielt für die Bewertung dieser Garantie eine entscheidende Rolle. Im Rahmen des Shortfallansatzes[696], der in Kapitel C Abschnitt 4.5 dargestellt worden ist, findet eine Risikokonzeption Verwendung, die sich lediglich an dem Verlust des Engagements orientiert. Es wird zur besseren Vergleichbarkeit eine Standardisierung gemäß

[LIV] $$z = \frac{r_{mind} - \mu_P}{\sigma_P}$$

vorgenommen. Für die jeweilige Mindestrendite r_{mind} ist über den z-Wert die Ausfallwahrscheinlichkeit zu bestimmen. Tabelle 24 stellt die entsprechenden Daten für $\mu_P = 6{,}53\%$ und $\sigma_P = 4{,}1\%$ dar.[697]

Mindestrendite	z-Wert	Ausfall-wahrscheinlichkeit
-4	-2,568	0,51%
-2	-2,080	1,87%
0	-1,593	5,56%
2	-1,105	13,46%
4	-0,617	26,86%
6	-0,129	44,86%
8	0,359	64,00%
6,53	0,000	50,00%
10,00	0,846	80,13%
11,00	1,090	86,22%
12,00	1,334	90,89%
13,00	1,578	94,27%
14,00	1,822	96,58%
15,00	2,066	98,06%

Tabelle 24: Mindestrendite und Ausfallwahrscheinlichkeit für eine Periode

Aufgrund der Nominalwertgarantie ist der Fall einer Mindestrendite von 0 relevant, d.h. die Verzinsung über den gesamten Zeitraum darf nicht negativ sein. Wird der Zeithorizont auf T-Perioden erweitert, ergibt sich der T-Perioden z-Wert als[698]

---

696 Vgl. Leibowitz/Henriksson (1989); Roy (1952). Eine sehr anschauliche Darstellung, an der sich die folgenden Ausführungen orientieren, ist bei Portmann/Rudolf (1999) zu finden. Für eine weiterführende theoretische Darstellung dieses Konzeptes sei auf Rudolf (1994) und Rudolf (1994a) verwiesen. Eine kurze Erörterung ist bei Arbeitskreis betriebliche Pensionsfonds (1998), S. 68 ff. zu finden. Eine genauere Analyse unterbleibt dort.

697 Die Daten beziehen sich auf das gemischte Portfolio aus Kapitel C.

698 Vgl. Portmann/Rudolf (1999), S. 70.

[LV] $$z_T = \frac{T \cdot r_{mind} - T \cdot \mu_P}{\sqrt{T} \cdot \sigma_P} = \sqrt{T} \cdot \frac{r_{mind} - \mu_P}{\sigma_P} = \sqrt{T} \cdot z\,.$$

Der absolute z Wert wächst mit der Quadratwurzel des Zeitintervalls an. Da für einen Threshold Return, der unter der durchschnittlichen Rendite liegt, der z-Wert negativ ist, wird dieser mit wachsendem Zeithorizont immer kleiner, d.h.

[LVI] $$\frac{\partial z_T}{\partial T} < 0 \quad \text{für} \quad z < 0\,.$$

Daraus resultiert, daß das Shortfallrisiko – ausgedrückt durch die Ausfallwahrscheinlichkeit – mit zunehmender Restlaufzeit abnimmt. Abbildung 66 verdeutlicht die Zusammenhänge für die vorher verwendete Datenbasis.

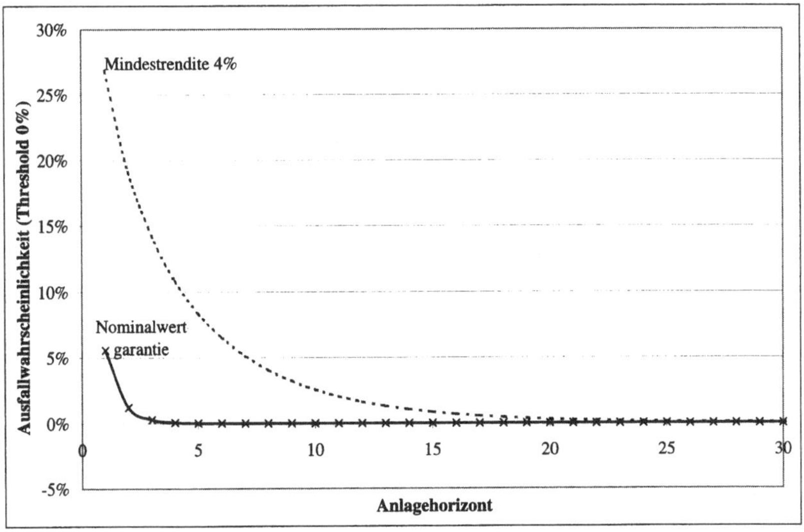

Abbildung 66: Ausfallwahrscheinlichkeit und Anlagehorizont

Für den hier relevanten Fall von ca. 30-40 Jahren, ergibt sich im Fall der Nominalwertgarantie eine Ausfallwahrscheinlichkeit von de facto 0%. Diese wird jedoch auch schon bei einem Zeithorizont von 5 Jahren erreicht. Bei der zum Vergleich mit abgetragenen Ausfallwahrscheinlichkeit bei einer vorgegebenen Mindestrendite von 4% wird erst bei knapp 15-jährigem Zeithorizont eine Ausfallwahrscheinlichkeit von unter 1% erreicht.

Ausgehend von der Darstellung des Shortfallrisikos ist zu untersuchen, wie ein möglicher Ausfall abzusichern ist. Es wird angenommen, daß der Arbeitgeber eine einmalige unverfallbare Zahlung von € 1000,- leistet, deren Nominalwert er gemäß der Vorgaben des BMF auf den Renteneintrittszeitpunkt zu garantieren hat. Diese Position entspricht der eines Verkaufs einer europäischen Verkaufsoption, deren Basispreis dem Nominalwert gleicht. Entsprechend läßt diese sich durch die Gegenposition absichern. Am Zusage- bzw. Einzahlungstag entspricht der Wert dem Nominalbetrag. Auf Grundlage der Black/Scholes Formel[699]

[LVII]

$$C(t,T,S) = S \cdot N(d_1) - \frac{X}{e^{r(T-t)}} \cdot N(d_2)$$

mit

[LVIII]

$$d_1 = \frac{\ln\left(\frac{S}{X}\right) + \left(r_f + \sigma_S^2/2\right)(T-t)}{\sigma_S\sqrt{T-t}}$$

$$d_2 = d_1 - \sigma_S\sqrt{T-t}$$

läßt sich unter Annahme einer sicheren Verzinsung von $r_f = 5\%$ über die Put-Call-Parität

[LIX]

$$P = C - S + \frac{X}{e^{r(T-t)}}$$

der Wert für eine solche Verkaufsoption berechnen.[700] Dabei bezeichnet *C* den Preis der Kaufoption und *P* den Preis der Verkaufsoption, *S* den Aktienkurs, *X* den Basispreis, der mit $e^{r(T-t)}$ abgezinst wird. *N(.)* kennzeichnet den Wert der kumulierten Standardnormalverteilung an der in der Klammer angegebenen Stelle. *T* ist der Ausübungszeitpunkt und *t* der Betrachtungszeitpunkt. Abbildung 67 stellt den Wert der Verkaufsoption in % des abzusichernden Nominalwertes für Laufzeiten von 1 bis 40 Jahre dar. Dabei wird $\sigma = 0{,}041$ angenommen.

---

[699] Vgl. Black/Scholes (1973); Hull (1997), S. 240-242.

[700] Vgl. für eine Darstellung der Einflußfaktoren auf den Optionspreis Frahm (1996); Hull (1997), S. 308-342.

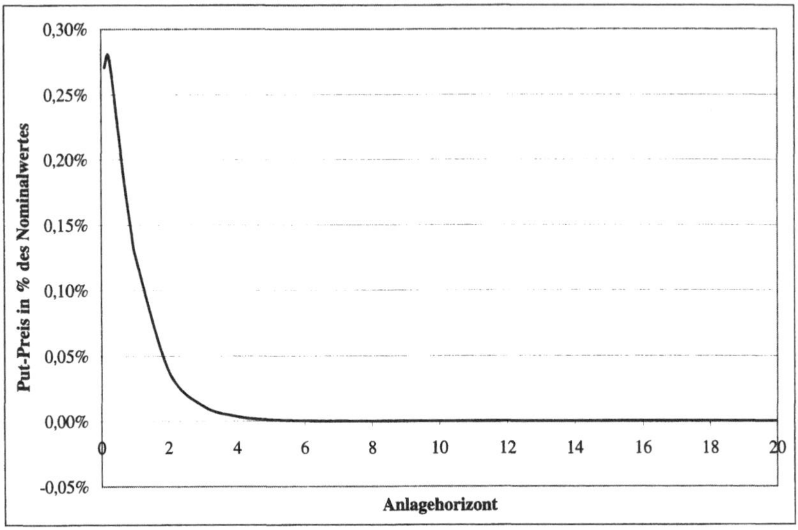

Abbildung 67: Preis einer Verkaufsoption in % des Nominalwertes[701]

Für eine Zusage am Anfang der Arbeitsphase kostet eine solche Absicherung lediglich ca. 1-2%. Während anfangs der Preis der Absicherung mit zunehmender Restlaufzeit ansteigt, sinkt dieser ab einem gewissen Zeitpunkt wieder kontinuierlich ab.[702] Dafür gibt es zwei Erklärungsmöglichkeiten.

Gemäß der Put-Call-Parität [LIX] kann der Put bei steigender Laufzeit weniger wert werden, wenn der Wertzuwachs des Calls durch die höhere Abdiskontierung überkompensiert wird. Dieses ist, wie in Abbildung 68 dargestellt, nach 4 Jahren der Fall.

[701] Die Datengrundlage befindet sich in Anhang 26.

[702] Für einen amerikanischen Put ist der Einfluß einer längeren Laufzeit hingegen strikt positiv, da dann die längere Laufzeit bei ständiger Ausübungsmöglichkeit dem Inhaber lediglich mehr Rechte überträgt.

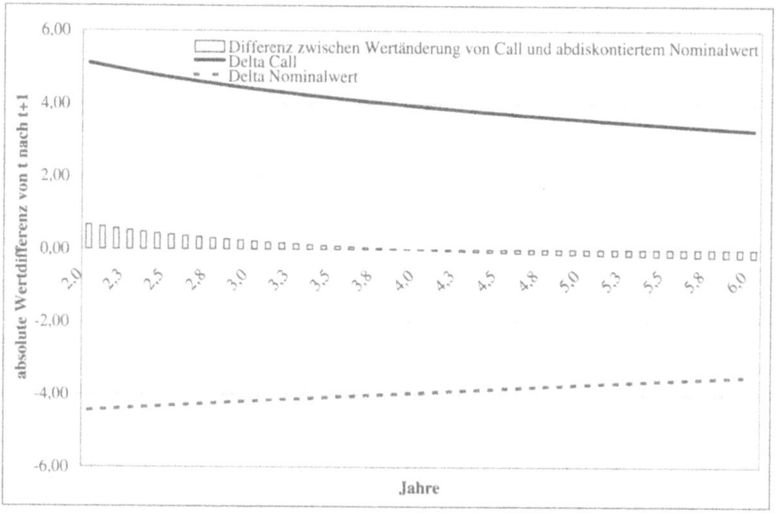

Abbildung 68: Wertdifferenzen im Zeitablauf

Eine andere Erklärungsmöglichkeit ist die Asymmetrie der Wertentwicklung in Analogie zu dem oben dargestellten Shortfall Ansatz. Dieses wird in Abbildung 69 verdeutlicht.

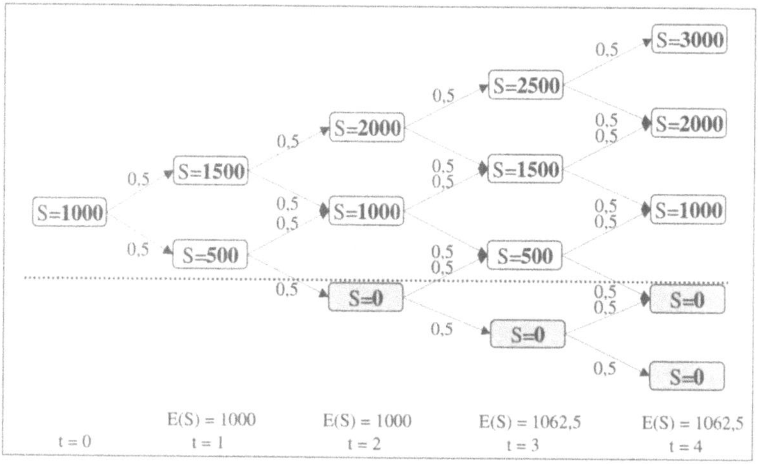

Abbildung 69: „Additiver" Binomialbaum[703]

---

[703] Es ist zu beachten, daß der in Abbildung 69 abgebildete „additive" Binomialbaum lediglich der Darstellung der Zusammenhänge dient. Eine Bewertung von Optionen ist mit diesem nicht möglich.

Während das ursprüngliche Investment von € 1000,- mit ansteigendem Anlagehorizont bei einer entsprechenden positiven Verzinsung zunehmend an Wert gewinnt, ist die negative Wertentwicklung auf einen Totalverlust, dargestellt durch S = 0, begrenzt.

Da es sich um eine europäischen Verkaufsoption handelt, kann die Option nicht vorzeitig ausgeübt werden. Mit zunehmendem Anlagehorizont steigt die Wahrscheinlichkeit, daß das Investment oberhalb des Nominalwertes notiert. Dieses ergibt sich aus dem ansteigenden Erwartungswert, der in Abbildung 69 abgetragen ist.[704] Insofern ist der ab einer gewissen Restlaufzeit inverse Einfluß auf den Wert der europäischen Verkaufsoption ökonomisch plausibel.

Eine andere Möglichkeit, den Nominalwert zu garantieren, ist über eine risikolose Anlage. Dazu ist je nach Anlagehorizont ein mit dem risikolosen Zinssatz abgezinster Nominalwert risikolos anzulegen. Der restliche Anteil des Nominalwertes ist in Substanzwerte zu investieren. Ein entsprechendes Ergebnis läßt sich über die Put-Call-Parität ableiten

[LX] $$PV(X) = \frac{X}{e^{r(T-t)}} = P - C + S \ .$$

In Abbildung 70 werden die Zusammenhänge verdeutlicht.

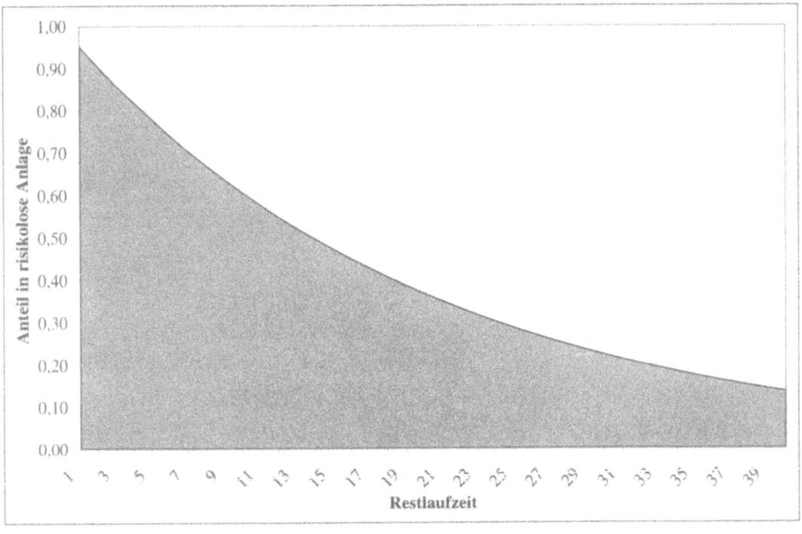

Abbildung 70: Investition in die risikolose Anlage zur Erwirtschaftung des Nominalwertes

[704] In dem in Abbildung 69 dargestellten Fall würde der Wert der europäischen Verkaufsoption ab t=3 ansteigen.

Hier wird deutlich, daß eine frühzeitige Rentenzusage für den Leistungsempfänger ein größeres Kapitalmarktpotential eröffnet, da dann nur ein kleiner Anteil der Gelder risikolos angelegt werden muß. Der restliche Anteil kann in Substanzwerte mit einer höheren erwarteten Rendite investiert werden.

Es ist gezeigt worden, daß die Kosten der Nominalwertabsicherung zu Beginn der Arbeitsphase relativ gering sind. Jedoch steigen diese mit abnehmender Restlaufzeit an. Dieses impliziert im Gegensatz zu den zuvor dargestellten Instrumenten, daß ein Anreiz besteht, eher junge Arbeitnehmer in das Versorgungswerk aufzunehmen. Insofern stellt der anlageorientierte Pensionsfonds eine Bereicherung der aktuellen Instrumente der betrieblichen Altersversorgung dar. Eine Aufnahme älterer Arbeitnehmer ist im Regelfall nicht zu erwarten. Es wird somit deutlich, daß neben diesen Durchführungswegen für die Ausweitung der betrieblichen Altersvorsorge, die auch ältere Arbeitnehmer umfaßt, eine reine Beitragszusage notwendig ist.
Zu bedenken ist bei diesen Ausführungen jedoch, daß eine derartig langlaufende Option derzeit nicht am Markt gehandelt wird. Dieses sollte ein mögliches Geschäftsfeld für Versicherungen ergeben, die als potentielle Gegenparteien für den Kauf von langfristigen Risiken in Frage kommen.

Anhang 25: AbA-Vorschlag

Merkmal		Pf-Unterstützungskasse	Pf-Unterstützungskasse
Organisation	Zusagetyp	Leistungszusage	Beitragszusage mit Mindestleistung
	Rechtsform	rechtl. selbständige, mitbestimmte Versorgungseinrichtung im Sinne des Betriebsrentengesetzes (eV, GmbH, Stiftung) mit von einem oder mehreren Unternehmen; mit einem Sondervermögen	
Finanzierungsmethode		Zuwendungen; Anwartschaftsdeckungsverfahren	Beiträge; Anwartschaftsdeckungsverfahren
Arbeitsrecht	Arbeitnehmerbeitrag	nein	nein
	Unverfallbarkeit	soll starkt verkürzt werden	soll stark verkürzt werden
	Anpassung	§ 16 BetrAVG	§ 16 BetrAVG
steuerliche Behandlung		nachgelagert	nachgelagert
	Beim AG; Beiträge als Betriebsausgaben	Zuwendungen abzugsfähig gem. § 4d EStG; ja, abzugsfähig, aber Höchstgrenzen; soll eine Versorgungslücke von 30% abdecken können	
	AG-Beiträge beim AN	Träger unter den Bedingungen der §§ 5,6 KStG steuerbefreit; Begrenzung der Zuwendungen auf 10% des auf das Doppelte der BBG begrenzten Arbeitslohnes max. weitere 2% bei Einschluß einer Invaliditätsabsicherung	
Fondsaufsicht / Kontrolle		Aufsicht: keine	Aufsicht: Treuhänder - Aktuar
Insolvenzschutz		ja, Treuhandlösung	ja, Treuhandlösung
laufende Kontrolle		Treuhandlösung	Treuhandlösung
Risikotragung	Kapitalanlagerisiko	AG	AG bis zur Mindestleistung; danach AN (eher Chance)
	Erfüllungsrisiko	bleibt de facto beim AG	bleibt de facto beim AG
Anlagevorschriften	Allgemeine Vorschriften	keine	keine
	Anlage im Trägerunternehmen	-	begrenzt
Rechtsanspruch auf Leistungen		nein	nein
Leistungsformen		Rente (Kapital)	Rente (Kapital)

Anhang 26: Preis einer Verkaufsoption in % des Nominalwertes

Restlaufzeit	Put	% der Putkosten
0,1	26,5	2,65%
0,2	35,7	3,57%
0,3	42,1	4,21%
0,4	47,0	4,70%
0,5	51,1	5,11%
0,6	54,5	5,45%
0,7	57,4	5,74%
0,8	59,9	5,99%
0,9	62,1	6,21%
1	64,0	6,40%
2	75,1	7,51%
3	78,7	7,87%
4	79,0	7,90%
5	77,5	7,75%
6	75,0	7,50%
7	72,0	7,20%
8	68,7	6,87%
9	65,2	6,52%
10	61,7	6,17%
11	58,2	5,82%
12	54,8	5,48%
13	51,6	5,16%
14	48,4	4,84%
15	45,4	4,54%
16	42,5	4,25%
17	39,8	3,98%
18	37,2	3,72%
19	34,8	3,48%
20	32,5	3,25%
21	30,4	3,04%
22	28,4	2,84%
23	26,5	2,65%
24	24,7	2,47%
25	23,0	2,30%
26	21,5	2,15%
27	20,0	2,00%
28	18,7	1,87%
29	17,4	1,74%
30	16,2	1,62%

Restlaufzeit	Put	% der Putkosten
31	15,1	1,51%
32	14,1	1,41%
33	13,1	1,31%
34	12,2	1,22%
35	11,4	1,14%
36	10,6	1,06%
37	9,9	0,99%
38	9,2	0,92%
39	8,5	0,85%
40	8,0	0,80%

Anhang 27: Anlageregeln für Lebensversicherungen

Land	Einzelstaatliche Regelungen
Dänemark	▪ Ingesamt max. 40% in- und ausländische Aktien, ▪ max. 10% Freiverkehrswerte ▪ insgesamt max. 10% Hypotheken und Darlehen
Deutschland	▪ 30% inländische Aktien ▪ 25% Immobilien ▪ 6% ausländische Aktien ▪ 5% ausländische Rentenwerte ▪ 10% Freiverkehrswerte ▪ 50% Hypotheken und Darlehen
Frankreich	▪ 65% inländische Aktien, Freiverkehrswerte, ausländische Aktien ▪ 40% Immobilien ▪ 10% Hypotheken und DArlehen
Italien	▪ 20% inländische Aktien ▪ 20% Freiverkehrswerte ▪ 20% ausländische Aktien ▪ 50% ausländische Rentenwerte ▪ 50% Immobilien ▪ 50% Hypotheken ▪ 0% Darlehen
Niederlande	▪ 10% Freiverkehrswerte, Hypotheken ▪ 8% Darlehen
Schweden	▪ 25% inländische Aktien, Freiverkehrswerte, ausländische Aktien ▪ 25% Immobilien, Hypotheken ▪ 10% Darlehen
Großbritannien	▪ 10% Freiverkehrswerte, Hypotheken, Darlehen

Quelle: Übernommen aus Europäische Kommission (1997), Tabelle XI.

EU-Regelungen für Lebensversicherungen (gem. Artikel 20 ff. u. Anhang I der 3. Richtlinie für Lebensversicherungen)
▪ Grundsatz der Vorsicht ▪ Sicherheit, Ertrag und Realisierbarkeit der Anlagen müssen gewährleistet sein ▪ Es ist eine geeignete Mischung bzw. Streuung der Anlagen vorzunehmen
▪ Die Deckungsart der versicherungsmathematisch berechneten Rückstellungen ist festgelegt.
▪ Die Bewertungsmethode für die Vermögenswerte ist festgelegt.
▪ Mindstanlagevorschriften durch die Mitgliedsstaaten sind nicht zulässig.
▪ Die Mitgliedsstaaten sollen für die Umsetzung folgenden quantitativer Obergrenzen Sorge zu tragen:
▪ 10% in ein einzelnes Grundstück bzw. Gebäude ▪ 5% in Aktien bzw. Anleihen eines Unternehmens ▪ 5% in nicht gesicherte Darlehen (max. 1%-Punkt pro Darlehen) ▪ 3% als liquide Mittel (Kassenhaltung)
Die Obergrenze für ausländische Anlagen beträgt mindestens 20%.

Quelle: Übernommen aus Europäische Kommission (1997), Tabelle X.

Anhang 28: Pensionsfonds vs Lebensversicherungen

Gemeinsamkeiten
▪ Langfristige Kapitalanlage ▪ Vermögenswerte werden von bevollmächtigten Sachverständigen verwaltet ▪ Produkte sind vom Verbraucherinteresse abhängig ▪ Standards zur Vermeidung unnötiger Risiken sind notwendig

Unterschiede		
	Pensionsfonds	**Lebensversicherungen**
Zeitraum	▪ 20-25+ Jahre ▪ Absicherung mit längerfristigen Vermögenswerten notwendig	▪ 8-12 Jahre
Liquiditätsanforderungen	▪ vorzeitige Kündigung zumeist ausgeschlossen ▪ Übertragung der Mittel nur in bestimmten Fällen möglich ▪ Übertragung ist mit Nachteilen verbunden ▪ geringer Bedarf an kurzfristig liquiden Mitteln	▪ vorzeitige Kündigung möglich ▪ liquide Vermögenswerte bzw. Kassenbestände notwendig
Darlehen	▪ zumeist nicht möglich ▪ kein Bedarf an kurzfristig liquiden Mitteln	▪ Darlehen gegen die Lebensversicherungspolice möglich ▪ liquide Vermögenswerte bzw. Kassenbestände notwendig
Leistungsverpflichtungen	▪ bei Leistungszusage an Lohn- und Gehaltsentwicklung gekoppelt ▪ Bedarf an langfristigen „renditewirksamen“ Anlagen	▪ Nennwert, es wird keine konkrete Versicherungssumme vereinbart
Garantie	▪ bei Leistungszusage durch den Arbeitnehmer ▪ Auswirkungen auf die Anlage der Gelder	▪ Nicht existent

Quelle: Europäische Kommission (1997), Tabelle XIII.

Anhang 29: Einzelstaatliche Regelungen für Pensionsfonds

Land	Einzelstaatliche Regelungen
Dänemark	▪ 40% in „risikobehafte Anlagen“, d.h. Aktien, Freiverkehrswerte ▪ 80% inländisch bzw. EU ▪ keine Eigeninvestitionen
Deutschland	▪ 30% EU-Aktien ▪ 25% EU-Immobilien ▪ 6% Nicht-EU-Aktien ▪ 20% ausländische Vermögensgegenstände ▪ 10% Eigeninvestition (nicht bei Pensionsrückstellungen)
Spanien	▪ 5% in Wertpapiere eines Unternehmens ▪ mind. 90% in notierten Wertpapieren, Bankeinlagen, Immobilien, Hypotheken ▪ mind. 1% liquide (Girokonto, Geldmarkt)
Frankreich	▪ Mind. 50% EU-Staatsanleihen ▪ < 33% Darlehen an Trägerunternehmen
Italien	-
Niederlande	▪ 5% Eigeninvestitionen ▪ Grundsatz der Vorsicht
Schweden	▪ Allgemein: Investitionen mehrheitlich in Anleihen, Schuldverschreibungen, Darlehen
Großbritannien	▪ 5% Eigeninvestitionen ▪ Grundsatz der Vorsicht
USA	▪ Grundsatz der Vorsicht

Quelle: übernommen aus Europäische Kommission (1997), Tabelle IX.

Anhang 30: Grundsatz der Vorsicht vs quantitative Vorgaben

Grundsatz der Vorsicht

	A: Pensionsfonds Portfolio		B: inl. Portfolio		C: inl. + ausl. Portfolio	
	Rendite	Sigma	Rendite	Sigma	Rendite	Sigma
Kanada	1,6	9,8	2,2	11,2	2,2	10,8
Irland	5,0	11,9	3,8	13,3	3,8	12,4
Niederlande	4,0	6,0	4,5	17	4,2	15,2
UK	5,8	12,5	3,8	14,8	3,7	14,1
USA	2,2	11,9	2,1	12,9	2,8	12,5
Durchschnitt	3,7	11,1	3,3	14,2	3,3	13,4

	D: durchschn. Lohnwachstum		Pensionsfonds Portfolio	inländisches Portfolio	internationales Portfolio
	Rendite	Sigma	Rendite	Rendite	Rendite
Kanada	1,7	2,8	-0,1	0,5	0,5
Irland	2,0	-	3,0	1,8	1,8
Niederlande	2,4	3,2	1,6	2,1	1,8
UK	2,6	2,5	3,2	1,2	1,1
USA	0,2	2,1	2,0	1,9	2,6
Durchschnitt	1,8	-	1,9	1,5	1,6

Quantitative Vorgaben

	A: Pensionsfonds Portfolio		B: inl. Portfolio		C: inl. +ausl. Portfolio	
	Rendite	Sigma	Rendite	Sigma	Rendite	Sigma
Australien	1,6	14,7	2,7	16,1	2,8	15,1
Dänemark	3,6	12,7	5,3	18,9	4,6	13,4
Deutschland	5,1	4,4	6,1	15,2	6,2	13,4
Japan	4,0	9,4	5,5	15,5	5,3	14,3
Schweden	0,2	7,6	3,8	13,5	3,7	15,2
Schweiz	1,5	6,4	2,0	15,4	2,0	12,3
Durchschnitt	2,7	8,1	4,2	15,7	4,1	13,7

	D: durchschn. Lohnwachstum		Pensionsfonds Portfolio	inländisches Portfolio	internationales Portfolio
	Rendite	Sigma	Rendite	Rendite	Rendite
Australien	0,7	3,4	0,9	2	2,1
Dänemark	2,8	3,6	0,8	2,5	1,8
Deutschland	4,0	3,1	1,1	2,1	2,2
Japan	4,2	4,2	-0,2	1,3	1,1
Schweden	1,5	3,5	-1,3	2,3	2,2
Schweiz	1,9	2,1	-0,4	0,1	0,1
Durchschnitt	2,5	-	0,2	1,72	1,6

Quelle: Davis (1997a), Davis (1997), Organisation for Economic Co-Operation and Development (1998).

Anhang 31: Überrenditen von Aktien über Anleihen

Anlage-horizont Jahr	1 Jahr	5 Jahre	10 Jahre	15 Jahre	20 Jahre	25 Jahre	30 Jahre	40 Jahre	50 Jahre
1948	-21,0%	27,1%	21,8%	20,7%	15,4%	11,8%	9,0%	7,6%	7,8%
1949	157,6%	38,4%	30,1%	23,0%	17,2%	11,6%	10,1%	9,0%	
1950	-10,3%	29,6%	24,7%	15,4%	12,3%	7,3%	6,2%	7,2%	
1951	110,2%	32,8%	31,0%	15,0%	10,7%	8,8%	6,7%	6,8%	
1952	-18,6%	12,0%	19,4%	7,9%	6,6%	4,8%	4,0%	4,8%	
1953	21,7%	16,8%	17,6%	11,8%	8,2%	5,7%	4,7%	5,0%	
1954	87,1%	22,2%	15,9%	10,7%	5,6%	5,0%	5,2%	5,2%	
1955	1,2%	20,0%	8,8%	7,0%	2,3%	2,1%	3,1%	3,4%	
1956	-7,6%	29,2%	7,0%	4,2%	3,4%	2,1%	5,0%	3,2%	
1957	2,4%	27,5%	5,9%	4,8%	3,1%	2,4%	5,2%	3,9%	
1958	54,3%	18,4%	9,3%	5,4%	3,0%	2,4%	3,2%	4,5%	
1959	72,9%	9,8%	5,3%	0,6%	1,1%	2,1%	2,6%		
1960	45,8%	-1,3%	1,1%	-3,0%	-2,0%	0,0%	1,9%		
1961	-16,1%	-11,5%	-6,5%	-4,1%	-3,8%	0,7%	-0,3%		
1962	-29,2%	-11,6%	-4,8%	-3,9%	-3,0%	1,3%	0,3%		
1963	5,6%	1,1%	-0,4%	-1,7%	-1,3%	0,4%	1,0%		
1964	0,3%	1,1%	-3,7%	-1,7%	0,2%	1,2%	1,8%		
1965	-14,1%	3,5%	-3,9%	-2,2%	0,3%	2,5%	1,6%		
1966	-16,3%	-1,3%	-0,1%	-1,1%	4,0%	2,1%	1,9%		
1967	41,1%	2,6%	0,3%	0,1%	4,9%	3,0%	3,2%		
1968	5,9%	-1,9%	-3,1%	-2,0%	0,2%	1,0%	2,9%		
1969	12,5%	-8,1%	-3,1%	-0,1%	1,3%	1,9%			
1970	-32,8%	-10,8%	-5,1%	-0,8%	2,3%	1,2%			
1971	0,9%	1,1%	-1,1%	5,9%	2,9%	2,5%			
1972	11,5%	-2,0%	-1,1%	5,6%	3,1%	3,3%			
1973	-23,9%	-4,3%	-2,1%	0,9%	1,8%	3,9%			
1974	-1,9%	2,5%	4,3%	4,7%	4,7%				
1975	27,8%	1,2%	4,8%	7,1%	4,5%				
1976	-14,2%	-3,2%	8,3%	3,6%	2,9%				
1977	-0,2%	-0,3%	9,6%	4,8%	4,7%				
1978	5,4%	0,0%	3,6%	3,8%	6,0%				
1979	-7,4%	6,0%	5,8%	5,4%					
1980	1,2%	8,5%	10,2%	5,7%					
1981	0,2%	21,6%	7,1%	5,0%					
1982	1,6%	21,0%	7,5%	6,4%					
1983	40,5%	7,3%	5,8%	8,1%					
1984	2,4%	5,6%	5,1%						
1985	77,3%	11,8%	4,3%						

1986	-2,8%	-5,1%	-2,3%						
1987	-43,7%	-4,0%	0,0%						
1988	30,0%	4,3%	8,5%						
1989	35,0%	4,5%							
1990	-22,3%	-2,8%							
1991	3,3%	0,9%							
1992	-14,1%	4,3%							
1993	34,0%	12,9%							
1994	-3,8%								
1995	-8,7%								
1996	21,7%								
1997	28,1%								
Maximum	157,6%	38,4%	31,0%	23,0%	17,2%	11,8%	10,1%	9,0%	7,8%
Minimum	-43,7%	-11,6%	-6,5%	-4,1%	-3,8%	0,0%	-0,3%	3,2%	7,8%
Mittelwert	12,6%	7,3%	6,0%	4,8%	4,0%	3,5%	3,8%	5,5%	7,8%

Quelle: Stehle (1998): Asset Allocation in Retirement Portfolios; eigene Berechnungen. Bei den Mittelwerten handelt es sich um das geometrische Mittel.

Anhang 32: Definitionen des Minimum-funding-Levels

Deutscher Begriff	**Englischer Begriff**	**Erklärung**
aufgelaufene Rentenansprüche	Accrued Benefit Obligation ABO	Eine Auslagerung findet auf Basis der bis zum aktuellen Zeitpunkt angefallenen Rentenansprüche statt.
erwartete aufgelaufene Rentenansprüche	Projected Benefit Obligation PBO	Eine Auslagerung findet auf Basis der bis zum aktuellen Zeitpunkt angefallenen Rentenansprüche statt, wobei zukünftige Gehaltssteigerungen der Leistungszusage je nach Ausgestaltungstyp einberechnet werden.
unverfallbare Rentenansprüche	Vested Benefit Obligation VBO	Eine Auslagerung findet auf Basis der bis zum aktuellen Zeitpunkt angefallenen Rentenansprüche, sofern diese unverfallbar sind, statt.
indizierte Rentenansprüche	Index Benefit Obligation IBO	Entspricht Fall eins oder zwei erhöht um die erwartete Inflation.

Quelle: Eigene Darstellung auf Basis von Europäische Kommission (1999), S. 9.

Anhang 33: Anleihen- und Aktienmarktkapitalisierung im Mrd. US-$, 1999

Anleihen- und Aktiemarkt-kapitalisierung in Mrd. US $	Anleihen	Aktien	Summe	Aktien zu Anleihen
USA	2401,8	16642,2	19044,0	6,9
Großbritannien (London)	1363,3	2855,4	4218,7	2,1
Deutschland	2076,5	1432,2	3508,6	0,7
Frankreich (Paris)	765,1	1503	2268	2,0
Niederlande (Amsterdam)	347,9	695,2	1043,1	2,0
Schweiz (Zürich)	249,8	693,1	942,9	2,8

Quelle: Deutsches Aktieninstitut, International Federation of Stock Exchanges, Global Financial Data, eigene Berechnungen.

Anhang 34: Kapitalisierung des Aktienmarktes in % des BIP

Aktienmarkt-kapitalisierung in % des BIP	1987	1988	1989	1990	1991	1992
Deutschland	17,16%	18,83%	27,66%	21,66%	22,82%	17,60%
Frankreich	17,52%	23,15%	37,79%	26,07%	31,09%	26,44%
Niederlande	39,63%	49,05%	69,00%	42,24%	46,86%	41,91%
Schweiz	74,53%	75,40%	95,34%	69,01%	74,68%	77,61%
Großbritannien	98,73%	92,29%	98,24%	87,14%	97,43%	88,60%
USA	57,17%	57,26%	66,64%	55,08%	71,58%	74,41%

Aktienmarkt-kapitalisierung in % des BIP	1993	1994	1995	1996	1997	1998
Deutschland	24,08%	24,34%	24,03%	28,40%	39,49%	50,88%
Frankreich	36,45%	33,96%	32,57%	38,14%	48,51%	68,69%
Niederlande	58,33%	66,52%	71,96%	94,54%	128,99%	159,07%
Schweiz	114,43%	108,94%	129,51%	135,63%	225,36%	265,95%
Großbritannien	122,03%	112,29%	121,64%	142,42%	155,61%	174,83%
USA	80,99%	75,37%	97,50%	114,80%	144,17%	163,43%

Quelle: Organisation for Economic Co-Operation and Development.

Anhang 35: Kapitalisierung des Aktienmarktes in absoluten Werten

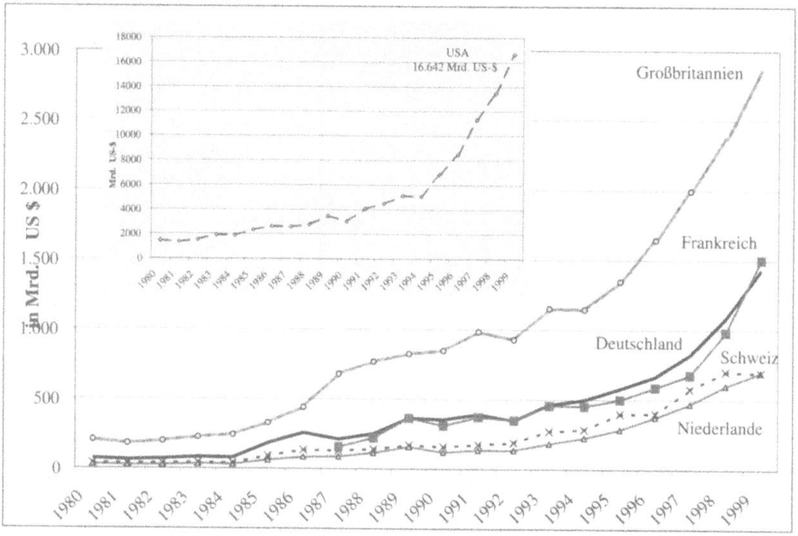

Abbildung 71: Kapitalisierung des Aktienmarktes in absoluten Werten

Aktienmarktkapitalisierung in Mrd. US-$	1980	1981	1982	1983	1984	1985	1986
Deutschland	71,7	62,6	68,9	82,6	78,4	183,8	257,7
Frankreich	keine Daten verfügbar						
Niederlande	29,3	23,0	25,7	33,7	31,1	59,4	83,7
Schweiz	37,6	35,2	36,8	42,5	38,7	90,0	132,4
Großbritannien inkl. Nordirland	205,2	180,6	196,2	225,8	242,7	328,0	439,5
USA	1447,3	1332,5	1519,8	1894,1	1862,8	2324,3	2635,7

Aktienmarktkapitalisierung in Mrd. US-$	1987	1988	1989	1990	1991	1992	1993
Deutschland	213,2	251,8	365,2	355,3	392,5	346,9	460,8
Frankreich	155,6	222,9	364,8	311,7	373,4	349,6	455,5
Niederlande	86,2	113,6	157,8	119,8	136,0	134,9	182,6
Schweiz	128,5	140,5	170,9	157,6	173,8	189,1	270,9
Großbritannien inkl. Nordirland	680,7	771,2	826,6	850,0	986,1	928,4	1150,6
USA	2588,9	2793,8	3505,7	3059,4	4087,7	4485,0	5136,2

Aktienmarktkapitalisierung in Mrd. US-$	**1994**	**1995**	**1996**	**1997**	**1998**	**1999**
Deutschland	499,3	577,4	664,9	825,2	1086,7	1432,2
Frankreich	452,0	500,0	587,0	676,3	984,9	1503,0
Niederlande	224,5	286,7	375,4	468,6	600,5	695,2
Schweiz	284,7	398,1	400,3	575,3	701,6	693,1
Großbritannien inkl. Nordirland	1145,3	1346,6	1642,6	1996,2	2372,7	2855,4
USA	5067,0	6857,6	8484,4	11308,8	13451,4	16642,2

Quelle: Organisation for Economic Co-Operation and Development

Anhang 36: Kapitalisierung des Aktienmarktes pro Einwohner

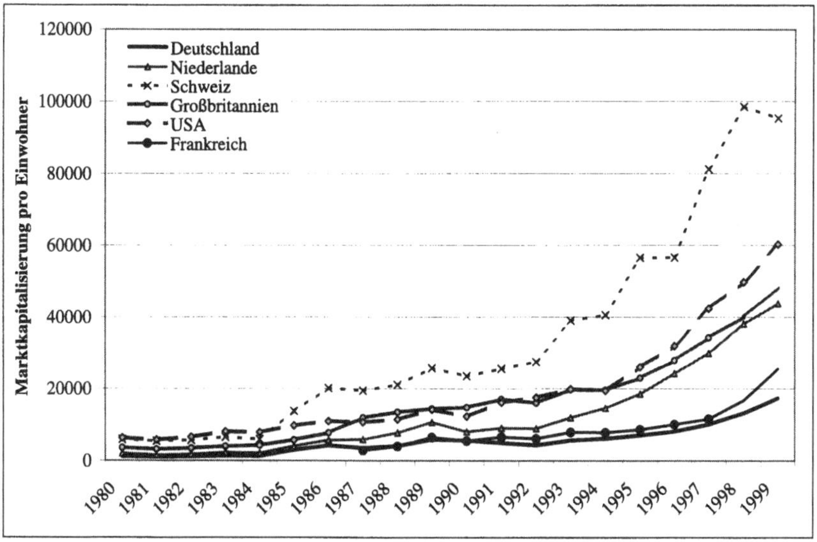

Abbildung 72: Kapitalisierung des Aktienmarktes pro Einwohner (US-$)

Kapitalisierung pro Einwohner	1980	1981	1982	1983	1984	1985	1986
Deutschland	1164,6	1014,9	1117,8	1344,8	1281,6	3011,4	4219,7
Frankreich	-	-	-	-	-	-	-
Niederlande	2070, 7	1614,4	1795,6	2345,7	2156,1	4096,5	5744,9
Schweiz	5888,8	5475,2	5690,4	6556,6	5949,3	13776,2	20143
Großbritannien	3642,8	3205	3484,3	4007,1	4294,8	5786,9	7730,97
USA	6355,5	5794,4	6545,6	8083,9	7881,8	9746,9	10952,6

Kapitalisierung pro Einwohner	1987	1988	1989	1990	1991	1992	1993
Deutschland	3490,1	4097,3	5884	5617,2	4906,9	4304,2	5675,8
Frankreich	2796,7	3971,9	6466,1	5493,7	6543,8	6093,5	7898,5
Niederlande	5880,7	7694,1	10626,2	8014,5	9023,4	8886,4	11944,3
Schweiz	19417,9	21062,2	25716,2	23485,5	25553,8	27507,9	39042,8
Großbritannien	11940,4	13492,1	14410,7	14767,4	17057,7	16004,0	19772,4
USA	10662,5	11402,4	14173,4	12242,1	16179,6	17560,4	19898,5

Kapitalisierung pro Einwohner	1994	1995	1996	1997	1998	1999
Deutschland	6132	7070,3	8119,1	10056,3	13185,2	17384,7
Frankreich	7805,3	8599,5	10055,6	11540,4	16738,9	25523,1
Niederlande	14594,1	18542,7	24226	29936,8	38101,3	43795,5
Schweiz	40564,3	56538,5	56601,4	81182,2	97695,8	95269,9
Großbritannien	19614,5	22976,3	27935,1	34299,4	40451,3	48302,9
USA	19437,5	26058	31949,6	42388	49543,6	60250,2

Quelle: International Federation of Stock Exchanges, Statistische Bundesamt, Sachverständigenrat zur Begutachtung der gesamtwirtschaftlichen Entwicklung

Anhang 37: Aufteilung des Anleihenmarktes

Anteile am Weltmarkt der verschiedenen Länder	total	inländischer Privatsektor	öffentliche Hand	international
Deutschland	12,2%	40,6%	5,9%	5,4%
Niederlande	2,0%	5,2%	1,8%	0,0%
Schweiz	1,5%	2,9%	0,5%	3,1%
Großbritannien	8,0%	13,4%	4,4%	14,2%
USA	14,1%	7,3%	20,9%	1,8%
Asien, pazifischer Raum	35,3%	12,2%	52,8%	2,9%
restl. Europa, Afrika, mittl. Osten	26,3%	17,5%	12,9%	72,7%
Rest Nordamerika	0,1%	0,2%	0,1%	0,0%
Südamerika	0,5%	0,7%	0,7%	0,0%

Quelle: International Federation of Stock Exchanges, eigene Berechnungen

Anhang 38: Pensionsfonds und Marktkapitaliserung (Abb. 7)

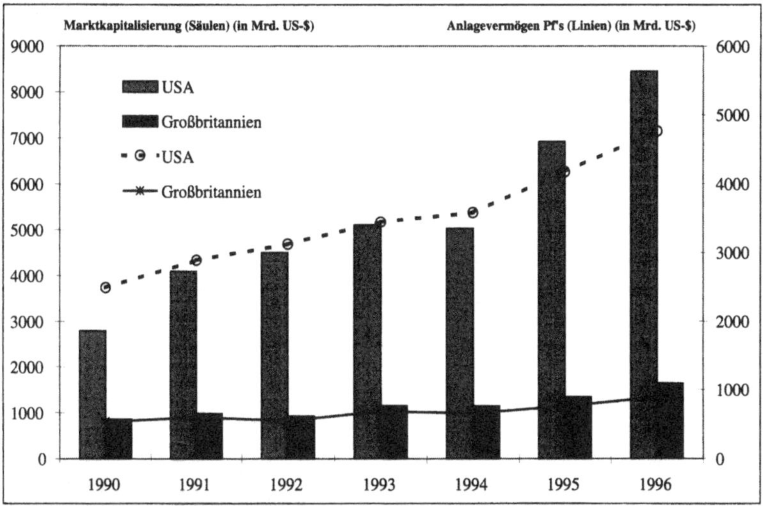

Abbildung 73: Pensionsfonds und Marktkapitalisierung: USA vs. Großbritannien

	1990	1990	1991	1991	1992	1992
Land	AV der Pf's	Marktkapi-talisierung	AV der Pf's	Marktkapi-talisierung	AV der Pf's	Marktkapi-talisierung
Deutschland	51,5	375,6	56,0	392,5	56,6	346,9
Niederlande	229,8	121,2	242,4	136,0	244,5	134,9
Groß-britannien	536,6	860,5	601,4	986,1	552,0	928,4
Schweiz	137,7	157,6		173,8	147,6	189,1
USA	2491,8	2794,4	2892,1	4099,5	3126,2	4505,8

	1993	1993	1994	1994	1995	1995	1996	1996
Land	AV der Pf's	Markt-kapita-lisierung	AV der Pf's	Markt-kapita-lisierung	AV der Pf's	Markt-kapita-lisierung	AV der Pf's	Markt-kapita-lisierung
Deutschland	47,6	460,8	55,5	499,3	65,3	577,4	64,8	664,9
Niederlande	259,8	182,6	293,5	224,5	351,8	286,7	370,4	375,4
Groß-britannien	685,4	1150,6	659,8	1145,3	760,0	1346,6	893,8	1642,6
Schweiz		270,9	189,4	284,7		398,1	221,6	400,3
USA	3449,2	5109,8	3586,0	5027,6	4175,3	6917,9	4762,4	8451,7

Quelle: Organisation for Economic Co-Operation and Development, International Federation of Stock Exchanges, eigene Berechnungen.

Anhang 39: Korrelationen zwischen Pensionsfonds- und Marktkapitalisierung.

	1990	1990	1991	1991	1992	1992
Land	AV der Pf's	Marktkapitalisierung	AV der Pf's	Marktkapitalisierung	AV der Pf's	Marktkapitalisierung
Deutschland	51,5	375,6	56,0	392,5	56,6	346,9
Belgien	3,9	65,4	5,6	71,1	5,7	64,1
Italien	38,5	161,6	49,6	158,8	38,3	123,7
Luxemburg	1,8	10,5	2,0	11,3	2,2	11,9
Niederlande	229,8	121,2	242,4	136,0	244,5	134,9
Österreich	-	26,3	0,8	26,0	1,0	21,7
Portugal	1,1	9,2	2,0	9,6	2,8	9,2
Spanien	14,4	309,5	16,7	363,6	14,4	98,8
Dänemark	19,5	39,1	20,8	44,8	21,2	30,1
Großbritannien	536,6	860,5	601,4	986,1	552,0	928,4
Schweden	3,8	97,6	4,2	97,1	3,9	78,1
Schweiz	137,7	157,6		173,8	147,6	189,1
USA	2491,8	2794,4	2892,1	4099,5	3126,2	4505,8

	1993	1993	1994	1994	1995	1995	1996	1996
Land	AV der Pf's	Marktkapitalisierung	AV der Pf's	Marktkapitalisierung	AV der Pf's	Marktkapitalisierung	AV der Pf's	Marktkapitalisierung
Deutschland	47,6	460,8	55,5	499,3	65,3	577,4	64,8	664,9
Belgien	6,2	78,2	6,8	84,4	10,1	101,8	11,0	119,1
Italien	33,9	145,3	35,5	186,0	39,0	209,5	39,2	256,6
Luxemburg	2,2	19,3	2,7	28,5	3,1	30,4	3,1	32,4
Niederlande	259,8	182,6	293,5	224,5	351,8	286,7	370,4	375,4
Österreich	1,1	28,3	1,5	30,8	2,2	32,5	2,7	33,6
Portugal	4,2	12,4	5,8	16,2	8,7	18,4	9,9	24,5
Spanien	12,4	118,9	11,4	123,6	12,1	150,9	11,8	241,0
Dänemark	23,4	41,7	26,1	48,8	30,4	57,6	31,1	71,1
Großbritannien	685,4	1150,6	659,8	1145,3	760,0	1346,6	893,8	1642,6
Schweden	3,7	107,0	4,4	130,6	5,6	172,6	6,1	240,4
Schweiz		270,9	189,4	284,7		398,1	221,6	400,3
USA	3449	5109,8	3586	5027,6	4175,3	6917,9	4762,4	8451,7

Jahr	**1990**	**1991**	**1992**	**1993**	**1994**	**1995**	**1996**
Korrelation	0,98	0,99	0,996	0,996	0,995	0,996	0,997

Quelle: International Federation of Stock Exchanges, de Ryck (1998), eigene Berechnungen

Anhang 40: Aktienquote der institutionellen Investoren

in %	1990	1991	1992	1993	1994	1995	1996	1997
Deutschland	9	10	10	12	12	12	14	19
Frankreich	22	20	19	22	22	24	26	30
Großbritannien	66	70	68	70	68	68	67	
Luxemburg	0	0	0	0	0	10	0	0
Niederlande	14	16	16	21	21	23	28	32
Schweiz	12	14	14	22	20	25	24	31
USA	23	27	28	31	31	36	40	45

Quelle: Organisation for Economic Co-Operation and Development (1999): Institutional Investors, Statistical Yearbook, 1998

Anhang 41: Pensionsfondsportfolios im Zeitablauf (Deutschland)

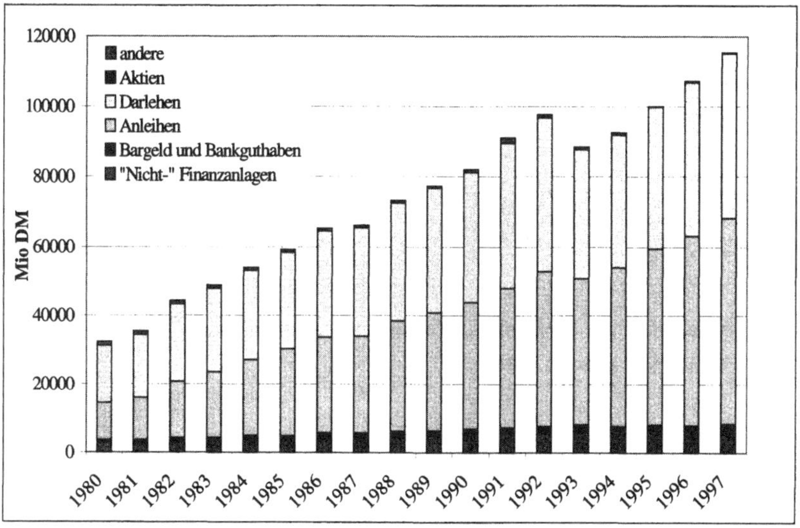

Abbildung 74: Pensionsfondsportfolios im Zeitablauf (Deutschland)

in Mio DM	1980	1981	1982	1983	1984	1985
Assets	32346	35409	44272	48853	54031	59277
"Nicht-" Finanzanlagen	2847	3006	3440	3656	3910	4135
Finanzanlagen	29499	32403	40832	45197	50121	55142
Bargeld und Bankguthaben	774	669	805	707	1033	705
Anleihen	10852	12247	16507	19238	22212	25475
Darlehen	16770	18439	22500	24261	25945	28138
Aktien	17	17	17	21	21	21
andere	1086	1031	1003	970	910	803

in Mio DM	1986	1987	1988	1989	1990	1991
Assets	65281	66151	73155	77289	82021	91005
"Nicht-" Finanzanlagen	4354	4182	4518	4864	5069	6088
Finanzanlagen	60927	61969	68637	72425	76952	84917
Bargeld und Bankguthaben	1430	1536	1666	1510	1831	1231
Anleihen	27933	28244	32291	34427	36921	40624
Darlehen	30789	31519	34007	35874	37370	41498
Aktien	21	21	21	20	20	172
andere	754	649	652	594	810	1392

in Mio DM	1992	1993	1994	1995	1996	1997
Assets	97744	88432	92512	100055	107253	115449
"Nicht-" Finanzanlagen	6323	6201	6590	6519	6534	6954
Finanzanlagen	91421	82231	85922	93536	100719	108495
Bargeld und Bankguthaben	1353	2011	1103	1708	1412	1488
Anleihen	45214	42640	46354	51357	55198	59810
Darlehen	43933	36817	37754	40264	43717	46901
Aktien	173	176	176	25	41	40
andere	748	587	535	182	351	256

Quelle: Organisation for Economic Co-Operation and Development (1999): Institutional Investors, Statistical Yearbook, 1998

Anhang 42: Anlagegelder von Pensionsfonds in % des BIP

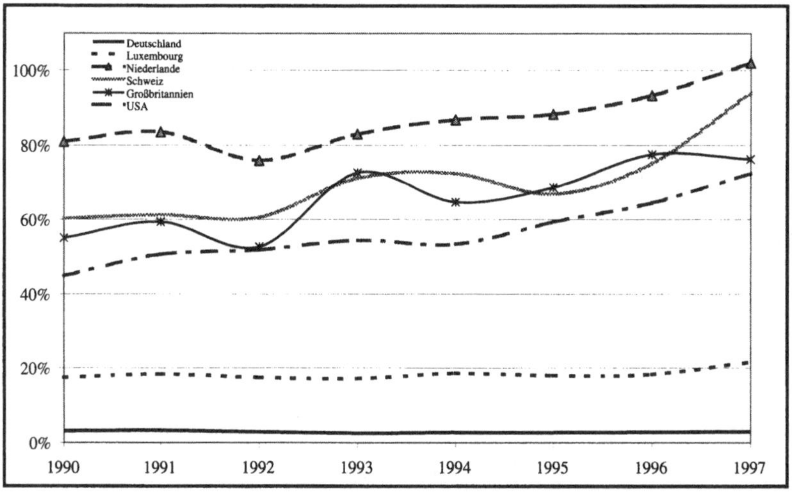

Abbildung 75: Anlagegelder von Pensionsfonds in % des BIP

in % von BIP	1990	1991	1992	1993	1994	1995	1996	1997
Deutschland	3,1%	3,3%	2,9%	2,5%	2,7%	2,7%	2,8%	2,9%
Niederlande	81,0%	83,5%	76%	83%	86,8%	88,3%	93,3%	102,0%
Schweiz	60,3%	61,3%	60,6%	71,2%	72,5%	66,9%	75,1%	94,0%
Großbritannien	55,0%	59,4%	52,7%	72,7%	64,7%	68,7%	77,5%	76,3%
USA	44,9%	50,6%	51,9%	54,4%	53,3%	59,4%	64,4%	72,5%

Quelle: Organisation for Economic Co-Operation and Development (1999): Institutional Investors, Statistical Yearbook, 1998

Anhang 43: Institutionelle Investoren und Volatilität am US-amerikanischen Markt

Sias (1996) untersucht anhand des amerikanischen Kapitalmarktes den Zusammenhang zwischen Anlagen institutioneller Investoren und der Volatilität der Anteilsscheine.
Sofern die Bedeutung der Unternehmenskapitalisierung für institutionelle Investoren außer Acht bleibt, investieren institutionelle Investoren eher in risikoarme als in risikoreiche Aktien. Zwischen dem Engagement institutioneller Investoren und der Marktkapitalisierung einzelner Firmen besteht ein positiver, zwischen der Marktkapitalisierung und der Volatilität hingegen ein negativer Zusammenhang.
Dabei ist zu beachten, daß der positive Zusammenhang zwischen Marktkapitalisierung einzelner Firmen und dem Engagement institutioneller Investoren durch andere Gründe als durch das geringere Risiko der Anlage begründet sein kann.[705] Ein möglicher Grund ist die begrenzte Liquidität von Aktien mit geringer Marktkapitalisierung. Ferner ist bei Investitionen in Firmen mit geringer Marktkapitalisierung eine Überschreitung gesetzlicher Anlagegrenzen, die einer Meldung bei entsprechenden Aufsichtsämtern verlangt, eher zu erwarten. Dieses führt dazu, daß das Engagement in Titel mit geringer Marktkapitalisierung, c.p., geringer wird.

[705] Vgl. Sias (1996), S. 14.

Verzeichnis der Gesetzestexte und Verordnungen

Allgemeine Versicherungsbedingungen für die Insolvenzsicherung der betrieblichen Altersversorgung (AIB), Fassung vom 1. Januar 1999.

Bürgerliches Gesetzbuch (BGB):
vom 18. August 1896, in der Fassung vom 10. Januar 2000, zuletzt geändert durch Überweisungsgesetz (ÜG) vom 21.7.1999 (BGBl. I S. 1642).

Einkommensteuergesetz (EStG):
in der Fassung der Bekanntmachung vom 16. April 1997 (BGBl. I S. 821), zuletzt geändert durch das Steuerbereinigungsgesetz 1999 vom 22.12.1999 (BGBl. I S. 2601).

Gesetz über Kapitalanlagegesellschaften (KAGG):
in der Fassung der Bekanntmachung vom 9. September 1998 (BGBl. I S. 2726), geändert mWv 1.1.1999 durch G v. 9.6.1998 (BGBl. I S. 1242) und G v. 24.3.1999 (BGBl. I S. 402), BGBl. III/FNA 4120-4.

Gesetz zur Verbesserung der betrieblichen Altersversorgung (BetrAVG):
vom 19. Dezember 1974 (BGBl. I S. 3610), geändert durch Gesetz vom 29. März 1983 (BGBl. I S. 377), vom 28. November 1983 (BGBl. I S. 1377), vom 13. April 1984 (BGBl. I S. 601), vom 20. Februar 1986 (BGBl. I S. 297), vom 8. Dezember 1986 (BGBl. I S. 2317), vom 18.12. 1989 (BGBl. I S. 2261), mit Maßgaben für das Gebiet der ehem. DDR durch Anl. I Kap. VIII Sachgeb. A Abschn. III Nr. 16 Einigungsvertrag vom 31.8.1990 (BGBl. II S. 889); geändert durch Art. 34 Gesetz vom 25. Februar 1992 (BGBl. I S. 297), Gesetz vom 21. Juli 1994 (BGBl. I S. 1630), Gesetz vom 5. Oktober 1994 (BGBl. I S. 2911), Gesetz vom 16. Dezember 1997 (BGBl. I S. 2998) und vom 22. Dezember 1999 (BGBl. I S. 2601).

Gesetz zur weiteren Fortentwicklung des Finanzplatzes Deutschland (Drittes Finanzmarktförderungsgesetz):
vom 24. März 1998, BGBl. 1998, I, Nr. 18.

Handelsgesetzbuch (HGB):
in der Fassung vom 20. März 1999, zuletzt geändert durch Art. 1 Nr. 7a Gesetz zur Änderung des Einführungsgesetzes zur Insolvenzordnung und anderer Gesetze vom 19.12.1998 (BGBl. I S. 3836).

Rentenreformgesetz 1999 (RRG 1999):
Entwurf eines Gesetzes zur Reform der gesetzlichen Rentenversicherung.

Versicherungsaufsichtsgesetz (VAG):

in der Fassung der Bekanntmachung vom 17. Dezember 1992 (BGBl. 1993 I S. 2, geändert durch Artikel 67 des Gesetzes zur Ausführung des Abkommens über den Europäischen Wirtschaftsraum (EWR-Ausführungsgesetz) vom 27. April 1993 (BGBl. 1993 I S.512), Artikel 6 Abs. 84 des Gesetzes zur Neuordnung des Eisenbahnwesens vom 27. Dezember 1993 (BGBl. 1993 I S. 2413), Artikel 4 des Gesetzes zur Durchführung der Richtlinie des Rates der Europäischen Gemeinschaften über den Jahresabschluß und den konsolidierten Abschluß von Versicherungsunternehmen (Versicherungsbilanzrichtlinie-Gesetz – VersRiLiG) vom 24. Juni 1994 (BGBl. 1994 I S.1377), Artikel 1 des Dritten Gesetzes zur Durchführung versicherungsrechtlicher Richtlinien des Rates der Europäischen Gemeinschaften (Drittes Durchführungsgesetz/-EWG zum VAG) vom 21. Juli 1994 (BGBl. 1994 I S. 1630), Artikel 12 des Gesetzes zur Neuordnung des Postwesens und der Telekommunikation (Postneuordnungsgesetz - PTNeuOG) vom 14. September 1994 (BGBl. 1994 I S. 2325), Artikel 87 Nr. 8 Buchstabe d des Einführungsgesetzes zur Insolvenzordnung vom 5. Oktober 1994 (BGBl. 1994 I S. 2911), Artikel 8 des Gesetzes zur Bereinigung des Umwandlungsrechts (UmwBerG) vom 28. Oktober 1994 (BGBl. I 1994, S. 3210), Artikel 12 des Dritten Gesetzes zur Verbesserung des Wahlrechts für die Sozialversicherungswahlen und zur Änderung anderer Gesetze (3. Wahlrechtsverbesserungsgesetz - 3. WRVG) vom 29. April 1997 (BGBl. 1997 I S. 968), Artikel 26 des Justizmitteilungsgesetzes und Gesetzes zur Änderung kostenrechtlicher Vorschriften und anderer Gesetze (JuMiG) vom 18. Juni 1997 (BGBl. 1997 I S. 1430), Artikel 10 des Begleitgesetzes zum Gesetz zur Umsetzung von EG-Richtlinien zur Harmonisierung bank- und wertpapieraufsichtsrechtlicher Vorschriften vom 22. Oktober 1997 (BGBl. I 1997, S. 2567), Artikel 3 § 10 des Gesetzes über die Zulassung von Stückaktien (Stückaktiengesetz - StückAG) vom 25. März 1998 (BGBl. I 1998 S. 590), Artikel 14 des Gesetzes zur Einführung des Euro (Euro-Einführungsgesetz-EuroEG) vom 9. Juni 1998 (BGBl. I 1998 S. 1242), Artikel 1 Nr. 18 und Artikel 3 des Gesetzes zur Änderung des Einführungsgesetzes zur Insolvenzordnung und anderer Gesetze (EGInsOÄndG) vom 19. Dezember 1998 (BGBl. I 1998 S. 3836) und Artikel 14 des Gesetzes zur Reform der gesetzlichen Krankenversicherung ab dem Jahr 2000 (GKV-Gesundheitsreformgesetz 2000) vom 22. Dezember 1999 (BGBl.I 1999, S.2652).

Verordnung über die Bewertung stiller Beteiligungen gemäß § 25d III des Gesetzes über Kapitalanlagegesellschaften (KAGG-Bewertungsverordnung):

vom 14. Dezember 1988 (BGBl. I S. 2237), geändert durch Art. 6 Abs. 44 EneuOG vom 27.12.1993 (BGBl. I S. 2378), BGBl. III 4120-4-3.

Literaturverzeichnis

Aaron, Henry (1966):
The Social Insurance Paradox, in: Canadian Journal of Economics and Political Science, Volume 32, No. 3, August, S. 371-374.

Ackermann, Walter / Schächtele, Andreas (1998):
Herausforderung Altersvorsorge: ein Beitrag zur Analyse und Entwicklung der Altersvorsorge aus systemischer Sicht, in: IVW Schriftenreihe, Band 35, St. Gallen, Schweiz.

Ahrend, Peter (1996):
Pension Financial Security in Germany, in: Bodie, Zvi/Mitchel, Olivia S./Turner, John A. [Hrsg.]: Securing employer-based pensions: an international perspective, S. 73-104.

Ahrend, Peter / Förster, Wolfgang (1975):
Einführung, in: Betriebsrentengesetz, Gesetz zur Verbesserung der betrieblichen Altersversorgung, 1975, München.

Aktionskreis Finanzplatz e.V. (1998):
Altersvorsorge in Deutschland, Juni, Frankfurt am Main.

Albin, Alexandra / Deutsch, Klaus-Günter / Bräuninger, Dieter (1999):
Pensionsfonds für Europa, in: Deutsche Bank Research, Sonderbericht, 19. Oktober 1999, Frankfurt am Main.

Albrecht, Peter / Timpel, Matthias (1994):
Kapitalmarkttheoretische Fundierung des Risikoausgleichs im Kollektiv?, in: Zeitschrift für die gesamte Versicherungswissenschaft, 84. Band, 1994, S. 593-602.

Amihud, Yakov / Mendelson, Haim (1988):
Liquidity, Volatility, and Exchange Automation, in: Journal of Accounting, Auditing & Finance, Volume 3, Iss. 4, S. 369-395.

Arbeitsgemeinschaft für betriebliche Altersversorgung (1999):
Modell 'Zweite Säule': Vorschläge der AbA zur Einführung international wettbewerbsfähiger Finanzierungsformen der betrieblichen Altersversorgung, 2. Auflage, Heidelberg.

Arbeitskreis betriebliche Pensionsfonds (1998):
Bericht des Arbeitskreises "Betriebliche Pensionsfonds" im Auftrag des "Forums Finanzplatz beim Bundesministerium der Finanzen", Schriftenreihe des Bundesministerium der Finanzen, Heft 64, Juli, Bonn.

Arbeitskreis "Finanzierung" der Schmalenbach-Gesellschaft für Betriebswirtschaft e.V. (1998):
Betriebliche Altersversorgung mit Pensionsrückstellungen oder Pensionsfonds - Analyse unter finanzwirtschaftlichen Gesichtspunkten, in: Der Betrieb, 51. Jahrgang, Heft 7, S. 321-331.

Auerbach, Alan J. / Kotlikoff, Laurence J. (1999):
The Methodology of Generational Accounting in: Auerbach, Alan J./Kotlikoff, Laurence J. /Leibfritz, Willi [Hrsg.]: Generational Accounting around the World, Chicago, S. 31-41.

Bahr, Holger / Kater, Ulrich (1997):
Umlageverfahren versus Kapitaldeckungsverfahren - quo vadis Rentenversicherung?, in: Wirtschaftsdienst, 1997, Heft IV, S. 212-219.

Bangia, Anil / Diebold, Francis X. / Schuermann, Til (2000):
Ratings Migration and the Business Cycle, With Application to Credit Portfolio Stress Testing, in: Wharton Financial Institutions Center Working Paper, No. 00-26, Philadelphia.

Bank, Matthias (1999):
Betriebliche Pensionsfonds, in: Wirtschaftswissenschaftliches Studium, 28. Jahrgang, Heft 7, S. 367-369.

Battis, Ulrich (1998):
Beamtenversorgung, in: Cramer, Jörg-E./Förster, Wolfgang/Ruland, Franz [Hrsg.]: Handbuch Altersvorsorge. Gesetzliche, betriebliche und private Vorsorge in Deutschland, Frankfurt am Main, S. 117-127.

Becker, Susanne (1999):
Schweiz, in: Verband Deutscher Rentenversicherungsträger [Hrsg.]: Rentenversicherung im internationalen Vergleich, DRV-Schriften, Band 15, Frankfurt am Main, S. 211-244.

Bieber, Ulrich / Henzel, Karin (1999):
Niederlande, in: Verband Deutscher Rentenversicherungsträger [Hrsg.]: Rentenversicherung im internationalen Vergleich, DRV-Schriften, Band 15, Frankfurt am Main, S. 131-157.

Black, Fischer / Scholes, Myron (1973):
The Pricing of Options and Corporate Liabilities, in: Journal of Political Economy, Volume 81, S. 637-754.

Blake, David (1992):
Issues in Pension Funding, London.

Blake, David (1994):
Choices, Trust and Public Policy: An Analysis of Pension Provision in the United Kingdom, Paper presented at a conference on "Pension Privatization" in Santiago, Chile, 26-27th January.

Blake, David (1997):
The German Pensions-Sondervermögen: A Pension Fund Model for Europe?, Text of a speech on 11 November 1997 before Members of the German Parliament (Bundestag), Bonn.

Blake, David / Orszag, J. Michael (1998):
Portability and Preservation of Pension Rights in the United Kingdom, Working Paper, January, London.

Blomeyer, Wolfgang / Otto, Klaus (1997):
Gesetz zur Verbesserung der betrieblichen Altersversorgung, Kommentar, 2. neubearbeitete Auflage, München.

Blommestein, Hans (1998):
Impact of Institutional Investors on Financial Markets, in: Blommestein, Hans/Funke, Norbert [Hrsg.]: Institutional Investors in the new Financial Landscape, Paris, S. 29-106.

Bode, Karl-Josef / Grabner, Edwin R. (1997):
Pensionsfonds in Deutschland?, in: Der Betrieb, 50. Jahrgang, Heft 18, S. 928-935.

Börsch-Supan, Axel (2000):
Rentabilitätsvergleiche im Umlage- und Kapitaldeckungsverfahren: Konzepte; empirische Ergebnisse, sozialpolitische Konsequenzen, in: Beiträge zur angewandten Wirtschaftsforschung, Arbeitspapier des Instituts für Volkswirtschaftslehre und Statistik, No. 585-00, Mannheim.

Börsch-Supan, Axel / Winter, Joachim (1999):
Pension Reform, Savings Behavior and Corporate Governance, SonderForschungsBereich 504, Discussion Paper, Nr. 99-48, Mannheim.

Börsch-Supan, Axel / Lührmann, Melanie (2000):
Prinzipien der Renten- und Pensionsbesteuerung, in: Beiträge zur angewandten Wirtschaftsforschung, Arbeitspapier des Instituts für Volkswirtschaftslehre und Statistik, No. 584-00, Mannheim.

Boldrin, Michele / Dolado, Juan J. / Jimeno, Juan F. / Peracchi, Franco (1999):
The Future of Pensions In Europe, in: Economic Policy, Volume 29, October, S. 289-321.

Bräuninger, Dieter / Wolgast, Michael (2000):
Reform der Altersvorsorge – Fehlentscheidungen vermeiden, in: Deutsche Bank Research: Aktuelle Themen, Nr. 177, 28. August, Frankfurt am Main.

Bronstein, Ilja N. / Semendjajew, Konstantin A. / Musiol, Gerhard / Mühling, Heiner (1999):
Taschenbuch der Mathematik, 4. überarbeitete und erweiterte Auflage der Neubearbeitung, Frankfurt am Main, Thun.

Breyer, Friedrich (1990):
Ökonomische Theorie der Alterssicherung, München.

Buchwald, Wolfgang (1998):
Daten zur Vorsorge- und Versorgungssituation, in: Cramer, Jörg-E./Förster, Wolfgang/ Ruland, Franz [Hrsg.]: Handbuch Altersvorsorge. Gesetzliche, betriebliche und private Vorsorge in Deutschland, Frankfurt am Main, S. 43-56.

Bulwien und Partner (2000):
Immobilienindex 1975 – 1999 für Wohnen und Gewerbe / Mieten und Preise in 60 deutschen Städten, – Kurzfassung –, München.

Bundesministerium des Innern (1996):
Modellrechnungen zur Bevölkerungsentwicklung in der Bundesrepublik Deutschland bis zum Jahr 2040, 11. November, Bonn.

Bundesministerium für Arbeit und Sozialordnung (1997):
Materialband zum Sozialbudget, Bonn.

Bundesverband deutscher Banken (1997):
Stärkung der privaten Altersvorsorge: zur Reform der Alterssicherung, 2. aktualisierte Auflage, Köln.

Bundesverband deutscher Banken (1999):
Betriebs-Pensionsfonds: Neue Impulse für die betriebliche Altersversorgung, Mai, Berlin.

Bundesverband Deutscher Investment-Gesellschaften e.V. (1999):
Investment 98: Daten, Fakten, Entwicklungen, Frankfurt am Main.

Catalan, Mario / Impavido, Gregorio / Musalem, Alberto R. (2000):
Contractual Savings or Stock Market Development: Which Leads?, in: Pension Reform Primer, August, Worldbank, Washington, DC.

Chand, Sheetal K. / Jaeger, Albert (1996):
Aging Populations and Public Pension Schemes, International Monetary Fund, December, Washington, DC.

Chiang, Alpha C. (1984):
Fundamental Methods of Mathematical Economics, 3rd Edition, Singapore et al.

Chlon, Agnieszka / Góra, Marek / Rutkowski, Michal (1999):
Shaping Pension Reform in Poland: Security through Diversity, Social Protection Discussion Paper, No. 9923, August, World Bank, Washington, DC.

Clark, Gordon / Mansfield, Daniel / Tickell Adam (2000):
Accounting Standards and German Supplementary Pensions: The Emerging Framework Underpinning Global Finance, Working Paper, May, Oxford, Southampton.

Coenenberg, Adolf Gerhard (1997):
Jahresabschluß und Jahresabschlußanalyse, Grundfragen der Bilanzierung nach betriebswirtschaftlichen, handelsrechtlichen, steuerrechtlichen und internationalen Grundsätzen, 16. Auflage, Landsberg/Lech.

Copeland, Thomas E. / Weston, J. Fred (1992):
Financial Theory and Corporate Policy, Reading, MA.

Davis, E. Philip (1997):
Pension Funds: Retirement Income Security, and Capital Markets: An International Perspective, Oxford.

Davis, E. Philip (1997a):
Regulation of Pension Fund Assets, Working Paper, September, London.

Davis, E. Philip (1998):
Linkages Between Pension Reform and Financial Sector Development, Paper presented at the Asian Development Bank workshop entitled "Pension systems in Asia", Manila, 3-4th December 1998.

Deisler, Harald (1998):
Die Alterssicherung der Landwirte, in: Cramer, Jörg-E./Förster, Wolfgang/Ruland, Franz [Hrsg.]: Handbuch Altersvorsorge. Gesetzliche, betriebliche und private Vorsorge in Deutschland, S. 129-149.

de Ryck, Keon (1998):
Asset Allocation, Financial Markt Behaviour and Impact of EU Pension Funds on European Capital Markets, in: Blommestein, Hans/Funke, Norbert [Hrsg.]: Institutional Investors in the new Financial Landscape, Paris, S. 267-276.

Deutsches Aktieninstitut (1999):
DAI-Factbook 1999: Statistiken, Analyse und Graphiken zu Aktionäre, Aktiengesellschaften und Börsen, Oktober, Frankfurt am Main.

Deutsche Bundesbank (1984):
Betriebliche Altersversorgung in der Bundesrepublik Deutschland, in: Monatsbericht der Deutschen Bundesbank, 36. Jahrgang, Nr. 8, August, Frankfurt am Main, S. 30-37.

Deutsche Bundesbank (1996):
Finanzmarktvolatilität und ihre Auswirkungen auf die Geldpolitik, in: Monatsbericht der Deutschen Bundesbank, 48. Jahrgang, Nr. 4, April, Frankfurt am Main, S. 53-70.

Deutsche Bundesbank (1997):
Die Aktie als Finanzierungs- und Anlageinstrument, in: Monatsbericht der Deutschen Bundesbank, 49. Jahrgang, Nr. 1, Januar, Frankfurt am Main, S. 27-41.

Deutsche Bundesbank (1999):
Ergebnisse der gesamtwirtschaftlichen Finanzierungsrechnung für Deutschland 1990 bis 1999, in: Statistische Sonderveröffentlichung 4, Juli, Frankfurt am Main.

Deutsche Bundesbank (1999a):
Zur Entwicklung der privaten Vermögenssituation seit Beginn der neunziger Jahre, in: Monatsbericht der Deutschen Bundesbank, 51. Jahrgang, Nr. 1, Januar, Frankfurt am Main, S. 33-50.

Deutsche Bundesbank (2000):
Die Beziehung zwischen Bankkrediten und Anleihenmarkt in Deutschland, in: Monatsbericht der Deutschen Bundesbank, 52. Jahrgang, Nr. 1, Januar, Frankfurt am Main, S. 33-48.

Deutsches Institut für Altersvorsorge (1999):
Reformerfahrungen im Ausland: Ein systematischer Vergleich aus sechs Ländern, Köln.

Devetzi, Stamatia (1999):

Großbritannien, in: Verband Deutscher Rentenversicherungsträger [Hrsg.]: Rentenversicherung im internationalen Vergleich, DRV-Schriften, Band 15, Frankfurt am Main, S. 43-75.

Devetzi, Stamatia (1999a):

Vergleich der Systeme, in: Verband Deutscher Rentenversicherungsträger [Hrsg.]: Rentenversicherung im internationalen Vergleich, DRV-Schriften, Band 15, Frankfurt am Main, S. 333-376.

Diamond, Peter A. (1965):

National Debt in a Neoclassical Growth Model, in: American Economic Review, Volume 55, December, Nr. 5, Part 1, S. 1126-1150.

Diamond, Peter A. (1977):

A framework for Social Security Analysis, in: Journal of Public Economics, Volume 8, 1977, S. 275-298.

Drukarczyk, Jochen (1993):

Theorie und Politik der Unternehmensfinanzierung, 2. Auflage, München.

Dufey, Gunter (1988):

Finanzinnovationen auf den internationalen Kapitalmärkten, in: Leser, Hartmut [Hrsg.]: Wertpapierinvestment heute: Praxiswissen für Profis und Privatanleger, Wiesbaden.

Dufey, Gunter (1994):

Finanzinnovationen, Innovationsprozeß, in: Gerke, Wolfgang/Steiner, Manfred [Hrsg.]: Handwörterbuch des Bank- und Finanzwesens, 2. Auflage, Stuttgart.

Dufey, Gunter (1998):

The Changing Role of Financial Intermediation in Europe, in: International Journal of Business, Volume 3, No. 1, S. 49-67.

Dufey, Gunter (2000):
The Blurring Borders of Banking, Paper prepared for a Conference at the Kiel Institute of World Economics on: The World's New Financial Landscape: Challenges for Economic Policy, June 19-20th, 2000, Final Draft: July 31, 2000.

Dutta, Jayasri / Kapur, Sandeep / Orszag, J. Michael (1999):
A Portfolio Approach to the Optimal Funding of Pensions, Working Paper, November, London.

Dutta, Jayasri / Kapur, Sandeep / Orszag, J. Michael (1999a):
How to Fund Pensions: Income Uncertainty and Risk Aversion, March, London.

Eckhardt, Jens (1997):
Dem Milliardär ist nichts zu schwer, Hedge-Fund Guru George Soros hat keinen leichten Stand als Weltverbesserer, in: Handelsblatt, Nr. 85, Montag, 5.5. 1997, S. 37.

Eekhoff, Johann (1998):
Beschäftigung und soziale Sicherung, 2. überarbeitete Auflage, Tübingen.

Eisenführ, Franz / Weber, Martin (1994):
Rationales Entscheiden, 2. Auflage, Berlin et al.

Eitenmüller, Stefan (1996):
Die Rentabilität der gesetzlichen Rentenversicherung - Kapitalmarktanaloge Renditeberechnung für die nahe und die ferne Zukunft, in: Deutsche Rentenversicherung, 1996, Nr. 12, S. 784-798.

Elton, Edwin J. / Gruber, Martin J. (1995):
Modern Portfolio Theory and Investment Analysis, 5th Edition, New York et al.

Eucken, Walter (1990):
Grundsätze der Wirtschaftspolitik, in: Uni-Taschenbücher, Nr. 1572, 6. durchgesehene Auflage, Tübingen.

Europäische Kommission (1997):
Zusätzliche Altersversorgung im Binnenmarkt: Grünbuch, Generaldirektion XV, Binnenmarkt und Finanzdienstleistungen, COM(97) 283, 05.06.97, Brüssel.

Europäische Kommission (1998):
Risikokapital: Schlüssel zur Schaffung von Arbeitsplätzen in der Europäischen Union, in: Mitteilung der Europäischen Kommission, 31.03.1999, SEK(1998)552 endg., Brüssel.

Europäische Kommission (1998a):
Zusammenfassung der Antworten auf das Grünbuch über die zusätzliche Altersversorgung im Binnenmarkt, Arbeitspapier der Dienststellen der Kommission für die Anhörung am 21. April 1998, KOM (97) 283, 6. April, Brüssel.

Europäische Kommission (1999):
Rebuilding Pensions, Security, Efficiency, Affordability, Recommendations for a European Code of Best Practice for Second Pillar Pension Funds, Brüssel.

Europäische Kommission (1999a):
Zu einem Binnenmarkt für die zusätzliche Altersversorgung, Ergebnisse der Konsultation zum Grünbuch ‚Zusätzliche Altersversorgung im europäischen Binnenmarkt, in: Mitteilung der Kommission, COM(99) 134 endg., 11/05/99, Brüssel.

Everling, Oliver (2000):
Lokale, nationale oder internationale Ratings?, in: Finanzbetrieb, 2. Jahrgang, April, S. 204-208.

Farny, Dieter (1989):
Versicherungsbetriebslehre, Karlsruhe.

Farny, Dieter (1998):
Gestaltungsmöglichkeiten der Altersvorsorge Einführung in das Generalthema: Gestaltungsziele und –elemente, in: Zeitschrift für die gesamte Versicherungswissenschaft, 87. Band, 1998, S. 611-623.

Feldstein, Martin S. (1978):
Do private pensions increase national savings?, in: Journal of Public Economics, Volume 10, S. 277-293.

Feldstein, Martin S. (1996):
The Missing Piece in Policy Analysis: Social Security Reform, in: American Economic Review, Volume 86, S. 1-14.

Financial Accounting Standards Board [Hrsg.] (1998):
Original Pronouncements, Accounting Standards as of June 1, 1998, Volume I, FASB Statements of Standards, Norwalk, CT.

Förster, Wolfgang (1998):
Die betriebliche Versorgung, in: Cramer, Jörg-E./Förster, Wolfgang/Ruland, Franz [Hrsg.]: Handbuch Altersvorsorge: Gesetzliche, betriebliche und private Vorsorge in Deutschland, S. 210-214.

Förster, Wolfgang (2000):
Perspektiven für die Besteuerung der Alterssicherung: Auswirkungen des Übergangs der nachgelagerten Besteuerung auf die betriebliche Altersversorgung, in: Zeitschrift für das gesamte Kreditwesen, 53. Jahrgang, Nr. 7, 1. April, S. 356/30-363/37.

Frahm, Gabriel (1996):
Preisbildung und Risikoparameter von Optionen, unveröffentlichte Seminararbeit, Universität zu Köln, Köln.

Franke, Günter / Hax, Herbert (1999):
Finanzwirtschaft des Unternehmens und Kapitalmarkt, 4. neu bearbeitete Auflage, Berlin et al.

Geanakoplos, John / Mitchell, Olivias / Zeldes, Stephen P. (1998):
Would a Privatized Social Security System Really Pay a Higher Rate of Return ?, in: NBER Working Paper Series, No. 6713, August.

Glismann, Hans H. / Horn, Ernst-Jürgen (1994):
Die Krise des deutschen Systems sozialer Sicherung, Institut für Weltwirtschaft an der Universität Kiel, Kiel.

Glismann, Hans H. / Horn, Ernst-Jürgen (1998):
Renditen in der deutschen gesetzlichen Alterssicherung, in: Wirtschaftsdienst, Nr. 8, S. 474-482.

Götzfried, August (1999):
Statistik über Pensionsfonds: Pensionsfonds in Europa – Ein neues europäisches Gewerbe entsteht, Teil I, in: Eurostat [Hrsg.], Statistik kurzgefaßt, Industrie, Handel und Dienstleistungen, Thema 4, 14/1999.

Götzfried, August (1999a):
Statistik über Pensionsfonds: Pensionsfonds in Europa – Ein neues europäisches Gewerbe entsteht, Teil II, in: Eurostat [Hrsg.], Statistik kurzgefaßt, Industrie, Handel und Dienstleistungen, Thema 4, 15/1999.

Gohdes, Alfred E. (1999):
Beitrags- oder Leistungszusage? Prüfkriterien für die Auswahl unter "angelsächsischen" Bedingungen, in: Betriebliche Altersversorgung, 54. Jahrgang Heft 5, 31. Juli, S. 188-191.

Haferstock, Bernd / Rößler, Norbert (1999):
„Prudent Man Principle“ – Anforderungen an das Vermögensmanagement von Pensionsfonds, in: Der Betrieb, 52. Jahrgang, Heft 45, S. 2273-2278.

Hagelüken, Alexander (2000):
Wege aus der globalen Rentenkrise, in: Süddeutsche Zeitung, 22. März, zitiert nach: Deutsche Bundesbank [Hrsg.]: Auszüge aus Presseartikeln, ohne Jahrgang Nr. 15, 23. März, S. 14-15.

Hamm, Walter (2000):
Sinkende Sparquote – wachsender Kapitalbedarf, in: Deusche Bundesbank, Auszüge aus Presseartikeln, ohne Jahrgang, Nr. 39, 22. August, S. 12-13.

Hanau, Peter / Arteaga, Marco S. (1997):
Pensions-Sondervermögen und betriebliche Altersversorgung, in: Betriebs-Berater, Beilage 17, 52. Jahrgang, Heft 47, 20.11., S. 1*-14*.

Hanau, Peter / Arteaga, Marco S. / Kessel, Hans (1997):
Änderungsvorschläge zur Neufassung des Betriebsrentengesetzes, in: Der Betrieb, 50. Jahrgang, Heft 27/28, S. 1401-1406.

Hardes, Heinz-Dieter (1998):
Zur Notwendigkeit von Reformen der Alterssicherung, in: Wirtschaftswissenschaftliches Studium, 1998, Heft 10, Oktober, S. 503-510.

Hauenschild, Nils (1999):
Alterssicherungssysteme im Rahmen stochastischer Modelle überlappender Generationen, in: Hasenkamp, Georg/Maennig, Wolfgang/Scheer, Christian/Stahlecker, Peter [Hrsg.]: Volkswirtschaftliche Analysen, Band 6, Frankfurt am Main, zugleich Dissertation Universität Hamburg, 1999.

Heinke, Volker / Steiner, Manfred (2000):
Rating am europäischen Kapitalmarkt: Aktuelle Entwicklungstendenzen Teil I, in: Finanzbetrieb, 2. Jahrgang, Januar, S. 1-8.

Heinke, Volker / Steiner, Manfred (2000a):
Rating am europäischen Kapitalmarkt: Nutzenaspekte und Empirische Analysen Teil II, Finanzbetrieb, 2. Jahrgang, März, S. 138-150.

Hemmer, Edmund (2000):
Die Betriebliche Altersversorgung im Lichte aktueller Statistiken, in: Betriebliche Altersversorgung, Heft 10, S. 68-73.

Herbertsson, Tryggvi Thor / Orszag, J. Michael (1999):
Issues in European Pension Reforms: Supplementary Pensions, Working Paper, October, Reykjavik, London.

Hessling, Michael (1998):
Risikomanagement in der betrieblichen Altersversorgung, in: Cramer, Jörg-E./Förster, Wolfgang/Ruland, Franz [Hrsg.]: Handbuch Altersvorsorge: Gesetzliche, betriebliche und private Vorsorge in Deutschland, S. 429-448.

Heubeck, Klaus (1998):
Mittel- und langfristige Entwicklung in der betrieblichen Altersversorgung, in: Cramer, Jörg-E./Förster, Wolfgang/Ruland, Franz [Hrsg.]: Handbuch Altersvorsorge: Gesetzliche, betriebliche und private Vorsorge in Deutschland, S. 973-994.

Heubeck, Klaus (1998a):
Pensionsversicherungen und Pensionsfonds, in: Zeitschrift für die gesamte Versicherungswissenschaft, 87. Band, S. 685-708.

Holtorf, Claudia (2000):
Eigenkapitalregulierung in Banken, Arbeitspapier zum Dissertationsvorhaben, 29. Juni 2000, Vallendar.

Holtorf, Claudia / Rudolf, Markus (1999):
Zum 25. Geburtstag des deutschen Einlagensicherungsfonds, in: Finanzmarkt und Portfolio Management, 13. Jahrgang, Nr. 3, S. 249-254.

Holzmann, Robert (2000):
Can Investments in Emerging Markets Help to Solve the Aging Problem ?, The World Bank, Social Protection Discussion Paper, No. 00010, May, Washington, DC.

Homburg, Stefan (1988):
Theorie der Alterssicherung, in: Studies in Contemporary Economics, zugleich Dissertation Universität zu Köln, 1987, Berlin.

Huang, Chi-fu / Litzenberger, Robert H. (1988):
Foundations for Financial Economics, Amsterdam.

Hubbard, R. Glenn (1986):

Pension wealth and individual saving: some new evidence, in: Journal of Money, Credit and Banking, Volume 18, Nr. 2, May, S. 167-178.

Hull, John C. (1997):

Options, Futures, and other Derivatives, 3rd edition, Upper Sadlle River, NJ.

International Accounting Standards Committee [Hrsg.] (1997):

International accounting standards 1997: deutsche Fassung, Stuttgart.

Issing, Otmar (1998):

Altersversorgung und Standortsicherung, in: Cramer, Jörg-E./Förster, Wolfgang/Ruland, Franz [Hrsg.]: Handbuch Altersvorsorge. Gesetzliche, betriebliche und private Vorsorge in Deutschland, Frankfurt am Main, S. 909-934.

Jaeger, Stefan / Rudolf, Markus / Zimmermann, Heinz (1995):

Efficient Shortfall Frontier, in: ZfbF, 47. Jahrgang, Nr. 4, S. 355-365.

Jagannathan, Ravi / Kockerlakota, Narayana R. (1996):

Why should older people invest less in stocks than younger people?, in: Federal Reserve Bank of Minneapolis, Quarterly Review, Volume 20, Summer, S. 11-23.

Jorion, Philippe (1995):

Big Bets Gone Bad: Derivatives and Bankruptcy in Orange County, San Diego.

Jorion, Philippe (1997):

Value at risk: the new benchmark for controlling market risk, Chicago, Ill.

Jung, Michael (1998):

Berufsständische Versorgung, in: Cramer, Jörg-E./Förster, Wolfgang/Ruland, Franz [Hrsg.]: Handbuch Altersvorsorge. Gesetzliche, betriebliche und private Vorsorge in Deutschland, S. 151-170.

Kenc, Turalay (1999):
On the Determinants of Life-Cycle Risk Taking, Working Paper, University of Manchester, Version vom 28. September, Manchester.

Kenc, Turalay (2000):
Modelling the Retirement Decision: A Martingale Duality Approach, Working Paper, University of Manchester, Version vom 27. Januar, Manchester.

Kitterer, Wolfgang (1995):
Intergenerative Belastungsrechnungen ("Generational Accounting"), Arbeitspapier, Köln.

Köcher, Renate (2000):
Erwartungen und Bedürfnisse des Bürgers an die Alterrsicherung – eine Analyse der Nachfrage, in: Zeitschrift für das gesamte Kreditwesen, 53. Jahrgang, Heft 7, 1. April, S. 339-346.

Kotlikoff, Laurence J. / Leibfritz, Willi (1999):
An International Comparison of Generational Accounts, in: Auerbach, Alan J./Kotlikoff, Laurence J./Leibfritz, Willi [Hrsg.]: Generational Accounting around the World, S. 73-101.

Kotsch, Harald (1993):
Der Risikoausgleich im Kollektiv auf der Grundlage des CAPM, Eine kapitalmarkttheoretische Fundierung der Versicherung, in: Zeitschrift für die gesamte Versicherungswissenschaft, 82. Band, 1993, S. 193-224.

Kotsch, Harald (1994):
Replik auf die vorstehende Anmerkung von Peter Albrecht und Matthias Timpel, in: Zeitschrift für die gesamte Versicherungswissenschaft, 84. Band, 1994, S. 603-614.

Krahnen, Jan Pieter (1990):
Über den Wert impliziter Treueprämien: Betriebliche Altersversorgung aus finanzierungstheoretischer Sicht, in: ZfbF, 42. Jahrgang, Nr. 3, S. 199-215.

Krahnen, Jan Pieter / Meran, Georg (1991):
Lohn, Pension und Besteuerung: Ein Entscheidungsmodell zur betrieblichen Altersversorgung, in: ZfbF, 43. Jahrgang, Nr. 2, S. 119-129.

Krishuamurthi, Sudhier / Muralidar, Arun / van der Woulden, Ronald J. P. (1998):
Pension Investment Decision, in: World Bank Working Paper Series, No. 98-001, April, Investment Management Department, Washington, DC.

Kruschwitz, Lutz (1995):
Finanzierung und Investition, Berlin, New York.

Laboul, André (1998):
Private Pensions Systems: Regulatory Policies, in: Maintaining Prosperity in an Ageing Society: the OECD study on the policy implications of ageing, Ageing Working Papers AWP 2.2 Eng, Paris.

Laux, Helmut (1998):
Entscheidungstheorie, 4. durchgesehene Auflage, Berlin.

Laux, Manfred (1999):
AS-Fonds als neue Säule des deutschen Alterssicherungssystems, BVI Bundesverband Deutscher Investment-Gesellschaften e.V., Vortrag vor der „British Chamber of Commerce in Germany, 24.11., AS-1999, Köln.

Laux, Manfred / Siebel, Rudolf (1999):
Altersvorsorge-Sondervermögen (AS), Der Pensionsfonds für jedermann, in: Taschenbücher für Geld, Bank, Börse, Band 116, Frankfurt am Main.

Leibfritz, Willi (1998):
Die Zukunft der Alterssicherung in den Industriestaaten, Verlag Versicherungswirtschaft e.V., Karlsruhe.

Leibowitz, Martin L. / Henriksson, Roy D. (1989):
Portfolio Optimization with Shortfall Constraints: A Confidence-Limit Approach to Managing Downside Risk, in: Financial Analysts Journal, Volume 45, No. 2, March/April, S. 34-41.

Llewellyn, David (1999):
The Economic Rationale for Financial Regulation, in: Financial Services Authority (FSA) Occasional Paper Series, No. 1, April, London.

Markowitz, Harry M. (1991):
Portfolio Selection: Efficient Diversification of Investment, Cambridge, MA.

Maurer, Raimond / Schradin, Heinrich R. (1997):
Rentendiskussion und Finanzierungssystem, Zur Abgrenzung von Umlage- und Kapitaldeckungsverfahren in der gesetzlichen und der privaten Rentenversicherung, in: Wirtschaftswissenschaftliches Studium, 1997, Heft 2, Februar, S. 95-99.

McInish, Thomas H. (2000):
Capital Markets, A Global Perspective, Malden, MA.

Menzio, Guido (2000):
Opting Out of Social Security over the Life-Cycle, CeRP Working Paper, June.

Merton, Robert C. (1969):
Lifetime Portfolio Selection under Uncertainty: The Continuous Time Case, in: The Review of Economics and Statistics, Volume 51, S. 247-257.

Merton, Robert C. (1972):
An Analytical Derivation of the Efficient Portfolio Frontier, in: Journal of Financial and Quantitative Analysis, Volume 7, September, S. 1851-1872.

Merton, Robert C. (1983):
On the Role of Social Security as a Means for Efficient Risk Sharing in an Economy where Human Capital is not tradeable, in: Bodie, Zvi/Shoven, John B. [Hrsg.]: Financial Aspects of the United States Pension System, S. 325-358.

Michaelis, Klaus (1998):
Rentenversicherung, in: Cramer, Jörg-E./Förster, Wolfgang/Ruland, Franz [Hrsg.]: Handbuch Altersvorsorge, gesetzliche, betriebliche und private Vorsorge in Deutschland, Frankfurt am Main, Juli, S. 85-116.

Miegel, Meinhard (1998):
Einführung, in: Deutsches Institut für Altersvorsorge [Hrsg.]: Effizienzvergleich, Renditen der gesetzlichen Rentenversicherung im Vergleich zu alternativen Anlageformen, Juli, Frankfurt am Main, S. 6-14.

Miegel, Meinhard / Allerdissen, Klaus (1998):
Renditen und Risiken umlagefinanzierter und kapitalfundierter Formen der Alterssicherung, in: Deutsches Institut für Altersvorsorge [Hrsg.]: Effizienzvergleich, Renditen der gesetzlichen Rentenversicherung im Vergleich zu alternativen Anlageformen, Juli, Frankfurt am Main, S. 50-57.

Munnel, Alicia H. (1976):
Private pensions and Saving: New Evidence, in: Journal of Political Economy, Volume 84, No. 5, S. 1013-1031.

Musgrave, Richard A. / Musgrave, Peggy B. / Kullmer, Lore (1993):
Die öffentlichen Finanzen in Theorie und Praxis, Band 2, 5. Auflage, Tübingen.

Nelken, Israel (1999):
Implementing Credit Derivatives, New York et al.

Nürk, Bettina (1998):
Institutional Investors and Their Implications for Financial Markets in Germany, in: Blommestein, Hans/Funke, Norbert [Hrsg.]: Institutional Investors in the new Financial Landscape, Paris, S. 179-195.

Nürk, Bettina / Schrader, Alexander (1995):
Von der Pensionsrückstellung zum Pensionsfonds: Eine Chance für den deutschen Finanzmarkt, Frankfurt am Main.

o.V. (2000):
Wirtschaftsweiser warnt vor möglichen Haushaltsrisiken; Rürup: Förderung der Altersvorsorge erhöht nicht die Sparquote, in: Handelsblatt, Donnerstag, 7.9., Nr. 173, S. 7.

Ohsmann, Sabine / Stolz, Ulrich (1997):
Beitragszahlungen haben sich gelohnt, Betrachtungen zur Rendite der Altersrenten in der gesetzlichen Rentenversicherung, in: Die Angestelltenversicherung, 1997, Nr. 3, S. 119-124.

Organisation for Economic Co-Operation and Development (1998):
Maintaining Prosperity in an Ageing Society, Paris, Frankreich.

Organisation for Economic Co-Operation and Development (1999):
Institutional Investors Statistical Yearbook 1998, Paris, Frankreich.

Organisation for Economic Co-Operation and Development (2000):
Selected Principles for the Regulation of Investments by Insurance Companies and Pension Funds, in: Financial Market Trends, No. 75, March, Paris, S. 117-122.

Orszag, J. Michael (2000):
The Role of Incentives and Redistribution in Comparing DB and DC Pensions, Paper presented at the OECD First Forum on Private Pensions, Prague, April 3-7, 2000.

Orszag, J. Michael / Orszag, Peter R. / Snower, Dennis J. / Stiglitz, Joseph E. (1999):
The Impact of Individual Accounts: Piecemeal vs. Comprehensive Approaches, Working Paper, April, London.

Orszag, Peter R. / Stiglitz, Joseph E. (1999):
Rethinking Pension Reform: Ten Myths About Social Security Systems, presented at the conference on "New Ideas about Old Age Security", the World Bank, September 14-15, Washington, DC.

Palacios, Robert (1998):
A note on diversifcation between funded and PAYG pension schemes, December, World Bank., Washington, DC.

Palacios, Robert / Pallares-Miralles, M. (2000):
International Patterns of Pension Provision, World Bank, Social Protection Department, January, mimeo.

Panjer, Harry [Hrsg.] (1998):
Financial Economics: With Applications to Investments, Insurance and Pensions, Schaumburg, Illinois.

Perridon, Louis / Steiner, Manfred (1995):
Finanzwirtschaft der Unternehmung, 8. überarbeitete Auflage, München.

Portmann, Thomas / Rudolf, Markus (1999):
Asset Allocation, Zeithorizont und Shortfall-Risiken, in: Gehrig, Bruno/Zimmermann, Heinz [Hrsg.]: Fit for Finance, Theorie und Praxis der Kapitalanlage, Zürich, S. 39-58.

Raffelhüschen, Bernd (1998):
Interne Renditen gemäß der Generationenbilanz, in: Deutsches Institut für Altersvorsorge [Hrsg.]: Effizienzvergleich, Renditen der gesetzlichen Rentenversicherung im Vergleich zu alternativen Anlageformen, Juli, Frankfurt am Main, S. 36-49.

Rappaport, Anna M. (1992):
Comments on: Pensions and Labour Market Activity, in: Bodie, Zvi/Munnell, Alicia H. [Hrsg.]: Pensions and the economy: sources, uses, and limitations of data, Pensions Research Council and University of Pennsylvania Press, Philadelphia, S. 88-108.

Rehm, Florian (2000):
Kreditrisikomodelle: Bewertung von Kreditderivaten, Disserationsvorhaben Wissenschaftliche Hochschule für Unternehmensführung, Vallendar.

Rehm, Florian / Rudolf, Markus (1999):
Kreditderivate, in: Achleitner, Ann-Kristin / Thoma, Georg F. [Hrsg.]: Handbuch Corporate Finance, Ergänzungslieferung November, Kapitel 9.7, S. 1-30.

Reilly, Frank K. / Brown, Keith C. (1997):
Investment Analysis and Portfolio Management, Fort Worth et al.

Rettberg, Udo (1997):
Währungsfonds will den Mythos lüften, in: Handelsblatt, Do. 23.10.1997.

Richter, Gerd (1996):
Zeitgemäße Gestaltung von Pensionsplänen, in: Der Betrieb, 49. Jahrgang, Heft 35, S. 1733-1737.

Rocha, Roberto / Gutierrez, Joaquin / Hinz, Richard (1999):
Improving the Regulation and Supervision of Pension Funds: Are There Lessons from the Banking Sector?, Worldbank, September, Washington D.C.

Rößler, Norbert / Doetsch, Peter (1998):
Bevorzugte Verfahren zur Finanzierung betrieblicher Pensionsverpflichtungen in Deutschland, in: Der Betrieb, 51. Jahrgang, Heft 36, S. 1773-1776.

Roy, Andrew D. (1952):
Safety First and the Holding of Assets, in: Econometrica, Volume 20, No. 3, July, S. 431-449.

Rudolf, Markus (1994):
Algorithms for Portfolio Optimization and Portfolio Insurance, in: Bank- und finanzwirtschaftliche Forschungen, Band 192, Bern et al., zugleich Dissertation Hochschule für Wirtschafts-, Rechts- und Sozialwissenschaften, St. Gallen, 1994.

Rudolf, Markus (1994a):
Efficient Frontier und Shortfall Risk, in: Finanzmarkt und Portfolio Management, 8. Jahrgang, Nr. 1, S. 88-101.

Rudolf, Markus (2000):
The risk of Value at Risk, Arbeitspapier, Wissenschaftliche Hochschule für Unternehmensführung, Juli, Vallendar.

Rudolf, Markus / Zimmermann, Heinz (1992):
Mean-Variance Efficient-Set Mathematik, unveröffentlichtes Arbeitspapier, Hochschule St. Gallen, Dezember.

Rürup, Bert / Liedtke, Patrick M. (1998):
Umlageverfahren versus Kapitaldeckung, in: Cramer, Jörg-E./Förster, Wolfgang/Ruland, Franz [Hrsg.]: Handbuch Altersvorsorge. Gesetzliche, betriebliche und private Vorsorge, in Deutschland, Frankfurt am Main, S. 779-798.

Ruland, Franz (1998):
Die Zukunft der Rentenversicherung, in: Cramer, Jörg-E./Förster, Wolfgang/Ruland, Franz: [Hrsg.]: Handbuch Altersvorsorge. Gesetzliche, betriebliche und private Vorsorge in Deutschland, Frankfurt am Main, S. 935-972.

Sachverständigenrat zur Begutachtung der gesamtwirtschaftlichen Entwicklung (1996):
Reformen voranbringen, Jahresgutachten 1996/97, November, Stuttgart.

Samuelson, Paul A. (1969):
Lifetime Portfolio Selection by Dynamic Stochastic Programming, in: The Review of Economics and Statistics, Volume 51, S. 239-246.

Samuelson, Paul A. (1975):
Optimum Social Security in a Life-Cycle Growth Model, in: International Economic Review, Volume 16, No. 3, October, S. 539-544.

Schacht, Knut (1971):
Die Bedeutung der Finanzierungsregeln für unternehmerische Entscheidungen, in: Münstermann, Hans [Hrsg.]: Schriftenreihe „Betriebswirtschaftliche Beiträge“, Band 17, Köln, zugleich Dissertation Universität zu Köln, 1970.

Schafferdt, Werner (1998):
Abbildung der betrieblichen Altersversorgung in Handelsbilanz, Steuerbilanz und in der Kostenrechnung, in: Cramer, Jörg-E./Förster, Wolfgang/Ruland, Franz [Hrsg.]: Handbuch Altersvorsorge. Gesetzliche, betriebliche und private Vorsorge, in Deutschland, Frankfurt am Main, S. 399-417.

Schareck, Christian B. / Schumacher, Marcus / Grischek, Markus (1999):
Die Aktienindexgebundene Lebensversicherung, Karlsruhe.

Scharfstein, David, S. / Stein, Jeremy C. (1990):
Herd Behavior and Investment, in: American Economic Review, Volume 80, No. 3, June, S. 465-479.

Schlote, Klaus / Schwarz, Dieter (2000):
Rentenreform, Mehr Aktien – weniger Umverteilung, in: Dresdner Kleinwort Benson Research, 25. Februar, Frankfurt am Main.

Schmähl, Winfried (1995):
Alterung der Bevölkerung, Mortalität, Morbidität, Zuwanderung und ihre Bedeutung für die Gesetzliche Rentenversicherung Auswirkungen, Handlungsbedarf und Handlungsmöglichkeiten, in: Zeitschrift für die gesamte Versicherungswissenschaft, 84. Band, 1995, S. 617-645.

Schmähl, Winfried (1998):
Das Gesamtsystem der Alterssicherung, in: Cramer, Jörg-E./Förster, Wolfgang/Ruland, Franz [Hrsg.]: Handbuch Altersvorsorge. Gesetzliche, betriebliche und private Vorsorge in Deutschland, Frankfurt am Main, S. 59-83.

Schmeisser, Wilhelm / Blömer, Karsten (1999):
Modelle der betrieblichen Altersversorgung, in: Deutsches Steuerrecht, 37. Jahrgang, Heft 8, S. 334-342.

Schmeisser, Wilhelm / Blömer, Karsten (1999a):
Pensionsfondsmodelle im Rahmen der betrieblichen Altersversorgung, in: Deutsches Steuerrecht, 37. Jahrgang, Heft 42, S. 1747-1752.

Schnabel, Reinhold (1998):
Interne Renditen in der gesetzlichen Rentenversicherung, in: Deutsches Institut für Altersvorsorge [Hrsg.]: Effizienzvergleich, Renditen der gesetzlichen Rentenversicherung im Vergleich zu alternativen Anlageformen, Juli, Frankfurt am Main, S. 15-35.

Schnabel, Reinhold (1998a):
Rates of Return of the German Pay-As-You-Go Pension System, Working Paper, Department of Economics, University of Mannheim, October.

Shapiro, Alan C. (1998):
Foundations of Multinational Financial Management, 3rd edition.

Shiller, Robert J. (1998):
Social Security and Institutions for Intergenerational, Intragenerational and International Risk Sharing, Paper presented at the Carnegie-Rochester Public Policy Conference, April 24-25th.

Shiller, Robert J. / Pound, J. (1989):
Survey Evidence of Diffusion of Interest and Information among Institutional Investors, in: Journal of Economic Behavior and Organization, Volume 12, S. 47-66.

Sias, Richard W. (1996):
Volatility and the Institutional Investor, in: Financial Analysts Journal, Volume 52, No. 2, March/April, S. 13-20.

Siebert, Horst (1997):
Umlagesystem versus Kapitaldeckung in der Alterssicherung, Arbeitspapier, Kiel.

Sinn, Hans-Werner (1997):
The Value of Children and Immigrants in a Pay-As-You-Go Pension System: A Proposal for a Partial Transition to a Funded System, NBER, Cambridge, MA.

Srinivas, P.S. / Whitehouse, Edward / Yermo, Juan (2000):
Regulating private pension funds' structure, performance and investments: cross-country evidence, Pension Reform Primer, The World Bank, July, Washington, D.C.

Stähler, Thomas P. / Roth, Sabine (1999):
USA, in: Verband Deutscher Rentenversicherungsträger [Hrsg.]: Rentenversicherung im internationalen Vergleich, DRV-Schriften, Band 15, Frankfurt am Main, S. 245-277.

Stehle, Richard (1998):
Asset Allocation in Retirement Portfolios, Working Paper, Mai, Berlin.

Telser, Lester G. (1956):
Safety First and Hedging, in: Review of Economics and Statistics, Volume 23, S. 1-56.

van Essen, Ulrich (1994):
Alterssicherung und direkte Besteuerung, in: Europäische Hochschulschriften, Reihe V, Volks-und Betriebswirtschaft, Band 1556, Frankfurt am Main, Berlin, zugleich Dissertation Universität Frankfurt am Main.

Viebrok, Holger / Dräther, Hendrik (1999):
Alterssicherung auf der Grundlage von Sicherheit, Rentabilität und sozialer Verantwortung, Zentrum für Sozialpolitik, Bremen.

Vittas, Dimitri (1999):
Pension Reform and Financial Markets, in: Development Discussion Papers, Central America Project Series, No. 697, April, Boston, MA.

von Böventer, Edwin / Illing, Gerhard (1995):
Einführung in die Mikroökonomie, 8. bearbeitete Auflage, München.

Weber, Manfred (1998):
Betriebs-Pensions-Fonds - die attraktive Alternative, in: Die Bank, ohne Jahrgang Nr. 6, S. 339-343.

White, Gerald I. / Sondhi, Ashwinpaul C. / Fried, Dov (1997):
The Analysis and Use of Financial Statements, 2nd Edition, New York et al.